TUTELA DE URGÊNCIA
RISCO E PROCESSO

O GEN | Grupo Editorial Nacional – maior plataforma editorial brasileira no segmento científico, técnico e profissional – publica conteúdos nas áreas de concursos, ciências jurídicas, humanas, exatas, da saúde e sociais aplicadas, além de prover serviços direcionados à educação continuada.

As editoras que integram o GEN, das mais respeitadas no mercado editorial, construíram catálogos inigualáveis, com obras decisivas para a formação acadêmica e o aperfeiçoamento de várias gerações de profissionais e estudantes, tendo se tornado sinônimo de qualidade e seriedade.

A missão do GEN e dos núcleos de conteúdo que o compõem é prover a melhor informação científica e distribuí-la de maneira flexível e conveniente, a preços justos, gerando benefícios e servindo a autores, docentes, livreiros, funcionários, colaboradores e acionistas.

Nosso comportamento ético incondicional e nossa responsabilidade social e ambiental são reforçados pela natureza educacional de nossa atividade e dão sustentabilidade ao crescimento contínuo e à rentabilidade do grupo.

CARLOS ALBERTO DE **SALLES**

TUTELA DE URGÊNCIA
RISCO E PROCESSO

- O autor deste livro e a editora empenharam seus melhores esforços para assegurar que as informações e os procedimentos apresentados no texto estejam em acordo com os padrões aceitos à época da publicação, e todos os dados foram atualizados pelo autor até a data de fechamento do livro. Entretanto, tendo em conta a evolução das ciências, as atualizações legislativas, as mudanças regulamentares governamentais e o constante fluxo de novas informações sobre os temas que constam do livro, recomendamos enfaticamente que os leitores consultem sempre outras fontes fidedignas, de modo a se certificarem de que as informações contidas no texto estão corretas e de que não houve alterações nas recomendações ou na legislação regulamentadora.

- Fechamento desta edição: *11.09.2024*

- O Autor e a editora se empenharam para citar adequadamente e dar o devido crédito a todos os detentores de direitos autorais de qualquer material utilizado neste livro, dispondo-se a possíveis acertos posteriores caso, inadvertida e involuntariamente, a identificação de algum deles tenha sido omitida.

- **Atendimento ao cliente:** (11) 5080-0751 | faleconosco@grupogen.com.br

- Direitos exclusivos para a língua portuguesa
  Copyright © 2025 by
  Editora Forense Ltda.
  Uma editora integrante do GEN | Grupo Editorial Nacional
  Travessa do Ouvidor, 11 – Térreo e 6º andar
  Rio de Janeiro – RJ – 20040-040
  www.grupogen.com.br

- Reservados todos os direitos. É proibida a duplicação ou reprodução deste volume, no todo ou em parte, em quaisquer formas ou por quaisquer meios (eletrônico, mecânico, gravação, fotocópia, distribuição pela Internet ou outros), sem permissão, por escrito, da Editora Forense Ltda.

- Capa: Fabricio Vale

CIP-BRASIL. CATALOGAÇÃO NA PUBLICAÇÃO
SINDICATO NACIONAL DOS EDITORES DE LIVROS, RJ

S163t

    Salles, Carlos Alberto de
      Tutela de urgência : risco e processo / Carlos Alberto de Salles. - 1. ed. - Rio de Janeiro : Forense, 2025.
      288 p. ; 23 cm.

      Inclui bibliografia
      Índice remissivo
      ISBN 978-85-3099-557-7

      1. Medidas cautelares - Brasil. 2. Tutela antecipada - Brasil. 3. Tutela jurisdicional - Brasil. I. Título.

24-93886   CDU: 347.163(81)

Meri Gleice Rodrigues de Souza - Bibliotecária - CRB-7/6439

Sempre para
Ana Maria,
companheira de todas as caminhadas.

Para meus filhos,
Pedro Henrique, Ana Sofia e Fábio,
também para meu neto,
João Gabriel,
com todo o sentimento e esperança.

"Os tempos mudavam,
no devagar depressa dos tempos."
João Guimarães Rosa,
do conto "A terceira margem do rio".

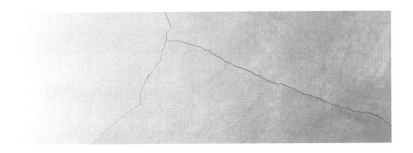

SOBRE O AUTOR

É Professor Associado do Departamento de Direito Processual da Faculdade de Direito da Universidade de São Paulo (USP). Obteve os títulos de bacharel, mestre, doutor e livre-docente em direito, todos pela USP, em 1986, 1992, 1998 e 2011, respectivamente. É, também, Desembargador do Tribunal de Justiça do Estado de São Paulo, desde 2013, tendo ingressado pelo quinto constitucional do Ministério Público. Integra a 1ª Câmara Reservada de Direito Empresarial do TJSP, tendo integrado por mais de 10 anos a 3ª Câmara de Direito Privado do mesmo Tribunal. Foi *visiting scholar* na Universidade de Wisconsin, em Madison, nos Estados Unidos, em dois períodos: no ano letivo de 1996/1997 e nos meses de janeiro e fevereiro de 2008. É autor dos livros *Arbitragem em Contratos Administrativos* (Editora Forense, 2011) e *Execução Judicial em Matéria Ambiental* (Editora Revista dos Tribunais, 1998), respectivamente suas teses de livre-docência e de doutorado. Publicou, também, como organizador, as obras *Negociação, Mediação, Conciliação e Arbitragem: Curso de métodos adequados de solução de controvérsias* (Editora Forense, 4ª edição, 2021, em cooperação com outros organizadores), *As grandes transformações do Processo Civil Brasileiro: estudos em homenagem ao Professor Kazuo Watanabe* (Editora Quartier Latin, 2009) e *Processo Civil e Interesse Público: o processo como instrumento de defesa social* (Editora Revista dos Tribunais, 2003). Coordenou, ainda, a tradução do livro *O Direito como Razão Pública*, do Professor Owen Fiss, da Universidade de Yale (Editora Juruá, 2017).

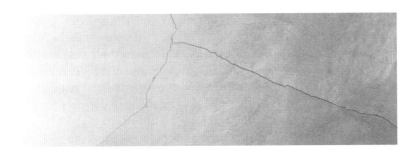

AGRADECIMENTOS

As ideias expostas neste livro foram gestadas e cultivadas durante muitos anos, embora sua escrita tenha se realizado e finalizado no último um ano e meio. Na trajetória de elaboração deste trabalho, várias pessoas contribuíram, direta ou indiretamente, com sugestões, provocações e críticas.

A todos, sou imensamente grato e merecem inteiro reconhecimento, ressalvando que eventuais erros são todos de minha exclusiva responsabilidade.

Professor Kazuo Watanabe teve contato com o projeto desta obra desde as primeiras versões. Na condição de meu orientador de mestrado e doutorado, na melhor tradição japonesa, permaneceu como meu *sensei* (professor e mestre) para sempre. Foi importante interlocutor de toda hora e do resultado que hoje se apresenta ao público. Entre muitos outros pontos, sempre me desafiou a enfrentar a questão da existência de um direito substancial de cautela e sua abordagem sob a perspectiva do *risco*, o que foi tratado em vários pontos do texto que segue.

Ana Maria Nusdeo, professora de Direito Ambiental e minha esposa, não só pela imprescindível retaguarda pessoal, mas por sempre ter me ajudado na compreensão do debate acerca do *risco* e suas implicações jurídicas, tão presentes em sua área de atuação.

Professora Susana Henriques da Costa, com quem compartilho diversos projetos acadêmicos na Faculdade de Direito da USP, foi incentivadora deste projeto e leitora de primeira hora das versões do texto hoje levado a público.

Em janeiro de 2019, realizei uma estadia de pesquisa na Faculdade de Direito da Universidade Roma Tre, na Itália. Devo ao Professor Angelo Danilo de Santis a abertura da fantástica e acolhedora biblioteca da instituição, bem como o contato, de grande serventia, com o Professor Antonio Carratta, para discussão de pontos da proposta aqui desenvolvida.

De forma semelhante, em fevereiro de 2023, realizei pesquisa na França. Na ocasião, contei com o gentil apoio da Professora Isabelle Michalet, que me introduziu à completíssima biblioteca da Faculdade de Direito da Universidade Lyon 3 – Jean Moulin. Nessa mesma universidade, o Professor Thibault Goujon-Bethan me recebeu em seu gabinete e dedicou mais de uma hora para me esclarecer dúvidas acerca do funcionamento e das peculiaridades do *référé* francês e me indicar a bibliografia básica sobre o tema.

Devo reconhecimento, ainda, ao importante papel das bibliotecas do Tribunal de Justiça do Estado de São Paulo (TJSP) e da Faculdade de Direito da USP, esta última na pessoa de sua diretora, Maria Lúcia Beffa, por todo o suporte bibliográfico que me foi disponibilizado. Reputo ambas as bibliotecas maravilhosas.

Em momento mais adiantado do trabalho, a Professora Maria Tereza Aina Sadek, parceira no curso de pesquisa empírica, que oferecemos no Programa de Pós-graduação da USP, desde 2012, leu, anotou e discutiu comigo uma primeira versão do texto aqui publicado, trazendo observações determinantes para os rumos adotados.

Também, Bruno Takahashi, que comigo fez mestrado e doutorado, leu toda a versão final desta publicação, ajudando com a revisão do texto, e apontou dúvidas e sugestões que muito auxiliaram a melhorar o conteúdo final do trabalho.

Na reta final, de redação final, contei com Sara Soares Fogolin como minha assistente de pesquisa. Devo a ela minha gratidão por incansáveis levantamentos bibliográficos e pela arguta discussão de pontos centrais desta obra.

Além das pessoas já citadas, agradeço o apoio e fundamental papel que os professores e amigos Paulo Eduardo Alves da Silva, Daniela Monteiro Gabbay, Maria Cecília Araujo Asperti e Bruno Lopes Megna tiveram nesta empreitada.

Também devo agradecimentos a todos os meus orientandos e vários ex-orientandos que me apoiaram e, de maneiras variadas, contribuíram na elaboração deste trabalho.

Fora do âmbito da universidade, devo reverenciar meus colegas da 3ª Câmara de Direito Privado do TJSP, Desembargadores Donegá Morandini, Beretta da Silveira, Dácio Viviani Nicolau, João Pazine Neto e Schmitt Corrêa, que decididamente apoiaram meus esforços para a elaboração deste trabalho e respaldaram muitas das ideias aqui expostas.

Também a equipe de assistentes de meu gabinete no TJSP, que tiveram a essencial função de garantir a retaguarda na realização de meu trabalho jurisdicional, sem a qual a finalização deste livro não seria possível.

Por fim, mas não menos relevante, este trabalho contou com amplo apoio familiar. Ana Maria, já referida, meus filhos e neto suportaram algumas ausências que não foram possíveis contornar. Apesar disso, mantiveram-se sempre interlocutores e companheiros deste e de muitos outros projetos.

São Paulo, julho de 2024.
Carlos Alberto de Salles

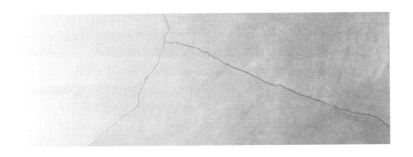

APRESENTAÇÃO

O conteúdo deste excelente livro está bem sintetizado no "resumo" elaborado pelo próprio autor, constante da contracapa desta obra, de sorte que irei me limitar a apontar, dentre as várias contribuições, apenas aquelas que, em minha avaliação, são as mais importantes para a correta aplicação e para o aperfeiçoamento das **tutelas de urgência**.

Venho acompanhando a carreira acadêmica de Carlos Alberto de Salles, na Faculdade de Direito da Universidade de São Paulo (USP), desde seu ingresso no curso de pós-graduação, quando fui convidado para ser seu orientador (na verdade, mais um companheiro de estudo). No **mestrado**, concluído em 1992, apresentou a dissertação sob o título: ***Legitimação do Ministério Público para a defesa de direitos e garantias constitucionais***. No **doutorado**, completando as pesquisas na Universidade de Wisconsin – Madison, sob a orientação dos Profs. Arthur McEvoy e Ann Althouse, no regime de bolsa-sanduíche, obteve o título de doutor em Direito em 1998, com a tese intitulada ***Execução Judicial das Obrigações de Fazer e Não Fazer em Matéria Ambiental*** (Revista dos Tribunais, 1998).

Posteriormente, em 2011, para a obtenção do título de **livre-docente**, apresentou a tese publicada com o título *A arbitragem em contratos administrativos* (Forense, 2011). Nessa obra, Carlos Alberto de Salles, sem negar a **instrumentalidade finalista** do processo em relação ao direito material, tão bem defendida por Cândido Rangel Dinamarco, lançou a ideia da **instrumentalidade metodológica** (*"consistente em estudar o processo a partir de um campo específico, de maneira a propiciar melhores condições para avaliação da resposta processual dada em situações de grande especificidade, permitindo uma interpretação e aplicação mais abalizada das normas processuais"*. E acrescenta:

"*Considerando a temática deste trabalho inserido no campo dos mecanismos alternativos de solução de controvérsias, a instrumentalidade metodológica poderá, evidentemente, gerar subsídios para moldar procedimentos consensuais para a resolução de litígios. Nesse campo, há de se esperar do processualista, mais do que a simples aplicação de normas procedimentais, a capacitação para construir arranjos ou desenhos procedimentais aptos a atender às necessidades de situações de grande especificidade*") (p. 23-24).

A concepção foi imediatamente acolhida pela saudosa Profa. Ada Pellegrini Grinover em sua última obra (**Ensaio sobre a processualidade**, Gazeta Jurídica, 2016), afirmando que, além da instrumentalidade finalística, "*o processo também pode ser visto em sua **instrumentalidade metodológica** (Carlos Alberto de Salles)*" (*et passim*).

Na presente obra, ***Tutela de Urgência: Risco e Processo,*** Carlos Alberto de Salles, com a profundidade que o caracteriza, analisa o tempo do processo e os riscos dele decorrentes para as partes, bem como estuda em profundidade o modo mais equitativo de sua distribuição entre as partes, tomando "***as tutelas de urgência como mecanismo processual apto a garantir não apenas a efetividade, mas também a distribuição equilibrada dos efeitos adversos da demora para alcançar a decisão final***".

Em quatro capítulos (***Tempo e Processo, Evolução da Tutela de Urgência, Risco como Conceito Processual*** e ***Resposta Processual Civil ao Risco***), desenvolve estudos aprofundados sobre os temas indicados. No **"resumo"** apresentado na contracapa do livro, há a síntese de cada um desses capítulos. E no encerramento da obra (***Conclusões***), são apresentadas as conclusões mais importantes do estudo elaborado.

Durante leitura desta densa obra e das importantes conclusões do tema estudado em profundidade, os leitores perceberão que não se trata de mero estudo teórico de um instituto processual de relevância apenas acadêmica, e sim de um instituto extremamente importante e intensamente utilizado na práxis forense, que a é ***tutela de urgência.***

Das várias e importantes conclusões apresentadas, nessas rápidas considerações tomarei a liberdade de ressaltar aqui apenas duas conclusões que reputo de extrema relevância para o aperfeiçoamento da utilização prática da tutela de urgência.

A **primeira conclusão** que gostaria de ressaltar diz respeito à cognição judicial na tutela de urgência. Mesmo sumária, como bem afirma Carlos Alberto de Salles, deve-se "***realizar uma ponderação de gravames (balance of hardships), levando em conta os riscos e danos suportados pelas partes em razão do processo. Por meio desse modo de apreciação, a decisão sobre a urgência não deve considerar somente a posição da parte requerente, mas também a da outra*** *parte, sopesando os gravames e riscos suportados por ambas, com o objetivo de realizar sua equitativa distribuição".* E acrescenta: *"na aplicação do conceito de risco ao processo, aponta-se a probabilidade do direito – fumus boni iuris – como requisito central na tarefa de identificação do risco".* Ainda, *"Não basta qualquer probabilidade do direito: ela deve ser elevada o suficiente para afirmar-se, prima facie, suficiente para o reconhecimento do direito afirmado pela outra parte".*

Parece-me adequado interpretar essa importante conclusão como advertência de que cognição sumária não significa cognição displicente dos elementos existentes nos autos, e sim de cognição incompleta de toda a lide, pela inexistência ainda de vários elementos, como a defesa do réu, as provas, o debate das partes etc. Em relação aos elementos existentes no processo, a cognição deve ser aprofundada o suficiente para a concessão ou a denegação da medida liminar com muito critério.

Na práxis forense, defronta-se com decisões que se limitam a dizer "presentes" ou "ausentes" o *fumus boni iuris* e o *periculum* em mora, "defiro" ou "indefiro" a medida liminar. Tendo em vista esse tipo de decisão, o legislador cuidou de inscrever as normas do art. 489, I a IV, do CPC, declarando tais práticas como equivalentes à inexistência de fundamentação.

A **outra conclusão importante**, que reputo o ponto alto da tese, é a que considera a decisão da tutela de urgência com cognição adequada que realiza a ponderação dos gravames (*balance of hardships*) de ambas as partes. Nos termos mencionados, é uma forma de *regulação provisória do litígio*. *"Nessa perspectiva – sublinha Carlos Alberto de Salles –, o julgador, ao apreciar o pedido de uma medida de urgência, deve ter em mente que está regulando provisoriamente o litígio pendente entre as partes. Para tanto, ressalta-se a utilidade da ponderação de gravames, para apreciar a posição de ambas as partes e de todos os riscos envolvidos, inclusive aqueles de irreversibilidade e de possíveis danos decorrentes da duração do processo".*

A medida liminar concedida ou denegada com esses cuidados poderá determinar até a estabilização da regulação provisória do litígio, solucionando definitivamente o conflito de interesses existentes entre as partes.

A obra do Carlos Alberto de Salles, por tudo isso e pelo seu denso conteúdo doutrinário, terá, sem dúvida alguma, imensa utilidade acadêmica e também para a práxis forense, orientando os profissionais do direito e a jurisprudência e aperfeiçoando o sistema de tutelas de urgência.

São Paulo, 17 de agosto de 2024.
Kazuo Watanabe

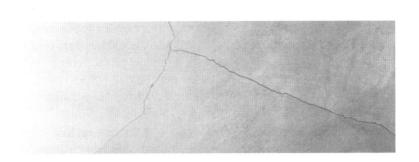

PREFÁCIO

Recebi com muita honra o convite para prefaciar o presente livro, de autoria do Professor Carlos Alberto de Salles. O livro é fruto de tese apresentada ao concurso de Professor Titular de Direito Processual Civil da Universidade de São Paulo. Trata-se de relevante tese, preocupada em colaborar para a solução do problema do tempo do processo, enfocando particularmente a tutela provisória de urgência.

Com a elaboração dogmática em torno da distinção entre a tutela cautelar e a tutela antecipatória, o desenvolvimento da técnica de distribuição do ônus do tempo do processo e a superação do conceito de ilícito civil relacionado ao dano, que deu origem às tutelas inibitória e de remoção do ilícito, a doutrina chegou a um alto grau de sofisticação quanto às técnicas processuais relacionadas ao tempo do processo e à prevenção dos direitos.

O Código de Processo Civil de 2015, embora tenha recepcionado adequadamente alguns conceitos teóricos – por exemplo, em seu artigo 497, parágrafo único, ao eliminar a necessidade de demonstração de dano para o alcance das tutelas inibitória e de remoção do ilícito, e em seu artigo 301, ao evidenciar a distinção entre tutela cautelar e tutela antecipatória -, não soube regular a técnica de distribuição do ônus do tempo do processo, servindo-se de exemplos equivocados nos incisos do artigo 311 e dando origem à séria dúvida constitucional no seu parágrafo único.

Além disso, estabeleceu-se, longe de qualquer critério racional ou atenção à dogmática, o que se designou de tutela antecipada antecedente, um grosseiro equívoco. Essa lamentável duplicação de procedimentos para o alcance de uma só tutela, sob o argumento jocoso de falta de tempo para a elaboração da petição inicial, tem trazido inconvenientes e gasto desnecessário de energia – de tempo e dinheiro – no cotidiano forense.

O livro que tenho em mãos, no entanto, resgata a época em que os conceitos e a dogmática eram utilizados, com reflexão e acuidade, para resolver problemas percebidos na realidade. A ciência do direito, especialmente a do direito processual, é uma ciência prática não apenas porque o seu objeto é a realidade. Afinal, enquanto interna à prática, a metodologia do direito é uma atividade que permite a sua justificação ou autocorreção.

O tempo do processo é uma questão recorrente na história do direito. Há muito exige dos juristas e dos legisladores, desafiando os advogados. Por ser a dimensão fundamental da vida humana, o tempo do processo não só traz prejuízos, mas também angústias, muitas vezes retirando as expectativas e crença dos litigantes na própria autoridade do Estado.

O Professor Carlos Alberto de Salles trata do tempo a partir da perspectiva do risco, ou seja, a partir de um ponto que, no seu dizer, constitui a tentativa humana de domá-lo em sua forma mais incontrolável, o futuro. A busca de um conceito de risco processual, ou com significação funcional para o processo, objetiva delinear um elemento capaz de favorecer o uso adequado da tutela de urgência, seja antecipatória ou cautelar. Pergunta-se como a tutela provisória urgente responde ao problema do tempo do processo, colocando-se à prova a hipótese de se o juiz, ao decidir a seu respeito, faz ou deve fazer uma avaliação de risco.

O livro se divide em quatro capítulos, todos dotados de grande densidade. O primeiro relaciona o processo ao tempo, aí identificando as técnicas de cognição sumária capazes de responder às necessidades de tutela dos direitos. O segundo capítulo apresenta a evolução dogmática da tutela urgente no Brasil, inserindo, ao final, o risco nesta discussão. Os dois últimos capítulos são os mais relevantes, pois desenvolvem um conceito de risco, que resta então utilizado em face da tutela urgente. Finaliza-se com uma proposta que propõe que a tutela urgente seja vista como mecanismo de regulação provisória do litígio.

A obra possui particularidades que merecem destaque. Parte de um grave problema da realidade para, mediante análise teórica sofisticada, estabelecer uma solução nova e propositiva. Além disso, trata de um tema que está no dia a dia dos advogados e juízes, oferecendo-lhes uma reflexão de grande importância para o uso de uma das técnicas mais relevantes para quem se vale do processo.

O livro que a comunidade ganha demonstra a importância do concurso de professor titular, sem o qual grande parte da produção jurídica brasileira de excelência não existiria. A tese do Professor Carlos Alberto de Salles contribuirá de modo muito positivo para o desenvolvimento do direito processual. Já tem lugar reservado, e de destaque, na história da doutrina.

Luiz Guilherme Marinoni
Professor Titular da Faculdade de Direito
da Universidade Federal do Paraná.

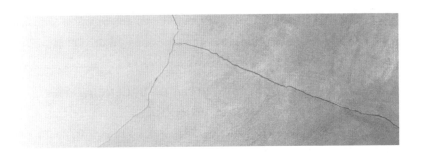

SUMÁRIO

INTRODUÇÃO 1
1. História de uma ideia 1
2. Tempo e processo: o problema de pesquisa 3
3. Risco e processo: a proposta para uma resposta 4
4. A estrutura da obra 5
5. Breves notas de redação 6

CAPÍTULO 1 – TEMPO E PROCESSO 9
1.1 A importância do tempo na dinâmica processual 9
1.2 O tempo no processo 10
    1.2.1 O processo tempo-estruturado 12
    1.2.2 O processo tempo-orientado 13
1.3 O tempo do processo 17
    1.3.1 O processo imediato 19
    1.3.2 O tempo da resposta jurisdicional 24
1.4 O tempo como medida da efetividade e justiça do processo 27
    1.4.1 O dano marginal 29
    1.4.2 A distribuição do gravame do tempo do processo 32
1.5 Técnicas processuais em resposta ao tempo do processo 36
    1.5.1 A técnica de sumarização na tutela de urgência 38
    1.5.2 Tutela provisória: na sentença e no curso do processo 42
    1.5.3 A cognição sumária na tutela provisória recursal 46

XX | TUTELA DE URGÊNCIA – *Carlos Alberto de Salles*

1.5.4 Cognição sumária de cautela e de antecipação 49

1.5.5 Cognição sumária e direito substancial de cautela 53

1.6 A gestão do tempo e do risco do processo 58

CAPÍTULO 2 – EVOLUÇÃO DA TUTELA DE URGÊNCIA 65

2.1 Bases dogmáticas da tutela de urgência 65

2.1.1 A evolução do debate sobre a resposta jurisdicional à urgência.... 68

2.1.2 A evolução da disciplina legal da tutela de urgência no Brasil 72

2.1.2.1 O Regulamento 737, de 1850 73

2.1.2.2 O Código de Processo Civil de 1939 74

2.1.2.3 O Código de Processo Civil de 1973 75

2.1.2.4 A gênese do Código de Processo Civil de 2015 78

2.1.3 Bases constitucionais da tutela de urgência 86

2.1.3.1 A tutela preventiva na Constituição Federal 88

2.1.3.2 A tensão constitucional entre efetividade e segurança..... 90

2.1.3.3 A injustiça do ilícito e a injustiça do processo 92

2.2 O risco na perspectiva dogmática e constitucional 95

CAPÍTULO 3 – O RISCO COMO CONCEITO PROCESSUAL 99

3.1 Por um conceito jurídico-processual de risco 99

3.2 O risco na sociedade contemporânea 101

3.3 Risco e perigo 105

3.4 O conceito contemporâneo de risco 108

3.4.1 Elemento precedente: a identificação do risco 111

3.4.2 Elemento consequente: o cálculo do risco 113

3.4.3 Nível de intervenção: a utilidade do risco 117

3.4.4 A definição *ope legis* da urgência 123

3.5 O risco em outras áreas do Direito 125

3.5.1 O risco no Direito Civil 126

3.5.2 O risco no Direito dos Seguros 130

3.5.3 O risco no Direito Ambiental 132

3.6 O conceito de risco e sua aplicação ao processo 136

3.6.1 O risco como elemento indicativo de urgência 138

3.6.1.1 Os requisitos legais da tutela de urgência 139

3.6.1.2 A urgência como elemento processualmente construído ... 141

SUMÁRIO | **XXI**

3.6.2 O risco como objeto da cognição judicial 144

    3.6.2.1 A avaliação jurisdicional do risco 146

    3.6.2.2 A ponderação de gravames (*balance of hardships*) 149

    3.6.2.3 As possibilidades de avaliação jurídica do risco 154

CAPÍTULO 4 – A RESPOSTA PROCESSUAL CIVIL AO RISCO 161

4.1 Características fundantes da tutela provisória no Brasil 161

    4.1.1 Provisoriedade, instrumentalidade e sumariedade 164

    4.1.2 Risco, irreparabilidade e reversibilidade 167

4.2 A tutela de urgência em outros países 173

    4.2.1 Itália: *procedimenti cautelari* – instrumentalidade e provisoriedade.... 174

    4.2.2 França: o *référé* – competência, autonomia e eficácia 183

    4.2.3 Estados Unidos: *preliminary injunctions* – discricionaridade e devido processo legal 190

4.3 A probabilidade do direito: o *fumus boni iuris* 197

    4.3.1 A probabilidade do direito na identificação do risco 199

    4.3.2 A probabilidade do sucesso na demanda 200

    4.3.3 A formação do juízo de probabilidade 203

        4.3.3.1 A demonstração *prima facie* da causa de pedir 203

        4.3.3.2 A aferição da probabilidade do direito 205

        4.3.3.3 O papel do contraditório 208

        4.3.3.4 O papel dos precedentes qualificados 212

4.4 O requisito de urgência: o *periculum in mora* 213

    4.4.1 Significados processuais do *periculum in mora* 215

    4.4.2 Riscos ao resultado útil do processo 217

    4.4.3 Riscos decorrentes da duração do processo 219

    4.4.4 Riscos materiais ou externos ao processo 221

    4.4.5 Riscos decorrentes das decisões judiciais 223

4.5 A tutela de urgência como resposta ao risco 224

    4.5.1 Respostas assecuratória e antecipatória 225

    4.5.2 Resposta processual incidente e antecedente 227

4.6 A tutela de urgência como regulação provisória do litígio 231

CONCLUSÕES 237

REFERÊNCIAS 243

ÍNDICE REMISSIVO 257

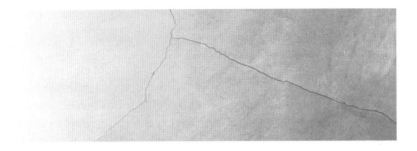

INTRODUÇÃO

1. HISTÓRIA DE UMA IDEIA

A epígrafe que serve de abertura desta obra,[1] retirada da genuína e inspirada literatura de João Guimarães Rosa, remete à relatividade do tempo. Não àquela da física e da matemática, mas àquela subjetiva mesmo. Àquela com a qual marcamos os momentos importantes ou insignificantes de nossa existência, fazendo com que os primeiros tenham maior "peso" em nossas vidas, pouco significando as medidas temporais – segundos, minutos, horas, dias, semanas, meses, anos...

Esta obra é sobre o tempo, não qualquer um, mas sobre o tempo que marca o tique-taque dos processos cíveis. Mais exatamente, sobre o tempo futuro, sobre o porvir do processo e dos que dele dependem. No caso, também um tempo relativo, imerso nas circunstâncias de cada litígio trazido a juízo, marcando o compasso da premência de uma resposta jurisdicional, sob o peso da urgência, da necessidade de evitar resultados indesejados, de produzir decisões dotadas de efetividade e de gerar uma distribuição equitativa de danos ou perdas entre as partes.

Por essa razão, o tempo, aqui, é tratado a partir da perspectiva do *risco*, da tentativa humana de domá-lo em sua forma mais incontrolável: o futuro. O risco é o tempo pensado na perspectiva de futuro. É um método e um instrumento para proporcionar a antevisão de eventos ainda não ocorridos, para calcular a possibilidade de tornarem-se realidade, podendo, dessa maneira, evitar ou criar remédios para ocorrências indesejadas. A esse propósito, esta obra remete, como

---

[1] "Os tempos mudavam, no devagar depressa dos tempos" (ROSA, Guimarães. A terceira margem do rio. *Primeiras Estórias*. São Paulo: Global, 2019. p. 37).

ponto de partida, à ideia de o risco ter-se tornado uma característica essencial da sociedade contemporânea.

A ideia de associar o risco ao processo e aos provimentos jurisdicionais de urgência surgiu para o autor há muitos anos, quando, em meados da década de 1990, começou a exercer as funções de Promotor de Justiça do Meio Ambiente. Diante do forte componente de *irreparabilidade* dos bens ambientais, o risco, e a consequente necessidade de medidas urgentes, era sempre presente na defesa administrativa e judicial do meio ambiente. O risco implicado à proteção ambiental exigia, quase sempre, uma corrida contra o tempo. Não obter a medida de urgência era, quase sempre, o mesmo que perder o bem ambiental. Nesses casos, deixava-se para trás a preservação e iniciava-se a triste página da difícil e ineficaz reparação do dano.

Essa percepção dos problemas ambientais muito influenciou a tese de doutorado do autor, *Execução judicial em matéria ambiental.*[2] Naquele trabalho, tratou-se da execução específica das obrigações de fazer e de não fazer ligadas à proteção do meio ambiente. O ponto central era, sobretudo, o modo de operacionalizar processualmente esse tipo de execução – sob inspiração das, então recentes, mudanças no art. 461 do Código de Processo Civil vigente à época –, sustentando a primazia desse tipo de tutela na área ambiental.

Definitiva, entretanto, para a escolha do tema desta obra foi a pandemia de covid-19, que, a partir dos primeiros meses de 2020, instalou-se em escala planetária.

De uma semana para outra, quase tudo fechou. E, isoladas em casa, as pessoas viram as atividades, nas quais isso era possível, lentamente migrarem para a forma digital ou telepresencial. A vida virou um constante cálculo de risco. Aliás, cálculo de risco impulsionado pelo medo e, portanto, de baixíssima racionalidade. Não se pode esquecer das incertezas, quanto à doença e sua evolução, que grassavam no início da pandemia, nem a gravidade do risco, alimentada pelo crescente número de mortos e de pessoas doentes.

O risco tomou conta da vida cotidiana, e as decisões mais triviais do dia a dia passaram a ser pautadas pela possibilidade de contrair covid-19. O autor, agora na posição de magistrado em uma câmara cível do Tribunal de Justiça de São Paulo, viu isso traduzido em um turbilhão de processos que refletiam as incertezas do momento. Ampliou-se, assim, sua perspectiva do risco para além daquela ambiental, agora expressa nas dores e esperanças concretas de pessoas que imaginavam o processo como um lenitivo.

---

[2] SALLES, Carlos Alberto de. *Execução judicial em matéria ambiental.* São Paulo: Ed. RT, 1998. Disponível em: https://www.researchgate.net/profile/Carlos_De_Salles. Acesso em: 5 nov. 2023.

O "devagar depressa dos tempos" trouxe o desafio de o risco ser devidamente considerado em nosso processo civil. Com isso, a semente, plantada muitos anos antes, germinou. Com este livro, espera-se que ela venha a dar frutos, contribuindo com esse importante debate para nosso Direito Processual Civil.

2. TEMPO E PROCESSO: O PROBLEMA DE PESQUISA

O objeto desta obra se insere no campo dos mecanismos processuais voltados à solução do problema do *tempo do processo*, assim considerado aquele necessário para chegar a uma resposta jurisdicional à pretensão formulada pela parte. Nesse âmbito, ainda em enfoque mais amplo, o problema proposto refere-se ao *tempo do processo*, considerando a maneira como ele afeta negativamente as partes, trazendo prejuízo à efetividade e à justiça dos arranjos processuais.

Na impossibilidade de um *processo imediato*, apto a propiciar respostas jurisdicionais instantâneas, quais mecanismos processuais são capazes de produzir respostas jurisdicionais que, de modo mais rápido, garantam maior efetividade e uma distribuição equitativa dos gravames do tempo do processo entre as partes?

Na busca de uma tutela jurisdicional adequada, efetiva e *tempestiva*, a projeção temporal dos atos processuais e a duração do processo são primordiais para aferição dos objetivos que se queira alcançar. Na medida em que os avanços tecnológicos aumentaram a velocidade das relações humanas e sociais, o peso do tempo no processo cresceu exponencialmente, na mesma proporção da percepção dos problemas decorrentes de sua demora.

Para redução do tempo da *resposta jurisdicional*, vislumbram-se, sobretudo, dois tipos de soluções: *(i)* os mecanismos de aceleração procedimental – com procedimentos mais curtos e flexíveis – e *(ii)* as tutelas provisórias, por meio das quais se opera uma distribuição dos gravames do tempo no processo, mesmo que isso possa não significar uma solução final mais rápida.

A esse respeito, aqui cabe o primeiro recorte metodológico do livro: não obstante a importância dos mecanismos aceleratórios, volta-se a desvendar a maneira pela qual as tutelas provisórias operam como mecanismo para resolver o problema do tempo do processo.

Nesse sentido, justifica-se a necessidade de um segundo recorte metodológico. Considerando que a resposta proposta se volta para o risco, cabe abordar aqui somente a *tutela provisória de urgência*, abrangendo cautelar e antecipada, incidentes e antecedentes. Destaca-se, a propósito, que o vigente Código de Processo Civil trouxe disciplina jurídica específica para a chamada *tutela de evidência*. Essa tutela provisória, como faz parte de sua essência, exclui a necessidade de "demonstração de perigo de dano ou de risco ao resultado útil do processo" (art. 311, *caput*), não cabendo estabelecer sua ligação com situações de risco.

Em suma, o problema de pesquisa central ao qual se busca solucionar é: *como a tutela provisória de urgência responde ao problema do tempo do processo?*

Tendo em vista a diversidade, a complexidade e a velocidade das relações jurídicas envolvidas no processo civil contemporâneo, o julgador precisa, mesmo em tutela sumária, lançar mão de elementos de análise que permitam realizar a adequada aplicação das previsões do Código, de maneira a proporcionar uma tutela jurisdicional não apenas mais efetiva e tempestiva, mas também mais *justa*, capaz de considerar equilibradamente os interesses das partes.

O problema de pesquisa a que esta obra procura responder, portanto, diz respeito à necessidade de uma correta consideração do fator tempo, suas projeções no processo civil contemporâneo, seus efeitos para as partes e seus reflexos na compreensão e na aplicação dos requisitos legais para a concessão da tutela de urgência.

3. RISCO E PROCESSO: A PROPOSTA PARA UMA RESPOSTA

A proposta desta obra para solucionar o problema colocado é, em um horizonte epistemológico, ou seja, de construção do conhecimento, estabelecer um conceito de risco dotado de significado funcional para o processo. Com isso, pretende-se torná-lo apto a responder à complexidade e à diversidade de situações hoje envolvidas na tutela de urgência.

Em outros termos, a hipótese colocada à prova é a de que o julgador, ao apreciar a tutela de urgência, ainda que de modo intuitivo, faz ou deve fazer uma *avaliação do risco.*

Por meio dessa avaliação, determina a probabilidade do direito da parte requerente e calcula a possibilidade e a gravidade de eventos adversos que possam decorrer, para as partes, tanto da decisão concessiva quanto daquela denegatória. Mais ainda, não o faz de modo unilateral, considerando apenas a posição da parte requerente da medida. Ao contrário, realiza verdadeiro cotejamento da posição jurídica das partes no processo, além de mensurar as consequências, para ambas, da solução adotada. Por *posição jurídica*, refere-se aqui à projeção das possibilidades de êxito das partes no processo.

Em outras palavras, realiza uma estimativa dos riscos envolvidos no processo, em relação ao seu objeto material e à utilidade de seu resultado final.

Daí a afirmação de que o risco, ainda que de maneira indireta, está presente em nossa disciplina processual, a recomendar um alargamento epistemológico de seu conteúdo, com a finalidade de dar adequado tratamento jurídico à tutela provisória de urgência. Dessa maneira, trata-se de estabelecer o *conceito de risco* não com base no senso comum, mas mediante tratamento sistemático, para incorporá-lo ao Direito Processual a partir de suas premissas e consequências.

INTRODUÇÃO | 5

Pretende-se, nesse sentido, dotar o *conceito de risco* de conteúdo jurídico-
-processual, de forma a contribuir para adequada interpretação e aplicação da
tutela de urgência e, por via de consequência, para uma equilibrada distribuição
dos gravames resultantes do *tempo do processo*.

Como já mencionado, afirma-se que, bem compreendido, o risco carrega
em si uma dimensão temporal, podendo contribuir com o adequado tratamento
do problema do tempo do processo. Afinal, o risco é o tempo visto enquanto
antevisão do futuro. A completa e correta assimilação desse conceito pode servir
de instrumento para construção de um tratamento processual mais equitativo das
partes, levando em conta os gravames por ela suportados e suas possibilidades
de sucesso no processo.

Dessa maneira, imagina-se agregar ao Direito Processual Civil um elemento analítico da disciplina jurídica da tutela provisória de urgência. Espera-se,
com isso, contribuir para a exata compreensão da função e da finalidade desse
instituto processual, de maneira a evidenciar seus escopos e tornar as medidas
jurisdicionais estudadas mais justas e efetivas.

4.   A ESTRUTURA DA OBRA

A proposta de trabalho apresentada é desenvolvida em quatro capítulos.

O primeiro traça a relação entre tempo e processo, buscando identificar os
principais problemas e soluções no âmbito das técnicas processuais.

Depois de destacar a importância desse fator para o processo, estabelece
uma diferenciação entre *tempo no processo* e *tempo do processo*, isto é, sobre
sua utilização para a estruturação e a organização do processo e para marcar e
qualificar sua duração. Esta segunda modalidade, entendida como tempo para a
resposta jurisdicional, é a que mais interessa para a temática da tutela de urgência.
Em seguida, são apresentadas as técnicas processuais em resposta ao tempo do
processo, quais sejam, as da tutela e da cognição sumárias.

O segundo capítulo visa apresentar um quadro da evolução da tutela de
urgência no Brasil.

Para tanto, identifica suas bases dogmáticas, traçando um panorama do
debate doutrinário sobre o tema, um delineamento do desenvolvimento da disciplina legal e de suas bases constitucionais. O capítulo é encerrado colocando o
risco em uma perspectiva dogmática e constitucional.

O capítulo 3 volta-se ao desenvolvimento de um conceito de risco.

Após sustentar a necessidade de conceituar esse fator, traz um panorama de
seu papel na sociedade contemporânea. Na sequência, depois de estabelecer uma
diferença funcional entre risco e perigo, demonstra as bases teóricas e funcionais
de seu conceito contemporâneo. A título exemplificativo, buscando ressaltar a
importância jurídica do conceito, discorre sobre sua relevância em três outras

áreas, a saber, dos Direitos Civil, dos Seguros e Ambiental. Feito isso, estrutura-se um quadro conceitual para aplicação do risco ao processo. Para tal finalidade, coloca-se o risco como indicativo de urgência e como objeto de cognição judicial, desenvolvendo as bases de sua aplicação.

O capítulo 4 é aquele no qual se pretende aplicar o conceito de risco à disciplina jurídica do instituto estudado.

Estabelecido o conceito de risco e suas implicações com a tutela de urgência, busca-se demonstrar como o Direito Processual Civil pode responder às questões colocadas a partir da perspectiva desenvolvida nos capítulos anteriores. Após discorrer sobre as características fundamentais da disciplina da tutela provisória no Brasil, abre-se espaço para o tratamento de institutos similares de outros países, de modo a criar parâmetros de comparação jurídica, assentando bases para melhor avaliar e compreender as soluções consagradas no direito brasileiro.

Trata-se, na sequência, dos requisitos da tutela de urgência. Em relação a eles, o conceito de risco tem especial relevância, como se demonstrará. Para fins de sistematização, tais requisitos são agrupados sob as tradicionais rubricas do *fumus boni iuris* e do *periculum in mora*. Depois, por serem pertinentes aos dois tipos de requisitos, analisa-se o papel da prova e dos possíveis tipos de resposta jurisdicional de tutela de urgência.

Finaliza-se com a apresentação de uma proposta, consistente em considerar a tutela de urgência como mecanismo processual de regulação provisória do litígio.

5. BREVES NOTAS DE REDAÇÃO

Cabe, por fim, uma breve digressão sobre opções de redação adotadas na obra.

Em primeiro lugar, destaca-se que o requerente da tutela de urgência é sempre tratado como "parte". Embora seja mais usual a formulação desse tipo de pedido pelo autor da ação, o réu, por via reconvencional ou em contracautela, também pode formulá-lo. Assim, prefere-se a designação mais geral. Salvo situações específicas, adota-se "parte" ou, dependendo da necessidade do texto, "requerente".

Por razões semelhantes, em relação às tutelas provisórias, prefere-se a designação "julgador", em vez de juiz. Isso porque a tutela provisória pode ser apreciada também em grau de recurso, tornando mais adequada na mesma medida a referência de maior generalidade. Essa preferência atende também ao fato de que, naquelas situações nas quais, excepcionalmente, o Código de Processo Civil seja aplicável à arbitragem, o deferimento da decisão da tutela de urgência pode estar a cargo de um árbitro. No mesmo sentido, prefere-se decisões *jurisdicionais*, em vez de *judiciais*.

Para tornar a leitura mais fácil e agradável, as referências a artigos de lei são feitas em nota de rodapé. Os dispositivos legais são referidos no texto somente quando objeto de comentário direto ou para dar-lhes maior destaque. Da mesma forma, as referências cruzadas, indicando outros trechos do próprio trabalho, como regra, são indicadas em nota, seguidas, para facilitar ao leitor, do sentido direcional de sua localização no texto.

Por fim, transcrições no texto são ao máximo evitadas. Quando superam mais de três linhas, são apresentadas em parágrafo próprio, com letra em fonte menor e margem recuada. Sendo relativas a originais em língua estrangeira, são sempre traduzidas pelo próprio autor. Nesses casos, o original em língua estrangeira vem reproduzido em nota para eventual verificação pelo leitor. As transcrições em nota de rodapé, quando o caso, são apresentadas no original em língua estrangeira, seguidas da tradução entre parênteses. Institutos de direito estrangeiro que não encontram correspondente preciso no direito nacional são referidos apenas na língua estrangeira.

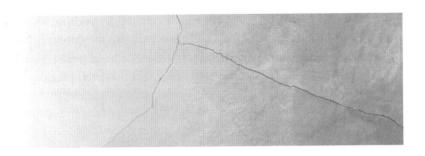

Capítulo 1
TEMPO E PROCESSO

1.1 A IMPORTÂNCIA DO TEMPO NA DINÂMICA PROCESSUAL

A importância do tempo no processo contemporâneo é fundamental.[1] Não há dúvida a esse respeito, mormente depois que a Emenda Constitucional 45, de 2004, colocou "a razoável duração do processo e os meios que garantam a celeridade de sua tramitação" entre os direitos e garantias fundamentais previstos na Constituição Federal (art. 5º, LXXVIII).

No âmbito do Direito Processual Civil – e quiçá em outros tipos de processo –, tendo em vista seu caráter estruturador e organizacional do procedimento, o *tempo* merece um tratamento mais pormenorizado, que permita distinguir corretamente algumas situações nas quais esse conceito possa estar implicado, como é caso da tutela provisória.

Primeiro, para tanto, é preciso fazer uma distinção do tempo enquanto unidade operacional e, também, como indicativo da duração do processo. Nesta obra, propõe-se, como será desenvolvido a seguir, para fins analíticos, a distinção

---

[1] Cf., como um todo, TUCCI, José Rogério Cruz e. *Tempo e processo:* uma análise empírica das repercussões do tempo na fenomenologia processual (civil e penal). São Paulo: Ed. RT, 1997. Uma percepção importante para o processo contemporâneo é a de que "o processo civil, como toda atividade humana, é necessariamente imerso no tempo" ("il processo civile, come ogni altra attività umana, è necessariamente imerso nel tempo") (ANDOLINA, Italo. *"Cognizione" ed "esecuzione forzata" nel sistema della tutel giurisdizionale:* corso di lezioni. Milano: A. Giuffrè, 1983. p. 13).

entre o tempo *do* processo,[2] isto é, aquele relativo à sua duração, e o tempo *no* processo, indicando sua disciplina na sequência dos atos processuais.

Em segundo lugar, é necessário estabelecer com clareza o papel das tutelas provisórias – e aqui não apenas as de urgência – no tempo do processo. Para fazer adequadamente essa abordagem, colocando as tutelas provisórias na lógica da temporalidade do processo, é preciso inseri-las no âmbito daquelas técnicas chamadas aceleratórias, isto é, voltadas a reduzir a duração do processo até um resultado final.

A esse respeito, todavia, deve-se estabelecer uma diferenciação entre aquelas medidas voltadas a acelerar o trâmite dos atos processuais e a técnica das tutelas provisórias, cujo objetivo é dar celeridade não propriamente ao desenvolvimento processual, mas à resposta jurisdicional. Assim, como também se pormenoriza a seguir, distinguem-se as técnicas de aceleração procedimental daquelas voltadas à resposta jurisdicional, cuja eficácia é, sobretudo, para fora do processo.[3]

1.2 O TEMPO NO PROCESSO

No vigente modelo, o processo se desenvolve em lapsos de tempo previamente determinados, por lei, pelo juiz e, eventualmente, por negócios processuais das partes.[4] Esses períodos são fixados na forma de prazos, disciplinados quanto à sua extensão e à forma de sua contagem.[5] Nesse sentido, o tempo é verdadeira unidade operacional do processo.[6] O processo tem seu tempo coordenado com o desenvolvimento do procedimento.[7]

---

[2] A expressão é utilizada por Tucci (TUCCI, José Rogério Cruz e. *Tempo e processo:* uma análise empírica das repercussões do tempo na fenomenologia processual (civil e penal). São Paulo: Ed. RT, 1997. p. 26).

[3] V. item 1.3.2, *infra*.

[4] Cf. arts. 139, inciso VI e parágrafo único, 190, 191 e 218, § 1º do CPC. O art. 139 dá ao juiz alguma flexibilidade para dilatar prazos e alterar a ordem de produção dos meios de prova, respeitando que o prazo regular não tenha se encerrado (parágrafo único). Enquanto os arts. 190 e 191 permitem às partes, por comum acordo, realizarem alterações procedimentais e até mesmo fixarem um calendário para a prática de atos processuais.

[5] Sobre a centralidade dos prazos, v. o *caput* do art. 218 do CPC; quanto ao modo de sua contagem, sobretudo, v. 231, também do CPC. Sobre a essencialidade do tempo na disciplina processual v. GELSI BIDART, Adolfo. El tiempo y el proceso. *Revista de Processo*, v. 23, p. 100-121, 1981.

[6] Nesse sentido, Tucci afirma ainda que "o tempo do processo é um tempo inteiramente ordenado, que permite à sociedade regenerar a ordem social e jurídica" (TUCCI, José Rogério Cruz e. *Tempo e processo:* uma análise empírica das repercussões do tempo na fenomenologia processual (civil e penal). São Paulo: Ed. RT, 1997. p. 26).

[7] Cf. SALLES, Carlos Alberto de. Calendário processual: perspectivas para um processo tempo-orientado. In: YARSHELL, Flávio Luiz; BEDAQUE, José Roberto dos Santos; SICA, Heitor Vitor Mendonça (org.). *Estudos de direito processual civil*: em homenagem ao professor José Rogério Cruz e Tucci. Salvador: JusPodivm, 2018. p. 115-125.

No dizer de José Rogério Cruz e Tucci:

> Cada espécie de procedimento é seccionada em fases. Cada fase é preenchida por atos. Os atos processuais compõem assim as fases de um determinado procedimento.
>
> *Ogni atto deve avere il suo tempo* – frisa Carnelutti. O procedimento é então regulado não somente no que concerne à ordem dos atos, mas, ainda, no atinente à *distantia temporis* entre um e outro ato.[8]

No processo civil brasileiro, esse seccionamento temporal é, tradicionalmente, levado a efeito por meio de um sistema preclusivo rígido. A propósito, é relevante a observação de Enrico Tullio Liebman, que, comparando o sistema de preclusões do direito brasileiro com aquele à época vigente na Itália, ressalta que nosso direito adota uma disciplina preclusiva mais rígida. Para ele, a observância de uma *ordem legal necessária de atividades processuais* e do princípio da *eventualidade*, obrigando as partes a opor ao mesmo tempo todos os meios de ataque ou de defesa, faz com que a preclusão receba "aplicação ainda maior que no processo italiano".[9]

O Código de Processo Civil de 2015 não rompeu com o modelo tradicional de organização do processo em prazos sucessivos, com o descumprimento sancionado por preclusão. A principal iniciativa com potencial para atenuar a rigidez do sistema preclusivo foi aquela reduzindo as hipóteses de cabimento de agravos de instrumento e permitindo que a matéria, não abrangida por elas, fosse alegada em preliminar de apelação.[10] Atendendo a imperativos da prática judiciária, o Superior Tribunal de Justiça – STJ acabou suavizando a regra do art.

---

[8] TUCCI, José Rogério Cruz e. *Tempo e processo:* uma análise empírica das repercussões do tempo na fenomenologia processual (civil e penal). São Paulo: Ed. RT, 1997. p. 29.

[9] LIEBMAN, Enrico Tullio. Notas às Instituições de direito processual civil de Chiovenda. *In:* CHIOVENDA, Giuseppe (ed.). *Instituições de direito processual civil.* Tradução de J. Guimarães Menegale. 3. ed. São Paulo: Saraiva, 1969. p. 158, nota 1.

[10] Nesse sentido, no modelo processual civil do CPC/2015, perdura "o *caráter preclusivo* do processo civil brasileiro. O Projeto reduzia muito significativamente essa preclusividade, ao suprimir o agravo retido e confinar a admissibilidade do agravo de instrumento a umas poucas hipóteses (...). No texto definitivo, todavia (art. 1.015), aumentaram-se de três para *treze* as hipóteses básicas de admissibilidade desse recurso, havendo também várias situações não tipificadas no art. 1.015 do Código de Processo Civil, em que, segundo a jurisprudência que vai se formando, o agravo se admitirá (...). Com isso ficou afastada a intenção inicial de reduzir a preclusividade no sistema brasileiro de processo civil (art. 1.009, § 1º)" (DINAMARCO, Cândido Rangel; BADARÓ, Gustavo Henrique Righi Ivahy; LOPES, Bruno Vasconcelos Carrilho. *Teoria geral do processo.* 34. ed. São Paulo: Malheiros, 2023. p. 173).

1.015 do Código de Processo Civil, definindo que o rol de decisões agraváveis estabelecia uma "taxatividade mitigada".[11]

Sem dúvida, o legislador do Código de 2015 teve a intenção de encurtar a duração do processo. Para tanto, valeu-se, sobretudo, da estratégia de reduzir e simplificar procedimentos. Tome-se como exemplo a tentativa de limitar, sistematizar e agilizar as modalidades de intervenção de terceiros (arts. 119 a 138), a unificação do procedimento comum (art. 318), a possibilidade de reconhecimento da improcedência liminar do pedido (art. 332), as hipóteses de julgamento antecipado e parcial de mérito (arts. 355 e 356), a redução do número de procedimentos especiais (arts. 539 a 766), a limitação ao cabimento de agravos (art. 1.015 a 1.021), a substituição dos embargos infringentes pelo julgamento estendido (art. 942), entre outros.[12]

1.2.1 O processo tempo-estruturado

Com as mudanças introduzidas no Código de Processo Civil de 2015, de todo modo, não houve uma ruptura com o modelo de processo *tempo-estruturado*, isto é, aquele que adota o tempo – disciplinado na forma de prazos – como elemento a partir do qual o processo se organiza, com a delimitação temporal dos ônus e faculdades dos vários sujeitos processuais.[13] Nesse modo de utilização do tempo,

---

[11] Tema Repetitivo 988, com a seguinte tese fixada: "O rol do art. 1.015 do CPC é de taxatividade mitigada, por isso admite a interposição de agravo de instrumento quando verificada a urgência decorrente da inutilidade do julgamento da questão no recurso de apelação". O voto condutor apresenta a seguinte justificativa quanto ao efeito preclusivo: "Dito de outra maneira, o cabimento do agravo de instrumento na hipótese de haver urgência no reexame da questão em decorrência da inutilidade do julgamento diferido do recurso de apelação está sujeito a um duplo juízo de conformidade: um, da parte, que interporá o recurso com a demonstração de seu cabimento excepcional; outro, do Tribunal, que reconhecerá a necessidade de reexame com o juízo positivo de admissibilidade. Somente nessa hipótese a questão, quando decidida, estará acobertada pela preclusão. Significa dizer que, quando ausentes quaisquer dos requisitos acima mencionados, estará mantido o estado de imunização e de inércia da questão incidente, possibilitando que seja ela examinada, sem preclusão, no momento do julgamento do recurso de apelação" (REsp 1.704.520/MT, Rel. Min. Nancy Andrighi, Corte Especial, j. 05.12.2018, *DJe* 19.12.2018, p. 50-51).

[12] SALLES, Carlos Alberto de. Calendário processual: perspectivas para um processo tempo-orientado. In: YARSHELL, Flávio Luiz; BEDAQUE, José Roberto dos Santos; SICA, Heitor Vitor Mendonça (org.). *Estudos de direito processual civil*: em homenagem ao professor José Rogério Cruz e Tucci. Salvador: JusPodivm, 2018. p. 118. Alertando para os riscos de uma desprocedimentalização exagerada, v. SALLES, Carlos Alberto de. Processo (in)civil: desprocedimentalização e segurança jurídica-processual no CPC de 2015. *In*: AMADEO, Rodolfo C. M. R. *et al.* (org.). *Direito processual civil contemporâneo*: estudos em homenagem ao professor Walter Piva Rodrigues. Indaiatuba: Foco, 2020. p. 33-45.

[13] SALLES, Carlos Alberto de. Calendário processual: perspectivas para um processo tempo-orientado. In: YARSHELL, Flávio Luiz; BEDAQUE, José Roberto dos Santos; SICA, Heitor Vitor Mendonça (org.). *Estudos de direito processual civil*: em homenagem ao professor José Rogério Cruz e Tucci. Salvador: JusPodivm, 2018. p. 120.

a atuação dos vários *sujeitos processuais*[14] está confinada a limites temporais para a prática dos vários atos de desenvolvimento do processo, devendo as partes se conformarem à cronologia estabelecida.

São mínimas as possibilidades de as partes delimitarem ou modificarem a cronologia processual previamente estabelecida.[15] No entanto, o vigente Código de Processo Civil abre espaço para uma diversa utilização do tempo. A possibilidade de o juiz, em comum acordo com as partes, estabelecer um *calendário* (art. 191 do CPC) para a prática dos atos processuais permite uma ruptura com o modelo tradicional de prazos. Mas, para seu efetivo funcionamento, é necessário compreender um modelo de processo *tempo-orientado*,[16] quer dizer, colocar a cronologia do processo em termos prospectivos, como um instrumento *ad hoc* de planejamento e distribuição das várias tarefas processuais.

1.2.2 O processo tempo-orientado

No modelo de processo tempo-orientado, em vez de organização temporal rígida, de prazos preestabelecidos, surge a possibilidade de criar condicionamentos de tempo futuro para delimitar o avanço da marcha processual. Na calendarização, por exemplo, há verdadeira dinâmica de agendamento, tendo por perspectiva uma estimativa do tempo necessário para realizar uma determinada atividade processual.

Tal modelo, todavia, depende de as partes terem maior influência, de maneira a intervirem no perfil de desenvolvimento dos atos processuais. Como já sustentou o autor desta obra, quanto maior for a autonomia das partes para dispor e regular os atos do processo, de maneira mais efetiva pode funcionar a dinâmica do calendário.[17] Nesse caso, a função do juiz seria a de uma espécie de supervisor, seguindo o desenvolvimento do processo pactuado pelas partes.

---

[14] No sentido adotado por Cândido Rangel Dinamarco, que distingue entre aqueles sujeitos processuais *parciais* (que buscam a satisfação de uma pretensão) e *imparciais* (o juiz ou o árbitro). Para ele:"Sujeitos processuais são *todas as pessoas* que figuram como titulares das situações jurídicas ativas e passivas integrantes da relação jurídica processual"(DINAMARCO, Cândido Rangel. *Instituições de direito processual civil*. 9. ed. São Paulo: JusPodivm, 2023. v. II. p. 228).

[15] Tome-se como exemplo a estrita delimitação de *justa causa* prevista no art. 223 do CPC.

[16] Sustentando essa posição, v. SALLES, Carlos Alberto de. Calendário processual: perspectivas para um processo tempo-orientado. In: YARSHELL, Flávio Luiz; BEDAQUE, José Roberto dos Santos; SICA, Heitor Vitor Mendonça (org.). *Estudos de direito processual civil*: em homenagem ao professor José Rogério Cruz e Tucci. Salvador: JusPodivm, 2018. p. 121-125.

[17] SALLES, Carlos Alberto de. Calendário processual: perspectivas para um processo tempo--orientado. In: YARSHELL, Flávio Luiz; BEDAQUE, José Roberto dos Santos; SICA, Heitor Vitor Mendonça (org.). *Estudos de direito processual civil*: em homenagem ao professor José Rogério Cruz e Tucci. Salvador: JusPodivm, 2018. p. 121.

A instituição do calendário no Brasil, para tanto, é dependente da consolidação das possibilidades abertas pelo permissivo dos negócios jurídicos processuais (art. 190 do CPC).[18]

Não por outra razão, no Brasil, a construção de um processo tempo-orientado encontra maior espaço na seara arbitral, na qual as partes têm maior liberdade de escolha e para moldar o procedimento da arbitragem.[19] De toda maneira, o modelo mais acabado de processo tempo-orientado é o norte-americano.[20]

Por meio da disciplina das *Federal Rules of Civil Procedure*,[21] o juiz deve manter um agendamento para organizar os atos subsequentes do processo, que eventualmente podem ser modificados por nova ordem judicial.[22] Em grande parte, isso é possível porque todo processo sob jurisdição da *common law* deve obedecer ao preceito constitucional segundo o qual o julgamento deve se dar perante o júri.[23]

Assim, no agendamento inicial, o juiz deve definir as datas para as sessões de prejulgamento e de julgamento. Com isso, o processo se desenvolve em fases preparatórias para o *trial*, entre as quais se destaca a chamada *pretrial discovery*, a instrução processual propriamente dita. Essas fases seguem uma cronologia previamente acertada pelo juiz em conjunto com as partes. O *trial*, de qualquer forma, é o momento no qual estas, verdadeiramente, apresentam e discutem suas provas, sustentando suas razões perante o júri.

---

[18] Sobre as possibilidades abertas em nosso sistema pelos negócios jurídicos processuais, v. CABRAL, Antonio do Passo. *Convenções processuais*. Salvador: JusPodivm, 2021, em especial p. 215-246. Também, YARSHELL, Flávio Luiz. Convenção das partes em matéria processual: rumo a uma nova era? *In*: CABRAL, Antonio do Passo; NOGUEIRA, Pedro Henrique (org.). *Negócios processuais*. Salvador: JusPodivm, 2015. p. 63-80.

[19] Sobre o tema, v. MONTORO, Marcos André Franco. *Flexibilidade do procedimento arbitral*. 2010. Tese (Doutorado em Direito) – Universidade de São Paulo, São Paulo, 2010. Também, CARMONA, Carlos Alberto. Flexibilização do procedimento arbitral. *Revista Brasileira de Arbitragem*, v. 24, p. 7-21, out./dez. 2009.

[20] Cf. SALLES, Carlos Alberto de. Calendário processual: perspectivas para um processo tempo--orientado. In: YARSHELL, Flávio Luiz; BEDAQUE, José Roberto dos Santos; SICA, Heitor Vitor Mendonça (org.). *Estudos de direito processual civil*: em homenagem ao professor José Rogério Cruz e Tucci. Salvador: JusPodivm, 2018. p. 122-124.

[21] Esse corpo legislativo norte-americano, embora se aplique apenas a Cortes Federais, serve de referência para a legislação estadual em matéria processual, que é aplicada nas Cortes Estaduais. Acerca dessa matéria, v. Rule 16 (Pretrial Conferences: Scheduling; Management).

[22] Cf. FINE, Toni M. *Introdução ao sistema jurídico anglo-americano*. São Paulo: Martins Fontes, 2011, p. 104.

[23] *Amendment VII* da Constituição dos Estados Unidos da América. Apontando a diminuição dos casos que chegam a *trial* (julgamento), seja em razão de as partes firmarem acordos, seja por serem julgadas com a utilização de exceções que permitem ao juiz togado decidir monocraticamente, v. GALANTER, Marc. The vanishing trial: an examination of trials and related matters in federal and state courts. *Journal of Empirical Legal Studies*, v. 1, n. 3, p. 459-570, 2004.

Capítulo 1 · TEMPO E PROCESSO | 15

No Brasil, o calendário processual, notadamente se colocado em perspectiva com as possibilidades abertas pelo art. 190 do Código de Processo Civil, permite uma profunda mudança na disciplina do tempo no processo, possibilitando um perfil muito mais flexível. Mais do que isso, possibilita a adoção de um novo modelo para lidar com a dimensão do tempo no processo, aquele aqui designado de *tempo-orientado*.

Na tutela provisória de urgência – e na tutela de evidência, de modo geral –, o julgador pode deparar-se com situações nas quais seja necessário fixar condicionamentos temporais para cumprimento da decisão antecipatória ou cautelar, ou seja, considerar a projeção temporal de sua decisão e do direito das partes. Note-se não se tratar de prazos propriamente ditos, mas da regulação da própria eficácia da decisão no tempo futuro,[24] decisões estabelecendo parâmetros *tempo-orientados*, como colocado anteriormente. Sempre que houver relações continuadas ou que tenham, de alguma forma, uma projeção no tempo, a necessidade de fixar marcos temporais pode estar presente com mais frequência.

É o que acontece em muitas relações envolvendo o Direito de Família. Considerem-se, por exemplo, os alimentos provisórios fixados para o ex-cônjuge com termo final. Como nesses casos a obrigação alimentar não tem sido considerada permanente, o juiz pode deferir alimentos não só provisórios, mas também *transitórios*.[25] Diga-se por seis meses, considerando ser um lapso suficiente para o ex-cônjuge beneficiado se reorganizar profissionalmente depois da ruptura da vida em comum.[26]

---

[24] Algo que está próximo do que se tem chamado "condenação para o futuro" (Cf. BEDAQUE, José Roberto dos Santos. *Tutela provisória:* analisada à luz das garantias constitucionais da ação e do processo. 6. ed. São Paulo: Malheiros, 2021. p. 116.

[25] Isto é, fixados com prazo determinado. A tutela provisória, nesse caso, tem caráter amplamente *satisfativo*, podendo atender à pretensão da parte de modo integral e, na prática definitiva, antes mesmo de o processo chegar à decisão de mérito, considerando a irrepetibilidade das prestações alimentícias.

[26] V., nesse sentido, STJ, REsp 1454263/CE, Rel. Min. Luis Felipe Salomão, Quarta Turma, j. 16.04.2015: "[EMENTA] (...) 4. Os alimentos transitórios – que não se confundem com os alimentos provisórios – têm por objetivo estabelecer um marco final para que o alimentando não permaneça em eterno estado de dependência do ex-cônjuge ou ex-companheiro, isso quando lhe é possível assumir sua própria vida de modo autônomo. 5. Recurso especial provido em parte. Fixação de alimentos transitórios em quatro salários mínimos por dois anos a contar da publicação deste acórdão, ficando afastada a multa aplicada com base no art. 538 do CPC". No mesmo sentido, TJSP, AI 2138492-35.2023.8.26.0000, Rel. Des. Marcus Vinicius Rios Gonçalves, 6ª Câmara de Direito Privado, j. 29.06.2023: "Agravo de instrumento – Alimentos – Decisão que fixou alimentos provisórios em favor das autoras (ex-cônjuge e filha maior do réu), a serem pagos pelo réu, ora agravante, no valor equivalente 10% do salário mínimo em favor da ex-cônjuge, e 20% do salário mínimo à filha, para o caso de desemprego, e 10% dos rendimentos líquidos dele, à ex-cônjuge, e 20% dos rendimentos líquidos para a filha, no caso de emprego formal – Insurgência do réu – Pretensão à revogação dos alimentos provisórios fixados para ex-cônjuge e redução dos

Ainda na área do Direito de Família, imagine-se o regime de convivência estabelecido em tutela de urgência de maneira progressiva, quer dizer, com o aumento gradual do direito de visita. Nessa situação, os marcos temporais estabelecidos pelo juiz, ainda em tutela de urgência, representariam um verdadeiro escalonamento do direito de visita. Exemplificativamente: nos primeiros dois meses, estabelecendo visitas acompanhadas pela guardiã (ou pelo guardião) da criança; nos dois meses seguintes, podendo o visitante retirar a criança por um número de horas previamente determinado; e, por fim, decorridas essas duas primeiras etapas, podendo ser realizado pernoite, com o genitor que não detém a guarda, no dia da visita.

Em litígios de natureza estritamente patrimonial, tal abordagem da tutela provisória mostra-se igualmente viável. É, por exemplo, o que ocorre na desocupação de um imóvel, em uma imissão ou reintegração de posse na qual foi deferida retenção por benfeitorias ao ocupante do bem. No caso, embora não se trate da fixação de um prazo ou termo, mas de uma condição, é inegável a existência de uma projeção temporal na medida deferida pelo juiz.

Mesmo em situações mais estritamente processuais, como na produção antecipada de prova, é possível considerar a projeção temporal da medida provisória no processo. Considere-se, por exemplo, um pedido de vistoria *inaudita altera parte*, necessária como primeira etapa para depois realizar-se a produção da prova pericial no material obtido.[27] Com a finalidade de evitar eventual dissipação ou dissimulação da prova, necessário ao juiz coordenar os momentos, temporais e processuais, para viabilizar a coleta da prova.

Em suma, o *tempo no processo* tem uma importância essencial em sua estruturação e seu desenvolvimento. Para além do modelo *tempo-estruturado*, consistente na delimitação temporal dos ônus e faculdades dos sujeitos processuais por meio de prazos, o atual processo civil brasileiro permite pensar em um novo modelo de gestão do tempo no processo, aquele que aqui se denominou *tempo--orientado*, ou seja, como cronologia do processo em termos prospectivos, pela qual é possível planejar, em relação ao futuro, a distribuição das várias tarefas processuais. A tutela provisória, em especial a de urgência, com semelhante pro-

---

alimentos fixados para a filha maior. Caráter excepcional e transitório dos alimentos entre cônjuges. Circunstâncias do caso concreto que não justificam a fixação de alimentos, em caráter liminar, à ex-cônjuge – Questão que demanda melhor análise após regular instrução processual – Alimentos fixados em favor da filha maior, que foram arbitrados em valor que se afigura razoável e adequado ao caso concreto – Elementos dos autos que indicam ingresso em curso superior – Inexistência, por ora, de elementos que permitam autorizar a redução, como pretendido pelo agravante – Recurso parcialmente provido".

[27] V., nesse sentido, TJSP, AI 2252691-07.2022.8.26.0000, Rel. Des. Viviani Nicolau, 3ª Câmara de Direito Privado, j. 23.01.2023 (deferindo vistoria em um parque informático para realização de verificação de contrafação).

pósito, é colocada nesta obra como um instrumento para regular a distribuição entre as partes dos gravames decorrentes da duração do processo.[28] Uma vez que tal distribuição é realizada em perspectiva de futuro, o *risco* é elemento essencial para sua correta realização, como sustentado a seguir.[29]

1.3 O TEMPO DO PROCESSO

Diferente de como o tempo é utilizado para estruturação e organização de um processo é a consideração do tempo projetado para *fora* dele. Em outras palavras, qual a demora para o processo chegar a uma decisão final ou, apenas, qual sua duração para chegar a uma resposta jurisdicional, ainda que provisória? Pode-se dizer que, nesse aspecto, a consideração da temporalidade está voltada para as consequências produzidas no âmbito das relações de direito material, na vida concreta das pessoas.

Nessa perspectiva, do tempo *do* processo, estabelecer uma métrica geral sobre a duração ideal ou *razoável* – como quer a Constituição Federal (art. 5º, LXXVIII) – é um objetivo que se mostra, verdadeiramente, inatingível. Não se pode estabelecer de maneira abstrata a adequada velocidade da resposta jurisdicional,[30] tendo em vista estar relacionada com as necessidades de cada caso,

---

[28] V., em especial, itens 1.4.2 e 1.6, *infra*.

[29] Nesse sentido, o capítulo 3, *infra*.

[30] O Conselho Nacional de Justiça – CNJ vem produzindo estatísticas anuais sobre o Poder Judiciário, em pesquisa denominada *Justiça em Números*, cujo relatório, desde 2016 (dados do ano de 2015), traz levantamentos sobre o tempo de tramitação dos processos. Na edição de 2022 (dados do ano de 2021), o tempo médio dos processos, na Justiça Estadual, na fase de conhecimento, foi de 2 anos e 7 meses; na fase de execução, de 4 anos e 8 meses. Na Justiça Federal, o tempo de tramitação média foi de 1 ano e 10 meses, na fase de conhecimento; e de 5 anos e 2 meses, na fase de execução. Considerou-se, em relação às duas Justiças, a média de tempo dos processos baixados (definitivamente concluídos) e daqueles em acervo (que permaneceram em tramitação no ano examinado). Os dados gerais do Poder Judiciário, em série histórica, mostram que o tempo médio dos processos em acervo caiu de 5 anos e 6 meses, em 2015, para 4 anos e 7 meses, em 2021; dos processos baixados, de 2 anos e 8 meses para 2 anos e 3 meses. No mesmo período, o tempo de tramitação até a sentença variou de 1 ano e 6 meses para 2 anos e 1 mês (Cf. CONSELHO NACIONAL DE JUSTIÇA – CNJ. *Justiça em Números 2022*. Brasília: CNJ, 2022. Disponível em: https://www.cnj.jus.br/pesquisas-judiciarias/justica-em-numeros/. Acesso em: 14 jun. 2023. p. 212-215). Embora esses números sirvam para dar uma visão geral da duração dos processos no Brasil, dois fatores devem ser considerados na análise deles: *(i)* as totalizações apresentadas nesse relatório envolvem processos, quanto aos dados gerais, de competência de todos os ramos da organização judiciária brasileira, e, quanto a cada uma das Justiças, processos de todas as suas competências, menos aqueles dos Juizados Especiais; *(ii)* na série histórica, por outro lado, o próprio relatório admite que, por ser a primeira, a coleta dos dados não foi completa. No sentido deste último ponto, v. CONSELHO NACIONAL DE JUSTIÇA – CNJ. *Justiça em Números 2016*. Brasília: CNJ, 2016. Disponível em: https://www.cnj.jus.br/pesquisas-judiciarias/justica-em-numeros/. Acesso em: 14 jun. 2023. p. 69. Denunciando, em artigo publicado originalmente em 1982, a ca-

com os atributos da pretensão levada a juízo, com as dificuldades do processo em si, com o número de partes e o tipo de prova a ser produzida.

No direito europeu, por exemplo, a razoável duração do processo é prevista como direito fundamental.[31] A aferição da razoabilidade da duração de um processo, pelo Tribunal Europeu dos Direitos do Homem (TEDH), parte do pressuposto de que ela depende das circunstâncias específicas do caso. O tempo do processo, portanto, é avaliado *in concreto*, considerando quatro critérios: a complexidade da causa, o comportamento das partes, a atuação do órgão jurisdicional e a relevância do bem da vida em disputa.[32]

Não se pode comparar a duração de processos desiguais em suas dificuldades e complexidades. Por exemplo, um processo com muitos litisconsortes e com necessidade de produção de prova pericial e outro envolvendo somente duas partes e restrito à necessidade de prova documental.

De igual maneira, no âmbito da tutela provisória, não se pode comparar a urgência do demandante que vem à Justiça para reclamar um medicamento, do SUS[33] ou de um plano de saúde, do qual pode depender sua vida,[34] com

---

rência de estatísticas, que entendia necessárias ao debate do tema, v. BARBOSA MOREIRA, José Carlos. *Temas de direito processual* – Terceira série. 2. ed. Rio de Janeiro: GZ, 2023. p. 39. Comentando estatísticas sobre o tema na Itália, v. CAPONI, Remo. La giustizia in Italia: una introduzione. In: DINAMARCO, Cândido da Silva *et al.* (org.). *Estudos em homenagem a Cândido Rangel Dinamarco.* São Paulo: Malheiros, 2022.

[31] Art. 47 da Carta dos Direitos Fundamentais da União Europeia e art. 6º da Convenção Europeia dos Direitos do Homem.

[32] Cf. EUROPE. European Union Agency for Fundamental Rights. *Handbook on European law relating to access to justice.* [s.l.]: Publications Office of the European Union, 2016. Disponível em: https://www.echr.coe.int/documents/d/echr/Handbook_access_justice_ ENG. Acesso em: 26 jul. 2023. No mesmo sentido, o art. 8.1 da Convenção Americana de Direitos Humanos prevê o direito à razoável duração do processo.

[33] O Sistema Único de Saúde – SUS está previsto no art. 198 da CF. A respeito da urgência da reclamação por medicamento, v., nesse sentido, TJSP, AI 3002924-30.2023.8.26.0000, Rel. Des. Bandeira Lins, 8ª Câmara de Direito Público, j. 23.06.2023: "Agravo de instrumento. Tutela de urgência. Fornecimento de medicamento não incorporado ao protocolo do SUS. Nintedanibe. Fibrose pulmonar idiopática. Insurgência contra deferimento de liminar. Decisão insuscetível de reforma. Tema 106/STJ. Prova inicial suficiente para que se divise maior risco em não se oferecer a medicação do que em se proceder a tanto. Multa que não se traduz em consequência patrimonial instantânea. Tema 743/STJ. Decisão mantida. Recurso a que se nega provimento".

[34] V., nesse sentido, TJSP, AI 2164543-83.2023.8.26.0000, Rel. Des. Álvaro Passos, 2ª Câmara de Direito Provado, j. 14.07.2023: "Tutela antecipada – Contrato – Plano de saúde – Negativa de cirurgia prescrita a paciente com suspeita de endoleak (falha no implante de 'Stent' para excluir o saco aneurismático da circulação sistêmica) –, com indicação de correção endovascular cirúrgica de urgência, sob a alegação de existência de período de carência – Concessão para que a seguradora custeie a internação e o procedimento prescritos – Obrigatoriedade – Presença dos requisitos previstos no art. 300 do novo CPC, dadas a verossimilhança das alegações e a premência da terapia, ante o quadro

aquela de alguém que busca reintegração de posse em um imóvel como decorrência de uma rescisão contratual.[35] Muito embora nos dois casos se trate de pretensões igualmente legítimas, impossível estabelecer métricas gerais para situações tão variadas.

1.3.1 O processo imediato

Em contraposição a um processo cuja demora corrói o direito das partes,[36] o *processo imediato*, aquele capaz de dar uma resposta instantânea para a pretensão da parte, é um ideal que não se sabe ser possível ou desejável.[37] Embora haja experiências que, muito excepcionalmente, chegam próximo disso,[38] de maneira

---

de urgente/emergencial apresentado pelo autor – Inteligência da súmula nº 103 deste Tribunal – Recurso improvido".

[35] V., TJSP, AI 2132689-71.2023.8.26.0000, Rel. Des. Pedro de Alcântara da Silva Leme Filho, 8ª Câmara de Direito Privado, j. 30.06.2023: "Agravo de instrumento. Ação de rescisão de compromisso de compra e venda c.c. reintegração de posse e perdas e danos. Decisão que indeferiu pedido de tutela provisória de urgência para reintegração de posse do imóvel. Inconformismo. Descabimento. Requisitos para a concessão da tutela provisória de urgência não preenchidos. Art. 300, CPC. Imprescindibilidade de manifestação judicial para rescisão contratual. Proteção da boa-fé que rege os contratos de imóveis. Necessidade de se aguardar o contraditório e a instrução processual. Decisão mantida. Agravo não provido". Em sentido diverso, v., TJSP, AI 2160492-29.2023.8.26.0000, Rel. Des. Caio Marcelo Mendes de Oliveira, 32ª Câmara de Direito Privado, j. 12.07.2023: "Tutela de urgência – Agravo de instrumento – Ação de rescisão contratual c/c indenização por danos morais, c/c com transferência de multa e infrações de trânsito – Antecipação de tutela – Denegação – Medida que será deferida quando houver elementos que evidenciem a probabilidade do direito e o perigo de dano ou o risco ao resultado útil do processo – Inteligência do art. 300 do CPC – Elementos dos autos que autorizam o deferimento do pedido de antecipação de tutela, para determinar a reintegração de posse ao autor, com a entrega do bem ao credor fiduciário, bem como a expedição de ordem de bloqueio de circulação do veículo – Decisão reformada – Recurso provido".

[36] Para Cândido Rangel Dinamarco, "cautelares e antecipatórias são duas faces de uma moeda só, elas são dois irmãos gêmeos ligados por um veio comum que é o empenho em neutralizar os males do *tempo-inimigo*, esse dilapidador de direitos de que falou Francesco Carnelutti – mas essa grande similitude ainda não foi bem compreendida" (DINAMARCO, Cândido Rangel. *Nova era do processo civil*. São Paulo: Malheiros, 2003. p. 49).

[37] Tendo em vista a necessidade de desenvolvimento da atividade cognitiva do julgador, com a finalidade de praticar vasta gama de atos processuais, o que "impede a imediata concessão do provimento requerido, o que pode gerar risco de inutilidade ou ineficácia, visto que muitas vezes a satisfação necessita ser imediata, sob pena de perecimento, mesmo, do direito reclamado" (BEDAQUE, José Roberto dos Santos. *Tutela provisória*: analisada à luz das garantias constitucionais da ação e do processo. 6. ed. São Paulo: Malheiros, 2021. p. 19). De modo geral, "[é] inegável, por outro lado, que, quanto mais distante da ocasião tecnicamente propícia for proferida a sentença, a respectiva eficácia será proporcionalmente mais fraca e ilusória" (TUCCI, José Rogério Cruz e. *Tempo e processo*: uma análise empírica das repercussões do tempo na fenomenologia processual (civil e penal). São Paulo: Ed. RT, 1997. p. 65).

[38] V. exemplos referidos a seguir.

geral, há grande dificuldade de conceber um *devido processo legal*[39] que se possa desenvolver em lapsos de tempo muito pequenos e, mesmo assim, permitindo adequados graus de contraditório e de cognição judicial.

A utopia de um processo imediato encontra barreira no modelo de processo civil hoje conhecido, sobretudo em nossa tradição, moldada a partir do direito canônico e lusitano.[40] Afinal, em um processo predominantemente escrito e organizado em atos e fases sucessivas, o tempo do processo decorre, naturalmente, da necessidade de atividades a serem realizadas pelo juiz, pelas partes e pelos demais participantes.[41] No entanto, essa utopia não deve ser abandonada, até porque "[é] a impossibilidade prática de acelerar a emanação do provimento definitivo, que faz surgir o interesse na emanação de uma medida provisória".[42]

---

[39] Pioneiramente entre nós, v. GRINOVER, Ada Pellegrini. *Os princípios constitucionais e o Código de Processo Civil.* São Paulo: J. Bushatsky, 1975. p. 8-11. Retomando o tema, mais recentemente, da perspectiva do processo administrativo, v. GRINOVER, Ada Pellegrini. *Ensaio sobre a processualidade:* fundamentos para uma nova teoria geral do processo. Brasília: Gazeta Jurídica, 2016. p. 21-24.

[40] A respeito das influências do direito canônico na formação do direito ocidental moderno, José Reinaldo de Lima Lopes aponta, especificamente em relação ao processo civil, a formalização e a racionalidade do processo. Os notários destacaram-se como figuras importantes que desempenhavam a função de redatores oficiais de fórmulas e atos judiciais, termos reduzidos a escrito como memória do processo, introduzindo, portanto, o processo escrito. Ao lado do caráter escrito, a delimitação de fases processuais organizadas com clareza também é herança do direito canônico. No campo das provas, a irracionalidade é substituída por provas formais e racionais. O conjunto desses fatores representa a formalização crescente das fases processuais, com prazos e formas dos atos processuais, sistema de decisões interlocutórias, incidentais e, em razão disso, dos recursos interlocutórios. Ademais, no que concerne ao processo civil brasileiro, o início da sua tradição jurídica se dá com a vigência, ainda no período colonial, das Ordenações do Reino de Portugal, cuja herança, segundo o referido autor, persevera na cultura legal recente do país. A esse título, "[o] processo português e a própria forma e estrutura das Ordenações do Reino (desde as Afonsinas até as Filipinas de 1603) mostram o quanto a organização eclesiástica fora importante: partes sobre o juiz, seus poderes, sua jurisdição, regras de suspeição e afastamento, as fases do processo, as partes e seus procuradores, tudo isso havia sido cuidadosamente disciplinado no direito da Igreja" (LOPES, José Reinaldo de Lima. *O direito na história:* lições introdutórias. 7. ed. São Paulo: Atlas, 2023. p. 89-93). Sobre a influência do direito português no direito brasileiro, v. DIAS, Handel Martins. *Condicionamento histórico do processo civil brasileiro:* o legado do direito lusitano. 2014. Tese (Doutorado) – Universidade de São Paulo, São Paulo, 2014. Para origem, formação e fontes do direito canônico, v. TUCCI, José Rogério Cruz e; AZEVEDO, Luiz Carlos de. *Lições de processo civil canônico (história e direito vigente).* São Paulo: Ed. RT, 2001. p. 7-41.

[41] Apontando para a existência de um "tempo fisiológico" do processo, ou seja, aquele necessário para se obter o acertamento judicial do direito, v. DAMIANI, Francesco Saverio. *La tutela cautelare anticipatoria:* profili storico-sistematici. Napoli: Edizioni Scientifiche Italiane, 2018. p. 7-10.

[42] "È la impossibità pratica di accelerare la emanazione del provvedimento definitivo, che fa sorgere l'interesse alla emanazione di una misura provvisoria" (CALAMANDREI, Piero.

Em hipóteses muito específicas, envolvendo pequenos danos e um universo de situações conflitivas previsíveis e repetitivas, a imediatidade de uma resposta jurisdicional chega muito próxima de ser alcançada. É o caso, por exemplo, dos Juizados Especiais Cíveis instalados nos estádios da Copa do Mundo de 2014 ou em funcionamento em alguns aeroportos,[43] tendo por objetivo oferecer resposta aos interessados em curtíssimo lapso de tempo.

Cabe dar concreção à utopia possível do processo imediato. Imagine se a pessoa, vítima de uma situação envolvendo relações massificadas, pudesse acessar o Judiciário por meio de seu computador ou de um *totem* localizado em local público. No *site* ou em *aplicativo* disponível, poderia informar seus dados – quiçá com recurso de voz –, apresentar eventuais documentos que possua ou referencie. O sistema, de maneira automatizada, verificaria se o demandado, para o problema relatado, possui alternativas de acordo ou até mesmo de atendimento imediato. Se a negociação eletrônica não desse resultado, mecanismos de inteligência artificial localizariam a contestação do demandado, conforme catálogo previamente registrado no sistema, e, cotejando as alegações das partes, prepararia a sentença fundamentada do caso, que iria para o juiz apenas para validação. Recurso? As partes, para participar desse processo, abririam mão, sendo cabível apenas mediante demonstração de erro na identificação do caso pelo sistema eletrônico.

É claro que essa forma de dar uma solução adjudicada ao litígio seria possível apenas em situações limitadas, envolvendo conteúdo bastante específico. Na generalidade dos casos, hoje levados à solução jurisdicional, seja por sua complexidade, seja pela subjetividade envolvida, o processo em bases tradicionais ainda seria não só necessário, mas também adequado. Até porque a *razoável duração* do processo pode ser positiva para a solução do conflito entre as partes. Uma correta duração do processo pode gerar efeitos positivos, como uma benéfica

---

Introduzione allo studio sistematico dei provvedimenti cautelare. Opere giuridiche. Roma: Roma TrE-Press, 2019. v. IX: Esecuzioni forzata e procedimenti speciali. p. 174-175).

[43] Para a Copa do Mundo de 2014, foram instaladas unidades judiciárias dentro dos principais aeroportos das cidades-sedes dos jogos, dentro dos estádios e no seu entorno – juizados do torcedor e juizados do consumidor. A recomendação do Conselho Nacional de Justiça (CNJ) para tais unidades foi a resolução imediata das demandas recebidas. Elas funcionaram por meio dos plantões de atendimento com horários especiais. No Estado de São Paulo, conforme notícia veiculada no *site* do Tribunal Estadual, a título de exemplo, o juizado do aeroporto de Guarulhos funcionou 24 horas e o de Congonhas, das 8 às 24 horas. Nos estádios sede de jogos, os atendimentos iniciavam duas horas antes da partida até duas horas após seu encerramento. Cf. https://www.tjsp.jus.br/Noticias/Noticia?codigoNoticia=22961. Acesso em: 19 jul. 2023. Entre as ocorrências noticiadas, um caso de furto e roubo de ingressos de torcedores na fila de acesso ao estádio, que foi resolvido imediatamente, com a concessão de liminar para os torcedores prejudicados assistirem ao jogo e a condução dos usuários que ocupavam seus lugares para prestarem esclarecimentos. Cf. https://www.cnj.jus.br/juizados-atendem-mais-de-5-mil-demandas-durante-a-copa-do-mundo/. Acesso em: 19 jul. 2023.

sedimentação das expectativas das partes, apta a favorecer tanto uma solução consensual quanto uma atuação mais equilibrada na defesa dos interesses destas.

No mais, o processo terá sempre de conviver com o *tempo inimigo*, não apenas no sentido de a duração dever ser implacavelmente reduzida, mas também naquele de ser objeto de consideração pelo juiz,[44] inclusive na determinação de qual parte deve suportar seus efeitos deletérios.

Nesse sentido, cabe bem compreender a afirmação de Francesco Carnelutti acerca do *tempo inimigo no processo*. Primeiramente, a expressão é utilizada para tratar da relação entre *fato* e *tempo*. Nesse sentido, sustenta o autor que o fato não é um segmento da história, algo separado dela, mas está imerso nela, para concluir que o fato é *tempo*, um passar, um transcorrer. Algo, portanto, que aparece e desaparece, uma matéria rebelde que o juiz deve captar enquanto opera o instrumento processual, com o risco de deixá-la escapar das mãos.[45] Para ele, assim, dizer que "il giudice operi sul fatto vuol dire che opera sul tempo" (o juiz opera sobre fato quer dizer que opera sobre tempo).[46]

É nesse contexto que aparece a expressão *tempo inimigo*:

> O valor, que o tempo tem no processo, é imenso e, em grande parte, desconhecido. Não seria arriscado comparar o tempo a um inimigo, contra o qual o juiz luta incessantemente. De resto, ainda sobre esse aspecto, o processo é vida. As exigências que se colocam ao juiz, em termos de tempo, são três: *pará-lo, retrocedê-lo e acelerar seu curso*. Parecem exigências impossíveis de serem satisfeitas; no entanto, há experiências físicas, as quais, a respeito, podem abrir os olhos: penso na filmadora com a sua possibilidade de desaceleração, de aceleração e de regressão.[47]

Mais à frente no texto, por referência indireta, o *tempo inimigo* reaparece, no que tange especificamente ao processo cautelar e à sua finalidade. A esse res-

---

[44] O juiz deverá impedir dilações desnecessárias e indevidas (art. 80, IV, VI e VII, do CPC), aplicando as sanções correspondentes. Não se pode aceitar que a parte faça *uso estratégico* do tempo do processo, adotando conduta direcionada a atrasar a resposta jurisdicional.

[45] CARNELUTTI, Francesco. *Trattato del processo civile*. Napoli: Morano, 1958. p. 353.

[46] CARNELUTTI, Francesco. *Trattato del processo civile*. Napoli: Morano, 1958. p. 354.

[47] CARNELUTTI, Francesco. *Trattato del processo civile*. Napoli: Morano, 1958. p. 354. Tradução livre do original: "Il valore, che il tempo ha nel processo, è immenso e, in gran parte, sconosciuto. Non sarebbe azzardato paragonare il tempo a un nemico, contro il quale il giudice lotta senza posa. Del resto, anche sotto questo aspetto, il porcesso è vita. Le esigenze, che si pongono al giudice, in ordine al tempo, sono tre: *fermarne, retrocederne, accelerarne il corso*. Sembrano esigenze impossibili da soddisfare; tuttavia vi sono esperienze fisiche, le quali, al riguardo, ci possono aprire gli occhi: penso al cinematografo con le sue possibilità di ralentamento, di accelerazione e di regressione" (destaques no original).

Capítulo 1 · TEMPO E PROCESSO | **23**

peito, Carnelutti destaca o papel do juiz no equilíbrio de forças entre as partes, em relação ao qual as medidas cautelares têm um papel para além da simples busca de uma posição de vantagem no processo de conhecimento ou de execução. Nesse sentido, coloca:

> Uma observação mais atenta alerta para o fato de que, em vez de se privilegiar um dos litigantes, o que se pretende é o contrário, ou seja, *evitar que a duração do processo altere a relação de forças inicial entre as partes*. A esse respeito, vale a pena voltar aos princípios, refletindo, como se tentou fazer em torno dos *fatos* e do *tempo*, sobre a questão da *duração*. Fala-se de duração para significar a permanência de uma situação sem mudança; mas isso não passa de uma ilusão, porque o tempo não é mais do que mudança. Assim, a experiência elementar ensina-nos que a duração do processo agrava progressivamente o seu peso sobre os ombros da parte mais fraca, de modo a enfraquecê-la cada vez mais.[48]

Verifica-se, dessa forma, que a preocupação do professor italiano a respeito do tempo está relacionada a um elemento essencial do processo, com o qual o juiz tem de lidar durante todo o desenvolvimento processual, tanto na inserção histórica dos fatos quanto na determinação de qual parte deverá suportar as consequências maléficas de sua duração. Assim, até porque a duração do processo não é permanência, mas mudança, cabe ao juiz constantemente lidar com o elemento tempo para manter o equilíbrio entre as partes.

O tempo do processo, isto é, aquele transcorrido para que a parte obtenha uma resposta jurisdicional, provisória ou definitiva, tem, de fato, uma importância fundamental como medida de efetividade, consistindo, ainda, em elemento fundamental na construção de um tratamento justo e equitativo das partes.[49]

---

[48] CARNELUTTI, Francesco. *Trattato del processo civile*. Napoli: Morano, 1958. p. 356-357. Tradução livre, com destaques no original: "Una osservazione più attenta avverte però che in luogo di procurare a uno dei litiganti una posizione favorabele, si tratta del contrario, cioè di *evitare che la durata del processo si risolva in una alterazione dell'equilibrio iniziale di forze tra le parti*. Al quale proposito conviene ancora una volta risalire ai principi riflettendo, così come tentato di fare intorno al *fatto* e al *tempo*, sul tema della durata. Si parla della durata per significare il permanere di una situazione senza mutamento; ma questa non è che una illusione, perchè il tempo non è se non mutamento. Perciò un'esperienza elementare insegna che la durata del processo ne aggrava progressivamente il peso sulle spalle della parte più debole, così da indebolirla sempre più". Essa perspectiva de Carnelutti indica claramente a importância do tempo para a igualdade das partes no processo e, por via de consequência, para o *acesso à justiça*, considerado sob a ótica da prestação jurisdicional integral e efetiva.

[49] Discorrendo sobre o processo cautelar, Carnelutti afirma que ele tem "il fine di evitare, nei limiti del possibile, quelle alterazioni nell'equilibrio iniziale delle parte, che possono derivare

1.3.2 O tempo da resposta jurisdicional

De início, cabe esclarecer que se utiliza a denominação *técnica* para dois fenômenos correlacionados.[50] Primeiro, referindo-se às opções e possibilidades utilizadas pelo legislador para estabelecer a disciplina processual a ser seguida nas circunstâncias que indica para ordenar o processo, de maneira a atingir os objetivos pretendidos. Segundo, no sentido daquele conjunto de preceitos, princípios e entendimentos estabelecidos pela dogmática jurídica para a aplicação e a interpretação das normas de Direito Processual. Embora o termo seja plurívoco,[51] aqui a terminologia é utilizada nesses dois sentidos, de maneira a dar ao leitor uma interpretação mais segura do texto.

Nesta obra, a tutela provisória, em especial a da urgência, é apontada como uma técnica processual adotada pelo legislador, direcionada a corrigir os problemas da demora do processo, mais exatamente aquele da demora na resposta jurisdicional em detrimento de direito das partes e do equilíbrio da posição destas no próprio processo.

Com isso se quer ressaltar que não se trata de uma técnica de aceleração do processo em si. Seguramente, ela, objetivamente, não reduz a duração do processo.[52] Ao contrário, pode até exacerbá-la, na medida em que amplia a complexidade processual e é capaz de gerar incidentes que, mesmo sem suspender o processo, podem contribuir para o atraso de sua conclusão. Nesse sentido, as

---

dalla durata del processo" ("o fim de evitar, no limite do possível, aquelas alterações no equilíbrio inicial das partes, que podem derivar da duração do processo") (CARNELUTTI, Francesco. *Trattato del processo civile*. Napoli: Morano, 1958. p. 357).

[50] Para José Roberto dos Santos Bedaque, "[processo] é o método estatal de solução das crises verificadas no plano do direito material. Ao regulamentá-lo, o legislador procura estabelecer os meios destinados a possibilitar que esse instrumento atinja seu escopo maior. Tenta encontrar os mecanismos mais eficientes. Cria, enfim, a *técnica processual*, que deve ser concebida à luz dos princípios que regem o sistema jurídico do país, especialmente aqueles de natureza constitucional" (BEDAQUE, José Roberto dos Santos. *Efetividade do processo e técnica processual*. 3. ed. São Paulo: Malheiros, 2010. p. 73-74).

[51] A designação pode ser utilizada em vários outros sentidos, de maior ou menor especificidade. Um dos sentidos mais comuns, por exemplo, é designar *técnica processual* como aquele conjunto de conhecimentos advindos da prática forense, da utilização do processo, em vários casos concretos, por um ou vários profissionais. Pode, ainda, designar uma forma específica de compreender o próprio processo. Assim, por exemplo, o processo visto como uma técnica comunicativa, entre as partes e o juiz (Cf. TARUFFO, Michele. Giudizio: processo, decisione. In: BESSONE, Mario; SILVESTRI, Elisabetta; TARUFFO, Michele (org.). *I metodi della giustizia civile*. Padova: Cedam, 2000. p. 267-290).

[52] Salvo na hipótese de estabilização da tutela antecipada antecedente (art. 304 do CPC). Para comentários sobre esse tema, v. item 4.1.2, *infra*. Também nas excepcionais hipóteses "satisfativas" que esgotem a prestação jurisdicional, cf. item 1.5.5, *infra*. Admitindo a existência de situações nas quais as medidas provisórias podem assumir um caráter satisfativo, v. BEDAQUE, José Roberto dos Santos. *Tutela provisória*: analisada à luz das garantias constitucionais da ação e do processo. 6. ed. São Paulo: Malheiros, 2021. p. 234-239.

tutelas provisórias – tanto as de urgência quanto as de evidência – constituem um poderoso mecanismo de gestão do tempo do processo, possibilitando a definição de qual parte arcará com os danos marginais decorrentes de sua demora, como será desenvolvido no item seguinte.[53]

A esse propósito, importante destacar que o papel da tutela provisória é, na verdade, acelerar a *resposta jurisdicional*, ainda que parcial e não definitiva ou ainda que consistente apenas em medida assecuratória.

Na medida de urgência cautelar, também, há uma aceleração da resposta jurisdicional. Na antecipação de tutela, como naquela de evidência, essa circunstância é mais clara, na medida em que se antecipa, no todo ou em parte, o resultado final de mérito. Nas cautelares, tal não ocorre, mas acelera-se a resposta jurisdicional de proteção à pretensão da parte, de modo a garantir o resultado útil do processo. Nesse sentido, a tutela meramente assecuratória é também resposta jurisdicional que tem o objetivo de responder à duração do processo, evitando os riscos de aguardar a decisão final. Mesmo provimentos apenas conservativos respondem ao perigo da demora do processo.

O equacionamento do tempo, nesses casos, dá-se no sentido de acelerar a resposta da jurisdição esperada pela parte, seja antecipando aquilo que esta obteria apenas no final do processo, seja determinando medidas para garantir seu resultado útil. Na tutela de urgência, a antecipação dessa resposta vem em atenção à existência de "perigo de dano ou o risco ao resultado útil do processo",[54] observados, sempre, os elementos indicativos da probabilidade do direito.[55]

A introdução da antecipação de tutela no direito brasileiro, em disciplina autônoma,[56] por meio da alteração do art. 273 do Código de Processo Civil de 1973 pela Lei 8.952/1994,[57] trouxe para o processo uma verdadeira revolução na matéria tratada nesta obra.[58] Afinal, superando os limites das medidas cautelares, permitiu

---

[53] Em especial, item 1.4.2. Também no item 1.6, *infra*.

[54] Art. 300, *caput*, do CPC.

[55] A esse respeito, v, itens 4.3.1 e 4.3.2, *infra*

[56] Anote-se que o Código já admitia o mecanismo da antecipação de tutela em alguns procedimentos especiais, dos quais são exemplos as ações possessórias, a de nunciação de obra nova, a de busca e apreensão de coisa vendida a crédito com reserva de domínio, a de embargos de terceiro, além de outras previstas em legislação extravagante (Cf. WATANABE, Kazuo. Tutela antecipatória e tutela específica das obrigações de fazer e não fazer. In: TEIXEIRA, Sálvio de Figueiredo (org.). *Reforma do Código de Processo Civil*. São Paulo: Saraiva, 1996. p. 30-31).

[57] As mudanças introduzidas no art. 273 por essa lei foram complementadas pela Lei 10.444/2002, que modificou o § 3º (para acrescentar a utilização dos mecanismos de tutela específica na efetivação da tutela antecipada) e acrescentou os §§ 6º (cabimento no caso de pedido incontroverso) e 7º (regra de fungibilidade com as medidas cautelares).

[58] João Batista Lopes, sobre as alterações trazidas à época pela Lei 8.952/1994, escreveu: "De todas as inovações sobreditas a que maior impacto produziu foi, inquestionavelmente,

ao juiz, mediante requerimento da parte, antecipar em qualquer momento do processo, parcial ou totalmente, aquilo que esta pretendia como seu resultado final.[59]

Essa mudança legislativa atendeu ao forte clamor contra a excessiva e bem conhecida demora dos processos no Brasil. Na impossibilidade de encurtar a exagerada duração do processo, o legislador acabou por criar um "atalho" para solução do problema, uma vez que não se conseguia encurtar a duração do trâmite processual – dependente não apenas de alterações legislativas,[60] mas de mudanças na própria estrutura de nosso Judiciário. Criou-se, então, o mecanismo pelo qual a resposta jurisdicional, que se esperava para o final do processo, é antecipada para momento anterior, por meio do qual a parte, em cognição judicial sumária, consegue demonstrar a "verossimilhança" ou, hoje, a "probabilidade" de seu direito.

Com essa mudança legislativa, consolidada e sistematizada pelo Código de Processo Civil de 2015, é verdade, ganhou-se um poderoso instrumento para poupar a parte que *aparentemente*[61] tem razão dos efeitos negativos de ter de esperar uma resposta jurisdicional final para sua pretensão. Com isso se criou a possibilidade de um processo mais efetivo e mais justo, na medida em que permite um equacionamento do tempo, como já referido.

Esses ganhos, todavia, não foram alcançados sem algum prejuízo à certeza e à segurança da decisão judicial, pois adotada em *cognição sumária*, que, como se verá adiante,[62] traz ínsita a precariedade de ser realizada mediante um conhecimento superficial, pelo juiz, das alegações e provas existentes no processo. Ademais, também não sem gerar sérias consequências à prestação jurisdicional,

---

a antecipação da tutela (...). Trata-se de profunda modificação na concepção tradicional de que somente a sentença final tem o condão de satisfazer o direito, vedada, em consequência, antecipação ou execução antes desse momento processual. Tal inovação está em perfeita harmonia com a filosofia da reforma, ou seja, a preocupação com a agilização, a desburocratização e a presteza na prestação jurisdicional" (LOPES, João Batista. Antecipação da tutela e o art. 273 do CPC. *Revista dos Tribunais*, v. 729, p. 63-74, jul. 1996. p. 64). No mesmo sentido, Barbosa Moreira, "[a] evolução do direito pátrio comporta divisão em duas fases nítidas, delimitadas pela Lei nº 8.952/1994, que deu nova redação ao art. 273 do Código de Processo Civil. Como se sabe, foi esse diploma legal que instituiu entre nós, com feição generalizada, a possibilidade de antecipar, no todo ou em parte, os efeitos da tutela jurisdicional pretendida pelo autor e a este dispensável, em regra, na sentença de mérito que a seu favor viesse a proferir-se" (BARBOSA MOREIRA, José Carlos. Tutela de urgência e efetividade do direito. *Temas de Direito Processual* – Oitava série. Rio de Janeiro: GZ, 2023. p. 143).

[59] V. itens 2.1.2.3 e 2.2, *infra*.

[60] Alertando para a insuficiência de reformas exclusivamente pela via legislativa, v. BARBOSA MOREIRA, José Carlos. O problema da duração dos processos: premissas para uma discussão séria. *Temas de direito processual* – Nona série. 2. ed. Rio de Janeiro: GZ, 2023. p. 449-451.

[61] Uma vez que provisória e baseada em cognição sumária, que pode não se confirmar quando concluída a cognição exauriente.

[62] V. item 1.5.1, *infra*.

tais como a generalização dos pedidos de antecipação de tutela, com consequente crescimento no número de agravos, e o esvaziamento da tutela propriamente cautelar, ampliando o risco decorrente da reversão da tutela provisória.

Em suma, não obstante os indiscutíveis ganhos trazidos pela ampliação das técnicas de tutela provisória, medidas que deveriam ser pautadas pela excepcionalidade acabam caminhando no sentido da generalização, potencializando em muito o *risco do processo* – de especial interesse nesta obra.

1.4 O TEMPO COMO MEDIDA DA EFETIVIDADE E JUSTIÇA DO PROCESSO

Este livro tem como uma de suas preocupações de base o papel do tempo no tema da efetividade do processo. Afinal, mesmo antes de a Emenda Constitucional 45/2004 introduzir a garantia da "razoável duração do processo" na Constituição Federal, já era possível afirmar o direito a um "acesso à Justiça que propicie a efetiva e *tempestiva* proteção contra qualquer forma de denegação da justiça e também à ordem jurídica justa".[63]

A noção de efetividade vem sendo colocada a partir do postulado da *máxima coincidência* entre a tutela jurisdicional e o direito que assiste à parte,[64] formulado a partir de Giuseppe Chiovenda. Vale a transcrição da formulação original dessa ideia:

> O princípio geral que no nosso direito permanece por assim dizer a descoberto, pela falta de uma norma similar a esta, deduz-se da natureza mesma do ordenamento jurídico e da existência do processo: o processo deve dar, na medida do praticamente possível, a quem tem um direito tudo e só aquilo que ele tem direito de conseguir.[65]

---

[63] WATANABE, Kazuo. Tutela antecipatória e tutela específica das obrigações de fazer e não fazer, p. 20. Republicado em WATANABE, Kazuo; NORTHFLEET, Ellen Gracie; THEODORO JÚNIOR, Humberto. *Acesso à ordem jurídica justa*: conceito atualizado de acesso à justiça – processos coletivos e outros estudos. Belo Horizonte: Del Rey, 2019. p. 191. Para o conceito pioneiro de acesso à ordem jurídica justa, v. WATANABE, Kazuo. Acesso à justiça e sociedade moderna. In: GRINOVER, Ada Pellegrini; DINAMARCO, Cândido Rangel; WATANABE, Kazuo (org.). *Participação e processo*. São Paulo: Ed. RT, 1988. p. 128-135.

[64] Nesse sentido, cf. DINAMARCO, Cândido Rangel. Nasce um novo processo civil. In: TEIXEIRA, Sálvio de Figueiredo (org.). *Reforma do Código de Processo Civil*. São Paulo: Saraiva, 1996. p. 1-17. p. 12-14.

[65] "Il principio generale che nel nostro diritto rimane per così dire scoperto, per la mancanza d'una norma simile a questa, si desume dalla natura stessa dell'ordinamento giuridico e dalla esistenza del processo: il processo deve dare per quanto è possibile praticamente a chi ha un diritto tutto quello e proprio quello ch'egli ha diritto di conseguire" (CHIOVENDA, Giuseppe. Dell'azione nascente del contratto preliminare. *Rivista del Diritto Commerciale e del Diritto Generale delle Obligazioni*, v. IX, fasc. 1, p. 96-103, 1911).

O postulado chiovendiano, não obstante seus méritos e sua importância histórica, não responde a todos os desafios aos quais a tutela jurisdicional está submetida nos dias atuais, diante do natural alargamento sofrido pelas funções jurisdicionais ao longo de mais de cem anos de história e de importantes transformações que culminaram no Estado contemporâneo.[66] Em especial, a noção advinda da afirmação suprarreproduzida não contempla a *dimensão temporal* da efetividade do processo – de interesse precípuo desta obra.

De há muito, o autor desta obra vem sustentando a necessidade de uma noção ampliada de efetividade do processo.[67] Sem dúvida, a efetividade do processo contemporâneo deve ser medida a partir dos resultados por ele produzidos,[68] com consequências endógenas (para dentro do processo), mas também com aquelas exógenas (para fora do processo). Daí o chamado *processo civil de resultados*,[69] a ser construído levando-se em conta objetivos externos – por exemplo, a prevalência de um valor constitucional – e internos, pertinentes à própria conformação do mecanismo processual, sobretudo aquele de se construir um *processo justo*.[70]

---

[66] Para uma visão deste autor sobre o Estado contemporâneo, v. SALLES, Carlos Alberto de. *Arbitragem em contratos administrativos*. Rio de Janeiro: Forense, 2011. p. 59-73.

[67] Nesse sentido, a afirmação de que "o conceito de *efetividade* implica uma consideração de meios e fins, podendo ter-se por efetivo aquele processo que atinge as finalidades a que se destina, considerando o conjunto de objetivos implícitos no direito material e a totalidade da repercussão da atividade jurisdicional sobre dada situação de fato" (SALLES, Carlos Alberto de. *Execução judicial em matéria ambiental*. São Paulo: Ed. RT, 1998. p. 42).

[68] José Carlos Barbosa Moreira elencou cinco itens para o que chamou "programa básico" em prol da efetividade do processo, quais sejam: "a) o processo deve dispor de instrumentos de tutela adequados, na medida do possível, a todos os direitos (e outras posições jurídicas de vantagem) contemplados no ordenamento, quer resultem de expressa previsão normativa, quer se possam inferir do sistema; b) esses instrumentos devem ser praticamente utilizáveis, ao menos em princípio, sejam quais forem os supostos titulares dos direitos (e das outras posições jurídicas de vantagem) de cuja preservação ou reintegração se cogita, inclusive quando indeterminado ou indeterminável o círculo dos eventuais sujeitos; c) impende assegurar condições propícias à exata e completa reconstituição dos fatos relevantes, a fim de que o convencimento do julgador corresponda, tanto quanto puder, à realidade; d) em toda a extensão da possibilidade prática, o resultado do processo há de ser tal que assegure à parte vitoriosa o gozo pleno da específica utilidade a que faz jus segundo o ordenamento; e) cumpre que se possa atingir semelhante resultado com o mínimo dispêndio de tempo e energias" (BARBOSA MOREIRA, José Carlos. Efetividade do processo e técnica processual. *Temas de direito processual* – Sexta série. 2. ed. Rio de Janeiro: GZ, 2023. p. 21-33. p. 21-22).

[69] Sobre esse enfoque, v. DINAMARCO, Cândido Rangel. *Nova era do processo civil*. São Paulo: Malheiros, 2003. p. 318. Para comentários e desdobramentos desse tema, v. SALLES, Carlos Alberto de. Para além da representação formal: a igualdade no processo civil recolocada. *Estudos em homenagem a Cândido Rangel Dinamarco*. Salvador: JusPodivm, 2022. p. 195-212.

[70] Para Cândido Rangel Dinamarco, "a solene promessa de oferecer tutela jurisdicional a quem tiver razão é ao mesmo tempo um princípio-síntese e o objetivo final, no universo dos princípios e garantias inerentes ao direito processual constitucional. Todos os demais

A esse propósito, é importante a advertência de Marc Galanter de que, na avaliação de qualquer mecanismo de solução de controvérsia, deve-se levar em conta tanto *argumentos de produção* quanto *argumentos de qualidade.*[71] Em aplicação ao processo, *produção* no sentido de saber qual técnica processual produz determinado resultado com menor dispêndio de recursos; *qualidade*, levando em conta outros predicados do processo, tais como sua capacidade de promover um tratamento mais igualitário às partes, de garantir ampla participação em seu desenvolvimento, de ser compreendido com facilidade pelos interessados diretos, de gerar decisões mais aderentes à realidade, de impulsionar o cumprimento voluntário das decisões proferidas, enfim, de ser percebido como um *processo justo.*

Uma importante premissa desta obra é que a duração do processo – o tempo pelo qual se estende – acarreta danos às partes, em especial àquela que tem razão. É o chamado *dano marginal do processo*, tratado a seguir.

Por tal motivo, um processo efetivamente justo deve buscar uma *justiça temporal*, quer dizer, um equacionamento equitativo de qual das partes deve suportar o gravame do tempo do processo e os correspondentes *riscos* envolvidos na espera de uma solução judicial, como se demonstrará mais adiante. Com maior exatidão, pode-se dizer, esse equacionamento tem a ver com a maneira e as condições pelas quais os gravames do tempo são distribuídos entre as partes, tendo em vista que essa alocação de tempo-riscos não se dá, necessariamente, de maneira linear ou binária entre elas.

A esse respeito, sustenta-se que a tutela provisória pode servir como um instrumento processual dessa equalização na distribuição de gravames entre as partes.

1.4.1 O dano marginal

Em publicação de 1926, Enrico Finzi, professor em Florença, fez uma afirmação que acabou por se tornar referência no tema tratado neste capítulo.

---

princípios e garantias foram concebidos e atuam no sistema como meios coordenados entre si e destinados a oferecer um processo justo, que outra coisa não é senão o processo apto a produzir resultados justos" (DINAMARCO, Cândido Rangel. *Nova era do processo civil*. São Paulo: Malheiros, 2003. p. 12-13). Sob a ótica da técnica processual, v. BEDAQUE, José Roberto dos Santos. *Efetividade do processo e técnica processual*. 3. ed. São Paulo: Malheiros, 2010. p. 24-26. Esse tema é especialmente caro à literatura jurídica italiana, em razão de a Constituição italiana estabelecer que "La giurisdizione si attua mediante il giusto processo regolato dalla legge" ("A jurisdição é exercida por meio do processo justo regulado por lei"), art. 111, 1º comma. Para uma abordagem de direito comparado, cf. COMOGLIO, Luigi Paolo. Il "giusto processo" civile nella dimensione comparatistica. *Revista de Processo*, v. 108, p. 133-183, 2002.

[71] Cf. GALANTER, Marc. Compared to what – assessing the quality of dispute processing. *Denver University Law Review*, v. 66, p. xi-xiv, 1989.

30 | TUTELA DE URGÊNCIA – *Carlos Alberto de Salles*

Disse ele, comentando uma decisão da Corte de Apelação de Florença[72] a respeito da caracterização do *periculum in mora* para possibilitar a execução provisória da sentença:

> [P]arece-me que o *periculum in mora* pode ser definido como *aquele dano marginal, que não existiria a não ser na hipótese de atraso na execução*, e que desaparece com a execução provisória.[73]

Cabe entender essa colocação com maior detalhe. Trata-se de breve comentário a uma decisão que permitiu que, consideradas as circunstâncias de fato do caso examinado, fosse concedida a possibilidade de execução provisória em ações de despejo que tivessem causa diversa da cessação da locação ou nas quais houvesse extremo perigo decorrente do atraso na execução da medida determinada na sentença.

Nos comentários, destacou que há sempre *dano* ao autor vitorioso em primeiro grau de jurisdição quando ele precisa aguardar o julgamento da apelação para iniciar a execução. Acrescenta, todavia, que tal dano é pretendido pelo legislador com a previsão do duplo grau de jurisdição.[74] Da maneira como coloca, somente naquelas circunstâncias especiais, enumeradas no Código de Processo, em razão da existência de um interesse superior, é possível inverter o *ônus da demora* (*onere dela mora*) do processo.

A esse propósito, o *perigo* determinante dessa inversão, segundo conclui, é diverso daquele dano normalmente ligado ao diferimento da execução de uma sentença para depois do julgamento do apelo. Daí o interesse autônomo e ulterior, a ser protegido pela execução provisória.[75]

O *dano marginal*, nesse sentido, diz respeito àquele emergente do atraso do processo, que, para o professor fiorentino, é o mesmo para o autor ou para o réu, conforme se permita ou não a execução provisória. No caso específico, aquele de o autor não ter ocupado o imóvel depois de ver-se vitorioso em primeiro grau, ou do réu, sucumbente, perder a posse do bem, que pretendia ver reconhecida em

---

[72] Corte D'Appello di Firenze, 31 de janeiro de 1925.

[73] "Con maggior precisione mi pare definibile il *periculum in mora* come *quel danno marginale, che non vi sarebbe se non nella ipotesi di ritardo nella esecuzione*, e che scompare con la esecuzione provvisoria" (FINZI, Enrico. Questioni controverse in tema d'esecuzione provvisoria. *Rivista di Diritto Processuale Civile*, v. 3, 1926. p. 50 – destaques no original).

[74] "Ma questo è tale danno che il legislatore vuole – col principio del doppio grado" ("Mas esse é o dano que o legislador deseja – com o princípio do duplo grau") (FINZI, Enrico. Questioni controverse in tema d'esecuzione provvisoria. *Rivista di Diritto Processuale Civile*, v. 3, 1926. p. 50).

[75] FINZI, Enrico. Questioni controverse in tema d'esecuzione provvisoria. *Rivista di Diritto Processuale Civile*, v. 3, 1926. p. 50.

sua apelação.[76] Há, dessa forma, um conflito de interesses entre o pretenso credor e o pretenso devedor, que para ser superado exigiria um *perigo na demora* apto a produzir um dano ulterior, colocando em jogo um *interesse qualificado*, aquele embasado no interesse geral, social, de evitar um dano irreparável.

A constatação da existência de *dano marginal* decorrente do tempo do processo é importante para a compreensão do papel central das tutelas provisórias no Brasil,[77] em especial aquelas de urgência. Não obstante, como já destacado, aquela noção tenha surgido, em sua origem, ligada à possiblidade de execução provisória de decisões sujeitas a recurso de apelação, tem inteira aplicação aos problemas envolvidos com as tutelas provisórias. Afinal, em última análise, também serve para possibilitar uma execução provisória, invertendo o "ônus da demora" no processo. Assim, as instigantes e pioneiras observações de Enrico Finzi trazem reflexões atuais e necessárias.

Em suma, apesar de se tratar de um curto comentário, algumas conclusões são importantes para esta obra, a saber: *(i)* a demora na resposta jurisdicional gera, para a parte que tem razão, um *dano marginal*, sempre que essa resposta não pode, desde logo, ser executada, ainda que provisoriamente; *(ii)* esse dano, todavia, é objeto de prévia e abstrata definição pelo legislador, ao definir – pela possibilidade ou não de execução provisória – qual das partes deve ou não suportar o "ônus da demora" do processo, ou seja, arcar com aquele dano; *(iii)* na apreciação da possibilidade de inversão desse "ônus", há necessidade de considerar os interesses de todas as partes envolvidas, tendo em vista o natural conflito de interesses quanto ao resultado do processo, estabelecido entre "pretensos" vencedores da demanda; e *(iv)* a excepcionalidade da inversão desse "ônus" deve ser baseada em um especial *periculum in mora*, consistente na necessidade de evitar um dano irreparável.[78]

De fato, importante distinguir os males do tempo para os direitos – com a manutenção da violação, do descumprimento, do inadimplemento etc. – daqueles que decorrem da própria e natural projeção do processo no tempo.

---

[76] Cf. FINZI, Enrico. Questioni controverse in tema d'esecuzione provvisoria. *Rivista di Diritto Processuale Civile*, v. 3, 1926. p. 51.

[77] Cf. BEDAQUE, José Roberto dos Santos. *Tutela provisória*: analisada à luz das garantias constitucionais da ação e do processo. 6. ed. São Paulo: Malheiros, 2021. p. 22 (relacionando o dano marginal com o simples fato de o direito permanecer insatisfeito no curso do processo). No caso, trata-se do "dano marginal em sentido estrito" ou "dano marginal por indução processual", na terminologia proposta por ANDOLINA, Italo. *"Cognizione" ed "esecuzione forzata" nel sistema della tutela giurisdizionale*: corso di lezioni. Milano: A. Giuffrè, 1983. p. 20. Nesse sentido, também, MARINONI, Luiz Guilherme. *Tutela antecipatória e julgamento antecipado*: parte incontroversa da demanda. 5. ed. São Paulo: Ed. RT, 2002. p. 21.

[78] Ressalvada a tutela de evidência, que não exige o requisito de urgência (art. 311 do CPC).

No primeiro sentido, há mecanismos para corrigir o impacto do tempo sobre os negócios jurídicos,[79] tais como os lucros cessantes, os danos emergentes e eventuais estipulações em cláusula penal. No tocante aos impactos pecuniários sobre as obrigações, a experiência brasileira de longos anos de descontrole inflacionário trouxe um bom equacionamento econômico para nosso direito,[80] já bem introjetado no Direito Processual Civil por meio dos juros e da correção monetária, como integrantes necessários de nossa dinâmica processual.[81]

O conceito de *dano marginal*, portanto, vem exatamente explicitar essa diferença, da perda imposta pela demora do processo em si àquela parte que tem razão. Esse dano nem sempre pode ser apurado em termos econômicos e projetado para o processo, pois significativo da própria limitação ou impossibilidade de fruição do direito controvertido, podendo formar um resíduo de danos não reparados.[82] De fato, muitas vezes não se consegue apreender devidamente e reparar pelos mecanismos processuais os lucros cessantes e os danos emergentes do próprio fato do processo. Daí a eloquente necessidade de mecanismos aptos a corrigir as distorções da distribuição do tempo entre as partes do processo, definindo qual delas deve suportar o "ônus da demora" do processo.

1.4.2 A distribuição do gravame do tempo do processo

O "ônus da demora" ou do tempo do processo, como apontado anteriormente, acaba, direta ou indiretamente, sendo previamente definido pelo legislador, quando estabelece ou não possibilidades de execução provisória de algumas decisões. Quando não o faz, deixa para o autor suportar tal "ônus". Isso porque o demandante busca uma transformação da realidade, jurídica e social, com o reconhecimento de seu direito, enquanto o réu busca a manutenção do *status quo*, quer dizer, a manutenção de sua situação jurídica, ameaçada pela pretensão

---

[79] V. arts. 394 a 420 do CC. Sobre as consequências danosas do inadimplemento, v. NANNI, Giovanni Ettore. *Inadimplemento absoluto e resolução contratual:* requisitos e efeitos. São Paulo: Ed. RT, 2021. p. 227-272.

[80] Para uma visão do processualista sobre o fenômeno inflacionário, v. DINAMARCO, Cândido Rangel. *Fundamentos do processo civil moderno.* 4. ed. São Paulo: Malheiros, 2001. p. 353-375.

[81] Nesse sentido, v. a regra do art. 322, § 1º, do CPC.

[82] Nesse sentido, Bedaque aponta que, ainda "que não se trate de duração patológica" o dano sofrido no âmbito do direito material é agravado pelo tempo, mesmo normal, de trâmite do processo. Para ele "[o] simples fato de o direito permanecer insatisfeito durante todo o tempo necessário ao desenvolvimento do processo cognitivo já configura dano ao seu titular. Além disso, acontecimentos podem também se verificar nesse ínterim, colocando em perigo a efetividade da tutela jurisdicional" (BEDAQUE, José Roberto dos Santos. *Tutela provisória:* analisada à luz das garantias constitucionais da ação e do processo. 6. ed. São Paulo: Malheiros, 2021. p. 22).

autoral,[83] sempre considerando que o réu não tenha formulado pretensão própria por via de reconvenção.

A propósito, o legislador do vigente Código de Processo Civil, além da tradicional disciplina da eficácia da sentença, sujeita ou não à suspensão em apelo,[84] nas tutelas provisórias, de urgência e de evidência,[85] possibilitou, de modo claro e bastante abrangente, medidas capazes de propiciar uma mudança no estabelecimento de qual parte arcará com o "ônus" do tempo do processo.[86] Com efeito, ao deferir uma medida antecipatória, de urgência ou de evidência, o julgador inverte a parte que ficará privada ou terá uma limitação de seus direitos no curso do processo.

A expressão "ônus", aplicada ao tempo ou à demora do processo, no entanto, merece uma pequena ressalva, a bem de maior acuidade técnica no âmbito de nosso Direito Processual Civil. Ocorre que *ônus* vem sendo tratado pela doutrina de processo como um *imperativo do próprio interesse*, a significar aquele tipo de ato processual que a parte deve praticar, sob pena de perder a oportunidade de fazê-lo, em seu próprio prejuízo.[87]

O elemento temporal, todavia, é inevitável para as partes. Ele se impõe sem depender de qualquer ato específico dos participantes do processo. A sua duração,

---

[83] Cf. MARINONI, Luiz Guilherme. *Tutela antecipatória e julgamento antecipado:* parte incontroversa da demanda. 5. ed. São Paulo: Ed. RT, 2002. p. 16. Em sentido semelhante, Botelho de Mesquita vê duas diferentes ordens de atividades jurisdicionais: "[A] primeira delas seria a atividade de produzir a realidade de modo já conforme à ordem preestabelecida. A segunda consistiria na atividade de transformar a realidade eventualmente contrária àquela ordem, para torná-la de desordem em ordem" (MESQUITA, José Ignácio Botelho de. *Teses, estudos e pareceres de processo civil.* São Paulo: Ed. RT, 2005. p. 97). No caso, o autor busca essa segunda ordem de atividade.

[84] Art. 1.012 do CPC.

[85] Arts. 294 a 311 do CPC. Ressalta-se, no âmbito da tutela da evidência, a previsão do parágrafo único do art. 311, de conceder liminarmente a tutela de natureza antecipatória nas hipóteses dos incisos II e III do *caput* do art. 311, quais sejam: diante da existência de tese firmada em julgamento de casos repetitivos ou súmula vinculante, estando as alegações de fato comprovadas documentalmente; e no caso de pedido reipersecutório fundado em prova documental adequada do contrato de depósito. O legislador nesses casos autorizou a imediata proteção do direito afirmado pelo autor, independentemente da urgência, invertendo, em detrimento do réu, as consequências da demora do processo. Anota-se a possível inconstitucionalidade do dispositivo, se entendido "decidir liminarmente" como a possibilidade de decisão antes de ouvido o réu. Nesse sentido, cf. MARINONI, Luiz Guilherme. *Tutela de urgência e tutela da evidência:* soluções processuais diante do tempo da justiça. 4. ed. São Paulo: Ed. RT, 2021. p. 336-338.

[86] V. art. 536, § 5º, do CPC.

[87] Na colocação de Cândido Rangel Dinamarco, "[a] parte tem plena liberdade de optar pela conduta ou pela omissão (daí ser o cumprimento ou descumprimento do ônus uma *faculdade*), sabendo, no entanto, que, omitindo-se, agravará sua situação no processo (daí tratar-se de um ônus)" (DINAMARCO, Cândido Rangel. *Instituições de direito processual civil.* 9. ed. São Paulo: JusPodivm, 2023. v. II. p. 235).

a que as partes estão submetidas, não depende de ato de disponibilidade das partes que não esteja ligado à disposição do próprio direito envolvido. Afinal, deixar de suportar o tempo do processo, para as partes, significa renunciar à participação nele. Para o autor, pela via da desistência ou do abandono da ação.[88] Para o réu, abdicando de sua defesa, por meio da revelia.[89]

Daí se propõe nesta obra a designação *gravame* do tempo ou da demora do processo, para representar o *dano marginal* sofrido pelas partes com a duração dele.

Esse *gravame do tempo* do processo, importante dizer, embora de modo diferente, afeta *todas* as partes.[90] Os efeitos deletérios do tempo do processo não recaem apenas sobre o autor, mas atingem todos os participantes dele, de maneira diferente e com intensidades variáveis, é verdade. De todo modo, não apenas a parte que formula uma pretensão – autor ou réu pela via reconvencional – suporta o *dano marginal* da duração do processo. Também aquele em face de quem ela é formulada ou que seja detentor de outro interesse jurídico sofre os efeitos do tempo.

Não por outra razão, algumas expressões têm sido consagradas para indicar os efeitos negativos que o demandado sofre com o processo. É o que ocorre, por exemplo, quando alguém tem um bem *sub judice*. Mesmo sem haver qualquer constrição ou limitação judicial pendente sobre ele, o simples fato de a matéria estar sendo discutida em juízo gera limitações práticas de valor e de disponibilidade. O mesmo se diz quanto ao *strepitus fori*, remetendo ao próprio processo como punição.[91] Em muitos casos, que extrapolam as fronteiras do

---

[88] Art. 485, II, III, VIII e § 4º, do CPC. No abandono pelo autor, observado o § 6º, do mesmo artigo, e Súmula 240 do STJ. O abandono pode também ser bilateral (art. 485, II, do CPC). Cf. DINAMARCO, Cândido Rangel. *Instituições de direito processual*. São Paulo: JusPodivm, 2024. v. III. p. 158-162.

[89] Art. 344 do CPC.

[90] No sentido de todos os "titulares das situações jurídicas ativas e passivas integrantes da relação jurídica processual" (DINAMARCO, Cândido Rangel. *Instituições de direito processual civil*. 9. ed. São Paulo: JusPodivm, 2023. v. II. p. 228).

[91] "O processo penal possui uma carga infamante e sancionatória em si mesmo, que não deve se prolongar por muito tempo. O processo que se desenvolve em um prazo razoável evita que uma pessoa acusada fique muito tempo na incerteza de sua sorte" (BADARÓ, Gustavo Henrique. *Epistemologia judiciária e prova penal*. São Paulo: Thomson Reuters Brasil, 2019. p. 60). Na mesma direção: "[La] persecución penal estatal representa ya, con prisión provisional o sin ella, una 'pena' por la sospecha: la 'pena de proceso'. En efecto, sobre todo en los procesos prolongados la persecución implica, desde el comienzo, el sometimiento del imputado a condiciones de 'semi-penalización' que se manifiestan en ciertos padecimientos que encuadran en el llamado carácter idéntico a la pena que se atribuye ya al proceso". ("[A] ação penal do Estado representa já, com ou sem prisão preventiva, uma 'pena' de suspeição: a 'pena de acusação'. Com efeito, sobretudo nos processos prolongados, a acusação implica, desde o início, a sujeição do arguido a condições de 'semipenalização', que se manifestam em certos sofrimentos que se enquadram no chamado caráter idêntico

processo penal, mais do que o resultado jurídico, busca-se expor o demanda-do à mídia jornalística e às redes sociais recentemente. Ou ainda, no mesmo sentido, a utilização da propositura de demandas múltiplas, com o exclusivo intuito de molestar a pessoa demandada, configurando aquilo que vem sendo chamado de *assédio judicial*.[92]

Na verdade, como o autor busca uma transformação da realidade, jurídica ou material, para atender a seu direito, o *dano marginal* por ele sofrido é mais evidente e de maior gravidade, notadamente se vier a demonstrar que tinha ra-zão. Aliás, os gravames serão sempre acentuados para a parte que tiver razão em determinado litígio. Daí a importância das tutelas provisórias no estabelecimento de uma justiça temporal no processo.

Neste ponto, constata-se a relevância dos mecanismos processuais de tutela em cognição sumária, de maneira a possibilitar um processo com maior justiça temporal. Essa justiça torna-se viável com a possibilidade de aferir de forma ágil e segura a plausibilidade, a verossimilhança ou a probabilidade, como coloca o Código de Processo Civil de 2015, do direito afirmado pelo requerente da medida provisória. Dessa maneira, inverte-se o gravame do tempo do processo, evitan-do que a parte apta a demonstrar que tem razão, naquele momento processual, suporte o *dano marginal* da sua duração.

A esse propósito cabe afirmar, como será desenvolvido mais adiante,[93] que essa inversão do *gravame do tempo do processo*, provocada pelas tutelas provisórias, modifica também o equacionamento do *risco processual*, tendo em vista a possi-bilidade, sempre presente, de reversão da decisão pela qual foi deferida a medida. Em rápidas palavras, para além do *dano marginal*, há sempre a possibilidade de dano futuro, ou seja, o *risco* de a parte ver revertida sua posição de vantagem no processo, tendo de arcar com as consequências decorrentes dessa reversão.[94]

à pena já atribuído ao processo") (PASTOR, Daniel R. Acerca del derecho fundamental al plazo razonable de duración del proceso penal. *Revista de Estudios de la Justicia*, n. 4, p. 51-76, 2004. p. 66).

[92] A título de exemplo, cita-se o caso envolvendo o escritor brasileiro João Paulo Cuenca, que é demandado judicialmente em mais de cem processos, distribuídos em diversos Municípios, de diversos Estados da Federação, por pastores da Igreja Universal, que exigem indenizações por danos morais. A causa comum foi uma frase de teor crítico publicada pelo escritor em suas redes sociais, considerada ofensiva pelos pastores da referida Igreja (fonte: https://brasil.elpais.com/cultura/2020-10-18/a-cruzada-judicial-de-111-pastores--evangelicos-contra-um-escritor-brasileiro-por-um-tuite.html. Acesso em: 14 jul. 2023). Inclusive, em resposta a essas ações em massa contra o escritor brasileiro, o Conselho Na-cional de Justiça (CNJ) aprovou a Recomendação 127/2022 aos tribunais para que adotem cautelas a fim de coibir a judicialização predatória que possa acarretar o cerceamento de defesa e a limitação da liberdade de expressão.

[93] Item 1.6, *infra*.

[94] Nesse sentido, a responsabilidade objetiva que decorre dos arts. 302 e 520, I, do CPC.

1.5 TÉCNICAS PROCESSUAIS EM RESPOSTA AO TEMPO DO PROCESSO

Como supramencionado,[95] as tutelas provisórias são colocadas como *técnicas de aceleração da resposta jurisdicional*, isto é, como mecanismos utilizados pelo legislador para abreviar o tempo da resposta dada pelo processo para uma pretensão da parte, ainda que parcial e não definitiva, mesmo que consistente em medida somente assecuratória.

Seguramente, ainda que possam compartilhar características comuns, como a redução de procedimentos, os objetivos são diversos daquelas *técnicas de aceleração do processo*. Estas direcionadas para a abreviação do trâmite processual, da duração até chegar à decisão final. A principal estratégia do vigente Código de Processo Civil, nesse sentido, foi a *desprocedimentalização*.[96]

Isso quer dizer simplificar ou reduzir os procedimentos ordinários e eliminar no maior grau possível aqueles especiais, previstos na disciplina processual anterior. A exclusão, no atual Código, dos procedimentos referentes às chamadas cautelares típicas é exemplo eloquente da estratégia reformadora do diploma de 2015.[97] O regime legal de tipicidade das medidas cautelares, e da excepcionalidade das então chamadas cautelares inominadas, foi verdadeiramente invertido, passando a contar apenas com uma vaga referência à tutela de urgência cautelar.[98]

De todo modo, o movimento do vigente diploma processual no sentido da redução de procedimentos veio na tentativa de acelerar e descomplicar os trâmites processuais, reduzir a demora do processo, sem dúvida no afã de responder à garantia constitucional da razoável duração do processo.[99]

Insiste-se, neste ponto, na afirmação de as tutelas provisórias fazerem parte de diversa estratégia legislativa, isto é, daquela direcionada a promover uma *aceleração da resposta jurisdicional*. Desde a introdução da disciplina autônoma da antecipação de tutela do Código de 1973, o sistema processual civil brasileiro vem buscando dar maior efetividade às respostas jurisdicionais pretendidas pelas partes, permitindo, mediante o atendimento de alguns requisitos, que elas sejam antecipadas para momento processual anterior à sentença definitiva.

---

[95] V. item 1.3.2, *supra*.

[96] Sobre o tema, v. SALLES, Carlos Alberto de. Processo (in)civil: desprocedimentalização e segurança jurídica-processual no CPC de 2015. In: AMADEO, Rodolfo C. M. R. *et al.* (org.). *Direito processual civil contemporâneo:* estudos em homenagem ao professor Walter Piva Rodrigues. Indaiatuba: Foco, 2020. p. 33-45. Apontando os objetivos de eficiência que nortearam o CPC/2015; v. SILVA, Paulo Eduardo Alves da. *Acesso à justiça e direito processual.* Curitiba: Juruá, 2022. p. 215-243.

[97] V. arts. 813 a 888 do CPC/1973.

[98] Art. 301 do CPC/2015. Para comparação com o Código anterior, v. item 2.1.2.3, *infra*.

[99] Inciso LXXVIII do art. 5º da CF.

Capítulo 1 • TEMPO E PROCESSO | **37**

As medidas aceleratórias do processo, se bem-sucedidas, é claro, podem levar à efetiva abreviação do *iter* processual, de maneira a antecipar a própria resposta jurisdicional. É o que acontece sempre que a agilização, redução e facilitação dos procedimentos conduzem mais rapidamente à resposta final ou definitiva. De qualquer forma, essas técnicas somente eliminariam a necessidade de tutelas provisórias – ou seja, de técnicas de aceleração da resposta jurisdicional – se o processo se aproximasse o bastante daquele *processo imediato*, reduzindo quase inteiramente seu *dano marginal*.[100]

Em certa medida, é o que ocorre, por exemplo, com mecanismos tradicionais e, também, com outros advindos de uma processualística renovada. Entre os primeiros, pode-se colocar o mecanismo do julgamento antecipado quando ocorre a revelia. Aquelas situações nas quais o réu não contestar e não ingressar no processo a tempo de produzir provas[101] darão ensejo ao julgamento antecipado,[102] em evidente sumarização processual e consequente antecipação da resposta jurisdicional,[103] aliás definitiva. É o que ocorre, também, em mecanismos mais recentemente introduzidos em nosso processo, por exemplo, na *improcedência liminar do pedido*,[104] permitindo julgamento antes mesmo da citação do demandado, ou na *ação monitória não embargada*,[105] com a imediata constituição de título executivo judicial.

Imagine-se, voltando ao exemplo da revelia, um pedido de tutela de urgência indeferido, de início, por não haver suficiente prova do direito afirmado pelo autor. Citado, o demandado deixa de contestar, tornando-se revel. Evidentemente, em razão da regra da presunção de veracidade,[106] passa a haver suficiente probabilidade da pretensão afirmada pelo autor. Não parece, todavia, ser caso de imediato deferimento da tutela provisória pleiteada, exatamente porque a sentença poderá ser proferida em julgamento antecipado,[107] devendo nela ser apreciado e, se cabível, deferido tal pedido. Note-se, a proximidade de uma decisão de mérito pode eliminar a necessidade de uma apreciação liminar da tutela de urgência.

---

[100] Retome os itens 1.3.1 e 1.4.1, *supra*.

[101] Arts. 344 e 349 do CPC/2015. No Código de 1973, não havia previsão legal quanto à possibilidade de produção de prova pelo revel (art. 330, II).

[102] Art. 355, II, do CPC/2015 (art. 330, II, do CPC/1973).

[103] Kazuo Watanabe aponta também a apreciação das condições da ação *in statu assertionis* como uma técnica de sumarização da cognição judicial, com consequente abreviação do processo em relação a esse tipo de questão processual (WATANABE, Kazuo. *Cognição no processo civil*. 4. ed. São Paulo: Saraiva, 2012. p. 139).

[104] Na hipótese do art. 332 do CPC/2015. Era maior a abrangência desse instituto no Código de 1973, introduzido pela Lei 11.277/2006, bastando a matéria ser "unicamente de direito" e haver a chamada jurisprudência do juízo para o julgamento de improcedência (art. 285-A).

[105] Art. 701, § 2º, do CPC/2015.

[106] Art. 344 do CPC.

[107] Art. 355, I, do CPC. Tal decisão não estaria abrangida pelo efeito suspensivo da apelação, em razão da norma – art. 1.012, § 1º, V, também do CPC.

Cabe, por fim, destacar que as medidas cautelares representam de igual modo uma aceleração da resposta jurisdicional.

Não da resposta consistente em antecipar o resultado final pretendido pela parte, não significando, também, uma prestação jurisdicional de caráter satisfativo. No caso das cautelares, trata-se de provimento destinado a assegurar o resultado útil do processo, com a finalidade de proteger o direito da parte de eventual corrosão decorrente da demora devida a atos da parte contrária ou de terceiros ao longo do processo. Ainda que se trate de uma resposta limitada, no sentido de propiciar medidas apenas assecuratórias, cuida-se de provimento protetivo da pretensão da parte, contendo, portanto, uma resposta jurisdicional, que, de outro modo, ela poderia obter apenas com a eficácia da sentença.[108]

Em síntese, embora as tutelas provisórias sejam também técnicas processuais destinadas a corrigir as mazelas da duração do processo, seu objetivo precípuo é o de acelerar a resposta jurisdicional, não propriamente o trâmite processual – que depende de arranjos de diferente espécie.

1.5.1 A técnica de sumarização na tutela de urgência

A principal técnica de aceleração da resposta jurisdicional é realizada a partir da *cognição sumária*, variando sua estruturação procedimental em relação às duas espécies de tutela provisória – de urgência e de evidência – previstas no Código, e em outras situações nas quais o legislador se vale desse mecanismo.[109] Tendo em vista as peculiaridades das duas espécies, cabe limitar-se ao tratamento da tutela de urgência.

Na *aceleração da resposta jurisdicional*, levada a efeito pela tutela de urgência, predominam três características principais:[110] *(i)* a *instrumentalidade*, significando que não representa uma pretensão autônoma, mas instrumental àquela principal,

---

[108] Cf. item 1.3.2, *supra*.

[109] É o caso notório da liminar em mandado de segurança (art. 7º, III, da Lei 12.016/2009). Entre outros, também são exemplos: a liminar em embargos de terceiro, conforme art. 678, *caput*, do CPC ("A decisão que reconhecer suficientemente provado o domínio ou a posse determinará a suspensão das medidas constritivas sobre os bens litigiosos objeto dos embargos, bem como a manutenção ou a reintegração provisória da posse, se o embargante a houver requerido"); e a ação monitória é essencialmente de cognição sumária; só eventualmente, ante iniciativa do réu, é exercido o contraditório até o julgamento em cognição plena ou exauriente – art. 701, *caput*, do CPC ("Sendo evidente o direito do autor, o juiz deferirá a expedição de mandado de pagamento, de entrega de coisa ou para execução de obrigação de fazer ou de não fazer, concedendo ao réu o prazo de 15 (quinze) dias para o cumprimento e o pagamento de honorários advocatícios de cinco por cento do valor atribuído à causa").

[110] Cf. BEDAQUE, José Roberto dos Santos. *Tutela provisória*: analisada à luz das garantias constitucionais da ação e do processo. 6. ed. São Paulo: Malheiros, 2021. p. 35.

Capítulo 1 · TEMPO E PROCESSO | **39**

formulada no processo;[111] *(ii)* a *provisoriedade*, no sentido de poder ser modificada e revogada;[112] e, como regra, *(iii)* a *sumariedade*, indicando que submetida a uma disciplina processual abreviada, mediante cognição sumária.[113]

Se bem observadas, tais características expressam verdadeiras limitações a essa espécie de tutela.

Afinal, tomando por base o procedimento ordinário, ela compõe um verdadeiro conjunto de limites impostos a esse tipo de tutela: não é autônoma, dependendo sempre de uma pretensão principal;[114] tem natureza de interinidade, não podendo, de per si, atingir a definitividade;[115] e, por fim, é baseada em cognição sumária, isto é, sem exaurir a matéria objeto do processo e, portanto, sem gerar coisa julgada.[116]

Por tudo isso, não seria incorreto cogitar uma quarta característica, aquela da *excepcionalidade*,[117] a indicar a inviabilidade de se tornar regra no processo, devendo ser utilizada, diante de suas limitações, quando estritamente verificados seus requisitos de cabimento de maneira a afastar a cognição exauriente.[118]

Com efeito, a técnica da cognição sumária é uma prestação jurisdicional precária, por essa razão provisória e não induzindo à coisa julgada. Afinal, consiste,

---

[111] A esse propósito, a clara indicação do Código de 2015 de que a tutela provisória pode ser "concedida em caráter antecedente ou incidental" (art. 294, parágrafo único). Também a tutela antecipada em caráter antecedente é instrumental (art. 303, *caput* e §§ 1º, I, e 2º, do CPC/2015). Neste último caso, basta ao autor, inicialmente, a "indicação do pedido de tutela final" (*caput*), devendo em aditamento realizar "a confirmação do pedido de tutela final" (§ 1º, I). "Em síntese, a antecipação provisória de efeitos, requerida em caráter antecedente ou incidente, pressupõe a dedução do pedido principal" (*Ibid.*, p. 234). Negando o caráter instrumental da tutela cautelar, na defesa da existência de um direito substancial de cautela, v., entre outros, SILVA, Ovídio A. Baptista da. *Do processo cautelar*. Rio de Janeiro: Forense, 2006. p. 67-76.

[112] Art. 296 do CPC/2015. No Código de 1973, arts. 273, § 4º, e 807, *caput*, este último relativo ao processo cautelar.

[113] Nesse sentido, a indicação do Código de 2015 de que a tutela de urgência será concedida diante da verificação da "probabilidade do direito e o perigo de dano ou o risco ao resultado do processo" (art. 300, *caput*) e, de alguma forma, as hipóteses do art. 311.

[114] Discutindo a possibilidade de um direito substancial de cautela, v. item 1.5.1.4, *infra*.

[115] Não obstante a estabilização da tutela, prevista no art. 304 do CPC.

[116] Kazuo Watanabe admite que o provimento cautelar possa ter caráter satisfativo da pretensão específica de prestação cautelar, "embora a cognição sumária não permita carga declarativa suficiente para receber a autoridade da coisa julgada" (WATANABE, Kazuo. *Cognição no processo civil*. 4. ed. São Paulo: Saraiva, 2012. p. 145).

[117] Semelhante à posição atual da Suprema Corte norte-americana em relação às *preliminary injunctions*, cf. item 4.2.3, *infra*, em especial no que trata do caso *Winter v. Natural Resources Defense Counsil*.

[118] Criticando a utilização exagerada desse tipo de medida, v. BEDAQUE, José Roberto dos Santos. *Tutela provisória*: analisada à luz das garantias constitucionais da ação e do processo. 6. ed. São Paulo: Malheiros, 2021. p. 234.

exatamente, em uma limitação dos elementos que o juiz precisa considerar para proferir uma decisão. Quando autorizado pela norma processual, o juiz, nas condições previstas, decide sem precisar conhecer todos os elementos, de fato e de direito, implicados na pretensão da parte requerente da tutela provisória. Na prática, essa técnica significa isenção de decisão em cognição exauriente, quer dizer, aquela pautada em amplo debate das alegações das partes e com suficiente dilação probatória, em amplo contraditório. Daí a possibilidade de maior imediatidade na resposta jurisdicional, sem necessidade de aguardar o julgamento final do processo.

Não por outra razão, Kazuo Watanabe denomina esse tipo de cognição *superficial* em relação àquela "que se realiza em relação ao objeto cognoscível constante em dado processo".[119] Para ele, não significa "cognição incompleta", em contraposição àquela plena e completa, própria do procedimento ordinário.[120] Segundo esclarece, "se a cognição se estabelece sobre todas as questões, ela é horizontalmente *ilimitada*, mas se a cognição dessas questões é superficial, ela é sumária quanto à profundidade". Ou seja, é essa forma de conhecimento judicial que o autor designa *ampla* em extensão, mas *sumária* em profundidade, que constitui, segundo Watanabe, a *cognição sumária*.

A questão pode parecer meramente teórica, mas, se bem considerada, tem repercussões práticas importantes. Isso porque, à primeira vista, pode parecer que a superficialidade da cognição seria indicativa apenas da necessidade de observância estrita dos requisitos caracterizadores da urgência, isto é, "a probabilidade do direito e o perigo de dano ou o risco ao resultado útil do processo", nos termos colocados pelo Código de Processo Civil (art. 300). Examinada a questão com maior atenção, no entanto, dois aspectos saltam aos olhos. Primeiro, que a probabilidade do direito – também colocada pela doutrina em termos de *fumus boni iuris* – tem a ver com o mérito do processo. Segundo, que a análise superficial, própria da cognição sumária, deve estender-se, de igual maneira, aos pressupostos processuais e às condições da ação.

Assim, a sumariedade, mesmo de caráter prévio e provisório, não afasta o peso do posicionamento judicial quanto ao mérito da causa, ainda que seja probabilístico, como quer o Código. Nesse sentido, não há uma cognição judicial parcial: o juízo de probabilidade exigido deve considerar, ainda que superficialmente, todo o mérito. De igual maneira, a cognição sumária não pode afastar a

---

[119] WATANABE, Kazuo. *Cognição no processo civil*. 4. ed. São Paulo: Saraiva, 2012. p. 128.

[120] Nesse ponto, opondo-se a Chiovenda, para quem "interessa examinar a cognição do juiz, desde que a atuação da lei, ou tutela jurídica, mediante cognição, assuma duas formas distintas, conforme a cognição é *ordinária* (isto é, plena e completa) ou *sumária* (isto é, incompleta)" (CHIOVENDA, Giuseppe. *Instituições de direito processual civil*. 3. ed. São Paulo: Saraiva, 1969. p. 174).

verificação, ainda que *prima facie*, dos pressupostos processuais e das condições da ação. É evidente que esses requisitos para o desenvolvimento válido do processo e para o julgamento do mérito devem ser considerados, mesmo de modo perfunctório, na apreciação da tutela provisória de urgência.

Dois exemplos podem dar maior concreção a essa afirmação de a cognição sumária, na tutela de urgência, ser limitada apenas quanto à profundidade, não quanto à extensão:

(i) Considere-se o pedido de tutela de urgência formulado pelo comprador, autor da demanda de rescisão de um compromisso de compra e venda de imóvel, para a cessação do pagamento das parcelas devidas e a vedação de sua inscrição, pelo vendedor-demandado, em bancos de dados de proteção ao crédito. A princípio, não havendo cláusula válida de irrevogabilidade ou irretratabilidade, a procedência do pleito rescisório mostra-se provável. Por outro lado, há risco de dano, tanto na continuidade do pagamento das parcelas de um contrato que se quer rescindir, quanto pela possibilidade de o comprador vir a ser inscrito em um cadastro de proteção ao crédito. Entretanto, trata-se de contrato sob o regime de alienação fiduciária, que, pela Lei 9.514/1997, possui uma disciplina própria de rescisão. Ora, esta última circunstância, mesmo sem constar da inicial e sem ainda ter havido contestação, advinda do contrato juntado aos autos, deve ser considerada em cognição sumária de apreciação do pedido de tutela de urgência.

(ii) Relativamente à segunda situação, de verificação de pressupostos processuais e condições da ação, imagine-se, sempre exemplificativamente, um pedido de alimentos provisório em face de quem não conste da certidão de nascimento como genitor e quando não haja prova de outro vínculo familiar.[121] Mesmo a urgência decorrendo da natureza da prestação exigida, é evidente que a ausência de legitimidade passiva deve ser considerada pelo juiz, ao menos até a regularização do polo passivo, para indeferir a medida de urgência. O mesmo poderia ser dito em relação à ausência de pressupostos processuais. Por exemplo, um pedido formulado sem a devida procuração e justificativa pertinente.[122] Um pouco diversa seria a situação da incompetência do juízo, que, a teor do melhor entendimento do art. 64, § 4º, do Código de Processo Civil, a despeito de seu reconhecimento, deveria ensejar a apreciação da urgência alegada pelo autor.[123]

---

[121] Cf. arts. 1.696 e 1.697 do CC. Nos chamados alimentos gravídicos, bastam indícios da paternidade (art. 6º, *caput*, da Lei 11.804/2008).

[122] Art. 104 do CPC.

[123] Se caracterizada a urgência ensejadora de medida provisória, cabível a apreciação mesmo naqueles casos de "ajuizamento de ação em juízo aleatório", previsto no art. 63, § 5º, do CPC, que permite ao juiz declinar de ofício de sua competência.

De toda maneira, há de se considerar sempre as limitações das técnicas de sumarização apontadas de início. Há sempre um difícil equilíbrio entre efetividade e equidade, de um lado, e segurança, de outro. Italo Andolina muito bem coloca a intrínseca contraposição de valores existente na opção por medidas ainda provisórias:

> O único instrumento capaz de parar a ocorrência do dano marginal é aquele de atribuir prontamente ao autor o bem litigioso, apesar da duradoura incerteza relativa à existência de seu direito. O ordenamento jurídico vê-se então colocado defronte dois impulsos opostos: aquele de intervir em favor do autor e aquele de abster-se de tal intervenção para poupar ao réu o grave infortúnio de uma execução forçada que poderia vir a revelar-se injustificada.[124]

De fato, a sumarização da tutela de urgência, não obstante os importantes resultados de eficiência e equidade que pode gerar na correção do problema do tempo do processo, deve ser aplicada com cuidado, em razão do evidente grau de incerteza existente em seu deferimento. Parte desse cuidado diz respeito à abrangência que ela deve ter, sob pena de a inversão do gravame do tempo, do qual se falou anteriormente,[125] tornar-se a troca da injustiça de uma parte pela de outra. Afinal, na tutela de urgência está envolvida, também, a gestão dos riscos suportados pelas partes no tocante ao resultado do processo, como se desenvolve na sequência.[126]

1.5.2 Tutela provisória: na sentença e no curso do processo

Ainda no que toca à sumariedade, notadamente na tutela de urgência, cabe observar que ela não está sempre presente em todas as situações nas quais esse tipo de medida seja cabível. Afinal, podendo ser deferida em qualquer momento do processo em algumas situações, seu deferimento será feito junto à cognição exauriente realizada pelo juiz. É o que ocorre, por exemplo, quando a tutela de urgência é deferida após instrução probatória ou na sentença.

---

[124] "L'unico strumento in grado di arrestare il prodursi del danno marginale è quello di attribuire prontamente all'attore il bene controverso, nonostante la perdurante incertezza relativa all'esistenza del suo diritto. L'ordinamento si trova dunque posto di fronte a due pulsioni opposte: quella di intervenire in favore dell'attore, e quella di astenersi da tale intervento per risparmiare al convenuto la grave iattura d'un'esecuzione forzata che potrebbe sucessivamente revelarsi ingiustificata" (ANDOLINA, Italo. *"Cognizione" ed "esecuzione forzata" nel sistema della tutela giurisdizionale: corso di lezioni.* Milano: A. Giuffrè, 1983. p. 21).

[125] V. item 1.4.2, *supra*.

[126] A esse propósito, v. item 1.6, *infra*, com o respaldo do desenvolvido no capítulo 3, em especial item 3.6.2.2, a seguir.

Capítulo 1 · TEMPO E PROCESSO | **43**

A esse respeito, embora a disciplina específica da matéria tenha silenciado-se acerca dessa situação específica,[127] o Código de Processo estabelece que terá eficácia imediata a sentença que "confirma, *concede* ou revoga tutela provisória".[128] Consequentemente, o legislador, de maneira indireta, reconheceu a possibilidade de concessão da tutela de urgência na sentença.[129] Correta, de qualquer forma, a ligação estabelecida pelo Código entre as duas matérias, uma vez que tanto a eficácia imediata da sentença quanto as tutelas provisórias desencadeiam uma execução não definitiva.[130] Vencida em nosso sistema a resistência à execução não fundada em "título executivo",[131] a execução – ou efetivação, como quer o Código – da tutela provisória e a da sentença são realidades semelhantes, na medida em que permitem o desencadeamento de medidas executivas fundadas em decisões em cognição sumária e em sentença – proferida mediante cognição exauriente –, mas sem ter atingido a definitividade (trânsito em julgado).

Não poderia ser diferente, pois, ao julgar o mérito, encerrada a instrução, com certeza já estará equacionada de forma suficiente a probabilidade do direito, a qual embasará a sentença, e será possível vislumbrar com clareza o risco de dano ou de fragilização ao resultado do processo. Evidentemente, da grande probabilidade do direito da parte vencedora não decorre, de modo automático, maior urgência do provimento jurisdicional. Mesmo o alto grau de certeza emergente da sentença não elimina a necessidade de caracterização do perigo de dano ou de risco ao resultado útil do processo, ou seja, não preenche o requisito de urgência, exigido para o deferimento da medida.

Não fosse assim, junto a toda sentença deveria ser deferida uma tutela antecipatória, significando verdadeira revisão da regra do art. 1.012, *caput*, do

---

[127] V. arts. 294 e seguintes do CPC/2015.

[128] Art. 1.012, § 1º, V, do CPC/2015. O Código de 1973, de maneira diversa, estabeleceu eficácia imediata da sentença que "confirmar a antecipação dos efeitos da tutela" (art. 520, VII).

[129] Nesse sentido, MARINONI, Luiz Guilherme. *Tutela de urgência e tutela da evidência:* soluções processuais diante do tempo da justiça. 4. ed. São Paulo: Ed. RT, 2021. p. 132-133.

[130] V. arts. 520 e 297, parágrafo único, do CPC.

[131] A regra da *nulla executio sine titulo*. Denunciando o "mito" consagrado nesse preceito, v. MARINONI, Luiz Guilherme. *Tutela antecipatória e julgamento antecipado:* parte incontroversa da demanda. 5. ed. São Paulo: Ed. RT, 2002. p. 22-26. Em escrito mais atual, discutindo a matéria, afirma que "[provisório] é o título no qual a execução se funda" (MARINONI, Luiz Guilherme. *Tutela de urgência e tutela da evidência:* soluções processuais diante do tempo da justiça. 4. ed. São Paulo: Ed. RT, 2021. p. 157). Embora de forma sutil, o legislador de 2015 parece ter tentado resolver esse problema ao indicar como títulos executivos judiciais "as *decisões* proferidas no processo civil que reconheçam a *exigibilidade* de obrigação". Na redação anterior, do CPC/1973, constava "a *sentença* proferida no processo civil que reconheça a *existência* de obrigação". Respectivamente arts. 515, I, do CPC/2015 e 475-N, I, do CPC/1973. Em suma, no Código vigente, a caracterização do título executivo não está limitada à "sentença" e exige apenas o reconhecimento da "exigibilidade", não da "existência" da obrigação.

Código de Processo Civil, que estabelece o efeito suspensivo da apelação.[132] Por exemplo, uma ação anulatória de escritura de transferência de imóvel julgada procedente. Salvo circunstância muito específica, nada estaria a demonstrar a necessidade de tutela de urgência,[133] de maneira que não se pudesse aguardar o julgamento de eventual recurso de apelação.

A esse propósito, há de se atentar, ainda mais, à natureza da cognição realizada pelo juiz ao deferir a tutela provisória na sentença. Não parece possível, nessa situação, cindir a cognição judicial para afirmá-la exauriente quanto ao *meritum causae* e a sumária, no que toca à tutela provisória. Em decisão definitiva ou final, o juiz, apreciando e decidindo sobre o objeto do processo, de modo exauriente, utiliza-se dos mesmos elementos de convicção para decidir sobre a tutela provisória.

Diversa, entretanto, é a cognição judicial em qualquer outra etapa do processo, na qual os requisitos para concessão da tutela de urgência venham a se mostrar presentes, o que pode acontecer com a formação do contraditório ou com a instrução probatória, quando poderá haver o deferimento da tutela provisória. Nessa hipótese, o pedido de tutela de urgência deve ainda ser apreciado em cognição sumária, em observação aos requisitos previstos em lei.[134] Claro, abra-se para um juiz maior espectro probatório e a controvérsia entre as partes pode estar mais bem estabelecida, mas sua cognição mantém-se superficial enquanto houver possibilidade de dilação probatória.[135]

---

[132] No modelo transnacional de processo civil, ao contrário do brasileiro, a regra é a ausência de efeito suspensivo no recurso de apelação, sendo a sentença em primeiro grau de jurisdição imediatamente executável. Cf. Art. 26 dos Princípios ALI/UNIDROIT do processo civil transnacional: "26. Immediate Enforceability of Judgments. 26.1 The final judgment of the first-instance court ordinarily should be immediately enforceable. 26.2 The first-instance court or the appellate court, on its own motion or motion of a party, may in the interest of justice stay enforcement of the judgment pending appeal. 26.3 Security may be required from the appellant as a condition of granting a stay or from the respondent as a condition of denying a stay" ("26. Executoriedade imediata das decisões. 26.1 A decisão definitiva do tribunal de primeira instância deve, em princípio, ser imediatamente executável. 26.2 O tribunal de primeira instância ou o tribunal de recurso, por sua própria iniciativa ou por iniciativa de uma das partes, pode, no interesse da justiça, suspender a execução da decisão na pendência do recurso. 26.3 Pode ser exigida uma caução ao recorrente como condição para conceder a suspensão ou ao requerido como condição para recusar a suspensão"). Disponível em: https://www.unidroit.org/instruments/civil-procedure/ali--unidroit-principles/. Acesso em: 28 jul. 2023.

[133] Ao que tudo indica, também não ensejaria tutela de evidência. Não parece razoável, em especial, extrair abusividade do direito de defesa da simples procedência da demanda em favor da parte contrária (art. 311, I, do CPC) – ou se estaria a negar legitimidade a qualquer controvérsia em matéria de fato e de direito.

[134] Art. 300, *caput*, do CPC.

[135] Caso contrário, deveria logo proferir sentença (art. 355, I, do CPC), salvo se a urgência permitir que se aguarde a conclusão das providências processuais pendentes.

Tome-se como exemplo a conclusão de uma perícia em ação por vícios construtivos, na qual o *expert* indique a existência de um risco grave e iminente. Da apresentação do laudo, portanto, permite-se extrair suficiente plausibilidade quanto à responsabilidade da construtora demandada pela obra ruinosa e quanto ao perigo de dano, digamos, de desmoronamento ou desabamento. A providência antecipatória, cuja necessidade não foi demonstrada de forma suficiente com o pedido inicial, com o avanço da instrução probatória, pode-se demonstrar cabível, a exigir ação imediata para impedir a consumação dos danos, ensejando deferimento de eventual medida de urgência.

Observe-se que, não obstante o importante elemento de prova trazido para o processo, a cognição judicial permanece sumária, uma vez que pendente a conclusão da dilação probatória,[136] sem estar o processo ainda maduro para sentença.

Por outro lado, algumas vezes os requisitos para a tutela de urgência restam caracterizados – ou descaracterizados! – com a apresentação de defesa pelo demandado, em contestação ou em impugnação à medida provisória já deferida. Bem entendido, neste caso, a própria resposta do demandado, suas alegações e provas acrescidas aos autos vêm a acrescer elementos para apreciação ou revisão da tutela provisória postulada pelo autor.

Imagine-se, a título de ilustração, uma revisão contratual, com saldo devedor, baseada em alegação de aplicação incorreta de índice da correção monetária, na qual se peça tutela de urgência inibitória para impedir o credor de realizar a inscrição do autor em cadastros de proteção ao crédito. Se a contestação trouxer clara demonstração de aplicação do índice correto, conforme o contrato, a probabilidade do direito afirmado pelo autor enfraquecerá. Ao contrário, fortalecer-se-á caso a resposta do demandado seja insuficiente, podendo chegar à abusividade[137] e dando ensejo até mesmo à tutela de evidência.[138]

Verifica-se, nessa medida, que, se a duração do processo não é permanência, mas mudança, como indicou Carnelutti em transcrição trazida *supra*,[139] a aprecia-

---

[136] Por exemplo, por ser ainda necessário o aperfeiçoamento do laudo pericial (art. 477, §§ 1º a 3º, do CPC).

[137] Como aquela defesa deduzida "contra texto expresso de lei ou fato incontroverso" (art. 80, I, do CPC).

[138] Art. 311, I, do CPC. "Lembre-se [de] que, quando o direito do autor está evidenciado (prova dos fatos constitutivos) e há uma defesa provavelmente infundada, admite-se a tutela da evidência e, portanto, aplica-se a técnica da cognição sumária" (MARINONI, Luiz Guilherme. *Tutela de urgência e tutela da evidência:* soluções processuais diante do tempo da justiça. 4. ed. São Paulo: Ed. RT, 2021. p. 30). Admite-se a afirmação, com a ressalva de que a correspondência entre o "direito evidenciado" e a "defesa infundada" nem sempre é absoluta, havendo situações nas quais aspectos controvertidos abrangem toda a polaridade do processo.

[139] V. item 1.3.1, *supra*. Cf. CARNELUTTI, *Trattato del processo civile*. Napoli: Morano, 1958. p. 356-357.

ção da tutela de urgência tem de ser renovada em todo o curso do processo.[140] Com efeito, pois, em seu desenvolvimento, pode alterar a demonstração dos direitos afirmados e as situações de risco podem modificar-se com a própria mudança dos fatos. A cognição judicial, como regra, será sempre sumária, salvo naquela situação em que venha ser apreciada na própria sentença, quando se beneficiará do caráter exauriente dela característico.

Cabe, assim, afirmar, como será mais bem desenvolvido na sequência, que os requisitos para deferimento da tutela de urgência vão sendo construídos e desconstruídos no curso do processo, dependentes da atuação das partes, da instrução probatória e de eventuais modificações dos fatos envolvidos no processo. Nesse movimento de construção e desconstrução, deve-se sempre buscar uma cognição judicial adequada, isto é, consentânea com o momento processual no qual a tutela de urgência deva ser apreciada ou revista.

1.5.3 A cognição sumária na tutela provisória recursal

A matéria tratada no item anterior tangencia a tutela provisória recursal. A premissa antes desenvolvida, de cabimento da tutela provisória ao longo de todo o desenvolvimento do processo, aplica-se em igual medida no âmbito recursal. Para a devida compreensão da cognição judicial, nesse âmbito, é necessário estabelecer algumas distinções, a fim de situar a cognição sumária aplicada à matéria recursal. Para tanto, propõe-se distinguir: *(i)* a tutela provisória enquanto objeto do recurso; *(ii)* a atribuição de efeito suspensivo ao recurso; *(iii)* a tutela provisória recursal propriamente dita.

Primeiramente, é preciso tratar da apreciação das decisões de deferimento ou indeferimento da tutela provisória em grau de recurso.[141] Enquanto tal, essa matéria é devolvida ao tribunal para possível reforma, manutenção ou modificação parcial. A decisão final decidirá sobre a pretensão de reforma formulada pela parte recorrente, mas não será ela mesma proferida nos moldes da tutela provisória, mediante procedimento sumário. Isso ocorrerá apenas diante de eventual pedido de efeito suspensivo ou de antecipação de tutela formulado ao próprio tribunal.

Nesse primeiro sentido, portanto, não há um vínculo de *instrumentalidade* entre a tutela provisória, que é objeto do recurso, e a pretensão recursal.[142] Esse vínculo se estabelece em relação à pretensão de direito material, apresentada e pendente em grau inferior de jurisdição. Em outras palavras, os requisitos que cabem observar dizem respeito àquele pleito formulado na origem, apreciado pela

---

[140] Nesse sentido, aliás, o art. 296, *caput*, do CPC.
[141] Certo que as decisões versando sobre tutela provisória podem ser objeto de recurso (arts. 1.013, § 5º, e 1.015, I, do CPC).
[142] Sobre a característica de instrumentalidade, v. item 1.5.1, *supra*.

decisão recorrida e devolvido ao tribunal. Não têm a ver com eventual pedido antecipatório ou cautelar formulado no âmbito do próprio recurso.

Pode parecer preciosismo, mas, para fins analíticos, mostra-se relevante distinguir a tutela que é objeto do recurso da *tutela provisória recursal*, ou seja, ligada diretamente à pretensão recursal a ser conhecida pelo tribunal.

A atribuição pelo relator de *efeito suspensivo* aos recursos ou o deferimento de antecipação de tutela constituem situações diversas daquelas comentadas anteriormente. Com o efeito suspensivo, visa-se impedir a eficácia imediata da decisão recorrida, seja no agravo de instrumento,[143] que como regra não tem aquele efeito,[144] seja na apelação, nas hipóteses nas quais, excepcionalmente, não tem esse efeito.[145] Por outro lado, com a antecipação de tutela, busca-se antecipar, no todo ou em parte, o resultado pretendido com o próprio recurso.

Em relação à apelação e ao agravo de instrumento, o Código de Processo estabelece o cabimento de forma semelhante à previsão acerca da tutela de urgência: "se o apelante demonstrar a probabilidade de provimento do recurso *ou* se, sendo relevante a fundamentação, houver risco de dano grave ou de difícil reparação".[146]

Considerando que, nos dois casos, a ineficácia da decisão recorrida seria alcançada apenas com a decisão final do recurso, com a reforma de decisão recorrida, a atribuição de efeito suspensivo tem, por consequência, característica de tutela provisória,[147] no sentido de antecipar a eficácia da decisão a ser proferida ao final, com o julgamento do recurso.

Por fim, a tutela provisória recursal é aquela que, de maneira diversa da primeira situação já discutida, tem um vínculo *instrumental* com a própria pretensão recursal; em outras palavras, diz respeito ao resultado que, direta ou indiretamente, pretende-se alcançar com o recurso.[148]

Assim, pode consistir em antecipação, total ou parcial, do provimento esperado com o recurso. Por exemplo, o deferimento da imissão na posse de um imóvel ou o levantamento da parte incontroversa de um depósito. Nesses casos, há verdadeira *antecipação de tutela recursal*. Não se exclui, todavia, a

---

[143] Art. 1.019, I, do CPC.

[144] Art. 995 do CPC.

[145] Art. 1.012, § 1º, do CPC.

[146] Art. 1.012, § 4º, do CPC. Destaca-se a propósito a alternatividade do *periculum in mora* dessa disposição legal, em contraste com aquela do art. 300 do CPC. No que tange ao agravo de instrumento, aplicável a regra geral (art. 995, parágrafo único, do CPC), estabelecendo requisitos cumulativos, diferentemente da disciplina relativa à apelação.

[147] Nesse sentido, BEDAQUE, José Roberto dos Santos. *Tutela provisória*: analisada à luz das garantias constitucionais da ação e do processo. 6. ed. São Paulo: Malheiros, 2021. p. 318. Afirmando que o pedido de atribuição de efeito suspensivo "não deixa de ser modalidade de tutela provisória".

[148] Tendo por base legal o art. 932, II, do CPC.

possibilidade de medidas cautelares serem deferidas em grau de recurso, com a finalidade de assegurar o resultado útil do processo. A propósito, exemplificativamente, a inscrição da demanda no Registro de Imóveis ou o bloqueio de valores em conta bancária.

Ao contrário da primeira situação discutida, de a tutela provisória ser objeto do recurso, aqui, sim, trata-se de tutela apreciada em cognição sumária. Naquela outra hipótese, cognição sumária serviu de base à decisão recorrida, devendo ser escrutinizada pelo tribunal. Como já ressaltado, não significa, porém, que o tribunal decidirá em cognição sumária. Ao contrário, em relação à matéria devolvida, a cognição será exauriente quanto ao objeto do recurso, ainda que esta signifique somente o exame dos requisitos para concessão da tutela pela decisão recorrida.

Nas outras duas hipóteses, da decisão de atribuição de efeito suspensivo ao recurso e de tutela provisória recursal – propriamente dita –, o relator decide em cognição sumária.

Aliás, a norma geral de concessão de efeito suspensivo é em grande parte semelhante àquela da tutela provisória. Se, para a tutela provisória, demonstrada a probabilidade do direito, basta o perigo de *dano* ou risco ao resultado útil do processo,[149] para a atribuição do efeito suspensivo a exigência legal é apenas mais severa, tendo em vista que se deve demonstrar risco de *dano difícil ou impossível reparação*,[150] quer dizer, não basta qualquer dano, sendo necessário o qualificado.

Contrariamente, no que tange ao *efeito suspensivo da apelação*,[151] naqueles casos nos quais ela não o tem,[152] há norma própria de diverso teor. A cláusula legal, nesse caso, parece ser mais benéfica ao apelante, pois torna os requisitos alternativos.[153] Segundo o dispositivo legal específico, basta a probabilidade de provimento do recurso, "*ou se*, sendo relevante a fundamentação, houver risco de dano grave ou de difícil reparação". Na literalidade do Código, os requisitos não são cumulativos, diversamente da regra geral e diferente do estabelecido para a tutela provisória de urgência.[154]

---

[149] Arts. 300, *caput*, do CPC.

[150] Art. 995, parágrafo único, do CPC.

[151] O Código de Processo Civil possui várias regras específicas quanto à atribuição de efeito suspensivo a várias modalidades de recurso. Além da referida regra geral, são elas: (i) na apelação, art. 1.012, §§ 3º e 4º; (ii) no agravo de instrumento, art. 1.019, I; (iii) nos embargos de declaração, art. 1.026, § 1º; (iv) no recurso ordinário, art. 1.028, § 1º, c/c art. 1.019, I; (v) nos recursos extraordinário e especial, art. 1.029; (vi) no incidente de resolução de demandas repetitivas – IRDR –, art. 982, I e § 2º. Cf. FERREIRA, William Santos. *Comentários ao Código de Processo Civil*. São Paulo: Saraiva, 2017. v. 4: Arts. 1.009-1.020. p. 438. Aqui, em razão da maior generalidade, trata-se apenas da atribuição de efeito suspensivo na apelação e no agravo de instrumento.

[152] Art. 1.012, § 1º, do CPC.

[153] Art. 1.012, § 4º, do CPC.

[154] Respectivamente, arts. 995, parágrafo único, e 1.012, § 4º, do CPC.

Compreende-se a opção legislativa. Afinal, se a apelação foi excluída da regra geral, pela qual os recursos não impedem a eficácia imediata das decisões impugnadas,[155] é porque o legislador vislumbrou razões para criar tal exceção. Razoável, à vista disso, que se criasse disciplina legal mais flexível para que, nas excepcionais hipóteses nas quais a apelação não tem efeito suspensivo, fosse mais fácil atribuí-lo pela via judicial. Conclui-se, assim, que, para deferimento do efeito suspensivo na apelação, basta a probabilidade de provimento do recurso, sem necessidade de demonstração da iminência de dano; ou a existência de risco de dano grave e de difícil reparação, desde que haja "relevante fundamentação".[156]

Cabe anotar, no encerramento deste tópico, que a tutela provisória de urgência, presente em todo o *iter* processual, tem algumas peculiaridades no âmbito recursal. Estas não dizem respeito a seus objetivos e finalidades, que remanescem os mesmos. As diferenças aqui consideradas se referem à cognição empregada nessa etapa processual e na precisa delimitação daquilo que consistiria em efetiva tutela provisória, destacando-se especialmente a interpretação da atribuição de efeito suspensivo aos recursos como modalidade do tipo de tutela tratado nesta obra.

1.5.4 Cognição sumária de cautela e de antecipação

Neste item, busca-se responder à questão de saber se na tutela de urgência haveria alguma diferença de cognição na antecipação de tutela e na cautelar.

É certo que a disciplina legal hoje vigente, tratando de maneira conjunta essas duas espécies de tutela, não faz diferença nem mesmo quanto à admissibilidade de qualquer uma delas, muito menos em relação à qualidade da cognição a embasá-las.[157] Aliás, cabe observar que a tutela de urgência cautelar, no Código

---

[155] Art. 995, *caput*, do CPC.

[156] V., em sentido semelhante, BONDIOLI, Luís Guilherme Aidar. *Comentários ao Código de Processo Civil*. São Paulo: Saraiva, 2016. v. XX: Arts. 994-1.044. p. 106. Segundo o autor, "a interpretação que se propõe para o § 4º do art. 1.012 do CPC é a seguinte: sendo efetivamente grandes as chances de provimento do recurso, não se perquire quanto ao *periculum in mora* para a contenção dos efeitos da sentença (*tutela de evidência recursal*); sendo boas as chances de provimento do recurso, mas não tão grandes, aí se exige a iminência de um dano qualificado para sustação da eficácia do julgado". Resta saber se a "relevante fundamentação", de fato, iguala-se a uma probabilidade em menor grau de provimento do recurso. Ao que tudo indica, se essa fosse a intenção do legislador, outro seria o adjetivo utilizado (como verossimilhante, plausível ou provável) e não seria relativo à fundamentação (que é atributo das razões recursais), mas à pretensão recursal.

[157] Sobre a unificação de critérios para cautelares e tutela antecipada no CPC/2015, v. BUENO, Cassio Scarpinella. A tutela provisória de urgência do CPC de 2015 na perspectiva dos diferentes tipos de *periculum in mora* de Calamandrei. *Revista de Processo*, v. 269, p. 269-290, 2017. Afirmando que a atual disciplina eliminou "controvérsia inútil" acerca das diferenças de cognição entre as duas espécies de tutela, v. BEDAQUE, José Roberto dos Santos. *Tutela*

de Processo anterior, havia merecido todo um Livro,[158] entre os cinco nos quais se dividia aquele diploma. No Código de 2015, contrariamente, a disciplina legal das medidas cautelares viu-se reduzida a um único dispositivo, que, ainda mais, define-a por exemplificação.[159]

Na verdade, as amplas possibilidades abertas pela introdução da antecipação de tutela em nosso sistema, com a reforma do art. 273[160] do Código de Processo Civil de 1973, seguida da expressa consagração da fungibilidade dos dois tipos de tutela,[161] na prática, eclipsaram total e definitivamente o então chamado *processo cautelar*. Não era para menos, pois, considerando que a antecipação de tutela poderia ser requerida nos próprios autos do processo de conhecimento, sem a necessidade da propositura de um processo autônomo, com o reconhecimento legal da fungibilidade entre os dois tipos de medidas, deixou de fazer sentido a formulação de pretensão fundada na ainda vigente disciplina das cautelares.[162]

Com certeza, a sensível redução da presença das medidas cautelares no Código de 2015 resultou das consequências práticas da generalização da antecipação de tutela em nosso sistema.

Não obstante o gradual decréscimo que a tutela cautelar teve no processo civil brasileiro, cabe ao intérprete questionar se, diante das finalidades dos dois tipos de tutela de urgência, mesmo com a indistinção da disciplina legal, haveria uma diferença na cognição realizada em um e outro caso.[163] A questão é relevante,

---

provisória: analisada à luz das garantias constitucionais da ação e do processo. 6. ed. São Paulo: Malheiros, 2021. p. 348.

[158] Livro III, arts. 796 a 889, do CPC/1973.

[159] Art. 301 do CPC/2015. Cf. item 2.1.2.4, *infra*.

[160] Levada a efeito pela Lei 9.494/1997.

[161] No § 7º, introduzido no art. 273 do CPC/1973 pela Lei 10.444/2002. Na exposição de motivos dessa lei (que incorpora a justificativa do projeto), consta que a alteração legislativa "atende ao princípio da economia processual, com a adoção da 'fungibilidade' do procedimento, evitando à parte a necessidade de requerer, em um novo processo, medida cautelar adequada ao caso". Para exposição de motivos, v. COSTA, Hélio Rubens Batista Ribeiro *et al.* (org.). *A nova etapa da reforma do Código de Processo Civil*: Leis n. 10.352/2001, 10.358/2001 e 10.444/2002. São Paulo: Saraiva, 2002. p. 489. Dinamarco, divergindo do que constou na exposição de motivos, aponta não se tratar de "fungibilidade de procedimento", mas de autêntica "fungibilidade de pedidos". Para ele, defensor do "duplo sentido vetorial" das medidas cogitadas, "[a] *fungibilidade* entre as duas tutelas deve ser o canal posto pela lei à disposição do intérprete e do operador para a necessária caminhada rumo à unificação da teoria das medidas urgentes – ou seja, para a descoberta de que *muito há, na disciplina explícita das medidas cautelares, que comporta plena aplicação às antecipações de tutela*" (DINAMARCO, Cândido Rangel. *A reforma da reforma* – Lei 10.352/2001, Lei 10.358/2001, Lei 10.444/2002, Lei 9.800/1999 (Lei do Fax) e Lei 10.173/2001 (Lei dos Idosos). 3. ed. São Paulo: Malheiros, 2002. p. 91-92).

[162] Para exposição mais detalhada dessa mudança no CPC/1973, v. item 2.1.2.3, *infra*.

[163] Na posição desta obra, em ambas as medidas, cautelares e antecipatórias, há uma distribuição de gravames e riscos entre as partes, cabendo ao julgador realizar um *balance of*

uma vez que pode resultar na maior ou menor facilidade de deferimento de uma ou de outra medida.

De maneira mais direta, trata-se de saber se a superficialidade, própria da cognição sumária, pode ser aferida em graus, com a finalidade de distinguir as modalidades de tutela de urgência. Ou, ainda, sob outra perspectiva, se nos dois tipos de tutela em discussão há diferença no prevalecimento de um dos requisitos para seu deferimento. Para colocar em termos da construção mais tradicional na doutrina, se haveria alguma diferença no prevalecimento do *periculum in mora* ou do *fumus boni iuris*.[164]

As medidas cautelares têm finalidade *asseguratória*, quer dizer, constituem uma resposta jurisdicional apta a prover à parte requerente providência que impeça a violação de seu direito ou prejudique o resultado útil do processo. É o que advém da parte final do art. 301 do Código de Processo Civil, o qual, após rol exemplificativo daquelas tutelas de natureza cautelar,[165] indica "qualquer outra medida idônea para asseguração do direito".

Nessa seara, as medidas cautelares em geral têm caráter *conservativo*, no sentido de preservar bens ou situações jurídicas, levando em conta a necessidade de garantir, uma vez verificados os requisitos gerais da tutela de urgência,[166] a efetividade do futuro provimento jurisdicional.[167] Ressalte-se, entretanto, que, eventualmente, a medida cautelar pode consistir em medidas asseguratórias, porém dotadas de caráter *inovativo* ou *modificativo* da situação de fato.

Considere-se, por exemplo, a determinação judicial de venda da coisa consignada, como sacas de cereal ou de açúcar. Ou ainda o sequestro da coisa em uma disputa possessória para avaliar a qualidade da posse dos contentores.[168] Observa-se, nas duas situações, uma mudança na situação fática ou jurídica dos bens envolvidos, que não constitui uma antecipação do provimento final, estando estritamente no escopo de assegurar o resultado útil do processo.

---

    hardships ou ponderação de gravames considerando a posição de todas as partes. Cf. item 3.6.2.2, *infra*.

[164] Os requisitos da tutela de urgência são tratados, pormenorizadamente, no capítulo 4, *infra*.

[165] Sobre a disciplina do Código de Processo Civil de 1973 e os procedimentos cautelares especiais, v. item 2.1.2.3, *infra*.

[166] "[A] probabilidade do direito e o perigo de dano ou o risco ao resultado útil do processo" (art. 300, *caput*, do CPC/2015).

[167] "[Na] cautelar conservativa isso se verifica mediante a preservação de bens ou situações, normalmente para garantir a execução forçada" (BEDAQUE, José Roberto dos Santos. *Tutela provisória:* analisada à luz das garantias constitucionais da ação e do processo. 6. ed. São Paulo: Malheiros, 2021. p. 145).

[168] Os dois exemplos aqui apresentados são de SILVA, Ovídio A. Baptista da. *A ação cautelar inominada no direito brasileiro.* Rio de Janeiro: Forense, 1979. p. 7-9.

Importante notar que, antes da introdução de uma disciplina autônoma da antecipação de tutela em nosso processo,[169] a tutela de urgência era apenas cautelar, aliás disciplinada legalmente por meio de modalidades típicas, e apenas de maneira excepcional se poderia deixar de seguir os procedimentos específicos previstos no Código de Processo então vigente.[170] Somente em hipóteses legais muito específicas eram admitidos provimentos que constituíssem verdadeira antecipação de tutela.[171]

A caracterização teórica da tutela cautelar, portanto, não tinha um sentido operativo direto para o desenvolvimento do processo. Mais importante, à época, era saber se a pretensão de cautela do autor preenchia os requisitos dos procedimentos cautelares especiais ou se poderia ser objeto de uma cautelar atípica, à época designada por *inominada*.[172]

Na verdade, a conceituação da tutela cautelar é construída em contraposição à da tutela antecipada e torna-se importante, exatamente, em razão da convivência com esta última, para que se possa distinguir o cabimento de uma ou de outra das modalidades de tutela de urgência. Para ser mais exato, em um primeiro momento, para que se tenha condições de aquilatar as especificidades e cada um dos remédios envolvidos. Depois, para saber quanto à existência de diferenças de cognição judicial em relação à medida concretamente pretendida pela parte, como se desenvolve a seguir.

No tocante ao primeiro aspecto, diversamente da tutela cautelar, que, como dito, propicia providências assecuratórias, a tutela antecipada permite atender, no todo ou em parte, à própria pretensão final da parte requerente, sem necessidade de aguardar a decisão final. Não por outra razão, o Anteprojeto da comissão de juristas que deu origem ao vigente Código de Processo Civil dividia a tutela de urgência em "medidas de natureza cautelar ou satisfativa".[173] Nesse aspecto, a tutela antecipada deve ser vista em duplo caráter satisfativo, antecipando em

---

[169] O Código de 1973 já admitia o mecanismo da antecipação de tutela em alguns procedimentos especiais. Comentando a reforma do art. 273 do Código de Processo Civil de 1973, cf. item 1.2.3, *supra*.

[170] V. arts. 798 e 799 do CPC/1973.

[171] Exemplo típico é a reintegração de posse, arts. 926 e 928, *caput*, do CPC/1973 e 560 e 562 do CPC/2015. Ovídio Baptista da Silva, em momento bem anterior ao advento da antecipação de tutela, cita dois exemplos, antes manejados pela via cautelar, pelos quais, na verdade, se "antecipa os efeitos da decisão definitiva da lide" (p. 8): a regulamentação dos direitos de visita e a permissão de exercer o direito de passagem, previamente à decisão final (Cf. SILVA, Ovídio A. Baptista da. *A ação cautelar inominada no direito brasileiro*. Rio de Janeiro: Forense, 1979. p. 6-8).

[172] Para colocação geral do problema, v. SILVA, Ovídio A. Baptista da. *A ação cautelar inominada no direito brasileiro*. Rio de Janeiro: Forense, 1979, em especial p. 137-140.

[173] Arts. 277 e 283 a 285. Cf. BRASIL. Congresso Nacional. Comissão de Juristas. *Código de Processo Civil*: anteprojeto. Brasília: Senado Federal, 2010. p. 109-110.

cognição sumária o que seria obtido pela sentença no processo de conhecimento e permitindo a execução provisória do decidido.[174]

Como dito *supra*, a tutela provisória a esse respeito constitui verdadeira aceleração da resposta jurisdicional. No caso da antecipação de tutela, propiciando uma resposta total ou parcialmente equivalente àquela definitiva. No que tange à cautelar, acelerando a proteção judicial ao direito reclamado, ainda que por meio simplesmente assecuratório.

A presente obra sustenta, conforme será desenvolvido mais à frente, não haver diferenças na cognição judicial quanto às duas hipóteses.[175] Não há diferenças no tocante ao grau de superficialidade, uma vez que, como já mencionado, não existem diferenças em relação à horizontalidade.[176] Propõe-se, na verdade, apenas um refinamento da cognição judicial, baseada nos elementos que devem compor a *avaliação do risco*, como indicativo do requisito de urgência a que está submetido o direito afirmado pelo requerente da tutela.

1.5.5 Cognição sumária e direito substancial de cautela

Neste ponto, há de se chamar a atenção para algumas peculiaridades da tutela cautelar, que a diferenciam daquela de antecipação e que, de histórico muito mais longo em nosso sistema,[177] tangenciam algumas áreas nebulosas quanto à sua caracterização e aplicação.

Primeiro, trata-se de discutir a existência de uma *pretensão de cautela*, especialmente em relação aos requerimentos de provimentos jurisdicionais cautelares. Tal pretensão, embora relacionada com aquela de direito material, estaria baseada em diversa *causa petendi* e, igualmente, em um *direito substancial de cautela*. Esse direito seria formulado, em bases gerais, a partir das cláusulas constitucionais da *inafastabilidade de tutela jurisdicional* e, em momento mais recente, da *razoável duração do processo*.[178]

---

[174] V. art. 297, *caput* e parágrafo único, do CPC.

[175] Nesse sentido, item 3.6.1.1, *infra*.

[176] V. item 3.6.2, *infra*.

[177] O Código de Processo Civil de 1939 ainda não trazia a terminologia *medidas* ou *processos cautelares*, mas possuía disposições com institutos dessa natureza. O Código as incluía no Livro V, "Dos Processos Acessórios". Nesse Livro, o Título I contemplava as "medidas preventivas", indiscutivelmente de caráter cautelar (arts. 675 a 688). O Código de Processo Civil de 1973, como já mencionado, trazia todo o Livro III tratando do processo cautelar, em 120 artigos, estabelecendo vários procedimentos especiais em matéria cautelar.

[178] Art. 5º, XXXV e LXXVIII, da CF. Reforçando a ideia de um direito substancial de cautela está o fato de a Constituição de 1988 ter ampliado a regra da inafastabilidade para vedar a exclusão de apreciação judicial de "lesão ou *ameaça* a direito", atentando-se para o fato de que a Constituição de 1967, emendada em 1969, contemplava apenas a não exclusão da apreciação a "qualquer lesão de direito individual" (art. 153, § 4º). A introdução do inciso LXXVIII no art. 5º da Constituição de 1988 reforçou a ideia de as medidas provisórias serem

Posteriormente, configurada a pretensão de cautela, será discutido se, na disciplina do Código de Processo Civil vigente, tal pretensão poderia ser veiculada por meio de ação autônoma – diversa do procedimento cautelar antecedente –,[179] respondendo a um amplo debate que antecedeu a introdução da disciplina geral da antecipação de tutela em nosso sistema, dizendo respeito às então chamadas cautelares satisfativas.

Em primeiro lugar, cabe distinguir a tutela cautelar daquela antecipada, em especial quanto à relação de cada uma dessas medidas com o direito material envolvido. Isso porque, na antecipação de tutela, há identidade final entre a pretensão de direito material e aquela antecipatória. Afinal, o que se trata de antecipar não é outra coisa senão a própria pretensão de direito material, em sua totalidade ou apenas em parte. Apesar da provisoriedade da tutela antecipada, existe coincidência entre a pretensão de direito material e a processual.[180] Na cautelar, ao contrário, não existe essa coincidência, tendo em vista que, nela, a providência jurisdicional pretendida pela parte é providência assecuratória, que não se confunde com a pretensão de direito material, embora voltada a preservá-la.

Na disciplina do Código de Processo Civil de 1973, a questão da pretensão à cautela se colocava de maneira mais clara, pois, na forma antecedente ou incidental, o pedido de provimento cautelar deveria ser feito por meio de processo autônomo, sobretudo antes da introdução da antecipação de tutela no art. 273 e do final reconhecimento da fungibilidade entre as medidas, como supradiscutido.[181]

Assim, mostrava-se naturalmente relevante a questão de saber qual o *objeto* do processo cautelar, ante a necessidade de definir a *res in iudicium deducta* submetida a julgamento naquela espécie de processo. Ademais, em algumas situações, considerada a exigência de propositura da ação principal,[182] a pretensão do autor via-se atendida no âmbito exclusivo do processo cautelar, gerando a dificuldade de saber qual a demanda principal a ser proposta.

Cogitava-se, diante disso, a possibilidade de uma ação cautelar "satisfativa",[183] baseada em um direito autônomo de cautela.

---

vistas como uma resposta ao tempo do processo, no sentido de acelerarem a resposta jurisdicional, como desenvolvido anteriormente. V., em especial, item 1.3.2.

[179] Arts. 305 a 310 do CPC/2015.

[180] Nesse sentido, conservando a característica *bifronte* do pedido principal, que lhe serve de base, ou seja, veiculando a pretensão a um bem jurídico e também ao provimento jurisdicional necessário para alcançá-lo. Sobre a característica bifronte do pedido, cf. DINAMARCO, Cândido Rangel. *Instituições de direito processual civil*. 9. ed. São Paulo: JusPodivm, 2023. v. II. p. 438.

[181] V., principalmente, o item 1.5.4, *supra*. Também, item 4.1.1, *infra*.

[182] Art. 806 do CPC/1973.

[183] Colocando essa questão e cogitando do que denominou "lide marginal cautelar", v. SILVA, Ovídio A. Baptista da. *A ação cautelar inominada no direito brasileiro*. Rio de Janeiro: Forense, 1979. p. 129.

Não se trata de negar a instrumentalidade como uma das características da tutela provisória de urgência,[184] isto é, de afirmar que esse tipo de tutela fosse sempre dependente de um pedido principal, por meio do qual se discutisse o mérito final da demanda. Esta, na leitura do autor desta obra, resta, como característica, preservada nas cautelares, até porque diz respeito à própria organização procedimental adotada pelo Código vigente.[185]

Busca-se, todavia, com a discussão de eventual efeito satisfativo, identificar peculiaridades da tutela cautelar, de maneira a incrementar as técnicas para seu manejo no processo. Para tanto, o problema parece mais bem colocado enquanto discussão da chamada *referibilidade*, isto é, o fato de que qualquer pretensão levada a juízo deve ter por referência uma relação de direito material.[186] A instrumentalidade, deixe-se claro, como caraterística da tutela provisória de urgência, não é de maneira alguma afetada no arranjo processual vigente.

Kazuo Watanabe demonstra a existência de diferenças de intensidade em termos de referibilidade, que pode, conforme o tipo de demanda, ser maior ou menor. Essa circunstância, para o autor, não é observada somente em relação ao pedido cautelar; ao contrário, está presente em toda ação de conhecimento. Watanabe exemplifica com uma demanda versando sobre o cumprimento de cláusula contratual. A pretensão material está *referida* a uma relação jurídica mais ampla, podendo a referibilidade, no caso, ser tanto mais intensa quanto for a importância da cláusula. Segundo pontua ele, "[a] referibilidade, porém, é no plano do direito material e para o processo vem apenas em termos de causa de pedir remota".[187] Assim, também a pretensão cautelar estaria ligada a uma *situação de perigo*,[188] que Ovídio Baptista da Silva designa por "situação cautelanda",[189] vindo a relação jurídica material, de maior amplitude, ao processo na forma de causa de pedir remota.

Mesmo com as profundas mudanças sofridas nessa área em nosso atual Direito Processual Civil – no qual não mais remanesce a necessidade de propositura de um processo cautelar –, ainda cabe falar em *pretensão cautelar*. Não é porque o pedido de tutela cautelar pode vir a ser formulado de modo incidente,

---

[184] Sobre a instrumentalidade, v. item 1.5.1, *supra*.

[185] Como também era pelo CPC/1973.

[186] Para Ovídio Baptista da Silva, "[a] referibilidade, a ideia de transitividade da ação cautelar, ligando-a a uma situação juridicamente relevante é inafastável. Assegura-se algo; dá-se proteção assegurativa a uma pretensão de direito processual, ou de direito material, a um direito subjetivo, ou, até mesmo, a uma outra ação" (SILVA, Ovídio A. Baptista da. *A ação cautelar inominada no direito brasileiro*. Rio de Janeiro: Forense, 1979. p. 126).

[187] WATANABE, Kazuo. *Cognição no processo civil*. 4. ed. São Paulo: Saraiva, 2012. p. 144.

[188] Nesta obra, designada por situação de risco, como se exporá nos capítulos seguintes.

[189] V., citando Carlo Calvosa: SILVA, Ovídio A. Baptista da. *A ação cautelar inominada no direito brasileiro*. Rio de Janeiro: Forense, 1979. p. 128.

no próprio processo, que ele não veicula uma pretensão específica. Tanto que o Código permite sua postulação de modo antecedente, antes mesmo da formulação do pedido principal.[190] O que caracteriza tal pretensão é a natureza assecuratória dos provimentos jurisdicionais demandados pelo requerente.[191] Trata-se de pedido de medida cautelar que se agrega àquele da pretensão principal, muito embora de diverso conteúdo.

A pretensão cautelar, como dito, de qualquer maneira, deve ter referibilidade com a relação de direito material, que lhe serve como causa de pedir remota. No caso, a causa de pedir imediata é o perigo ou risco a que está submetido o direito da parte postulante. Assim, a pretensão de cautela tem significado operacional para o processo, tanto para balizar o pedido em si quanto para sua apreciação judicial.

Considere-se, para fins de aplicação, um pedido cautelar de arresto – quiçá a mais tradicional das medidas cautelares. Tal medida busca vincular ao processo tantos bens do devedor quantos sejam necessários para garantia do crédito do credor. Sem dúvida, essa pretensão tem por finalidade assegurar o resultado útil do processo, sendo diversa daquela formulada no processo em caráter principal, ou seja, a condenação ou execução de um valor devido.

Para colocar nos termos propostos por Watanabe, há referibilidade na causa de pedir remota (*e.g.*, o contrato ou o título do qual decorre o crédito), sendo a causa de pedir imediata da pretensão de cautela a circunstância causadora do risco ao credor (*e.g.*, a dilapidação patrimonial pelo devedor).

Verificada a existência de uma pretensão de cautela, outra questão fundamental relativa ao tema é saber se ela poderia ser veiculada mediante processo autônomo.

Ainda no sistema do Código de Processo Civil de 1973, considerando sempre que o problema, então, era a necessidade de propositura de uma ação principal, Kazuo Watanabe propõe um critério para aceitar cautelares satisfativas. Ressalvando a regra geral, coloca: "[vezes] há, todavia, que a 'iminência de dano irreparável' *resulta de um ato cuja desconformidade ao direito está em si mesmo e não na relação jurídica mais ampla a que está ligado. A ação cautelar, em tal hipótese, não supõe qualquer ação principal*".[192] Dito de outra forma, basta a ação

---

[190]   V. arts. 305 e 308 do CPC/2015.

[191]   Sustentando que, ainda hoje, a questão deve ser resolvida no âmbito do direito material, ante o reconhecimento de um "direito à segurança da tutela do direito" (MITIDIERO, Daniel. *Antecipação de tutela*: da tutela cautelar à técnica antecipatória. 4. ed. São Paulo: Ed. RT, 2019. p. 133). Não é essa a posição adotada nesta obra, que admite, nos termos expostos, a existência de uma pretensão, mas não utilidade, na construção teórica, generalizando um direito autônomo de cautela.

[192]   WATANABE, Kazuo. *Cognição no processo civil*. 4. ed. São Paulo: Saraiva, 2012. p. 146 (grifos nossos).

cautelar quando a cognição sumária é suficiente para apreender a totalidade do defeito do ato.

A respeito, propõe dois exemplos:

(i) ação cautelar visando à suspensão de assembleia geral de entidade, cuja convocação esteja em desconformidade com a lei ou com o estatuto, evidenciada no próprio ato convocatório (p. ex., convocada com três dias de antecedência, quando o estatuto exigisse dez dias);

(ii) cautelar para sustação de protesto cambial, por defeito formal do título constatável *prima facie*, por não ser hipótese autorizada por lei ou ainda por estar sendo realizado em cartório fora do local do pagamento.

Ovídio Baptista da Silva formula exemplo que também pode ser entendido como de cautelar satisfativa.[193] O devedor, em um caso de penhor civil, transfere ao credor um relógio de luxo, de alto valor. Sabendo que o credor vinha usando a joia, podendo danificá-la, pretende o sequestro para impedir seu uso, sem, porém, pretender a rescisão do contrato. O deferimento da medida cautelar, com a imposição da obrigação de abstenção, por certo esgota a pretensão do autor, sem necessidade de propositura de ação principal à época do Código de 1973.[194]

Outro exemplo que pode ser citado, vindo da área do direito público, é o das cautelares para obtenção de *certidão positiva com efeito de negativa*, mediante caução. Esse tipo de medida costuma ser utilizado para permitir que empresas em débito com a Fazenda Pública participem de certames administrativos. Considerando que a empresa não pretenda – talvez não deva – contestar o débito em aberto, também não se vislumbra demanda principal a ser proposta em complementação à medida cautelar.

Há de se mencionar, também, aquelas situações nas quais existe uma previsão legal de cautela (ou garantia) de direito material da parte supostamente credora. É o que ocorre quanto ao fato de a constituição de capital para a renda assegurar o pagamento da pensão mensal decorrente de indenização.[195] Isso

---

[193] V. SILVA, Ovídio A. Baptista da. *A ação cautelar inominada no direito brasileiro*. Rio de Janeiro: Forense, 1979. p. 7 e 128-131 (inserindo o caso entre as "ações de abstenção").

[194] Para outros exemplos de medidas satisfativas autônomas, v. BEDAQUE, José Roberto dos Santos. *Tutela provisória*: analisada à luz das garantias constitucionais da ação e do processo. 6. ed. São Paulo: Malheiros, 2021. p. 234-239.

[195] Art. 533 do CPC/2015 e Súmula 313 do STJ. Acerca da matéria, admitindo seguro garantia para não impor onerosidade excessiva ao devedor, v. "Agravo de instrumento. Cumprimento de sentença. Insurgência contra a r. decisão que determinou a constituição de capital. Recurso da executada. Pedido de dispensa da constituição de capital, posto que implicaria em ônus excessivo, consistindo em dupla condenação pelo mesmo fato. Não acolhimento. Súmula 313 do C. STJ. Pedido subsidiário para garantir a obrigação por meio de seguro garantia, acrescido de 30%. Hipótese em que o seguro equivale a dinheiro e deve ser aceito no lugar da constituição de capital, desde que superior em 30%. Inteligência do art. 835, § 2º, do CPC. Acolhimento. Princípios da menor onerosidade para o devedor e da máxima

ocorre, da mesma forma, na caução legal estabelecida em favor do proprietário ou possuidor ameaçado em razão de risco de ruína de prédio vizinho[196] ou na situação de alguém precisar realizar obras no interior de seu imóvel com risco de dano iminente.[197]

Também a retenção por benfeitorias constitui verdadeira medida de natureza cautelar, em favor do demandado, prevista no direito material.[198] Afinal, a retenção da coisa, em cuja posse o autor pretenda se imitir ou reintegrar, é medida assecuratória, por meio da qual se visa garantir ao possuidor de boa-fé o pagamento das benfeitorias que ele legitimamente agregou ao bem.[199]

Nesses casos, sem dúvida, trata-se de medidas assecuratórias, mas previstas em lei, *ope legis*,[200] independentes de provimento jurisdicional específico. Como tal, podem ser exigidas judicialmente se não realizadas de maneira voluntária, mas, evidentemente, não como tutela provisória. Para tanto, devem adotar os procedimentos adequados, de conhecimento e de execução, sem prejuízo de medidas de antecipação ou de cautela que possam ser deferidas nos respectivos processos.

Em conclusão, embora possa ser vislumbrada a existência e utilidade da *pretensão de cautela*, diversa daquela relativa à relação de direito material, baseada em um direito substancial de cautela, na disciplina processual vigente, se ela não puder ser objeto de tutela provisória de urgência, deverá ser buscada mediante processo de conhecimento ordinário ou eventual em fase de execução. De todo modo, nestes últimos casos em procedimento não sumário. Fica o desafio de o procedimento de tutela cautelar antecedente, quando a cognição sumária for suficiente para alcançar a desconformidade do ato impugnado, propiciar, no desenvolvimento do processo, a resposta mais rápida possível.

1.6 A GESTÃO DO TEMPO E DO RISCO DO PROCESSO

Colocada a essencialidade do *tempo* para o processo,[201] suas *principais perspectivas*[202] e *problemas envolvidos*[203] em seu tratamento de Direito Processual,

---

eficácia da execução para o credor. Precedente do C. STJ. Recurso provido em parte" (TJSP, Agravo de Instrumento n. 2092766-38.2023.8.26.0000, Rel. Donegá Morandini, 3ª Câmara de Direito Privado, Foro Regional III – Jabaquara, 3ª Vara Cível, j. 12.06.2023; data de registro: 12.06.2023).

[196] Art. 1.280 do CC.

[197] Art. 1.281 do CC.

[198] Art. 1.219 do CC.

[199] Para o equacionamento processual da retenção por benfeitorias, v. art. 538, §§ 1º e 2º, do CPC/2015.

[200] Sobre a definição *ope legis* da urgência, v. item 3.4.4.

[201] Em especial, itens 1.1 e 1.4, *supra*.

[202] Itens 1.2 e subitens, *supra*.

[203] Em especial, itens 1.3 e 1.4 e subitens, *supra*.

apontou-se a tutela provisória – em especial a de urgência – e a cognição sumária como técnicas processuais intrinsecamente relacionadas à questão da temporalidade. Por meio delas, o sistema processual procura aprimorar as respostas a essa questão,[204] para obter maior efetividade e justiça processuais.[205]

Para tanto, procurou-se dar significado, em especial, à técnica processual da tutela provisória de urgência a partir do *problema do tempo*,[206] tendo como objetivo examinar suas funções e finalidades no sistema processual. A esse propósito, no que toca à tutela de urgência, interessa o *tempo futuro*, aquele verificado enquanto projeção do desenvolvimento do processo, da duração de seu trâmite até uma decisão final. A finalidade central dessa técnica, nos termos colocados pelo Código de Processo Civil, é aquela de evitar o "o perigo de dano ou o risco ao resultado útil do processo".[207]

Considerada essa perspectiva do tempo do processo, esta obra propõe o *conceito de risco*, como instrumento analítico para o equacionamento dos problemas ligados à questão da temporalidade das respostas jurisdicionais. Isso porque, como desenvolvido no capítulo 3, adiante, o *risco* coloca-se como *cálculo ou avaliação de possibilidades futuras de eventos adversos*,[208] de maneira a estimar danos e perdas que possam advir da demora de uma resposta jurisdicional, visando apreciar o cabimento de medidas de urgência.

Tempo e *risco*, assim, são conceitos intrinsecamente relacionados, verdadeiras faces de uma mesma moeda.[209] O segundo coloca-se como uma avaliação ativa do primeiro, com o objetivo de identificar e calcular a probabilidade de eventos futuros.[210] Nessa perspectiva, o risco é para o processo um instrumento para construção da racionalidade ínsita à tutela de urgência.[211]

A propósito da avaliação jurisdicional do risco, importante distinguir os males do tempo para os direitos postulados no processo daqueles que decorrem de sua própria duração.[212] Em termos mais específicos, o *tempo do processo*[213] atinge as partes de duas formas: *(i)* pelas consequências que o retardo da resposta jurisdicional pode causar aos direitos, em termos de perecimento ou de

---

204 Sobretudo, item 1.5 e subitens, *supra*.

205 Item 1.4 e subitens, *supra*.

206 Sobre esse tema, item 1.3, *supra*.

207 Art. 300, *caput*, do CPC/2015. Para o caráter preventivo das bases constitucionais de tutela de urgência, v. item 2.1.3 e subitens, *infra*.

208 Nesse sentido, item 3.4, *infra*.

209 Cf. BERNSTEIN, Peter L. *Against the gods:* the remarkable story of risk. New York: John Wiley & Sons, 1998. p. 15. V., a propósito, item 3.6, *infra*.

210 Nesse sentido, itens 3.4.1 e 3.4.2, *infra*.

211 Cf. item 3.6 e subitens, *infra*.

212 Cf. item 1.4.1, *supra*.

213 Item 1.3, *supra*.

inviabilização de um resultado útil; e *(ii)* pelos *danos marginais* que produz para as partes pela simples projeção do processo no tempo.[214] Nesse segundo sentido, cabe destacar que o tempo, em si, constitui, como referido, um *gravame*[215] suportado pelas partes que, variando de maneira e intensidade, afeta mais diretamente aquela que tem razão.

O processo, assim, é também um componente de risco, pois carrega um elemento de incerteza quanto à decisão final, podendo gerar danos ou perdas para as partes,[216] conforme também o que for decidido em tutela provisória. Como tal deve ser considerado na apreciação da tutela de urgência.

As tutelas provisórias – e a possibilidade de execução provisória por elas aberta – são mecanismos processuais aptos a alterar a distribuição dos gravames do tempo do processo. Francesco Carnelutti já antevia no processo cautelar "o fim de evitar, no limite do possível, aquelas alterações no equilíbrio inicial das partes, que podem derivar da duração do processo".[217] De fato, mantendo ou alterando o *status quo*, por meio de medidas conservativas ou inovativas,[218] a tutela provisória poderá gerar efeitos adversos para a parte que, ao final, demonstrar ter razão.

Em outros termos, ao deferir uma medida provisória, o julgador modifica ou preserva a alocação de gravames e riscos suportados pelas partes. Ao indeferir, em direção inversa, também. Apenas ao final do processo se poderá saber se a distribuição mantida ou alterada será a correta, a depender do resultado do processo. Diversamente do colocado por Carnelutti, no entanto, não interessa apenas a manutenção do "equilíbrio inicial", do *status quo* presente no início do processo. Mais do que isso, em tempos atuais, interessa estabelecer um equilíbrio

---

[214] Sobre danos marginais, cf. item 1.4.1, *supra*.

[215] Cf., item 1.4.2, *supra*, onde se destaca não se tratar propriamente de um "ônus", da maneira que esse termo vem sendo usado no processo. Isso porque, relativamente ao ônus, a parte tem plena liberdade de optar por desincumbir-se dele ou não. No caso do tempo do processo, a parte – autor ou réu – está submetida a ele de forma necessária. A opção por deixar de suportá-lo é significativa de renúncia à sua posição no processo, por meio da desistência, do abandono ou da revelia.

[216] Na colocação de Antonio do Passo Cabral, "enquanto o processo não é decidido em termos definitivos, as partes continuam com suas vidas dominadas por um estado de incerteza pernicioso, que as impede de programarem suas atividades, projetando os efeitos que a derrota ou a vitória na lide proporcionaria, algo que nem mesmo pela previsão das tutelas de urgência é solucionado" (CABRAL, Antônio do Passo. A duração razoável do processo e a gestão do tempo no projeto de novo Código de Processo Civil. *In*: DIDIER JUNIOR, Fredie; NUNES, Dierle; FREIRE, Alexandre (org.). *Normas fundamentais*. Salvador: JusPodivm, 2016. p. 75-100. p. 76).

[217] "il fine di evitare, nei limiti del possibile, quelle alterazioni nell'equilibrio iniziale delle parti, che possono derivare dalla durata del processo" (CARNELUTTI, *Trattato del processo civile*. Napoli: Morano, 1958. p. 357).

[218] Cf. item 1.5.4, *supra*.

conforme a posição das partes no processo, sua probabilidade de sucesso, de maneira a fazer uma "gradação das situações de vantagem".[219]

Ao decidir sobre a tutela provisória, com destaque à de urgência, o julgador deve ter em conta a dinâmica de equilíbrio de distribuição de gravames e riscos entre as partes. Nas tutelas antecipada e cautelar, deve estimar, nos termos do Código, a probabilidade do direito (*rectius*, de sucesso na demanda)[220] e a possibilidade de danos ou de prejuízo ao resultado útil do processo (o requisito de urgência).[221] Essa dupla estimativa, prevista em lei, pode ser realizada – como se pretende demonstrar – por meio de um cálculo ou avaliação de risco.[222] Com base nisso, o julgador realiza a *gestão do tempo e do risco*,[223] na medida em que determina os gravames que serão suportados pelas partes no curso do processo.[224]

Essa, portanto, é a *premissa* fundamental para compreender o papel da tutela de urgência como mecanismo de gestão do tempo e, por via de consequência, dos riscos no processo:[225] o julgador, ao deferir ou mesmo indeferir medida de

---

[219] Na expressão de Ugo Mattei, para quem as situações subjetivas de vantagem podem ser colocadas em escala, conforme o grau de tutela conferida ao titular (Cf. MATTEI, Ugo. *Tutela inibitoria e tutela risarcitoria:* contributo alla teoria dei diritti sui beni. Milano: Giuffrè, 1987. p. 106-107).

[220] Destacando a necessidade de entender a referência legal à *probabilidade do direito* (art. 300, *caput*, do CPC/2015) como *probabilidade de sucesso da demanda*, v. item 4.3.2. Também itens 3.6.2.2 e 3.6.2.3, todos *infra*.

[221] Art. 300, *caput*, parte final, do CPC/2015.

[222] V., sobretudo, itens 3.4.2 e 3.4.3, *infra*.

[223] Apontando que a antecipação de tutela "nada mais é do que uma técnica que permite a distribuição racional do tempo no processo" e também que "o risco é algo absolutamente inerente à necessidade de distribuição do tempo processual e de construção de um processo mais justo", v. MARINONI, Luiz Guilherme. *Tutela antecipatória e julgamento antecipado:* parte incontroversa da demanda. 5. ed. São Paulo: Ed. RT, 2002. p. 22. Em sentido semelhante, destacando a antecipação de tutela como meio de distribuição isonômica do ônus do tempo no processo, v. MITIDIERO, Daniel. *Antecipação de tutela*: da tutela cautelar à técnica antecipatória. 4. ed. São Paulo: Ed. RT, 2019. p. 64-68.

[224] A respeito da transferência do "ônus do tempo do processo" como um dos escopos da tutela sumária, Ada Pellegrini Grinover, relatando os resultados de "questionário endereçado a processualistas insignes de diversos países de tradição romano-germânica", indica que no relatório brasileiro constou: "... de início o escopo da tutela sumária foi propiciar a rapidez; passou-se depois a estender a tutela sumária para prestigiar certos valores consagrados no plano material, o que indica a ideia de adequação ao tipo de controvérsia. E, finalmente, com a antecipação genérica de tutela, o propósito foi transferir para o demandado o ônus da duração do tempo do processo" (GRINOVER, Ada Pellegrini. Tutela jurisdicional diferenciada: a antecipação e sua estabilização. *Revista de Processo*, v. 121, p. 11-37 (item 6, "i"), mar. 2005).

[225] Seguramente, a tutela de evidência também exerce um papel de distribuição de gravames e riscos decorrentes da duração do processo. Tendo em vista as peculiaridades dessa espécie de tutela provisória, no entanto, essa afirmação não é aqui desenvolvida, por fugir ao objeto desta obra.

tal espécie, faz uma escolha acerca de qual parte arcará com o gravame do tempo do processo e com o risco nele envolvido.

Cabe cogitar de exemplos, entre situações corriqueiras de nossa prática forense, para ilustrar essas afirmativas.

Considere-se, primeiro, uma reintegração de posse postulada pelo compromissário vendedor no âmbito de uma ação rescisória de compromisso de compra e venda de bem imóvel, fundada no inadimplemento do adquirente. Sem considerar os condicionantes advindos da posição das partes em relação ao negócio jurídico, se deferida a medida, o autor-vendedor recuperará suas faculdades de uso e gozo do imóvel,[226] não se cogitando no caso da disposição do bem. No curso do processo, portanto, não suportará a privação dessas faculdades, embora assumindo o risco de um resultado desfavorável ao final.[227] Colocado de outra forma, segundo a decisão, o réu-adquirente suportará a perda do uso e gozo da coisa enquanto durar o processo, bem como as dificuldades de eventual reversão da medida.

O mesmo ocorre em relação às medidas cautelares. Cogite-se das tradicionais medidas de arresto ou sequestro de bens.[228] Se deferidas medidas dessas espécies, há a vinculação de bens ao processo.[229] Com isso, o requerente da medida passa a ter assegurado o lastro patrimonial do devedor, com vistas à futura execução, ou à integridade do bem disputado pelas partes. Em outros termos, o requerente tem reduzido seu risco de não obter resultado útil no processo, mas assume o risco de responder pelos danos causados à parte contrária, caso a decisão final lhe seja desfavorável.[230] A parte contrária suportará as perdas decorrentes da vinculação do bem ao processo, com limitações impostas à disposição e mesmo ao uso do bem arrestado ou sequestrado.

A gestão do tempo e dos riscos no processo, nesses termos, deverá levar em conta os objetivos de efetividade e justiça, considerando o papel da jurisdição de distribuição de efeitos adversos do processo, que podem advir de sua própria duração. Com essa finalidade, o conceito de risco tem o condão de aumentar a acuidade da aferição dos requisitos da tutela de urgência e, consequentemente, de uma gestão eficiente e justa dos gravames do processo.

---

[226] Nesse sentido, v. art. 1.228, *caput*, do CC.

[227] Nos termos do art. 302 do CPC.

[228] Referidas no art. 301 do CPC/2015 e extensamente disciplinadas nos arts. 813 a 825 do CPC/1973.

[229] Tantos quantos bastem a garantir futura execução do provimento jurisdicional ou que tenham disputada sua propriedade no processo.

[230] É em sentido semelhante à medida prevista no art. 828 do CPC, possibilitando a averbação da execução por quantia certa no registro de imóveis, de veículos e de outros bens. Medida de caráter cautelar, pode até ser cancelada de ofício (§ 3º) e acarreta obrigação de o exequente indenizar a parte contrária, caso a averbação venha a se mostrar manifestamente indevida ou se houver atraso em seu cancelamento (§ 5º).

O processo decisório, a esse propósito, deve considerar os seguintes condicionantes envolvidos na distribuição de gravames e riscos do processo:

1. *Os limitados parâmetros de justiça envolvidos.* Cuidando-se de decisão provisória, proferida com base em cognição sumária (*superficial*)[231] e nos elementos de prova que constam do processo no momento de apreciação da medida, a justiça da decisão é dependente da estimativa da probabilidade de a parte requerente sair-se vitoriosa.[232] Há sempre o risco de a tutela de urgência ser revertida, impondo a necessidade de redistribuição ou reparação dos gravames que haviam sido impostos à parte, ao final, vencedora. Assim, exige-se cuidado na avaliação das possibilidades de sucesso de todas as partes.[233] A esse propósito, nos estritos limites da tutela provisória de urgência, tanto maior será a justiça da decisão provisória quanto mais próxima estiver do resultado final alcançado.[234]

2. *O desenho da medida de urgência.* O julgador, ao decidir sobre a tutela de urgência, deve buscar o equilíbrio entre a posição das partes e os gravames por elas suportados no curso do processo. Diversamente do que possa parecer, o deferimento da tutela de urgência não é sempre um jogo binário, de *sim ou não.* Algumas vezes, de fato, ao juiz caberá somente deferir ou indeferir um remédio jurídico previsto ou conhecido no processo, como ocorre nos exemplos anteriormente apresentados. Em situações mais complexas, todavia, o julgador precisará "moldar" a tutela apropriada, estabelecendo sua forma, características e limites,[235] verdadeiramente desenhá-la para atender à situação de fato. Para tanto, poderá usar a combinação de medidas que se mostrar adequada.[236]

3. *A minimização de riscos.* Os gravames suportados por cada parte devem ser inversamente proporcionais a sua probabilidade de sucesso na demanda. Quanto maior for aquela, menores gravames a parte deverá suportar. Do mesmo modo, ao contrário, quanto menor a probabilidade, maiores serão os gravames. Naquelas situações em que faltam elementos claros para definir a possibilidade de sucesso da parte, porém, deve-se minimizar o risco de uma decisão final contrária àquela proferida em tutela de urgência. Nesse quadro, então, a necessidade de medidas menos gravosas, de maneira a reduzir as dificuldades concretas de eventual reversão da medida.

4. *A não estabilização, como regra, da decisão.* Por fim, deve-se destacar que, fora a hipótese do art. 304 do Código de Processo Civil (tutela antecipada

---

[231] Nesse sentido, itens 1.5 e 1.5.1, *supra.*

[232] Nesse sentido, item 4.1.2, *infra.*

[233] Daí, também, a necessidade de realização de um *balance of hardships*, item 3.6.2.2, *infra.*

[234] Considerando, evidentemente, que a decisão final do processo alcance o ideal da justiça.

[235] É o que ocorre, muito trivialmente, por exemplo, em uma regulamentação de guarda e de visitas entre genitores separados, em benefício dos filhos.

[236] Nos termos do art. 139, IV, do CPC.

antecedente), a tutela provisória poderá ser modificada ou revogada a qualquer tempo.[237] A regra, assim, é a não estabilização da tutela provisória, considerando que as condições ensejadoras de seu deferimento ou indeferimento podem se alterar no curso do processo. Por essa razão, as partes e o julgador devem sempre estar atentos para possíveis *turning points* (pontos de virada) ensejadores de revisão da decisão em tutela provisória. O equilíbrio buscado no processo, portanto, é precário e precisará ser sempre revisto.

Em suma, a tutela de urgência deve servir para constante promoção de uma distribuição equitativa de gravames e riscos do processo, sem descuidar da efetividade das medidas deferidas. Para tanto, o julgador deve proceder ao cruzamento de duas estimativas de risco, a saber, a relativa ao resultado do processo e, também, a eventos adversos que decorram do tempo do processo. Para alcançar essa correta distribuição, útil considerar os condicionantes apresentados. Se as decisões finais caminham para a definitividade, sendo nesse sentido atemporais, a decisão na tutela de urgência está sempre ligada ao tempo do processo. Sua estabilidade, como regra precária, depende da modificação – ou não – dos elementos de fato e de direito paulatinamente trazidos para o processo.

---

[237] Art. 296, *caput*, do CPC.

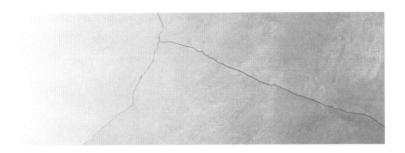

Capítulo 2
EVOLUÇÃO DA TUTELA DE URGÊNCIA

2.1 BASES DOGMÁTICAS DA TUTELA DE URGÊNCIA

Para o Direito Processual Civil brasileiro, em termos de desenvolvimento da *tutela de urgência*, não obstante a importância de Giuseppe Chiovenda também nessa área,[1] desponta a influência de Piero Calamandrei, "justamente considerado o moderno sistematizador desse tipo de tutela jurisdicional",[2] em especial pela obra *Introduzione allo studio sistematico dei provvedimenti cautelari*.

A discussão, na gênese do que hoje se pode considerar o Direito Processual contemporâneo, a partir do final do século XIX e começo do século XX,[3] estava circunscrita ao debate dos chamados *provimentos cautelares*, os quais abrangiam medidas conservativas e, apenas excepcionalmente, medidas antecipatórias. Calamandrei foi um dos primeiros sistematizadores dessa matéria, tendo sido

---

[1] Cf., por exemplo, CHIOVENDA, Giuseppe. *Principii di diritto processuale civile:* le azioni, il processo di cognizione. [s.l.]: Jovene, 1923. p. 183-193.
[2] SILVA, Ovídio A. Baptista da. *A ação cautelar inominada no direito brasileiro*. Rio de Janeiro: Forense, 1979. p. 5.
[3] Tomando por ponto de partida contribuição de Oskar von Bullow, na obra *Teoria dos pressupostos processuais e das exceções dilatórias*, de 1868, fundamental para, na contraposição com o direito material, definir com maior precisão um objeto de estudo propriamente processual. Cf. DINAMARCO, Cândido Rangel; BADARÓ, Gustavo Henrique Righi Ivahy; LOPES, Bruno Vasconcelos Carrilho. *Teoria geral do processo*. 34. ed. São Paulo: Malheiros, 2023. p. 343-344.

responsável por haver predominado a designação e o tratamento desses instrumentos processuais como *provimentos*.

Certamente, isso repercutiu no Brasil com a denominação "*medidas* cautelares", estampada no Título Único do Livro III do Código de Processo Civil de 1973, acerca dessa temática. Se bem entendida, a expressão *medida* tem utilização correspondente à de *provvedimento*, no italiano. O correspondente mais próximo em português, *provimento*, não foi ainda incorporado à nossa disciplina legal do processo.[4]

A opção do professor fiorentino por tratar as cautelares como *provimento* não foi casual. Ao contrário, foi feita por meio do cotejamento entre diferentes conceitos processuais: "ação assecurativa ou cautelar" (*azione assicurativa o cautelare*), "processo cautelar" (*processo cautelare*) e "provimento cautelar" (*provvedimento cautelare*). Tudo visando categorizar aquilo que o Código de Processo italiano, à época, tratava como "provimentos conservativos ou interinais" (*provvedimenti conservatori o interinali*). Para ele, *ação* mirava a emanação dos provimentos daquela natureza; *processo*, o meio pelo qual os mesmos provimentos se constituíam; e, por fim, *provimento cautelar*, "que se distingue por suas próprias características de todos os outros provimentos jurisdicionais".[5]

Assim, Calamandrei optou por uma classificação que se resolvesse a partir dos vários tipos de provimento, dos quais a ação e o processo "não são mais que um acessório e uma premissa",[6] adotando o conceito de *provimento* para a elaboração teórica das cautelares no direito italiano. Chiovenda colocara a questão em outros termos. Para ele, "o poder jurídico de obter um desses provimentos [cautelares] é uma forma distinta de ação (ação assecurativa)".[7]

---

[4] Talvez pelo fato de ser expressão tradicionalmente associada ao resultado dos recursos. O CPC/2015 utiliza "provimento" cinco vezes, todas elas em matéria recursal: arts. 932, IV e V (negar e dar provimento ao recurso), 995, 1.012, § 4º, e 1.026, § 1º (referindo-se à probabilidade de provimento do recurso).

[5] "Che si distingue per suoi propri caratteri da tutti gli altri provvedimento giurisdizionali" (CALAMANDREI, Piero. *Introduzione allo studio sistematico dei provvedimenti cautelare*. Opere giuridiche. Roma: Roma TrE-Press, 2019. v. IX: Esecuzioni forzata e procedimenti speciali. p. 163).

[6] "(...) non sono che un accessorio ed una premessa" (CALAMANDREI, Piero. *Introduzione allo studio sistematico dei provvedimenti cautelare*. Opere giuridiche. Roma: Roma TrE-Press, 2019. v. IX: Esecuzioni forzata e procedimenti speciali. p. 64). Segundo Ovídio Baptista da Silva, "a influência dessa posição de Calamandrei na literatura posterior foi imensa, e, ainda hoje, decisiva" (SILVA, Ovídio A. Baptista da. *A ação cautelar inominada no direito brasileiro*. Rio de Janeiro: Forense, 1979., p. 6). Devendo ficar claro que para Ovídio Baptista, defensor da existência de verdadeira pretensão cautelar (como discorrido no item 1.5.5, *supra*), essa colocação do problema por Calamandrei é "responsável pela cadeia interminável de equívocos posteriores" (p. 5) acerca da ação cautelar.

[7] "Il podere giuridico d'ottenere uno di questi provvedimenti è una forma per sé stante d'azione (azione assicurativa)" (CHIOVENDA, Giuseppe. *Principii di diritto processuale civile: le azioni, il processo di cognizione*. [s.l.]: Jovene, 1923. p. 184).

Sem dúvida, o legislador processual de 2015, ao preferir a designação "*tutela provisória*", o fez por razões semelhantes às de Calamandrei.[8] Afinal, com isso, deu um direcionamento mais finalístico para designar aqueles instrumentos processuais que o diploma anterior, em sua origem, tratava como *medida* ou *processo cautelar*. Com efeito, a discussão sobre os *provimentos* ou *tutelas* jurisdicionais aponta para uma maneira mais produtiva de diferenciação, pois baseada em critérios substanciais, ou seja, nos efeitos jurídicos que promovem, diversos daqueles produzidos no processo de conhecimento ou de execução.[9]

Para a busca desses critérios substanciais, mostra-se determinante a caracterização do que vem a ser a *urgência*, a fim de determinar a finalidade e o cabimento do tipo de tutela provisória assim adjetivada. A esse propósito, deve-se destacar a importância do *periculum in mora*, requisito das medidas de urgência de longeva tradição na doutrina de nosso processo civil. Crucial a esse respeito distingui-lo da urgência em si. Nesse ponto, mais uma vez a contribuição de Calamandrei nos ajuda:

> Para aproximar-se de uma clara noção do *periculum in mora*, necessário dar outro passo: não basta que o interesse de agir surja de um perigo e que o provimento invocado tenha por isso escopo preventivo de um dano somente temido, mas também é necessário que, em razão da iminência do perigo, o provimento solicitado tenha caráter de *urgência*, na medida em que seja previsível que, se fosse retardado, o dano temido se transformaria em dano efetivo ou o dano ocorrido seria agravado, de modo que a eficácia da medida preventiva seria praticamente anulada ou reduzida.[10]

---

[8] Cf. CALAMANDREI, Piero. *Introduzione allo studio sistematico dei provvedimenti cautelare*. Opere giuridiche. Roma: Roma TrE-Press, 2019. v. IX: Esecuzioni forzata e procedimenti speciali. p. 165.

[9] Para Flávio Luiz Yarshell, "referida locução [tutela] não se limita a designar o *resultado* favorável a uma das partes (aquela a quem se deu razão no processo); mas que ela seja igualmente abrangente dos *meios* predispostos para o exercício da jurisdição, então é correto falar na inafastabilidade não apenas sob a perspectiva do ingresso ou da provocação da atividade estatal. Sob essa ótica, de forma coerente com o reconhecido caráter bilateral da ação, é possível falar em tutela jurisdicional do demandado e até mesmo do vencido (demandante ou demandado) porque a tutela não está apenas no resultado do processo, mas *nele próprio*" (YARSHELL, Flávio Luiz. *Curso de direito processual civil*. São Paulo: Marcial Pons, 2020. p. 98). Também, v. YARSHELL, Flávio Luiz. *Tutela jurisdicional*. São Paulo: Atlas, 1998. p. 28-30.

[10] "Per avvicinarci a una chiara nozione del *periculum in mora*, bisogna fare un altro passo: non basta che l'interesse ad agire sorga da uno pericolo e che il provvedimento invocato abbia perciò scopo preventivo di un danno soltanto temuto, ma occorre altresì che, a causa dell'imminenza del pericolo, il provvedimento richiesto abbia carattere *urgenza*, in quanto sia prevedibile che, ove esso tardasse, il danno temuto si trasformerebbe in danno effettivo o si aggraverebbe il danno già verificato: sicché la efficacia preventiva del provvedimento sarebbe praticamente annullata o menomata" (CALAMANDREI, Piero. *Introduzione allo*

TUTELA DE URGÊNCIA – *Carlos Alberto de Salles*

Em outras palavras, não basta o perigo abstrato (temido) da demora na conclusão do processo. É necessário que haja *urgência*, no sentido de que, do tempo necessário para chegar ao provimento jurisdicional final pretendido pela parte, possa resultar que o dano temido acabe por se consumar. A noção de urgência, portanto, depende de uma avaliação do próprio processo e de suas possibilidades de desenvolvimento no tempo. Colocando de maneira contrária, quanto mais o processo *in concreto* tiver condições de aproximar-se daquele ideal do *processo imediato* supratratado,[11] menor – ou mesmo inexistente – a urgência justificadora da tutela provisória.

Sendo assim, observa-se que a *urgência*, como requisito da tutela sumária provisória, é um critério processualmente construído. A esse propósito, sustenta--se nesta obra a adequação e a utilidade do conceito de *risco*, a ser desenvolvido mais adiante, para o tratamento da tutela provisória de urgência.

2.1.1 A evolução do debate sobre a resposta jurisdicional à urgência

Como desenvolvido no primeiro capítulo desta obra, o *tempo do processo* pode gerar situações lesivas para a parte. Seja pelo *dano marginal*, seja pelas consequências lesivas para a própria relação de direito material. Como visto,[12] o próprio transcurso do processo pode gerar um efeito danoso, decorrente da simples privação do direito reivindicado pela parte. Também a demora da solução jurisdicional pode levar a um esvaziamento da utilidade prática do processo.[13] Esse esvaziamento pode ter origem na atuação da parte contrária, de terceiro ou, simplesmente, na deterioração do bem jurídico que se pretendia obter.

Com efeito, inexpugnável passagem do tempo, sem o advento de uma solução jurisdicional para o litígio, ainda que provisória, além da corrosão de seus direitos, pode levar a situações irreparáveis ou de difícil reparação. A fim de combater os estados de fato lesivos ao interesse das partes, a tutela de urgência deve ter finalidade *conservativa*, para preservar uma situação, ou *inovativa*, para impedir a permanência de estado lesivo das coisas.[14]

Esse tipo de intervenção judicial em tutela provisória, cabe ressaltar, leva em conta o cotejo entre a situação de fato narrada pela parte e as possibilidades processuais de sua demonstração, com as provas e o direito aferidos em *cognição*

---

studio sistematico dei provvedimenti cautelare. Opere giuridiche. Roma: Roma TrE-Press, 2019. v. IX: Esecuzioni forzata e procedimenti speciali. p. 172-173 – destaques no original).

[11] V. item 1.3.1, *supra*.

[12] V. item 1.4.1, *supra*.

[13] Cf., nesse sentido, CHIOVENDA, Giuseppe. *Principii di diritto processuale civile*: le azioni, il processo di cognizione. [s.l.]: Jovene, 1923. p. 183-186. Também, SILVA, *Ovídio A. Baptista da. A ação cautelar inominada no direito brasileiro*. Rio de Janeiro: Forense, 1979. p. 4.

[14] V. item 1.5.4, *supra*.

sumária.[15] Fundamental, nessa técnica processual, demonstrar o *periculum in mora*, ou seja, como já dito, que do tempo necessário para chegar ao provimento jurisdicional final possa resultar a consumação do dano.

Nos termos colocados por Fritz Baur, à falta de medidas de urgência, cresceria o número de estados de fato lesivos aos postulantes em juízo:

> Haveria o risco de que os fatos consumados viessem a ser mais fortes no resultado do que a distribuição tardia de justiça, caso as medidas da proteção jurídica provisória não ordenassem a sustação de sua produção.[16]

A mais variada gama de problemas pode demonstrar essas situações – dos mais tradicionais àqueles mais contemporâneos. Assim, por exemplo, o devedor que dilapida seu patrimônio ou vende o bem disputado a terceiro de boa-fé; uma edificação ruinosa que ameaça cair sobre o imóvel do vizinho; um genitor, em disputa de visitas, que jamais recuperará o tempo de convivência perdida com seu filho. Situações mais em voga no momento atual também demonstram razoável temor que se pode ter quanto à inutilidade do provimento jurisdicional, tais como a divulgação de fotos de nudez na internet; a venda de *softwares* com violação de direitos de propriedade intelectual, considerando o rápido envelhecimento desses produtos de informática, a negativa de um medicamento pelo SUS ou pelo plano de saúde, do qual dependa a saúde do demandante, e assim por diante.

Pelo que se verifica, o problema do tempo do processo e de sua repercussão negativa sobre a tutela jurisdicional, a efetividade e mesmo a utilidade prática dos provimentos jurisdicionais são de grande atualidade. A premência de respostas a esse respeito está calcada em uma sociedade crescentemente complexa, globalizada e onde as trocas econômicas, impulsionadas pela tecnologia, ocorrem em ritmo cada vez mais acentuado, fazendo com que o *risco* tenha um papel central em sua estruturação.[17] No entanto, o problema do tempo para o processo não é novo, envolvendo também outras questões que há muito são objeto de preocupações e soluções jurídicas.

Trata-se, na verdade, de problemas relacionados a dificuldades funcionais e estruturais que têm perpassado todo o processo civil moderno – aquele formado a partir do surgimento dos Estados nacionais com o término da Idade Média.[18]

---

[15] V., em especial, item 1.5.1, *supra*.

[16] BAUR, Fritz. *Tutela jurídica mediante medidas cautelares*. Porto Alegre: Sérgio Antonio Fabris, 1985. p. 16.

[17] Nessa linha, a afirmação de vivermos em uma sociedade de risco, como destacado no item 3.2, *infra*.

[18] Cf. LOPES, José Reinaldo de Lima. *O direito na história*: lições introdutórias. 7. ed. São Paulo: Atlas, 2023. p. 74-96. Também, sustentando que "[o] processo civil à época do Estado de

Aliás, tais dificuldades remontam mesmo a antecedentes históricos, como aqueles que vêm do Direito Romano, no qual a *manus iniectio*[19] e a *pignoris capio*[20] são os exemplos mais característicos do chamado período clássico.[21] No Brasil, a primeira legislação processual editada, o Regulamento 737, de 1850, já previa procedimentos de natureza cautelar, preventiva e preparatória.[22]

É verdade que os condicionantes da realidade jurídica e social da atualidade são muito diversos daqueles de outras épocas. Basta dizer que se chega a sustentar que vivemos em uma *sociedade do risco*.[23] Nela, o risco aparece como fator determinante da organização social, trazendo inúmeros desafios jurídicos, entre os quais a tutela de urgência desponta com grande proeminência. De todo modo, as finalidades e funções da tutela de urgência, mesmo hoje respondendo a problemas mais agudos, não mudaram substancialmente. Pode, é verdade, ter ocorrido significativa *mudança de escala*, isto é, na frequência da utilização desse tipo de medida.

Direito de matriz liberal, não tinha preocupação em dar tutela preventiva aos direitos" (MARINONI, Luiz Guilherme. *Tutela de urgência e tutela da evidência:* soluções processuais diante do tempo da justiça. 4. ed. São Paulo: Ed. RT, 2021. p. 46-50).

[19] "A *manus iniectio* é a ação executória no sistema das *legis actiones* do Direito Romano. O devedor condenado ao pagamento de quantia certa que não pagasse sua dívida era conduzido pelo credor à presença do magistrado. O devedor poderia (i) pagar o débito, extinguindo a execução; (ii) apresentar um amigo ou parente que contestasse a legitimidade do pedido do autor – neste caso, um novo processo aferia a veracidade da alegação e, não fosse verdadeira, a pessoa que alegou era condenada no dobro da dívida primitiva; ou (iii) não pagar o débito, então ser adjudicado pelo magistrado ao credor, que poderia mantê-lo preso por 60 dias e apresentá-lo em feiras sucessivas para que parentes ou amigos soubessem da sua condição e solvessem o débito – se ainda assim a dívida não fosse paga, o devedor poderia ser morto ou vendido como escravo no estrangeiro. Posteriormente admitiu-se a defesa pessoal do réu, também sujeito à condenação no dobro da dívida primitiva caso não fosse reconhecida a veracidade da alegação de ilegitimidade do pedido do autor exequente" (ALVES, José Carlos Moreira. *Direito romano.* 20. ed. Rio de Janeiro: Forense, 2021. p. 226-229).

[20] *Pignoris capio* também serviu como meio de execução no Direito Romano, porém não se desenvolvia perante o magistrado. O credor tomava em penhor bens do devedor, com o fim de compeli-lo ao pagamento do débito, mantendo as coisas em seu poder até a solução da dívida. Cf. ALVES, José Carlos Moreira. *Direito romano.* 20. ed. Rio de Janeiro: Forense, 2021. p. 229.

[21] Para uma visão dos antecedentes históricos da tutela provisória, v. BEDAQUE, José Roberto dos Santos. *Tutela provisória:* analisada à luz das garantias constitucionais da ação e do processo. 6. ed. São Paulo: Malheiros, 2021. p. 30-34. Para uma perspectiva histórica a partir da cognição sumária, v. WATANABE, Kazuo. *Cognição no processo civil.* 4. ed. São Paulo: Saraiva, 2012. p. 135-138.

[22] Cf. Título VI da Parte Primeira, em destaque no próximo item.

[23] A expressão foi cunhada, sobretudo, por BECK, Ulrich. *Sociedade de risco:* rumo a uma outra modernidade. 2. ed. São Paulo: Editora 34, 2011. Também, BECK, Ulrich. *World risk society.* Malden: Polity, 1999. V. item 3.2, *infra.*

Fritz Baur, que foi professor da Universidade de Tübigen,[24] na Alemanha, teve importante influência na formação da doutrina nacional sobre o tema, sustentando, já em meados da década de 1960, exatamente a existência de uma expansão na aplicação de tutelas provisórias.[25] Depois de demonstrar essa expansão no ordenamento jurídico alemão,[26] denunciou um aumento na abrangência da aplicação dessas medidas.

Para ele, seria precipitado atribuir esse aumento à necessidade exacerbada de segurança, peculiar à sociedade moderna, ou ao aumento das situações conflituosas em todos os setores da vida. Três são as principais razões que indica para justificar essa expansão: *(i)* o desenvolvimento técnico teria acarretado o fenômeno de uma "injustiça lesiva" que se abate sobre o indivíduo; *(ii)* a necessidade social de proteção, para compensar a fraqueza do indivíduo perante o mais forte ou diante do poder de um grupo; *(iii)* as deficiências do processo ordinário, em especial sua longa duração.[27]

Embora faltem ao autor dados empíricos para sustentar e dar dimensão palpável à expansão denunciada quanto à realidade alemã daquela época, a colocação é provocativa, dando ensejo à indagação de saber se o Brasil estaria vivenciando uma expansão equivalente. Mesmo também constatando a falta de dados estatísticos específicos sobre a utilização de tutelas provisórias,[28] cabe questionar, ao menos em termos de análise de nosso ordenamento, se estaríamos vivendo uma expansão das tutelas provisórias. A resposta, a princípio, deve ser positiva, ao menos considerando a perspectiva dos últimos trinta anos.

Com efeito, o aumento das possibilidades de utilização das hoje chamadas tutelas provisórias, no ordenamento jurídico brasileiro, deu-se, em 1994, com a introdução da disciplina autônoma da antecipação de tutela em nosso sistema

---

[24] Nascido em 1911 e falecido em 1992.

[25] Cf. BAUR, *Tutela jurídica mediante medidas cautelares*. Porto Alegre: Sérgio Antonio Fabris, 1985 (publicada na Alemanha, com o título *Studien zum einstweiligen Rechtsschutz*, em 1967).

[26] BAUR, Fritz. *Tutela jurídica mediante medidas cautelares*. Porto Alegre: Sérgio Antonio Fabris, 1985. p. 12-15.

[27] BAUR, Fritz. *Tutela jurídica mediante medidas cautelares*. Porto Alegre: Sérgio Antonio Fabris, 1985. p. 15-18.

[28] No quadro fornecido pelo CNJ a respeito de estatísticas sobre o Poder Judiciário (https://painel-estatistica.stg.cloud.cnj.jus.br/estatisticas.html), de grande importância, poderia constar, na aba "tempos", o número de decisões apreciando, deferindo ou não, pedidos de tutela provisória. Seria importante para examinar a ocorrência de antecipação na resposta jurisdicional, que, mesmo sem decisão final, pode ser tida como fator de efetividade da tutela jurisdicional. Significativo, também, se apresentassem o dado de quantas tutelas provisórias foram confirmadas pela decisão final, permitindo avaliar a acuidade da concessão dessas medidas.

processual civil,[29] ainda em reforma ao Código de Processo Civil de 1973.[30] Nessa ocasião, não apenas se ampliou o âmbito de cabimento das tutelas de urgência, mas também foi facilitado o trâmite processual em relação ao então chamado processo cautelar. Isso ocorreu porque se permitiu a formulação do pedido de antecipação de tutela no próprio processo de conhecimento. Posteriormente, com a consolidação da fungibilidade entre medidas antecipatórias e cautelares, estas últimas também acabaram se valendo da facilidade procedimental criada para a antecipação.

O advento do atual Código de Processo Civil, em 2015, veio consolidar e sistematizar as tutelas provisórias, criando ainda as tutelas de urgência antecedentes, a estabilização da tutela e a disciplina separada da tutela de evidência. O quadro legislativo brasileiro, portanto, apontou uma expansão, ao menos em termos legislativos, das tutelas provisórias. Tal expansão, certamente, repercutiu na prática forense e resultou em um aumento da utilização desses mecanismos processuais.

2.1.2 A evolução da disciplina legal da tutela de urgência no Brasil

Anteriormente à vigência do Código de Processo Civil de 2015, o Brasil teve três outros estatutos legais significativos tratando do processo civil,[31] excluindo o período no qual os Estados tiveram competência legislativa em matéria processual:[32] o Regulamento 737, de 1850, e os Códigos de Processo Civil de 1939 e 1973. Em todos havia dispositivos legais tratando de alguma forma de tutela de urgência.

No período colonial e parte do império, foram vigentes as Ordenações Filipinas,[33] que, no seu Livro III, tratavam do processo. Nelas havia proteção possessória em rito sumário. Embora não houvesse previsão para liminares, elas eram admitidas na prática forense, mesmo sem respaldo no texto legal.[34] Nas Ordenações, por outro lado, o Direito Romano e o Canônico eram aceitos como

---

[29] Como já destacado no capítulo anterior, o Código trazia espécies de provimentos jurisdicionais antecipatórios em alguns dos procedimentos especiais por ele previstos, além de haver previsão em legislação extravagante. Cf. item 1.3.2, *supra*.

[30] Com a alteração da redação do art. 273, pela Lei 8.952/1994.

[31] Anote-se que houve também a chamada "Consolidação Ribas", a Consolidação das Disposições Legislativas e Regulamentares Concernentes do Processo Civil, tornada lei pela Resolução Imperial de 28.12.1876. Essa consolidação, elaborada pelo Conselheiro Ribas, que foi professor do Largo de São Francisco, não será aqui considerada, porque praticamente reescreve o Livro III das Ordenações Filipinas e teve curta vigência, pois revogada com a Proclamação da República. Cf. DIAS, Handel Martins. *Condicionamento histórico do processo civil brasileiro*: o legado do direito lusitano. 2014. Tese (Doutorado) – Universidade de São Paulo, São Paulo, 2014. p. 317.

[32] Na chamada Primeira República. Apenas com a Constituição de 1934 a União passou a ter competência legislativa privativa para legislar em matéria processual (art. 5º, XII, "a").

[33] Disponíveis em: https://www2.senado.leg.br/bdsf/item/id/242733. Acesso em: 11 jul. 2023.

[34] Cf. CUNHA, Leonardo Carneiro da. Tutela jurisdicional de urgência no Brasil: relatório nacional (Brasil). *Revista de Processo*, v. 219, p. 307-343, 2013 (em especial, p. 307).

Capítulo 2 · EVOLUÇÃO DA TUTELA DE URGÊNCIA | 73

fontes subsidiárias,[35] restando, portanto, saber se eram utilizados os diversos institutos, derivados de fontes romanistas, que previam mecanismos que podem ser considerados tutela de urgência.[36]

2.1.2.1 O Regulamento 737, de 1850

O Regulamento 737, de 1850, de início disciplinava somente o processo comercial. Quer dizer, o processo civil propriamente dito, em sua maior generalidade, continuou regido pelas Ordenações Filipinas, que, mesmo depois da Independência, tiveram sua vigência estendida no Brasil.[37]

Somente com a proclamação da República, o Regulamento 737 passou a ser aplicado, também, ao Processo Civil,[38] convivendo com os Códigos de Processo Civil aprovados em alguns Estados, que, como já mencionado, tinham competência legislativa em matéria processual.[39] Com a Constituição de 1934, a competência passou a ser da União, mas o país só contou com uma codificação uniforme em 1939, com a entrada em vigor do Código de Processo Civil.

---

[35] Nesse sentido, v. PICARDI, Nicola; NUNES, Dierle. O Código de Processo Civil brasileiro: origem, formação e projeto de reforma. *Revista de Informação Legislativa*, v. 48, n. 190, p. 93-120, 2011 (em especial, p. 94).

[36] Para uma apresentação dos vários institutos romanos correspondentes à nossa tutela cautelar, v. BEDAQUE, José Roberto dos Santos. *Tutela provisória:* analisada à luz das garantias constitucionais da ação e do processo. 6. ed. São Paulo: Malheiros, 2021. p. 30-34.

[37] "Às causas cíveis em geral permaneciam sendo aplicadas as disposições processuais estabelecidas nas Ordenações Filipinas e nas leis extravagantes, as quais, aliás, em caso de lacuna no Regulamento 737, deveriam ser subsidiariamente aplicadas, acaso não contrariasse nenhuma de suas disposições (art. 743)" (DIAS, Handel Martins. *Condicionamento histórico do processo civil brasileiro:* o legado do direito lusitano. 2014. Tese (Doutorado) – Universidade de São Paulo, São Paulo, 2014. p. 155).

[38] Cf. PICARDI, Nicola; NUNES, Dierle. O Código de Processo Civil brasileiro: origem, formação e projeto de reforma. *Revista de Informação Legislativa*, v. 48, n. 190, 2011, p. 96. Por dever de precisão, anote-se que o Decreto 848, de 11.10.1890, que instituiu a Justiça Federal no Brasil, em seus arts. 98 a 360, disciplinou o processo civil em verdadeira síntese do Regulamento 737/1850, depois incorporados à Consolidação das Leis Referentes à Justiça Federal, aprovada em 1998. Nesse sentido, DIAS, Handel Martins. *Condicionamento histórico do processo civil brasileiro:* o legado do direito lusitano. 2014. Tese (Doutorado) – Universidade de São Paulo, São Paulo, 2014. p. 317.

[39] "Quanto aos Estados-membros da Federação e ao Distrito Federal, não valorizaram, de início, a prerrogativa constitucional de legislar em matéria processual, devido à coexistência de vozes divergentes ao dualismo processual e, sobretudo, à resignação com o Regulamento 737, que permanecia regendo as causas cíveis e comerciais na Justiças locais enquanto os Estados-membros e o Distrito Federal não promulgavam os seus respectivos códigos de processo. Nesse contexto, os Estados e o Distrito Federal tardaram muito a instituir os seus códigos. Os Estados de Alagoas, Amazonas, Goiás e Mato Grosso jamais editaram, tendo aplicado as disposições do Regulamento 737 até o fim da dualidade processual, em 1940" (DIAS, Handel Martins. *Condicionamento histórico do processo civil brasileiro:* o legado do direito lusitano. 2014. Tese (Doutorado) – Universidade de São Paulo, São Paulo, 2014. p. 318. Para análise mais pormenorizada, v. p. 187-191).

74 | TUTELA DE URGÊNCIA – *Carlos Alberto de Salles*

O Regulamento 737, no Título VI de sua Parte Primeira, disciplinava os "processos preparatórios, preventivos e incidentes". Entre eles, havia medidas tipicamente cautelares, como o "embargo ou arresto" (arts. 321 a 342),[40] os "protestos" (arts. 360 a 392), de vários tipos, e até mesmo uma medida de "detenção pessoal" (arts. 343 a 350),[41] aplicável ao devedor que tentasse frustrar a execução.[42] O Regulamento previa ainda, em seu Título III, várias ações sumárias, mas que não possuíam características de tutela de urgência. Interessante que seu expedito procedimento poderia ser aplicado a qualquer tipo de ação, desde que assim convencionassem as partes.[43]

2.1.2.2   O Código de Processo Civil de 1939

O Código de Processo Civil de 1939 foi capitaneado por Francisco Campos,[44] então Ministro da Justiça de Getúlio Vargas. Seu anteprojeto foi de responsabilidade de Pedro Baptista Martins, constando que teve influência do Código austríaco, de 1895, do Projeto Chiovenda, de 1919, e do Código português, de 1926.[45] O projeto aprovado, por decreto-lei, foi bastante criticado durante sua vigência, devido ao excesso de procedimentos e por ter um sistema recursal demasiadamente complexo.

Em termos de tutela de urgência, o Código de Processo Civil de 1939 não trouxe um tratamento sistemático da matéria. Em seu Livro V (Dos Processos Acessórios), traz, no Título I, aquilo que designa "medidas preventivas".[46] Tais

---

[40]   Nessa hipótese, a ação principal deveria ser proposta em quinze dias, sob pena de o embargo perder seus efeitos (art. 331, § 2º).

[41]   A medida cessaria em dez dias, contados da detenção, caso o credor não propusesse a ação competente (art. 349, § 4º).

[42]   Art. 343 do Regulamento 737, de 1850.

[43]   Art. 245 do Regulamento 737, de 1850.

[44]   Assinando a Exposição de Motivos, afirmou sobre o projeto aprovado: "À concepção duelística do processo haveria de substituir-se a concepção autoritária do processo. À concepção do processo como instrumento de luta entre particulares, haveria de substituir-se a concepção do processo como instrumento de investigação da verdade e de distribuição da justiça" (disponível em: https://www2.camara.leg.br/legin/fed/declei/1930-1939/decreto-lei-1608-18-setembro-1939-411638-exposicaodemotivos-pe.doc. Acesso em: 12 jul. 2023).

[45]   Cf. PICARDI, Nicola; NUNES, Dierle. O Código de Processo Civil brasileiro: origem, formação e projeto de reforma. *Revista de Informação Legislativa*, v. 48, n. 190, 2011. p. 96-97.

[46]   A denominação não é a mais feliz, porque, já à época, havia consciência de que procedimentos ordinários poderiam ter escopo preventivo. A esse respeito, cf. CALAMANDREI, Piero. *Introduzione allo studio sistematico dei provvedimenti cautelare*. Opere giuridiche. Roma: Roma TrE-Press, 2019. v. IX: Esecuzioni forzata e procedimenti speciali. p. 173-175 (indicando a prevenção, a urgência e o *"periculum in mora"* como elementos integrantes das medidas cautelares, mas não sem ressalvar a possibilidade de a tutela ordinária ter finalidade preventiva).

medidas são fundamentalmente o que poderia ser chamado de *cautelares atípicas*,[47] no sentido de serem aplicáveis a um número aberto de situações de risco a direitos das partes.[48] Junto aos processos designados pelo Código como "assessórios", há outros tipicamente cautelares, tais como o "depósito preparatório de ação", a "caução", o "atentado", as notificações, interpelações e várias modalidades de "protestos".

Interessante notar que, quanto à definição da urgência ou do risco, o Código de 1939, ressalvando outras hipóteses previstas em lei, especifica três situações. A primeira delas é claramente uma cláusula de ordem pública: "quando do estado de fato da lide surgirem fundados receios de rixa ou violência entre os litigantes".[49] A segunda hipótese é aquela usual do *periculum in mora*, ou seja, quando provável, antes da "decisão", a ocorrência de atos "capazes de causar lesão, de difícil e incerta reparação".[50] Por fim, estabelece norma destinada à produção antecipada de prova, cabível quando "a uma das partes for impossível produzir prova, por não se achar na posse de determinada coisa".[51]

Sem prejuízo dessas hipóteses, indica as providências que poderão consistir em "medidas preventivas", tais como o arresto de bens do devedor, o sequestro de coisa móvel ou imóvel, a busca e apreensão, inclusive de mercadorias em trânsito, a prestação de cauções, a realização de obras de conservação em coisa litigiosa.[52]

2.1.2.3   O Código de Processo Civil de 1973

Se o Código de 1939, acusado de abusar no número e na complexidade de seus procedimentos, foi exíguo na disciplina das medidas cautelares – ou preventivas, como chamava –, o diploma que o sucedeu, em 1973, primou pela quantidade e detalhismo dos procedimentos especiais do processo cautelar. Seu Livro III, destinado exclusivamente a essa modalidade de "processo", tinha quinze categorias de procedimentos especiais em matéria cautelar. A saber: o arresto; o sequestro; a caução; a busca e apreensão; a exibição; a produção antecipada de provas; os alimentos provisionais; o arrolamento de bens; a justificação; protestos, notificações e interpelações; a homologação do penhor legal; a posse em nome do nascituro; o atentado; protestos e apreensão de títulos; e uma seção prevendo outras medidas provisionais específicas.

---

[47]   Nesse sentido, cf. LEAL, Fabio Resende; OLIVEIRA, Flávio Luís de. O processo cautelar sobrevive no Código de Processo Civil de 2015? *Revista da Faculdade de Direito da UFRGS*, v. 38, p. 234-256, 2018 (em especial, p. 238-239).

[48]   Em especial no que toca aos incisos I e II do art. 675 do Código de 1939.

[49]   Art. 675, I.

[50]   Inciso II.

[51]   Inciso III.

[52]   Art. 676, I, II, III, IV e VII, exemplificativamente. A técnica legislativa, consistente em apenas indicar as medidas, sem estabelecer uma disciplina específica, lembra aquela adotada pelo legislador do Código de 2015 ao regular a tutela de urgência cautelar (art. 301).

Compreende-se que o diploma de 1973 tenha pretendido dar primoroso tratamento a essa matéria, até mesmo em reação à precária disciplina legal anterior. Projeto liderado por Alfredo Buzaid,[53] professor e diretor da Faculdade de Direito da USP, que havia haurido as influências de Enrico Tullio Liebman, na passagem desse professor italiano por São Paulo durante a Segunda Grande Guerra, a propósito das medidas de urgência, tinha clara intenção de afirmar a peculiaridade do processo cautelar.[54] Na Exposição de Motivos, que Buzaid assina como Ministro da Justiça, após defender a adoção da expressão *processo cautelar*, ao qual dedicara todo um Livro do então novo Código,[55] acrescenta que "seu elemento específico é a prevenção",[56] pois reúne elementos dos processos de conhecimento e de execução.

Na verdade, o Código de Processo Civil de 1973 adotou um regime de medidas cautelares típicas, nisso destoando do Código que o antecedeu. Daí o grande número de procedimentos cautelares específicos enumerados anteriormente. A exceção dessa disciplina legal de tipicidade era dada pelo art. 798, que permitia ao juiz "determinar as medidas provisórias que julgar adequadas, quando houver fundado receio de que uma parte, antes do julgamento da lide, cause ao direito da outra lesão grave e de difícil reparação", para além daqueles procedimentos específicos previstos. Com isso, abriu-se na doutrina espaço para a discussão das então denominadas *cautelares inominadas*,[57] quer dizer, que não encontravam respaldo específico nos procedimentos especiais previstos no Código.

---

[53] Em 08.01.1964, Buzaid apresentara ao Ministério da Justiça um Anteprojeto, preparado em razão de convite formulado ainda no Governo Jânio Quadros. Posteriormente, foram formadas várias comissões, das quais participaram juristas como Luís Machado Guimarães, Guilherme Estellita, José Frederico Marques, José Carlos Barbosa Moreira e José Carlos Moreira Alves. Para uma minuciosa descrição do desenvolvimento do Anteprojeto e de sua tramitação legislativa, v. DIAS, Handel Martins. *Condicionamento histórico do processo civil brasileiro:* o legado do direito lusitano. 2014. Tese (Doutorado) – Universidade de São Paulo, São Paulo, 2014. p. 224-233.

[54] Assim coloca Buzaid: "Coerentemente com a divisão das funções do processo civil, o Código dedica o Livro III à *prevenção*. No Código de Processo de 1939 não recebeu esta função tratamento distinto; as ações cautelares designadas como *processos preparatórios, preventivos e acessórios*, foram distribuídas no Livro V sob a rubrica de 'processos acessórios'. Contentou-se o legislador de então com esse epíteto genérico, incluindo-os num grande elenco de procedimentos de jurisdição contenciosa e procedimentos de jurisdição voluntária. O Código de Processo Civil vigente, reconhecendo o caráter autônomo da ação cautelar, deu-lhe a posição que se adequa à natureza da sua função" (BUZAID, Alfredo. *Estudos e pareceres de direito processual civil*. São Paulo: Ed. RT, 2002. p. 47).

[55] Cf. Exposição de Motivos do Código de Processo Civil de 1973, p. 14. Disponível em: https://www2.senado.leg.br/bdsf/bitstream/handle/id/177828/CodProcCivil%201974.pdf. Acesso em: 12 jul. 2023.

[56] Exposição de Motivos, p. 17.

[57] Nesse tema, o fundamental livro de SILVA, Ovídio A. Baptista da. *A ação cautelar inominada no direito brasileiro*. Rio de Janeiro: Forense, 1979.

Capítulo 2 · EVOLUÇÃO DA TUTELA DE URGÊNCIA | 77

O Código de 1973, no entanto, recebeu, ao longo de sua vigência, diversas reformas que reviram várias das opções que haviam sido adotadas pelo projeto original aprovado. No seu histórico há, ao menos, *três ondas de reforma*, que foram responsáveis por mudanças em sua estrutura e na concepção de vários de seus institutos. A primeira, iniciada com a Lei 8.455/1992,[58] trouxe importantes mudanças, como a antecipação de tutela (Lei 8.952/1994), de grande repercussão para a matéria tratada nesta obra, e a tutela específica das obrigações de fazer e não fazer.[59] A segunda, iniciada pela Lei 9.800/1999,[60] trouxe inovações e realizou acertos pontuais no Código de Processo, inclusive introduzindo mudanças em disposições legais que já haviam sido objeto das reformas anteriores, como foi o caso da própria antecipação de tutela (Lei 10.444/2002). Por fim, a terceira onda, iniciada com a Lei 11.187/2005,[61] teve como destaque a extinção do "processo" de execução de sentença, com a criação do cumprimento de sentença, como fase do processo de conhecimento (Lei 11.232/2005).

Para evolução das tutelas provisórias, em especial aquelas de urgência, a *primeira onda* foi a de maior importância. Como dito anteriormente,[62] a introdução de disciplina autônoma da antecipação de tutela em nosso sistema processual, com a nova redação dada ao art. 273 do Código de Processo Civil de 1973, ampliou o âmbito de cabimento das tutelas de urgência e facilitou o trâmite processual dessas medidas.

Com efeito, a tutela antecipada, por si só, já constituía uma expansão das possibilidades dessas tutelas provisórias, mas, na *segunda onda* reformista, o legis-

---

[58] À época, essas iniciativas legislativas ficaram conhecidas como *"reforma em fatias"*, por ser realizada paulatinamente, em várias leis, com aprovação pelo Congresso Nacional. Essa primeira leva envolveu diversas leis modificativas de vários pontos do Código de Processo Civil de 1973. Para uma visão geral dessas reformas, v. DINAMARCO, Cândido Rangel. *A reforma do Código de Processo Civil*: Leis 8.455, de 24.8.92; 8.637, de 31.3.93; 8.710, de 24.9.93; 8.718, de 14.10.93; 8.898, de 29.6.94; 8.950, de 13.12.94; 8.951, de 13.12.94; 8.952, de 13.12.94; 8.953, de 13.12.94; 9.079, de 14.7.95; 9.139, de 30.11.95, e 9.245, de 26.12.95. 3. ed. São Paulo: Malheiros, 1996.

[59] Presentemente, o art. 499, parágrafo único, do CPC, introduzido pela Lei 14.833/2024, determina que nos casos de responsabilidade contratual relativa a vícios redibitórios, empreitada e contrato de seguro, quando requerida a conversão da obrigação em perdas e danos, o juiz deve, primeiro, conceder a faculdade de cumprimento por meio de tutela específica.

[60] Comentando essas reformas, v. DINAMARCO, Cândido Rangel. *A reforma da reforma* – Lei 10.352/2001, Lei 10.358/2001, Lei 10.444/2002, Lei 9.800/1999 (Lei do Fax) e Lei 10.173/2001 (Lei dos Idosos). 3. ed. São Paulo: Malheiros, 2002.

[61] Sobre essa nova leva de reformas, v. JORGE, Flávio Cheim; DIDIER JUNIOR, Fredie; RODRIGUES, Marcelo Abelha. *A terceira etapa da reforma processual civil*: comentários às Leis n. 11.187 e 11.232, de 2005; 11.276, 11.277 e 11.280, de 2006. São Paulo: Saraiva, 2006. Também, RENAULT, Sérgio Rabello Tamm; BOTTINI, Pierpaolo (org.). *A nova execução de títulos judiciais*: comentários à Lei n. 11.232/05. São Paulo: Saraiva, 2006.

[62] Cf. item 2.1.1, *supra*.

lador veio a reconhecer a fungibilidade das medidas antecipatórias e cautelares,[63] acabando por facilitar, por via transversa, também a utilização e o processamento destas últimas medidas, que, à época, exigiam a propositura de processo separado e estavam circunscritas à extensa tipificação procedimental.[64] Considerando que a antecipação de tutela poderia ser requerida nos próprios autos do processo de conhecimento e o reconhecimento de que a providência cautelar requerida por esse modo deveria ser considerada fungível, deixou de fazer sentido pleitear por meio de processo cautelar incidente, muito mais dispendioso e complexo.

Em suma, pode-se dizer que o Código de Processo Civil de 1973, em sua redação original, disciplinou as tutelas de urgência de forma restritiva, sem admitir, como regra, a antecipação de tutela e aceitando medidas cautelares em hipótese específicas, que somente de maneira excepcional poderiam ser ampliadas para aquelas chamadas cautelares inominadas. Depois das reformas que se iniciaram em 1994, o estatuto processual de 1973 passou a ter um espectro mais amplo e efetivo de tutelas de urgência, com as possibilidades de antecipação de tutela e de o pedido ser formulado incidentalmente no próprio processo de conhecimento.

2.1.2.4 A gênese do Código de Processo Civil de 2015

Da mesma forma que o Código de 1973 reagiu a seu antecessor, criando extensa disciplina legal das medidas cautelares, com a introdução de significativo número de procedimentos especiais nessa matéria, o Código de Processo Civil de 2015 parece ter reagido àquele precedente, abolindo toda disciplina específica de tutela de urgência cautelar. Como já mencionado,[65] o regime legal de tipicidade das medidas cautelares e de excepcionalidade das então chamadas cautelares inominadas deu lugar à disciplina legal consistente em apenas uma vaga referência à tutela de urgência cautelar e, ainda assim, definida de maneira exemplificativa.[66]

---

[63] Art. 273, § 7º, do CPC/1973, introduzido pela Lei 10.444/2002.

[64] Como já mencionado no item 1.5.4, *supra*.

[65] V. item 1.5, *supra*.

[66] Art. 301 do CPC/2015, com técnica legislativa similar àquela adotada pelo legislador do Código de 1939 (art. 675). Discutindo as opções do CPC/1939, v. o item 2.1.1.2, *supra*. A Exposição de Motivos do Código vigente escora a eliminação do Livro III, "Do Processo Cautelar", do diploma de 1973, também no fato de aquele trazer procedimentos despidos de natureza cautelar: "Tendo desaparecido o Livro do Processo Cautelar e as cautelares em espécie, acabaram sobrando medidas que, em consonância com parte expressiva da doutrina brasileira, embora estivessem formalmente inseridas no Livro III, de cautelares, nada tinham. Foram, então, realocadas, junto aos procedimentos especiais". Para a Exposição de Motivos, acompanhada do texto do CPC/2015, v. publicação do Senado, em: https://www2.senado.leg.br/bdsf/bitstream/handle/id/512422/001041135.pdf. Acesso em: 15 jul. 2023. Foram mantidos no CPC/2015, como procedimentos especiais (não cautelares): a notificação e interpelação (arts. 727/729); a homologação do penhor legal (arts. 703/706). A produção antecipada de provas passou a ser regulada junto à disciplina dos procedimentos probatórios (arts. 381/383).

Capítulo 2 · EVOLUÇÃO DA TUTELA DE URGÊNCIA | **79**

A Exposição de Motivos do Código de 2015, assinada pela Comissão de Juristas responsável pelo Anteprojeto do qual resultou o vigente Código, dá notícia que "[e]xtinguiram-se também as ações cautelares nominadas", ressaltando a prevalência da regra pela qual "basta à parte a demonstração do *fumus boni iuris* e do perigo de ineficácia da prestação jurisdicional para que a providência pleiteada deva ser deferida".[67]

Luiz Fux, presidente da Comissão de Juristas responsável pela elaboração do Anteprojeto, aponta uma razão para a eliminação da disciplina típica das tutelas de urgência no Código de 2015:

> [A] tutela cautelar reclama certa fungibilidade para que o juiz possa conferir à situação fenomênica retratada uma solução sob medida, nada justificando a existência de figuras abundantes de medidas cautelares, várias com mesmo pressuposto e objetivo (constrição de bens ou restrição de direitos), ostentando, apenas, *nomen juris* diferente.[68]

Como já mencionado,[69] no entanto, a opção legislativa de reduzir a disciplina da tutela de urgência cautelar no Código de 2015 parece ter respondido às consequências resultantes da introdução da disciplina autônoma da antecipação de tutela no art. 273[70] do Código de Processo Civil de 1973. A essa importante inovação, ainda no Código de 1973, sucedeu-se outra, em 2002,[71] consagrando expressamente a fungibilidade dos dois tipos de tutela, antecipatória e cautelar. Repita-se, acabou reduzida a importância do então chamado *processo cautelar*. Na prática, a fungibilidade tornou-o desnecessário, pois o provimento cautelar passou a ser pedido nos moldes da antecipação de tutela.

A despeito da justificativa teórica, portanto, natural a opção do Anteprojeto – transformada em lei – de não modificar dinâmica processual que se tornara corrente mostrou-se funcional e bem-sucedida. Também isso parece ter ensejado o tratamento minimalista dado às medidas cautelares.

Cabe apontar, no entanto, que, no tocante à tutela de urgência – mais do que em relação à de evidência –, houve sensíveis variações entre as proposições originárias do Anteprojeto, o substitutivo aprovado pela Câmara dos Deputados e o texto legal aprovado após revisão pelo Senado Federal. A esse propósito,

---

[67] V. Exposição de Motivos, citada na nota anterior, p. 32.

[68] FUX, Luiz. O novo processo civil. In: FUX, Luiz (org.). *O novo processo civil brasileiro:* direito em expectativa: reflexões acerca do projeto do novo Código de Processo Civil. Rio de Janeiro: Forense, 2011. p. 17.

[69] V. itens 1.5.4 e 2.1.2.3, *supra*.

[70] Pela Lei 8.952/1994, como mencionado no item anterior.

[71] Com a introdução, pela Lei 10.444/2002, do § 7º no art. 273 do CPC/1973.

80 | TUTELA DE URGÊNCIA – *Carlos Alberto de Salles*

relevante noticiar brevemente as linhas básicas do trâmite legislativo do Código de Processo Civil de 2015.

Em 15.12.2010, foi aprovado o Projeto de Lei do Senado (PSL) 166/2010,[72] baseado em Anteprojeto elaborado por Comissão de Juristas nomeada pelo Presidente daquela casa legislativa.[73] Na Câmara dos Deputados, tal projeto foi recebido como o Projeto de Lei (PL) 8.046/2010, no qual foi aprovado um substitutivo ao projeto original, em 26.03.2014,[74] após exame por Comissão Especial. Com isso, a proposta legislativa retornou para apreciação ao Senado, onde passou a tramitar como Substitutivo da Câmara do Deputados (SCD) 166/2010.[75]

Novamente no Senado Federal, o projeto de lei foi também submetido à Comissão Especial e aprovado em 17.12.2014, sendo sancionado pela Presidente da República, com veto parcial, em 16.03.2015.[76]

Dois aspectos, de maior interesse para a temática tratada nesta obra, devem ser destacados no trâmite legislativo do Código de Processo Civil de 2015: as bases teóricas adotadas para estruturação da disciplina prevista pelo Código e a definição dos elementos distintivos das espécies de tutela de urgência previstas, antecipada e cautelar. Para tanto, desenvolve-se a seguir uma comparação entre o Anteprojeto, o substitutivo aprovado pela Câmara do Deputados (PL 8.046/2010) e o texto final do Código de Processo Civil de 2015, aprovado depois de revisão pelo Senado Federal (SCD 166/2010).[77] Prefere-se utilizar o Anteprojeto como

---

[72] Para informações sobre o trâmite do projeto de lei no Senado Federal, v. https://www25.senado.leg.br/web/atividade/materias/-/materia/97249. Acesso em: 17 jul. 2023.

[73] Instituída pelo Ato do Presidente do Senado Federal 379/2009.

[74] Para informações sobre o trâmite do Projeto de Lei na Câmara, v. https://www.camara.leg.br/proposicoesWeb/fichadetramitacao?idProposicao=490267. Acesso em: 17 jul. 2023.

[75] Para informação do trâmite legislativo, no retorno, como substitutivo, ao Senado Federal, v. https://www25.senado.leg.br/web/atividade/materias/-/materia/116731. Acesso em: 17 jul. 2023. Registre-se a limitada possibilidade de revisão do Senado nessa ocasião, como esclarece o Parecer Final do Relator da Comissão Especial, Senador Vital do Rêgo: "A tarefa do Senado Federal, ao apreciar o Substitutivo da Câmara dos Deputados, consistirá em analisar cada uma das emendas em correspondência com os dispositivos do texto inicialmente aprovado pelo Senado para, em suma: a) acolher a emenda da Câmara Baixa; b) rejeitar a emenda da Câmara e revigorar o dispositivo correspondente do texto inicialmente aprovado no Senado; c) revigorar texto inicialmente aprovado no Senado que tenha sido suprimido pela Câmara, sem a criação de dispositivo correspondente; e d) promover emendas de redação, assim entendidos os ajustes de redação que expurguem do texto final inconsistências lógicas, gramaticais ou de técnica legislativa, sem ineditismos no conteúdo normativo" (p. 22). Disponível em: https://legis.senado.leg.br/sdleg-getter/documento?dm=4202793&ts=1630429505215&disposition=inline&_gl=1*1agtpdc*_ga*MTYyMDM3MzU2Ny4xNjg5NTU3NTg5*_ga_CW3ZH25XMK*MTY4OTU5NzQ2NC4yLjEu MTY4OTU5OTM4MC4wLjAuMA. Acesso em: 17 jul. 2023.

[76] Resultando na Lei 13.105/2015, o Código de Processo Civil de 2015.

[77] Prefere-se utilizar o Anteprojeto como parâmetro de comparação, por ser este o ponto de partida, embora tenha sido aprovado, com modificações, pelo PLS 166/2010, do Senado

parâmetro de comparação, por ser este o ponto de partida da iniciativa legislativa. O PLS 166/2010, aprovado pelo Senado Federal, quando necessário, é referido no texto naquilo que apresenta diferença significativa em relação ao Anteprojeto.

Primeiro, cabe registrar certa hesitação nas propostas formuladas, a partir do Anteprojeto inicialmente formulado,[78] quanto ao núcleo central, definidor da matéria aqui abordada. Mais exatamente, saber qual seria o gênero das medidas jurisdicionais envolvidas, o qual congregaria cada espécie de tutela disciplinada pelo Código.

Como se observa do *Quadro 1*, a seguir, o Anteprojeto, talvez em razão de a matéria não formar um Livro específico, não se preocupou em estabelecer um gênero ao qual se ligassem as modalidades de tutela. Já o projeto aprovado pela Câmara dos Deputados estabeleceu "tutela antecipada" como gênero, do qual as satisfativas e cautelares seriam espécies.[79] Tal opção contrasta com aquela adotada na revisão pelo Senado, que preferiu "tutela provisória" como gênero.[80] Interessante que tal designação tenha aparecido apenas na revisão da Casa Alta, que, a princípio, tinha limitações para realizar modificações normativas no texto aprovado pela Câmara do Deputados.

A diferença, ressalte-se, não é apenas terminológica, mas de concepção jurídica do instituto.[81] Afinal, remete às características entendidas como predominantes nesse tipo de medida jurisdicional. Trata-se de saber se a questão é cronológica ou formal, isto é, baseada no momento de apreciação e decisão sobre a medida de urgência ou evidência no *iter* processual (daí tutela antecipada) ou referente à natureza processual envolvida, que, por ser obtida em cognição sumária, é também provisória.

A denominação prevalecente, de qualquer forma, é mais adequada do que aquela adotada pelo substitutivo da Câmara. É verdade que a denominação

---

Federal. Quando necessário, remete-se ao texto aprovado no Senado, que foi objeto do substitutivo da Câmara dos Deputados.

[78] Disponível em: https://www2.senado.leg.br/bdsf/item/id/496296. Acesso em: 17 jul. 2023.

[79] A respeito dessa estruturação da matéria, o relatório final da Câmara dos Deputados aponta que "[a] organização dos dispositivos que constam do projeto e o aperfeiçoamento de alguns deles se torna essencial para evitar discussões futuras e adequar a legislação brasileira ao estágio atual da ciência processual. É possível dizer que talvez seja esta uma das principais contribuições técnicas que a Câmara dos Deputados confere ao projeto" (p. 49). Disponível em: https://www2.camara.leg.br/atividade-legislativa/comissoes/comissoes-temporarias/especiais/54a-legislatura/8046-10-codigo-de-processo-civil/proposicao/pareceres-e-relatorios/parecer-do-relator-geral-paulo-teixeira-08-05-2013. Acesso em: 17 jul. 2023.

[80] V. *Quadro 1, infra.*

[81] Atentando para a importância da alteração proposta, v. CAMBI, Eduardo; NEVES, Ana Regina das. Duração razoável do processo e tutela antecipada. In: BUENO, Cassio Scarpinella *et al.* (org.). *Tutela provisória no novo CPC:* dos 20 anos de vigência do art. 273 do CPC/1973 ao CPC/2015. São Paulo: Saraiva, 2016. p. 73-99 (em especial p. 90-91).

tutela provisória tampouco é inteiramente adequada, tendo em vista que não corresponde ao uso dicotômico perfeito da *tutela definitiva*. Isso porque *definitiva* é somente aquela tutela que alcançou exaurimento recursal. Nesse sentido, a decisão, mesmo de mérito, submetida a recurso é também, em diversa medida, *provisória*. Melhor se o legislador tivesse optado por *tutelas sumárias*, expressando uma característica central, comum e processual dos tipos de medidas tratadas, embora a mesma característica possa ser encontrada, também, fora das tutelas de urgência e evidência.[82]

Por outro lado, ainda sob o aspecto das bases teóricas, importante observar que apenas no momento final do trâmite legislativo, na revisão pelo Senado, desistiu-se do tratamento da tutela antecipada como *satisfativa*. Pode-se observar do quadro que segue[83] que o Anteprojeto e o substitutivo da Câmara dos Deputados opõem medidas de "natureza satisfativa ou cautelar". O Senado, corretamente, eliminou essa discussão quanto à "natureza", matéria que mais propriamente deve ser deixada para a doutrina.

Em movimento contrário, a possibilidade de pedidos antecedentes foi preservada nos três documentos legislativos analisados. É certo, no entanto, que a antecipação de tutela em caráter antecedente fora abolida pela Câmara,[84] sendo restaurada pelo Senado. Com isso, voltou para o Código aprovado a inovativa figura da *estabilização da tutela*, possível somente em relação à tutela antecipada antecedente, não à cautelar.[85]

A necessidade de um procedimento antecedente à propositura da ação para a antecipação de tutela, de fato, colocava-se entre os problemas da falta de unidade de disciplina legal para as tutelas de urgência. Isso porque, no estatuto de 1973, havia a possibilidade de ação cautelar preparatória, anterior à propositura de ação principal. Esse problema foi resolvido com a criação de procedimentos antecedentes diferentes para cada uma das espécies de tutela. O atual Código, porém, poderia ter criado procedimento único para os dois tipos de tutela, fazendo com que a regulação processual melhor atendesse ao objetivo de simplificação procedimental.

---

[82] Sobre sumarização procedimental, v. itens 1.5 e 1.5.1, *supra*.

[83] *Quadro 1, infra.*

[84] Segundo o relatório final, da Câmara dos Deputados, "[a] rigor, tutela jurisdicional antecedente – de caráter preparatório – só pode ser a de natureza cautelar. O pedido autônomo de tutela antecipada satisfativa não deve ser chamado de antecedente, pois tem a mesma natureza do pedido de tutela final. Essa a razão da distinção entre os regramentos" (p. 49). Disponível em: https://www2.camara.leg.br/atividade-legislativa/comissoes/comissoes--temporarias/especiais/54a-legislatura/8046-10-codigo-de-processo-civil/proposicao/pareceres-e-relatorios/parecer-do-relator-geral-paulo-teixeira-08-05-2013. Acesso em: 17 jul. 2023.

[85] Art. 304 do CPC/2015.

Quadro 1 – Definição das tutelas abrangidas

Anteprojeto	PL 8.046/2010	CPC/2015
Título IX TUTELA DE URGÊNCIA E TUTELA DA EVIDÊNCIA CAPÍTULO I DISPOSIÇÕES GERAIS	LIVRO V DA TUTELA ANTECIPADA TÍTULO I DAS DISPOSIÇÕES GERAIS, DA TUTELA DE URGÊNCIA E DA TUTELA DE EVIDÊNCIA CAPÍTULO I DAS DISPOSIÇÕES GERAIS	LIVRO V DA TUTELA PROVISÓRIA TÍTULO I DISPOSIÇÕES GERAIS
Art. 277. A tutela de urgência e a tutela da evidência podem ser requeridas antes ou no curso do procedimento, sejam essas medidas de *natureza cautelar ou satisfativa.*	Art. 295. A tutela antecipada, de *natureza satisfativa ou cautelar,* pode ser concedida em caráter *antecedente ou incidental.*	Art. 294. A tutela provisória pode fundamentar-se em urgência ou evidência.
Art. 286. A petição inicial da medida requerida em *caráter antecedente* indicará a lide, seu fundamento e a exposição sumária do direito ameaçado e do receio de lesão.	Parágrafo único. A tutela antecipada pode fundamentar-se em urgência ou evidência.	Parágrafo único. A tutela provisória de urgência, *cautelar ou antecipada,* pode ser concedida em *caráter antecedente ou incidental.*

Fonte: elaborado pelo autor.

Segundo ponto a considerar é o de destacar as diferenças, nas principais etapas legislativas, dos elementos normativos caracterizadores da urgência e dos provimentos jurisdicionais relativos a cada uma das modalidades de tutela de urgência previstas, conforme destacado no *Quadro 2*, a seguir.

A propósito, em razão da importância para esta obra, cabe de início ressaltar que o Anteprojeto adotou *risco* como definidor da urgência. Em seu art. 283, indicou que, além da plausibilidade do direito, deveria haver "demonstração de *risco* de dano irreparável ou de difícil reparação". Na norma definitivamente aprovada, o risco – não mencionado no Projeto de Lei 8.046/2010, da Câmara dos Deputados – aparece apenas relacionado ao resultado útil do processo (art. 300). Verifica-se, desde já, que *risco* não é conceito estranho à tutela de urgência, destacando-se a necessidade do estudo dessa perspectiva.

Chama a atenção, também, nos textos legislativos cotejados, que a qualificação do dano, como *irreparável ou de difícil reparação*, constante do Anteprojeto, não foi contemplada pela redação final do Código de 2015. Aliás, o projeto aprovado pela Câmara suprimira tal referência, preferindo simples remissão ao *periculum in mora*, ou seja, "perigo na demora da prestação da tutela jurisdicional", ficando o dano apenas subentendido.[86] Caberia perguntar, portanto: qualquer dano ensejaria a concessão de tutela de urgência? Seria o Código vigente infenso a qualquer dano, de qualquer natureza e dimensão? A resposta a essas duas questões deve ser negativa.

O dano deve ser tal que possa vir a prejudicar a efetividade da prestação jurisdicional pretendida pela parte. Não se pode descolar a aplicação do instituto processual de suas finalidades ínsitas. A questão aqui é de adequação do remédio jurisdicional pretendido, no sentido de que a tutela provisória não se mostra mais adequada que aquela final, que pode ser aguardada sem a consolidação de um prejuízo à parte.

Considere-se, por exemplo, o pedido de antecipação de tutela, em revisional de alimentos, para excluir a incidência do percentual de prestação alimentícia sobre férias indenizadas e Participação nos Lucros e Resultados (PLR). As pequenas porcentagens discutidas não justificariam mudar, em cognição sumária, a equação dos valores necessários à sobrevivência do alimentante, mesmo sendo certo o dano a este, considerando a irrepetibilidade desse tipo de prestação. A leitura do dispositivo legal em sua literalidade poderia levar a entendimento contrário, o que não se justifica. O dano a ser constatado precisa ser de relevância suficiente a prejudicar o resultado final do processo.

Contrariamente ao ocorrido em relação à qualificação do dano, a *irreversibilidade dos efeitos da decisão*, não constante do Anteprojeto, foi introduzida no texto aprovado pelo PL 8.046/2010 (art. 302) e mantida em revisão pelo Senado (art. 300, § 3º), retomando disposição nesse sentido presente no texto reformado do Código anterior.[87] A *irreversibilidade* é um elemento importante por constituir um limite à tutela provisória, de maneira que ela não possa tornar-se, na prática, definitiva nos efeitos que produza à parte contrária. É importante, também, por indicar a necessidade de uma ponderação de gravames, decorrentes dos efeitos da decisão, para as partes.

Por fim, vale ainda destacar que o Anteprojeto não trouxe qualquer disciplina específica a respeito da tutela cautelar, que era apenas referida, sem maior detalhamento, no texto proposto. Só no projeto aprovado pelo Senado (PLS 166/2010)[88] foi acrescentado um parágrafo especificando que "são medidas cautelares as que visam a *afastar riscos e assegurar o resultado útil do processo*" (art. 269, § 2º), em

---

[86] No sentido de perigo *de dano* decorrente na demora do processo.

[87] Antes prevista no § 2º do art. 273 do CPC/1973.

[88] Para uma comparação bem cuidada e comentada do PLS 166/2010 com o PL 8.046/2010, que havia sido aprovado pela Câmara dos Deputados em 2013, v. BUENO, Cassio Scarpinella. *Projetos de novo Código de Processo Civil*: comparados e anotados: Senado Federal (PLS 166/2010) e Câmara dos Deputados (PL 8.046/2010). São Paulo: Saraiva, 2014 (em especial p. 156-167).

Capítulo 2 · EVOLUÇÃO DA TUTELA DE URGÊNCIA | 85

contraposição àquelas medidas satisfativas, ou seja, "as que visam a antecipar ao autor, no todo ou em parte, os efeitos da tutela pretendida" (§ 1º do mesmo artigo).

A disciplina proposta pelo Anteprojeto indica apenas que as tutelas de urgência poderiam ser requeridas antes ou no curso do procedimento, "sejam essas medidas de natureza *cautelar* ou *satisfativa*" (art. 277). O texto aprovado em 2015 foi apenas um pouco menos lacônico que a proposta de origem, mantendo, nesse aspecto, dispositivo inserido no projeto aprovado pela Câmara dos Deputados. Esse artigo menciona, exemplificativamente, algumas modalidades tradicionais de medidas cautelares e indica o cabimento de "qualquer outra medida idônea para asseguração do direito" (art. 301, *fine*). Talvez algumas das medidas apontadas exemplificativamente pudessem ter breve indicação sobre o cabimento e no que consiste o provimento enunciado.[89]

Quadro 2 – Caracterização da urgência e dos provimentos cautelares

Anteprojeto	PL 8.046/2010	CPC/2015
Seção II DA TUTELA DE URGÊNCIA CAUTELAR E SATISFATIVA	CAPÍTULO II DA TUTELA DE URGÊNCIA	TÍTULO II DA TUTELA DE URGÊNCIA CAPÍTULO I DISPOSIÇÕES GERAIS
Art. 283. Para a concessão de tutela de urgência, serão exigidos elementos que *evidenciem a plausibilidade do direito*, bem como a demonstração de *risco de dano irreparável ou de difícil reparação*.	Art. 301. A tutela antecipada de urgência será concedida quando houver elementos que *evidenciem a probabilidade do direito* e o *perigo na demora da prestação da tutela jurisdicional*.	Art. 300. A tutela de urgência será concedida quando houver elementos que *evidenciem a probabilidade do direito* e o *perigo de dano ou o risco ao resultado útil do processo*.
–	Art. 302. A tutela antecipada de urgência não será concedida quando houver perigo de *irreversibilidade dos efeitos da decisão*.	§ 3º A tutela de urgência de natureza antecipada não será concedida quando houver perigo de *irreversibilidade dos efeitos da decisão*.

continua

---

[89] Tome-se o arresto, por exemplo. Por mais que se diga que as hipóteses elencadas no art. 813 do CPC/1973 eram arcaicas e estavam defasadas, não se pode negar que alguns critérios objetivos poderiam ser úteis na formulação do pedido e na aplicação desse tipo de medida.

continuação

Anteprojeto	PL 8.046/2010	CPC/2015
Seção II DA TUTELA DE URGÊNCIA CAUTELAR E SATISFATIVA	CAPÍTULO II DA TUTELA DE URGÊNCIA	TÍTULO II DA TUTELA DE URGÊNCIA CAPÍTULO I DISPOSIÇÕES GERAIS
Art. 277. A tutela de urgência e a tutela da evidência podem ser requeridas antes ou no curso do procedimento, sejam essas medidas de *natureza cautelar* ou satisfativa.	Art. 301. § 3º A tutela cautelar antecipada pode ser efetivada mediante arresto, sequestro, arrolamento de bens, registro de protesto contra alienação de bem e *qualquer outra medida idônea para asseguração do direito.*	Art. 301. A tutela de urgência de natureza cautelar pode ser efetivada mediante arresto, sequestro, arrolamento de bens, registro de protesto contra alienação de bem e *qualquer outra medida idônea para asseguração do direito.*

Fonte: elaborado pelo autor.

Enfim, o Código de 2015 teve o objetivo de unificar o tratamento da tutela antecipada e da cautelar, separadas topologicamente e, também, em concepção no diploma anterior. A unificação das espécies de tutela de urgência e daquela de evidência sob a rubrica de "Tutelas provisórias" igualmente se mostrou adequada. Restaria dotar o arcabouço legislativo da necessária base doutrinária e epistemológica.

2.1.3 Bases constitucionais da tutela de urgência

A importância de situar a tutela provisória de urgência em nossa disciplina constitucional é conhecer seus *limites* e compreender sua *exata função* no sistema jurídico e processual. Sim, primeiro é preciso falar de limites. As tutelas sumárias, não obstante sua inegável relevância, são realizadas com cognição judicial não exauriente – portanto, nesse sentido, incompleta – e, no mais das vezes, sem instauração do contraditório ou com ele ainda incompleto. Devem, apesar de seu intenso uso na prática forense, ser consideradas uma prestação jurisdicional concedida em caráter excepcional.

Com efeito, elas devem estar de acordo com os direitos fundamentais envolvidos, sobretudo aqueles processuais, exigindo, na sua aplicação, uma fina sintonia na ponderação dos princípios constitucionais aplicáveis. A esse propósito, cabe recordar que a Constituição Federal de 1988 estabelece que "ninguém será obrigado a fazer ou deixar de fazer alguma coisa senão em virtude de lei" (art.

Capítulo 2 · EVOLUÇÃO DA TUTELA DE URGÊNCIA | **87**

5º, II). Ainda mais, prevê que "ninguém será privado da liberdade ou de seus bens sem o devido processo legal" (art. 5º, LIV). Quer dizer, qualquer imposição judicial – e, também, administrativa – não apenas deve estar amparada em lei vigente como deve ser feita seguindo o *devido processo legal.*

Elementos centrais desse devido processo legal, conceito agregador de todas as garantias constitucionais do processo,[90] são o contraditório e a ampla defesa, igualmente consagrados no texto constitucional (art. 5º, LV). Observa-se, portanto, que, como regra, a Constituição impõe a *cognição exauriente* como o padrão a ser seguido no processo, isto é, aos litigantes e "acusados em geral" deve ser garantido o esgotamento de todos os meios processuais para realização do contraditório e para exercício da ampla defesa pelas partes.

Dando concreção aos mandamentos constitucionais, o Código de Processo Civil de 2015 determina: "não será proferida decisão contra uma das partes sem que ela seja previamente ouvida" (art. 9º, *caput*). Reconhece, pois, a excepcionalidade da tutela provisória de urgência, confinada às hipóteses indicadas no dispositivo legal.[91] Essa excepcionalidade, que se constrói em razão das normas constitucionais suprarreferidas, estende-se à tutela de urgência, no que tange à possibilidade de decisão com base na "probabilidade do direito" e no "perigo de dano ou o risco ao resultado útil do processo",[92] bem como à tutela de evidência no tocante às hipóteses legais previstas.[93] Atinge, em igual medida, a possibilidade de o juiz "determinar as medidas que considerar adequadas para efetivação da tutela provisória",[94] no que se refere, em especial, às normas do art. 5º, incisos II (legalidade) e LIV (devido processo legal), da Constituição Federal.

Colocados, assim, os limites das tutelas provisórias, resta perquirir sobre suas *exatas funções* em nosso ordenamento constitucional. Para tanto, desenvolve-se a seguir, com a finalidade de descortinar o percurso da disciplina constitucional, duas perspectivas complementares, a da tutela preventiva e a da tutela sumária.

---

[90] "A garantia do devido processo legal constitui sistema de limitações ao exercício do poder, a ser observado pelo legislador, administrador e juiz, em atenção ao regime democrático constitucionalmente assegurado. É apontada, portanto, como núcleo de convergência e condensação metodológica dos princípios constitucionais. Nesse sentido, o modelo constitucional do devido processo legal é aquele que se desenvolve perante o juiz natural, em contraditório, assegurada a ampla defesa, com atos públicos e decisões motivadas e durante um prazo razoável" (DINAMARCO, Cândido Rangel; BADARÓ, Gustavo Henrique Righi Ivahy; LOPES, Bruno Vasconcelos Carrilho. *Teoria geral do processo*. 34. ed. São Paulo: Malheiros, 2023. p. 106-109).

[91] A tutela provisória de urgência, a de evidência e o mandado monitório (art. 9º, parágrafo único, do CPC).

[92] Art. 300, *caput*, do CPC.

[93] Art. 311, *caput* e incisos, do CPC.

[94] Art. 297, *caput*, do CPC.

2.1.3.1 A tutela preventiva na Constituição Federal

A tutela jurisdicional de prevenção de lesões aparece pela primeira vez em uma Constituição brasileira em 1934, quando constou do texto constitucional disposição garantindo mandado de segurança para a proteção de "direito, certo e incontestável, *ameaçado* ou violado por ato manifestamente inconstitucional ou ilegal de qualquer autoridade".[95] Interessante, considerando as circunstâncias históricas, essa referência haver constado em relação ao mandado de segurança, mecanismo próprio da chamada jurisdição constitucional das liberdades, quando nem mesmo a *inafastabilidade de tutela jurisdicional* havia sido incluída entre os direitos de garantias individuais. De todo modo, essa proteção à simples *ameaça* a direito durou pouco tempo, porque a Constituição de 1937 levou-a de roldão, juntamente com o próprio mandado de segurança.[96]

A proteção jurídica à simples "ameaça a direito" voltou a aparecer, agora ligada ao princípio da inafastabilidade de tutela jurisdicional, apenas na Constituição de 1988.[97] Esse princípio, inserido no texto constitucional de 1946 e retirado no de 1967,[98] foi reinserido na Constituição com a emenda promulgada em 1969,[99] na qual constou a vedação de exclusão do Poder Judiciário de "qualquer lesão de direito individual". A intenção da Constituição de 1988, para abranger uma tutela que vem sendo denominada "preventiva", fica clara quando seu texto expande aquela vedação para "lesão *ou ameaça* a direito".[100] O contraste dos textos das duas constituições, nesse sentido, é eloquente quanto ao objetivo de manter indenes os direitos, garantindo sua preservação, não somente medidas reparatórias.

A resposta mais imediata é inserir as tutelas provisórias de urgência nesse escopo preventivo do dispositivo vigente. A matéria, no entanto, não é livre de controvérsias.

---

[95] Art. 113, 33, da CF/1934. Cf., apontando para esse fato e o indicando como resultado do Estado Social, ARRUDA ALVIM, José Manoel de. A evolução do direito e a tutela de urgência. In: ARMELIN, Donaldo (org.). *Tutelas de urgência e cautelares.* Estudos em homenagem a Ovídio A. Baptista da Silva. São Paulo: Saraiva, 2010. p. 152-175 (em especial, p. 165).

[96] A proteção à simples ameaça por via do mandado de segurança não aparece nas constituições posteriores, que passam a referir apenas o cabimento dessa medida para "proteger direito" (art. 150, § 21, da CF/1967; art. 153, § 21, após a emenda de 1969; art. 141, § 24, da CF/1946). Na Constituição de 1988 também não é diferente, mas a referência a "ameaça" aparece na cláusula geral de inafastabilidade da tutela jurisdicional (art. 5º, XXXV).

[97] Art. 5º, XXXV.

[98] Art. 141, § 4º, da CF/1946, *omissis* na CF/1967.

[99] Para uma descrição da evolução do tratamento constitucional dessa matéria até a Constituição Federal de 1967, com a emenda de 1969, v. WATANABE, Kazuo. *Controle jurisdicional:* princípio da inafastabilidade do controle jurisdicional no sistema jurídico brasileiro e mandado de segurança contra atos judiciais. São Paulo: Ed. RT, 1980. p. 28-38.

[100] Art. 5º, XXXV.

José Carlos Barbosa Moreira, em texto anterior à Constituição de 1988, pondera que "[por] 'tutela preventiva' não queremos designar neste passo um gênero de providências judiciais como as que disciplina o nosso vigente Código [de 1973], no Livro III, sob a rubrica 'das medidas cautelares'".[101] Claro, nesse artigo, o autor buscava identificar aquele tipo de providência judicial voltada a proteger, de maneira direta, a situação material. Por isso, tendo por base um prévio acertamento definitivo do direito, sem o feitio de provisoriedade e sem o caráter instrumental daquelas decisões proferidas mediante cognição sumária.[102]

Com base nessas colocações, Teori Albino Zavascki sustentou que a tutela preventiva assegurada pela Constituição é a *definitiva*, e não a *provisória*. Para ele, a simples presença de *ameaça*, no inciso XXXV do art. 5º da Constituição Federal, não basta para firmar a ubiquação constitucional das tutelas sumárias de urgência nesse dispositivo constitucional. A propósito, sustenta:

> [N]ão é justificação suficiente, até porque, no regime constitucional anterior, a cláusula que garantia a inafastabilidade de acesso ao Judiciário não continha referência à hipótese de ameaça (art. 153, § 4º, da Constituição da 1969) e nem por isso se poderia duvidar da legitimidade constitucional da tutela cautelar.[103]

Tal afirmação é acertada quanto à insuficiência desse argumento de constitucionalidade. De fato, a singela referência à *ameaça* na Constituição não é suficiente para dar o completo enquadramento constitucional ao instituto da tutela provisória. Não pode, entretanto, ser afastada como um de seus fundamentos. Nesse sentido, não parece correta a asserção de que a tutela cautelar não se possa enquadrar entre aquelas *preventivas*. Não se pode esquecer de que o Código de Processo Civil de 1939 arrolava os procedimentos cautelares entre aquelas *medidas preventivas*, como visto anteriormente.[104] Mesmo quanto ao Código de 1973, seu idealizador, Alfredo Buzaid, expressamente indica todo o Livro III como aquele destinado à *prevenção*.[105]

---

[101] BARBOSA MOREIRA, José Carlos. Tutela sancionatória e tutela preventiva. *Temas de direito processual*. Segunda série. Atualizada por Luiz Fux e Rodrigo Fux. 3. ed. Rio de Janeiro: GZ, 2023. p. 27-40 (transcrição da p. 31).

[102] Cf. BARBOSA MOREIRA, José Carlos. Tutela sancionatória e tutela preventiva. *Temas de direito processual*. Segunda série. Atualizada por Luiz Fux e Rodrigo Fux. 3. ed. Rio de Janeiro: GZ, 2023. p. 32.

[103] ZAVASCKI, Teori Albino. *Antecipação da tutela*. 7. ed. São Paulo: Saraiva, 2009. p. 62.

[104] Arts. 675 e seguintes do CPC/1939. V. item 2.1.2.2, *supra*.

[105] Como supradestacado (item 2.1.2.3), Buzaid afirma: "Coerentemente com a divisão das funções do processo civil, o Código dedica o Livro III *à prevenção*" (BUZAID, Alfredo. *Estudos e pareceres de direito processual civil*. São Paulo: Ed. RT, 2002. p. 47).

As observações de Barbosa Moreira, suprarreferidas, foram publicadas originalmente em 1978, sob outro contexto constitucional, e dizem respeito a artigo tratando da distinção entre tutela sancionatória e preventiva.[106] Não discute se as tutelas de urgência vigentes à época têm ou não condão *preventivo*, no sentido de evitar um dano.[107] Apenas busca demonstrar a existência de provimentos jurisdicionais, não provisórios, que têm caráter preventivo.

De qualquer forma, Zavascki acerta ao afirmar que o embasamento constitucional das tutelas de urgência não vem de um ou de outro dispositivo específico, mas "do próprio sistema constitucional organicamente considerado".[108] Realmente, a isolada referência à expressão *ameaça a direito*, na garantia constitucional da inafastabilidade, diz muito pouco, até porque nada define quanto a conteúdo, extensão e função dessa proteção constitucional. É preciso buscar no sistema constitucional, como um todo, a compreensão do significado e da função das tutelas provisórias de urgência.

2.1.3.2   A tensão constitucional entre efetividade e segurança

A par da excepcionalidade da tutela de urgência em nosso sistema constitucional, evidenciada no item anterior, há de se destacar também sua importante função, exercida a bem de valores centrais da Constituição. Como dito, esse tipo de tutela, tendo em vista sua realização mediante *cognição sumária* e consequente provisoriedade, deve ser considerada como exceção, diante da primazia da exauriente, meio apto a atender ao devido processo legal, propiciando pleno contraditório e máxima amplitude de defesa. Tal fato, todavia, não retira a importância das tutelas provisórias para a correta proteção dos direitos e funcionamento dos mecanismos jurisdicionais orientados nesse sentido.

Com razão, Teori Zavascki coloca a tutela provisória em um ponto de tensão entre direitos fundamentais. Para ele, esse tipo de tutela opõe a *efetividade da tutela jurisdicional* à *segurança jurídica*,[109] ambos ingredientes normativos

---

[106] Cf. BARBOSA MOREIRA, José Carlos. Tutela sancionatória e tutela preventiva. *Temas de direito processual*. Segunda série. Atualizada por Luiz Fux e Rodrigo Fux. 3. ed. Rio de Janeiro: GZ, 2023. p. 31-32.

[107] V. BARBOSA MOREIRA, José Carlos. Tutela sancionatória e tutela preventiva. *Temas de direito processual*. Segunda série. Atualizada por Luiz Fux e Rodrigo Fux. 3. ed. Rio de Janeiro: GZ, 2023. p. 34.

[108] "Sua origem [da função jurisdicional acautelatória], sua importância, sua indispensabilidade, sua legitimidade enfim, decorrem, não de um ou de outro dispositivo específico, e sim do próprio sistema constitucional organicamente considerado, conforme já sustentamos em outros estudos, por fundamentos a seguir sintetizados" (ZAVASCKI, Teori Albino. *Antecipação da tutela*. 7. ed. São Paulo: Saraiva, 2009. p. 63).

[109] ZAVASCKI, Teori Albino. *Antecipação da tutela*. 7. ed. São Paulo: Saraiva, 2009. p. 63-67. Advertindo que a necessidade de balancear eficiência e garantia se coloca no estudo de qualquer procedimento jurisdicional, mas se reveste de uma importância decisivamente

do devido processo legal. De um lado, portanto, a necessidade de o processo "propiciar ao vitorioso a concretização *fática* da sua vitória",[110] ou seja, um provimento jurisdicional dotado de efetividade, inclusive quanto à celeridade de sua realização. De outro, a segurança jurídica expressa no direito de exercer os direitos contestados até que se demonstre em juízo que não existem ou que pertencem a outro.[111]

Segundo sustenta, diante do elemento *tempo* – inevitável para a garantia plena da segurança jurídica, mas muitas vezes incompatível com a efetividade da jurisdição –, existe um *fenômeno de tensão* entre direitos fundamentais.[112] Na solução dessa tensão, devem sobreviver ambos os direitos,[113] ainda que de forma não absoluta, por meio de concordância via legislação ou via judicial.[114] Quando a lei não faz essa opção pela ponderação dos direitos envolvidos,[115] "caberá ao juiz a tarefa de criar topicamente a regra conformadora".[116]

As colocações até aqui trazidas bem situam o problema funcional ou de como as tutelas sumárias operam no âmbito constitucional. Falta, entretanto, demonstrar, de forma mais detida, a justificação dessas medidas no texto da Constituição, de maneira que se possa verificar a exata colocação da finalidade desses institutos.

---

maior em relação ao procedimento cautelar, v. CIPRIANI, Franco. Il procedimento cautelare tra efficienza e garanzie. *Il Giusto Proceso Civile*, v. 1, p. 7-30, 2006.

[110] ZAVASCKI, Teori Albino. *Antecipação da tutela*. 7. ed. São Paulo: Saraiva, 2009. p. 66.

[111] Nesse ponto, o autor citado remete a Botelho de Mesquita, que se refere a "direito à liberdade jurídica". Cf. BOTELHO DE MESQUITA, José Ignácio. Limites ao poder do juiz nas cautelares antecipatórias. In: TUCCI, José Rogério Cruz e; RODRIGUES, Walter Piva; LUCON, Paulo Henrique dos Santos (org.). *Teses, estudos e pareceres de processo civil*. São Paulo: Ed. RT, 2007. v. 3. p. 210.

[112] ZAVASCKI, Teori Albino. *Antecipação da tutela*. 7. ed. São Paulo: Saraiva, 2009. p. 62 e 66. No caso, em especial, a "tensão" expressa verdadeira colidência de normas constitucionais, mais exatamente no âmbito dos princípios. Assim, a solução estaria na aplicação da *regra* ou do *postulado normativo* da proporcionalidade. Sobre esse tema, v. SILVA, Virgílio Afonso da. *Direitos fundamentais:* conteúdo essencial, restrições e eficácia. São Paulo: Malheiros, 2009. p. 50-51 e 167-182. Também, ÁVILA, Humberto. *Teoria dos princípios*. São Paulo: Malheiros, 2008. p. 161-176.

[113] ZAVASCKI, Teori Albino. *Antecipação da tutela*. 7. ed. São Paulo: Saraiva, 2009. p. 69.

[114] "[A] solução do impasse há de ser estabelecida mediante a devida ponderação dos bens e valores concretamente tensionados, de modo que se identifique uma relação específica de prevalência de um deles" (ZAVASCKI, Teori Albino. *Antecipação da tutela*. 7. ed. São Paulo: Saraiva, 2009. p. 64).

[115] São exemplos típicos desse tipo de opção pelo legislador os alimentos provisórios (art. 4º da Lei 5.478/1968) e as medidas possessórias (art. 1.210 do CC e art. 560 do CPC). Chamando a atenção para a especial proteção da posse e da propriedade dada por nossa legislação em relação a outros direitos, v. BARBOSA MOREIRA, José Carlos. Tutela sancionatória e tutela preventiva. *Temas de direito processual*. Segunda série. Atualizada por Luiz Fux e Rodrigo Fux. 3. ed. Rio de Janeiro: GZ, 2023. p. 33-34.

[116] ZAVASCKI, Teori Albino. *Antecipação da tutela*. 7. ed. São Paulo: Saraiva, 2009. p. 69.

A insuficiência da simples ligação da tutela de urgência com a norma do inciso XXXV do art. 5º da Constituição Federal, especialmente a "ameaça" nele constante, desafia o embasamento mais completo. Nesse sentido, a proposta anteriormente referida a respeito das tutelas provisórias, apontando para existência de uma *tensão de direitos fundamentais*, corretamente indica o aspecto funcional da matéria, isto é, como, na ordem constitucional, opera-se a aplicação de medidas em *cognição sumária*, premidas entre necessidades, em geral, opostas de efetividade da jurisdição e segurança jurídica.

A proteção jurisdicional contra a simples possibilidade de lesão – o *risco*, como se desenvolverá adiante –, todavia, exige a delimitação de um conteúdo específico, para que se possa compreender os fins dessa garantia sob perspectiva constitucional.

2.1.3.3   A injustiça do ilícito e a injustiça do processo

No enfoque desta obra, a Constituição, quando estende a proteção jurisdicional dos direitos à simples *ameaça*, introduz uma *dimensão temporal* na proteção dos direitos. Com isso, traz para o texto constitucional, além da preocupação com a *injustiça do ilícito*, aquela com a *injustiça do processo*.

Com a redação dada à norma do inciso XXXV do art. 5º da Constituição Federal, a lesão a direito deixa de ser considerada de maneira estática, como fato isolado no passado, devendo ser na mesma medida consideradas as possibilidades de dano futuro – o risco aos direitos. Sob outra perspectiva: empresta-se à função jurisdicional do Estado a atribuição de coibir não apenas o ilícito, mas também a possibilidade de sua ocorrência futura. Daí a afirmação de que a cláusula constitucional passou a contemplar uma *tutela preventiva* em sentido lato,[117] o que abrange aqueles provimentos finais, nos quais a prevenção faz parte do objeto de um processo de conhecimento, e ainda aquelas medidas provisórias, aptas a afastar o risco de lesão no transcurso do processo.

Neste último sentido, os provimentos jurisdicionais buscam neutralizar os efeitos maléficos do *tempo do processo*, da demora da resposta jurisdicional. Como visto no capítulo anterior, o tempo é um elemento central do processo contemporâneo. É um fator de *organização*[118] e, também, de sua *efetividade*.[119] As tutelas provisórias, segundo sustentado,[120] atuam sobre o fator *tempo*, antecipando a resposta jurisdicional à reclamação de lesão ou ameaça do direito.

Assim, se o provimento jurisdicional pela via ordinária, em cognição exauriente, não pode ser alcançado com suficiente imediatidade, para afastar eventual

---

[117]   V. item 2.1.3.1, *supra*.
[118]   V. item 1.3, *supra*.
[119]   V. item 1.4, *supra*.
[120]   V. item 1.3, *supra*.

Capítulo 2 · EVOLUÇÃO DA TUTELA DE URGÊNCIA | 93

lesão a direitos, a via da cognição sumária permite a antecipação da resposta final. Ainda que de maneira precária, uma vez que pode ser revertida ou modificada, tem o condão de prevenir o dano ou, ao menos, de impedir que ele se consolide, se torne inevitável ou irreversível.

A duração do processo gera *danos marginais*[121] às partes, para além daqueles decorrentes da privação do direito àquele que tem razão. Também por esse motivo, o *tempo* é fator fundamental para aferição da efetividade do processo, pois ocasiona gravames para as partes, especialmente para aquela que tem razão. A própria demora da solução judicial, em si, é um pesado gravame. Isso cria uma questão de *justiça temporal*, isto é, de saber qual das partes deve suportar os efeitos negativos da duração do processo.

Pode-se dizer, assim, que a Constituição de 1988, em sua redação da garantia da *inafastabilidade da tutela jurisdicional*,[122] agrega, para além de combater a *injustiça do ilícito*, o objetivo de eliminar também a *injustiça do processo*.

Em termos gerais, a dicção original da garantia da inafastabilidade da jurisdição, como pioneiramente constou da Constituição de 1946, proibindo a exclusão de "lesão de direito individual" da apreciação judicial, dirigia-se apenas ao combate da *injustiça do ilícito*. Em outras palavras, a *lesão*, indicada naquele texto constitucional, dizia respeito a uma ruptura da ordem jurídica, impondo uma medida de *justiça comutativa*, no sentido de restituir ao lesado aquilo que lhe foi tirado.[123] Sem que se pretenda sustentar – é claro – que o ordenamento jurídico não previsse medidas cautelares,[124] direcionadas à correção da *injustiça do processo*. Apenas o *status* dessa previsão não era constitucional.

Com a inclusão, pela Constituição de 1988, da simples "ameaça" no texto constitucional, a garantia de acesso à justiça, além da prevenção da lesão de direito em si, passou a abarcar também a *injustiça do processo*, uma vez que a duração deste pode acirrar ou levar a novas lesões decorrentes da demora de sua resposta. A tutela provisória coloca-se, como indicado anteriormente,[125] como instrumento para gestão do tempo do processo, atuando dessa maneira sobre a *injustiça do processo*, de maneira a construir a *justiça temporal* deste. Com ela, propicia-se que o juiz aprecie e corrija a distribuição do gravame do tempo entre as partes, levando em conta a posição da parte em relação ao litígio.

---

[121] V. item 1.4.1, *supra*.

[122] Art. 5º, XXXV, da CF.

[123] Para a noção de justiça comutativa e distributiva, v. SALLES, Carlos Alberto de. *Execução judicial em matéria ambiental*. São Paulo: Ed. RT, 1998. p. 108-110. Sobre o conceito de justiça comutativa e distributiva em Aristóteles, v. MACINTYRE, Alasdair C. *Justiça de quem? Qual racionalidade?* São Paulo: Loyola, 1991. p. 115-125.

[124] V. itens 2.1.2.1 e 2.1.2.2, *supra*, demonstrando que o Regulamento 737/1850 e o Código de Processo Civil de 1939 já possuíam previsões de tutelas de urgência.

[125] V., em especial, item 1.6, *supra*.

Essa justiça tem por fundamento o correto entendimento do basilar *princípio da isonomia*, estabelecido constitucionalmente.[126] Não referido àquela igualdade formal, pois significa tratar desigualmente sujeitos em situação desigual, merecendo, nesse aspecto, algum temperamento o preceito constitucional.[127] Afinal, as partes no processo estão em posição jurídica não apenas opostas, mas verdadeiramente diferentes no pertinente a seu equacionamento fático, jurídico e processual.

Se isso é verificado em qualquer etapa do processo, na tutela de urgência, em cognição sumária, essa assimetria na posição das partes ganha maior realce. Nela, a avaliação de posições exige ainda maior cuidado, pois se trata da aferição de plausibilidades do direito afirmado e também do risco de dano alegado.[128] Há necessidade, portanto, do tratamento desigual para partes em posições processuais desiguais.

Consequentemente, trata-se de uma *justiça de equidade*,[129] não de simples igualdade. Com efeito, as decisões em tutelas provisórias, o juízo de simples *igualdade*, aquela denominada *formal*, não ajuda no exame dos requisitos para deferimento. Para tanto, devem ser consideradas razões de proporcionalidade entre as posições das partes. A esse respeito, embora o Código vigente dê tratamento diverso, pode predominar tanto a probabilidade do direito quanto o risco a que a parte está submetida.

Considere-se, por exemplo, o pedido, formulado pelo adquirente, de levantamento de hipoteca do imóvel estabelecida pela construtora. O direito do requerente está amparado por súmula do STJ,[130] sendo que o risco diz respeito

---

[126] Art. 5º, *caput*, da CF.

[127] Para o conceito constitucional de igualdade, v. SILVA, Virgílio Afonso da. *Direito constitucional brasileiro*. São Paulo: Universidade de São Paulo, 2021. p. 131-134.

[128] De maneira significativa, criticando a admissão por meio do *référé*, pelo novo Código de Processo Civil francês, de 1975, de medidas baseadas em ilícitos manifestos (de modo semelhante à nossa tutela de evidência), Raymond Martin acusa as decisões tomadas por esse meio de serem baseadas em um "teatro de aparência". Evidenciando o cuidado necessário nesse tipo de decisão, afirma: "A aparência de direito refere-se a uma aparência de fato; porque o juiz dos *référés* decide com base em uma alegação sucinta e em provas imperfeitas. Ele não tem a necessidade de recordar que o procedimento é oral, o debate é mais sucinto do que rápido. Aparência sobre aparência, direito provável de um teatro de sombras" ("L'apparence de droit se réfère à une apparence du fait; car le juge des référés se décide à partir d'une allégation succincte et d'une preuve imparfait. Il n'est pas besoin de rappeler que la procédure est orale, le débat plus succinct encore que rapide. Apparence sur apparance, droit probable d'un théâtre d'ombre") (MARTIN, Raymond. Le référé, théâtre d'apparence. *Recueil Dalloz Sirey*, v. 24, p. 158-160, 1979. p. 160).

[129] Em muito maior abrangência, para o conceito de *justiça enquanto equidade (fairness)*, v. RAWLS, John. *A theory of justice*. Cambridge, Mass.: The Belknap Press of Harvard Univ., 1994. p. 11-17.

[130] Súmula 308.

apenas à livre disponibilidade dos direitos incidentes sobre o bem. Não há como negar, no caso, a predominância da alta probabilidade do direito, ante a pouca gravidade do dano. Em sentido contrário, leve-se em consideração um pedido de tratamento médico, em face do SUS ou de plano de saúde, sob risco de morte. Aqui, diversamente do primeiro exemplo, predominam o grau e a gravidade do risco envolvido, não a verossimilhança do direito.

Daí a afirmação, muito cara a esta obra,[131] de que o juízo, nas tutelas de urgência, é formulado a partir de um balanço de gravames (*balance of hardships*). A exata colocação constitucional das tutelas de urgência, em seu correto enfoque, muito tem a contribuir para reduzir a *injustiça do processo*.

2.2 O RISCO NA PERSPECTIVA DOGMÁTICA E CONSTITUCIONAL

O *risco* não é estranho à nossa disciplina jurídico-processual. O Código de 1939 fazia menções ao termo em cinco dispositivos,[132] o mesmo número do congênere de 1973.[133] O número de referências no Código de Processo Civil de 2015 subiu para treze, utilizando-se a expressão, principalmente, para regular as tutelas provisórias, em geral e em matéria recursal.[134] Portanto, o *risco* não é estranho à terminologia processual, embora a ele não se tenha emprestado conteúdo de maior especificidade.

A percepção do risco, no entanto, nas mais variadas situações, vem crescendo na atualidade, tornando-o um fator determinante, como destacado na parte inicial da *Introdução* deste livro. Não é sem razão a afirmação de que vivemos em uma *Sociedade Mundial do Risco*.[135] De fato, o conceito de risco passou a ter um sentido operacional, a ser considerado como elemento fundamental para definir o modo como as pessoas organizam suas vidas e como as instituições, no plano interno e internacional, definem suas metas, seu funcionamento e a forma como reagem aos problemas que lhes são colocados.

---

[131] Como desenvolvido no item 3.6.2.2, *infra*.

[132] Arts. 95, *caput*, 347, parágrafo único, 745, 754, *caput*, e 755. O Regulamento 737, de 1850, referia *risco* por sete vezes em seus dispositivos, mas sempre ligado a situações de direito material, para definir seu âmbito de aplicação ou atribuir responsabilidades. V. arts. 19, § 4º, 20, § 4º, 21, § 3º, 252, 370, 399 e 400.

[133] Em sua redação final: arts. 475-O, § 2º, II, 679, 858, *caput*, 891, *caput*, e 1.281, X.

[134] Disciplinado as tutelas provisórias em geral: arts. 300, 303, *caput*, 305, *caput*, e 311, *caput*; em matéria recursal, arts. 995, parágrafo único, 1.012, § 4º, e 1.026, § 1º. No art. 521, parágrafo único, risco é referido em relação a caução no cumprimento provisório da sentença, de clara natureza cautelar. Refere ainda a expressão em outras matérias nos arts. 55, § 3º, 540, 861, § 4º, II, 864, *caput*, e 976, II.

[135] A expressão é de Ulrich Beck, sociólogo alemão, falecido em 2015, que foi professor da Universidade de Munique e da London School of Economics. Cf. BECK, Ulrich. *World risk society*. Malden: Polity, 1999.

Secundando o que já aconteceu em outras áreas do Direito,[136] esta obra propõe que o conceito de risco seja apropriado pelo Direito Processual Civil de maneira mais compreensiva. Tal proposta justifica-se não apenas pelas características da sociedade contemporânea e pela importância da questão do risco no modo como ela se organiza – o que já seria razão suficiente –, mas também por oferecer resposta adequada ao problema do *tempo do processo*, ou seja, à falta de uma imediatidade da resposta jurisdicional e à natural corrosão que a demora processual provoca nos direitos, afetando – pode-se dizer – a própria vida das pessoas.

Como se procurou demonstrar nos itens anteriores deste capítulo, esse tipo de problema é longevo no processo civil. Mais do que isso, pode-se dizer que se trata de *problema funcional* do modo judicial de solução de controvérsias, inerente a sua própria maneira de funcionamento. Afinal, exige-se um processo célere, mas é preciso tempo suficiente para satisfazer as garantias processuais – para permitir o desenvolvimento do *devido processo legal*.[137] Essa é, realmente, uma tensão central das tutelas de urgência. Elas surgem, como se procurou demonstrar anteriormente,[138] para responder a esse problema, antecipando a resposta jurisdicional de forma provisória, até completar-se o desenvolvimento regular do processo.

Nesse sentido, fala-se em problema *funcional do processo*, isto é, aquele de equacionar duas necessidades não inteiramente coincidentes, a da resposta jurisdicional rápida e, ao mesmo tempo, a de que ela atenda às normas processuais estabelecidas para sua obtenção. Não por outra razão, a necessidade de tutelas sumárias de urgência existe no Brasil desde as Ordenações Filipinas,[139] encontrando respaldo legislativo nacional já no Regulamento 737, de 1850.[140] Seguramente, o problema do equacionamento temporal do processo é algo presente no próprio modo judicial de solução de controvérsias, dizendo respeito à operacionalidade do sistema jurisdicional.

Em oposição a esse dado funcional, coloca-se, como elemento histórico, a maneira pela qual se responde a esse problema em cada época, como variam os tipos e a abrangência das medidas processuais para resolver o problema. Em

---

[136] V. item 3.5 e subitens, *infra*.

[137] No processo penal, o embate "eficiência *versus* garantia" tem equacionamento diverso do processo civil, mas, por isso mesmo, é bastante significativo do problema aqui tratado. A esse respeito coloca Gustavo Henrique Badaró: "Se justiça tardia é denegação de justiça, também não se pode cair no extremo oposto, dando ao processo penal uma aceleração antigarantística, que servirá não para assegurar este direito, mas, ao contrário para violá-lo" (BADARÓ, Gustavo Henrique. *Epistemologia judiciária e prova penal*. São Paulo: Thomson Reuters Brasil, 2019. p. 59).

[138] Cf. item 2.1.3.2, *supra*.

[139] Cf. item 2.1.2, *supra*.

[140] V. item 2.1.2.1, *supra*.

Capítulo 2 · EVOLUÇÃO DA TUTELA DE URGÊNCIA | **97**

outros termos, a questão pode ser exposta à luz da tensão entre efetividade da tutela jurisdicional e segurança jurídica.[141] A disciplina pode, historicamente, pender mais para um ou outro lado. A esse propósito, razoável entender que, quanto mais interventivo se admita o Poder Judiciário, mais pendentes para a efetividade serão as medidas judiciais. Assim, portanto, mais abrangentes serão as possibilidades das tutelas provisórias de urgência.

A propósito dessa leitura histórica, vislumbram-se, como supradesenvolvido,[142] *dois importantes marcos legislativos*, a saber, a inclusão da antecipação de tutela com disciplina autônoma no Código de Processo Civil de 1973 e a inovação da Constituição Federal de 1988, na garantia de inafastabilidade da tutela jurisdicional, ao trazer a proteção contra a ameaça, para além daquela voltada à lesão de direito.

Como se verifica do exposto,[143] seria correto compreender que o Código de Processo Civil de 1973 partiu, originalmente, de uma concepção de processo ainda tímida – circunscrevendo as cautelares, como regra, a um conjunto de medidas típicas. Depois, em movimento ousado, a reforma de 1994 levou-o à antecipação de tutela.[144] Esta última permitiu ao juiz "antecipar, total ou parcialmente, os efeitos da tutela pretendida no pedido inicial",[145] possibilitando, ainda, que a efetivação dessas medidas fosse feita em execução provisória e com a utilização das técnicas previstas para a tutela específica das obrigações de fazer e de entrega de coisa.[146]

Como destacado no item anterior,[147] a Constituição Federal, já antes das reformas que introduziram a antecipação de tutela no Código de 1973, respaldara as tutelas preventivas, entre as quais a tutela sumária de urgência. Mais do que da simples inclusão da "ameaça" no inciso XXXV do art. 5º, é do entendimento advindo do conjunto de seus preceitos fundamentais que se pode extrair do texto

---

[141] Como colocado no item 2.1.3.2, *supra*.

[142] V. itens 2.1.2.3 e 2.1.3, *supra*.

[143] Cf. item 2.1.2.3, *supra*.

[144] Cândido Rangel Dinamarco colocou que as reformas, levadas a efeito em meados da década de 1990, convergiram para a criação de uma série de normas de agilização e aceleração do processo, diante da "consciência que o tempo é um inimigo do processo". Segundo ele, dessas normas, "[a] mais genérica e festejada é a do art. 273 do Código de Processo Civil, que autoriza o juiz, à base de razoável probabilidade do direito do demandante, dar-lhe desde logo uma tutela provisória, da mesma natureza do que poderá ser outorgada ao final. Elimina-se a espera pela cognição exauriente e se oferece desde logo ao demandante a fruição do bem ou da situação jurídica que veio pleitear através do processo" (DINAMARCO, Cândido Rangel. Nasce um novo processo civil. In: TEIXEIRA, Sálvio de Figueiredo (org.). *Reforma do Código de Processo Civil*. São Paulo: Saraiva, 1996. p. 1-17. p. 10).

[145] Art. 273, *caput*, do CPC/1973.

[146] § 3º do mesmo artigo. De início, na primeira leva da reforma (Lei 8.952/1994), constou remissão apenas à execução provisória. Em momento posterior, a Lei 10.444/2002 inseriu a referência aos arts. 461 e 461-A (obrigações de fazer e de dar, respectivamente).

[147] V. item 2.1.3.3, *supra*.

constitucional o direcionamento da tutela jurisdicional, não apenas ao combate da *injustiça do ilícito* como, de igual maneira, à *injustiça do processo.*

Em razão das conformações de nosso processo civil, o princípio da isonomia, quando projetado para as relações processuais, repercute como a necessidade de tratamento das partes de modo *equitativo.* A igualdade aplicada a partes em posições jurídicas – evidentemente – desiguais se traduz como *equidade,* isto é, como igualdade de proporções. Isso implica a necessidade de considerar parâmetros para aferição de uma *justiça temporal* no processo, voltada à distribuição e à redistribuição, entre as partes, dos gravames decorrentes da duração processo.

O *conceito de risco* proposto nesta obra – e desenvolvido na sequência – visa exatamente ajudar a responder a esse problema de construção de uma *justiça temporal* entre as partes do processo. A análise do risco permite ao juiz, ainda em cognição sumária, resguardar o equilíbrio entre as partes no processo, em um exercício de tratamento equitativo delas. Para tanto, utiliza-se da possibilidade de dano projetada em termos futuros, mediante a consideração de vários elementos situados entre as posições jurídicas das partes e os efeitos lesivos da situação material e do próprio processo.

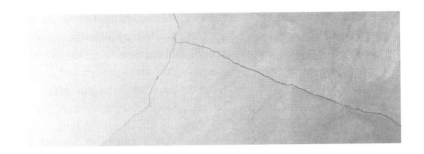

Capítulo 3
O RISCO COMO CONCEITO PROCESSUAL

3.1 POR UM CONCEITO JURÍDICO-PROCESSUAL DE RISCO

Como demonstrado no final do capítulo anterior,[1] o termo *risco* não é estranho à terminologia processual. Embora não tenha tido centralidade em nossa disciplina legal, é certo que esse conceito é conhecido do Direito Processual Civil brasileiro, sendo uma referência comumente presente entre os autores que escrevem na área.[2] Tanto assim que consta do art. 300, *caput*, do Código de Processo Civil, sendo fundamental na dinâmica das tutelas de urgência por ele previstas.

---

[1] Item 2.2, *supra*.

[2] Tome-se, por exemplo, Ovídio Baptista da Silva, na sua *Ação cautelar inominada no direito brasileiro*, escrita sob a vigência do CPC/1973, que nem mesmo mencionava *risco* em seu texto. O termo *risco* é citado inúmeras vezes, por exemplo, ao tratar do arresto, da perícia preventiva e do sequestro, refere-se ao risco de periclitação (p. 10). Falando do sequestro na reivindicatória, afirma que tal medida "exige um pressuposto de risco, a que chamaremos, por ora, de '*periculum in mora*'" (p. 87). Em passagem bastante central à tese defendida naquela obra, sustenta que, "frente a nosso Código sempre que haja fundado risco de periclitação de uma situação jurídica relevante (...) não ficará o juiz desprovido de poderes, ante a ameaça de dano irreparável alegado pelo pretendente" (p. 264). Tratando da ação de caução, menciona que a ordem jurídica faz desaparecer "esse elemento essencial a toda ação cautelar, que é, justamente, o risco de dano irreparável ao direito da parte" (p. 359). Cf. SILVA, Ovídio A. Baptista da. *A ação cautelar inominada no direito brasileiro*. Rio de Janeiro: Forense, 1979 (nas páginas indicadas). Também José Roberto dos Santos Bedaque, já sob a vigência do CPC/2015, que refere *risco*, usa correntemente a expressão. Entre outras: "A tutela cautelar é, portanto, um dos mecanismos destinados a neutralizar

Nesse sentido, interessante notar que no Anteprojeto, do qual resultou o Código de 2015, o risco tenha aparecido com maior destaque. Seu art. 283 estabeleceu, como requisitos para a tutela de urgência, "elementos que evidenciem a plausibilidade do direito, bem como *a demonstração de risco de dano irreparável ou de difícil reparação*". Quer dizer, o *periculum in mora*, necessário à tutela de urgência, aparece definido a partir do risco. Observa-se que, nessa proposta legislativa, o risco, agregado à plausibilidade do direito, é fator determinante das tutelas de urgência.

No substitutivo aprovado pela Câmara dos Deputados, tal referência despareceu. O texto aprovado na Casa Baixa fazia menção direta ao "perigo na demora da prestação da tutela jurisdicional" (art. 301). A opção da Câmara foi abraçar a definição mais tradicional do *periculum in mora*. Falhou, no entanto, ao não indicar tratar-se de perigo *de dano*,[3] elemento que restou apenas subentendido. Tal imprecisão foi sanada na redação final aprovada pelo Senado Federal, que, acertadamente, referiu-se a "perigo *de dano*" e reintroduziu a referência ao risco, suprimida pela Câmara. Assim, na redação do Senado, transformada em lei, desmembrou-se o requisito da urgência em "perigo de dano" e "*risco* ao resultado útil do processo" (art. 300, *caput*).[4]

De todo modo, o *conceito de risco* vem sendo tratado, pela legislação e pela doutrina de Direito Processual, de maneira *tópica*,[5] isto é, baseada no senso comum do jurista, sem um tratamento sistemático.

---

[3] esse risco causado pela demora normal ou anormal do processo" (p. 26). Em decorrência da urgência de determinadas situações, a exigir soluções imediatas, afirma que "construíram-se técnicas destinadas a afastar esse estado de risco para a efetividade da tutela satisfativa" (p. 115). Discutindo o cabimento de liminar na tutela de evidência, afirma que "[apesar] de ausente o risco, por razões também relevantes e justificáveis, a liminar é possível" (p. 465). Cf. BEDAQUE, José Roberto dos Santos. *Tutela provisória*: analisada à luz das garantias constitucionais da ação e do processo. 6. ed. São Paulo: Malheiros: JusPodivm, 2021 (nas páginas especificadas).

[3] Para comparação, retomar o *Quadro 2*, no item 2.1.2.4, *supra*.

[4] Discutindo a ausência, no texto legal, de qualificação do dano, como irreparável ou de difícil reparação, v. item 3.4.3, *infra*, em especial, *Quadro 3*.

[5] No sentido de *topos*, ou seja, de "lugares-comuns" utilizados na argumentação jurídica mais por sua força persuasiva, não em razão de seus atributos lógico-sistêmicos. Para Tércio Sampaio Ferraz Júnior, "[quando] se fala, hoje, em tópica pensa-se, como já dissemos, numa técnica de pensamento que se orienta para problemas. Trata-se de um estilo de pensar e não, propriamente, de um método". Para ele, "pensar topicamente significa manter princípios, conceitos, postulados com caráter problemático visto que jamais perdem sua qualidade de tentativa" (FERRAZ JUNIOR, Tercio Sampaio. *Introdução ao estudo do direito*: técnica, decisão, dominação. 11. ed. São Paulo: Atlas, 2019. p. 291). Segundo Theodor Viehweg, na tópica "sua permanente vinculação ao problema tem de manter a redução e a dedução em limites modestos" (VIEHWEG, Theodor. *Tópica e jurisprudência*. Tradução de Tercio Sampaio Ferraz Junior. Brasília: Imprensa Nacional, 1979. p. 43).

Neste ponto, reside a proposta principal desta obra, como indicado na introdução: em um horizonte epistemológico,[6] de construção do conhecimento, elaborar conceitualmente o risco, de maneira a dotá-lo de significado funcional para o processo, para torná-lo apto a responder à complexidade e à diversidade de situações envolvidas na tutela de urgência.[7] A esse propósito, pretende-se, como já mencionado,[8] que tal conceito seja apropriado pelo Direito Processual Civil de modo mais compreensivo, sobretudo na adequada definição das situações de urgência relacionadas ao processo civil.

O conceito de risco proposto nesta obra tem por objetivo permitir o desenvolvimento do processo mediante o *devido processo legal* equilibrado na consideração da posição das partes. Com isso, pretende-se propiciar, no caso concreto, uma adequada distribuição dos gravames que decorrem do *tempo do processo*,[9] de maneira que ela possa colaborar na construção de uma *justiça temporal*, por meio da aplicação dos mecanismos processuais de tutela de urgência.

3.2 O RISCO NA SOCIEDADE CONTEMPORÂNEA

O conceito moderno de risco desenvolve-se entre os séculos XIV e XVI, durante o chamado *Renascimento,* em várias regiões da Europa. Ele é significativo de uma nova maneira de ver o *futuro.* Abandona-se gradualmente a concepção religiosa – pela qual o porvir estaria sujeito aos caprichos dos deuses – para adotar critérios racionais, e mesmo matemáticos, de previsão de eventos futuros.[10] Anthony Giddens afirma que a palavra, incorporada ao inglês como *risk,* foi cunhada a partir do congênere (risco) espanhol e português, que teria

---

[6]   No campo processual, propondo uma abordagem epistemológica da prova penal, v. BADARÓ, Gustavo Henrique. *Epistemologia judiciária e prova penal.* São Paulo: Thomson Reuters Brasil, 2019 (em especial p. 83-129). O objetivo epistemológico nesta obra é bem menos abrangente. Procura apenas demonstrar a utilidade do conceito de risco para o exame dos requisitos da tutela de urgência. Identificando o objeto de uma epistemologia jurídica voltada à prática do direito, v. AGUIRRE-ROMÁN, Javier Orlando; PABÓN-MANTILLA, Ana Patricia. Hacia una epistemología jurídica crítica: precisiones y distinciones sobre epistemología jurídica, métodos y metodología. *Entramado*, v. 16, n. 2, p. 186-201, 2020 (p. 190-191).

[7]   Indicando que "[risco] é um termo que é entendido e aplicado de diferentes maneiras entre os vários campos do conhecimento de várias disciplinas" ("Risk is a term that is understood and applied in different ways across the disciplinary fields of knowledge") (LUPTON, Deborah. *Risk.* 2. ed. London: Routledge, 2013. p. 20). Nesta obra, busca-se um entendimento que seja aplicável ao Direito Processual Civil e, mais exatamente, à tutela de urgência.

[8]   Item 2.2, *supra.*

[9]   V. itens 1.3 e 1.4 e subitens, *supra.*

[10]   Para um apanhado histórico sobre o conceito de risco, v. BERNSTEIN, Peter L. *Against the gods:* the remarkable story of risk. New York: John Wiley & Sons, 1998, em especial capítulo 3.

surgido nas *grandes navegações*, do século XVI, quando se zarpava para mares desconhecidos, em viagens ao redor do mundo.[11]

Na Idade Moderna, o risco tem um papel fundamental em uma mudança de orientação social que será central na construção da *modernidade*: a sociedade gradualmente se volta para o futuro, buscando usar sua racionalidade para controlá-lo, deixando para trás as amarras do passado. O risco, enquanto forma de cálculo de possibilidades futuras, é essencial na formação de uma sociedade *futuro-orientada*. Superam-se as concepções de que o futuro seja um capricho dos deuses e de que homens e mulheres são sujeitos passivos diante da natureza.[12]

Nos dias atuais, a nossa compreensão é marcada pelo racionalismo, que implica a possibilidade de agir sobre o futuro. Situações que hoje encontram resposta nesse conceito eram assimiladas e respondidas com base em ideias de sorte ou de vontade dos deuses; o futuro estava fora do controle humano. As grandes civilizações do passado, como a romana ou a chinesa tradicional, eram principalmente voltadas para o passado, enquanto a atual tornou-se orientada para o futuro.[13] Tais visões, místico-religiosas, não desaparecem em nossa época. Ao contrário, mostram-se presentes, por exemplo, nas superstições, na astrologia e em outras formas de, psicologicamente, reduzir incertezas com as quais a pessoa se vê confrontada.

Seguramente, não se trata de dizer que nossa era seja mais ou menos perigosa que as anteriores. Trata-se de reconhecer que, em face de situações de possível ameaça, nossas possibilidades de identificação, avaliação e reação a elas avançaram

---

[11] "A ideia de risco parece ter se fixado nos séculos XVI e XVII e foi primeiro cunhada pelos exploradores ocidentais quando eles partiam para suas viagens ao redor do mundo. A palavra 'risk' parece ter vindo para a língua inglesa por meio do espanhol e do português, onde era utilizada para designar a navegação em águas desconhecidas. Originalmente, em outras palavras, ela tinha uma orientação espacial. Mais tarde, veio a ser transferida para tempo..." ("The idea of risk appears to have taken hold in the sixteenth and seventeenth centuries, and was first coined by Western explorers as they set off on their voyages across the world. The word 'risk' seems to have come into English through Spanish or Portuguese where it was used to refer to sailing into uncharted waters. Originally, in other words, it had an orientation to space. Later, it became transferred to time...") (GIDDENS, Anthony. *Runaway world*: how globalisation is reshaping our lives. London: Profile Books, 1999. p. 21-22). Para Bernstein, a palavra risco (*risk*) vem do italiano antigo, de *risicare*, que teria o significado de "ousar". Cf. BERNSTEIN, Peter L. *Against the gods:* the remarkable story of risk. New York: John Wiley & Sons, 1998. p. 8.

[12] Nesse sentido, v. RASBORG, Klaus. Risk. In: KIVISTO, Peter (org.). *The Cambridge handbook of social theory*. Cambridge: Cambridge University, 2020. v. 2: Contemporary theories and issues, p. 313-332 (p. 314). Disponível em: https://www.cambridge.org/core/books/cambridge-handbook-of-social-theory/risk/530C77C717ED566A307554BAFAB33C10. Acesso em: 29 set. 2023.

[13] Desenvolvendo esse contraste entre culturas tradicionais e aquelas modernas, envolvendo situações hoje relacionadas ao risco, v. GIDDENS, Anthony. *Runaway world*: how globalisation is reshaping our lives. London: Profile Books, 1999. p. 22-23.

muito. Também de constatar que esses avanços modificaram nossa percepção e o modo como respondemos a essas situações, permitindo-nos antever a capacidade humana de, por meio de uma orientação racional, agir sobre o futuro para controlá-lo. Se antes as previsões eram feitas por meio do sacrifício de animais, conjunções astrais, jogo de búzios ou cartas de Tarô, hoje é maior o apelo de análises baseadas em critérios racionais e científicos, nas quais o risco tem um papel predominante. Em outras palavras, faz sentido falar em risco quando se assume um paradigma racionalista sobre o futuro.

O conceito de risco, como concebido atualmente, desenvolveu-se a partir da perspectiva moderna, ganhando maior centralidade na contemporaneidade. Nas ciências sociais, chega-se mesmo a indicá-lo como um fator decisivo, verdadeiramente definidor, da sociedade contemporânea. Daí por que, nas expressões cunhadas por Ulrich Beck, viveríamos em uma *sociedade de risco* ou *sociedade de risco mundial*.[14] Para os defensores da existência dessa *sociedade do risco*, nela os conflitos envolvendo risco não seriam os primeiros a serem controlados, mas seriam dos mais fundamentais.[15]

Segundo Beck, na sociedade contemporânea,[16] haveria uma transição da lógica da distribuição de riquezas, própria da sociedade industrial, para a lógica da distribuição de riscos.[17] Para ele, além das condições alcançadas pelo Estado Social, a modificação da lógica distributiva teria a ver com o próprio crescimento dos riscos decorrentes do alcançado nível de desenvolvimento tecnológico e social:

> [Essa] mudança categorial deve-se simultaneamente ao fato de que, a reboque das forças produtivas exponencialmente crescentes no processo de modernização, são desencadeados riscos e potenciais de autoameaça em medida até então desconhecida.[18]

---

[14] Cf. BECK, Ulrich. *Sociedade de risco:* rumo a uma outra modernidade. 2. ed. São Paulo: Editora 34, 2011. Também, BECK, Ulrich. *World risk society.* Malden: Polity, 1999. Para uma avaliação da obra e influência de Beck, v. GUIVANT, Julia Silvia. O legado de Ulrich Beck. *Ambiente & Sociedade,* v. 19, n. 1, p. 227-238, 2016.

[15] Cf. BECK, Ulrich. *World risk society.* Malden: Polity, 1999. p. 65.

[16] Considerando que os escritos do autor sobre o tema são do final do século passado, começo do presente. Seu livro *Sociedade de risco* foi publicado primeiramente da Alemanha, em 1986. Beck, falecido em 2015, não viveu a pandemia de covid-19, nem eventos mais recentes que, seguramente, teriam sido instigantes para a aplicação das teorias por ele propostas.

[17] Cf. BECK, Ulrich. *Sociedade de risco:* rumo a uma outra modernidade. 2. ed. São Paulo: Editora 34, 2011. p. 21-28. A *sociedade de risco* coloca-se para o autor, sobretudo, como um conceito analítico, pelo qual se produziria uma transformação nas categorias de pensamento e ação. Para ele, "[ainda] não vivemos numa sociedade de risco, mas tampouco somente em meio a conflitos distributivos das sociedades da escassez" (p. 25).

[18] BECK, Ulrich. *Sociedade de risco:* rumo a uma outra modernidade. 2. ed. São Paulo: Editora 34, 2011. p. 23.

Na verdade, "[o] capitalismo moderno incorpora a si próprio no futuro, calculando lucros e perdas, e, portanto, o risco, como um processo contínuo".[19] O risco coloca-se, nesse sentido, como uma forma de avaliação de possibilidades futuras, ou, em termos econômicos, da possibilidade de geração de mais riqueza, a partir da aplicação das estimativas realizadas. O conceito moderno de risco desenvolve-se a partir de estratégias racionais de previsibilidade, voltadas a desenvolver capacidades de avaliação e previsão de possibilidades de ocorrência de danos futuros ou resultados indesejados.

O desenvolvimento dessas capacidades relacionadas ao risco passa a ser distintivo da sociedade contemporânea e torna-se central aos processos decisórios de várias esferas, particulares e públicas.[20] O risco passa a ser considerado na maneira pela qual os particulares orientam suas atividades, as políticas estatais são pensadas, os legisladores legislam e, também, os juízes decidem.

Com isso, o conceito de risco acaba disseminando-se por diversas áreas jurídicas, diretamente em áreas como as do Direito Civil, Securitário e Ambiental, mas, indiretamente, na mesma medida, em contratos comerciais, no mercado de ações, na regulação estatal de vários setores, entre outros. Este livro busca demonstrar que tal conceito deve ser absorvido, também, pelo Direito Processual Civil.[21]

É certo, porém, que as capacidades técnicas e científicas relacionadas ao risco não são utilizadas de maneira uniforme no processo decisório nas diversas esferas mencionadas. Risco necessariamente envolve incerteza quanto ao resultado, mesmo que seja calculado em termos de probabilidade, e o processo decisório ante a incerteza é particular, no sentido de que pode variar em termos subjetivos (elementos valorativos) e conforme as circunstâncias, o que não descaracteriza a racionalidade da decisão.

---

[19] "Modern capitalism embeds itself into the future by calculating future profit and loss, and therefore risk, as a continuous process" (GIDDENS, Anthony. *Runaway world*: how globalisation is reshaping our lives. London: Profile Books, 1999. p. 24). Destaque-se que Giddens e Beck, que trabalharam em colaboração, não veem a ocorrência de uma ruptura pós-moderna. Assim, buscam apontar as características da contemporaneidade como etapa da própria modernidade. Daí a ideia de uma "modernidade reflexiva", segundo a qual "[o] processo de modernização torna-se 'reflexivo', convertendo-se a si mesmo em tema e problema" (BECK, Ulrich. *Sociedade de risco:* rumo a uma outra modernidade. 2. ed. São Paulo: Editora 34, 2011. p. 24).

[20] Segundo Jenny Steele, o conceito de risco pode ser abordado sob quatro perspectivas: 1) risco como recurso na tomada de decisão; 2) risco e tecnologias coletivas; 3) risco, controle e "governmentality"; 4) riscos e perigos ("hazards") (STEELE, Jenny. *Risks and legal theory*. London: Bloomsbury, 2004. p. 17-50).

[21] Por certo, com utilidade, também, em outras áreas, como o trabalhista, o administrativo, o legislativo. No processo penal, tendo em vista sua orientação garantista, exigiria análise mais pormenorizada, que não cabe no escopo desta obra.

3.3 RISCO E PERIGO

Um primeiro passo para compreender o conceito contemporâneo de risco é a distinção, em termos conceituais, entre *perigo* e *risco*. Embora expressões próximas, merecem, no contexto desta obra, ser diferenciadas de maneira apta a permitir que não sejam tomadas como meros sinônimos. Afinal, são exatamente as peculiaridades do conceito de risco que, como referido no item anterior, balizam sua concepção e importância, moderna e contemporânea. A distinção entre perigo e risco não tem sido feita de maneira uníssona, havendo razoável distinção das características que distinguem um e outro conceito.

Para fins desta obra, ligados à aplicação do conceito de risco à tutela de urgência, *perigo* distingue-se por ter um caráter *situacional*, isto é, por estar confinado a limites temporais e espaciais específicos, defluindo de forma imediata da situação vivenciada por determinado sujeito.[22] Indica a percepção clara da iminência de um dano ou de uma perda. Algo indesejado que está a

---

[22] Sem afastar a legitimidade ou utilidade que, em outros contextos, conceituações diversas possam ter. Niklas Luhmann realiza essa distinção da seguinte maneira: "A distinção pressupõe (diferindo-se assim de outras distinções) que existe incerteza em relação a futura perda. Há então duas possibilidades. A potencial perda é vista como uma consequência da decisão, o que significa dizer, ela é atribuída à decisão. Nós então falamos de risco – para ser mais exato, de risco da decisão. Ou a possível perda é considerada tendo sido causada externamente, isto é, ela é atribuída ao ambiente. Neste caso nós falamos do perigo". No original: "The distinction presupposes (thus differing from other distinctions) that uncertainty exists in relation to future loss. There are then two possibilities. The potential loss is either regarded as a consequence of the decision, that is to say, it is attributed to the decision. We then speak of risk – to be more exact of the risk of the decision. Or the possible loss is considered to have been caused externally, that is to say, it is attributed to the environment. In this case we speak of danger" (LUHMANN, Niklas. *Risk*: a sociological theory. New York: Routledge, 2017. Disponível em: https://www.perlego.com/book/1579666/risk-a-sociological-theory-pdf. Acesso em: 29 set. 2023. p. 21). Na leitura de Klaus Rasborg, "[a] distinção entre risco e perigo é, segundo Luhmann, baseada na atribuição de danos a decisões e está ligada a quem tomou uma determinada decisão. Para aquele que decide (ego), as consequências da decisão podem parecer envolver um risco, ao passo que para os afetados (alter) parecem um perigo. Dependendo do observador, assuntos idênticos podem, assim, significar risco e perigo respectivamente". No original: "The distinction between risk and danger is, according to Luhmann, based on the attribution of harm to decisions, and is connected to who has taken a given decision. To the one who decides (ego) the consequences of a decision may appear to involve risk, whereas for those concerned (alter) they appear to involve danger. Depending on the observer, identical matters can, thus, signify risk and danger respectively" (RASBORG, Klaus. Risk. *In*: KIVISTO, Peter (org.). *The Cambridge handbook of social theory*. Cambridge: Cambridge University, 2020. v. 2: Contemporary theories and issues. p. 313-332. Disponível em: https://www.cambridge.org/core/books/cambridge-handbook-of-social-theory/risk/530C77C717ED566A307554BAFAB33C10. Acesso em: 29 set. 2023. p. 325). Não se adota aqui essa abordagem por se entender que a perspectiva subjetiva, em última análise, iguala os dois conceitos, que variariam apenas quanto ao posicionamento do sujeito.

106 | TUTELA DE URGÊNCIA – *Carlos Alberto de Salles*

ponto de acontecer. Por exemplo, o sujeito em um prédio que está pegando fogo, notoriamente, está em perigo. Embora a extensão e as consequências do incêndio possam ser variáveis, é inegável a periculosidade da situação. O perigo, portanto, é facilmente perceptível e está relacionado a uma ameaça que pode concretizar-se de imediato.[23] Da própria situação analisada decorre a possibilidade de danos imediatos.

No *risco*, ao contrário, a ocorrência de danos ou perdas é colocada em termos futuros,[24] probabilísticos, implicando uma percepção antecipada e uma projeção da possibilidade de ocorrerem eventos indesejados em certo lapso de tempo. Risco envolve, necessariamente, o cálculo.[25] Nele, a ocorrência de eventos futuros é apenas provável. A possibilidade de sua concretização não decorre automática e imediatamente de uma situação determinada. O grau de incerteza é maior e se projeta por maior período de tempo. Considerem-se, exemplificativamente, as possibilidades de acidente a que está sujeito o condutor de um veículo automotor,

---

[23] Em sentido semelhante, estudo de Luiz Querino de A. Caldas, em toxicologia ambiental, define ambos os termos da seguinte maneira: "Risco: a probabilidade medida ou estimada de dano, doença ou morte causada por um agente químico em um indivíduo a este exposto. Perigo: termo qualitativo que expressa o potencial nocivo do agente para saúde e/ou para o meio ambiente" (CALDAS, Luiz Querino de Araújo. Risco potencial em toxicologia ambiental. In: BRILHANTE, Ogenis Magno; CALDAS, Luiz Querino de Araújo (org.). *Gestão e avaliação de risco em saúde ambiental*. Rio de Janeiro: Fiocruz, 1999. p. 94). Assim, nessa perspectiva, pode-se dizer que *risco* expressa um dado quantitativo, enquanto *perigo* expressa um dado qualitativo.

[24] José Esteves Pardo, remetendo a Ortega y Gasset, distingue o *perigo* como tendo causas naturais (enfermidades, fome, catástrofes naturais); e *riscos* como tendo sua origem na decisão e na atividade humana, os chamados *riscos tecnológicos* (ESTEVE PARDO, José. *Técnica, riesgo y derecho*: tratamiento del riesgo tecnológico en el derecho ambiental. Barcelona: Ariel, 1999. p. 29-30). Essa também não é a posição aqui adotada, uma vez que as diferenças fundamentais não são de origem, mas das implicações de um e outro conceito. Compreende-se, entretanto, que, em última análise, o perigo, decorrente de causas naturais, não é *calculável*, posto que resulta de eventos aleatórios. Os riscos, ao contrário, podem ser calculados, por advirem de uma ação humana, portanto sujeitos a alguma previsibilidade. Estabelecendo diferenças entre *risk* (risco) e *threat* (ameaça), esta última designada também por *hazard* (perigo) (BECK, Ulrich. *World risk society*. Malden: Polity, 1999. p. 52-58).

[25] Não necessariamente *cálculo matemático*, mas no sentido mais amplo de *cálculo racional*. Para Catarina Frade, as análises quantitativas do risco podem ser "agrupadas em três teorias: a análise actuarial, a análise toxicológica e epidemiológica e a análise probabilística" (FRADE, Catarina. O direito face ao risco. *Revista Crítica de Ciências Sociais*, v. 86, p. 53-72, 2009. p. 56). O cálculo atuarial "tem por base o estudo da frequência com que determinados eventos se repetem ao longo do tempo" (p. 56). Na análise toxicológica e epidemiológica, tem-se por base a realização de experiência ou a formulação de modelos de comparação entre populações expostas. O cálculo probabilístico "tem em vista predeterminar a probabilidade de ocorrerem falhas de segurança em sistemas tecnológicos complexos" (p. 57). Nesta obra, utiliza-se *cálculo* em sentido mais amplo, para expressar uma racionalidade, não necessariamente de forma matemática. Sobre cálculo de risco, v. item 3.4.2, *infra*.

no período de um ano. Por certo, há possibilidade de acidente e consequentes danos. Essa probabilidade, todavia, decorre de um conjunto de fatores, não ligados a uma situação específica e não imediatamente aferíveis. A percepção e o cálculo do risco, portanto, dependem de avaliação mais complexa, ligada à projeção de possibilidades de dano em tempo futuro.

Não se trata aqui de negar a proximidade dos conceitos indicados, mas de ressaltar a peculiaridade do conceito de risco. A diferença entre a percepção do perigo e a avaliação do risco é, sobretudo, de enfoque, uma vez que a possibilidade de dano é comum a ambas. Nesse sentido, pode-se, dependendo da perspectiva, ir *do perigo ao risco*, como também *do risco ao perigo*, tendo em vista a existência de um núcleo comum nos dois conceitos, que é a possibilidade de dano. Vale, a propósito, retomar os exemplos supraformulados.

No caso do incêndio, afastada a situação da pessoa que estava no prédio, pode-se calcular o *risco de incêndio*, isto é, a possibilidade de um prédio em iguais condições vir a sofrer evento danoso semelhante em determinado período de tempo futuro, de acordo com as condições de segurança da edificação. Neste caso, importa a projeção temporal no sentido do que está por vir, em número de dias, meses ou anos à frente.

Em sentido oposto, pode-se examinar o *perigo de acidente* com um veículo automotor em uma situação específica, *v.g.*, o condutor sai de uma festa e se põe a dirigir embriagado. Nesse caso, passa-se *do risco ao perigo*, como na hipótese anterior se passa *do perigo ao risco*. As mudanças são de enfoque. Em um caso, trata-se de possibilidades futuras de danos ou perdas, abstratamente consideradas. Noutro, de ameaça presente, de uma possibilidade imediata de dano, decorrente de uma situação concreta.

Como se observa, nessas diferenças de enfoque ou de perspectiva, *do perigo ao risco*, vai-se da *imediatidade* ao *tempo futuro*, do *particular* (situacional) ao *geral*, do *concreto* ao *abstrato*. Como se verifica, de modo geral, ignoradas as dificuldades analíticas de cada situação, sempre é possível redesenhar uma abordagem do perigo para aquela do risco.

Para tanto, é necessário considerar a possibilidade de dano a partir dos elementos componentes da perspectiva do risco. Os exemplos de perigo cogitados anteriormente podem sempre ser tratados sob o enfoque do risco.[26] Basta abandonar a *imediatidade*, a *situação particular* e *concreta*. Pode-se buscar, voltando aos exemplos, calcular a probabilidade de sofrer um acidente ao conduzir um veículo, bêbado, ou de morrer em um incêndio.

---

[26] Para Giddens, o "[risco] refere-se a perigos que são ativamente avaliados em relação a possibilidades futuras" ("*Risk refers to hazards that are actively assessed in relation to future possibilities*") (GIDDENS, Anthony. *Runaway world*: how globalisation is reshaping our lives. London: Profile Books, 1999. p. 22).

3.4 O CONCEITO CONTEMPORÂNEO DE RISCO

O risco é uma projeção de *possibilidades futuras de eventos adversos dos quais possam resultar danos ou perdas*. O conceito de risco busca dar racionalidade à antevisão dessas possibilidades futuras.

Entendem-se por *eventos adversos* ou *indesejados* aqueles que contrariam as legítimas expectativas do sujeito que incorre em risco. Esses não necessariamente caracterizam um *dano*, podendo consistir em simples *perda*, uma ocorrência em alguma medida lesiva a um interesse do sujeito.[27]

Tome-se como exemplo um aplicador no mercado de ações, atividade sabidamente tida como de risco. Uma queda de rentabilidade no valor das ações – que não tenha sido dolosa ou culposamente acarretada – não pode ser considerada um dano. Constitui, entretanto, uma perda, ou seja, um resultado indesejado, cuja reparação sequer é contemplada pelo sistema jurídico. Embora nossa disciplina processual, segundada pela doutrina, refira sobretudo "danos",[28] o conceito de risco abrange um maior espectro de situações lesivas, incluindo a frustração de expectativas de ganho, subjetivas ou não.

Por essa razão, esta obra usa como referência ao risco sempre danos, perdas ou simplesmente *resultados ou eventos adversos*.

Por outro lado, da mesma forma que o risco se distingue do perigo,[29] ele não se confunde com dano ou perda incorridos,[30] nem com aquele cuja ocorrência seja certa ou, em sentido contrário, impossível. Isso porque no risco há sempre um grau de *incerteza* envolvido, na medida em que é uma projeção, algo que antecede as ocorrências analisadas.

O fato que já ocorreu não é mais uma *possibilidade futura*, podendo ser verificado a partir da investigação de eventos passados. Considere-se, por exemplo, um ilícito já perpetrado. Também aqueles fatos cuja ocorrência futura seja certa ou impossível de realizar-se prescindem do conceito de risco, por envolverem uma certeza,[31] não simples possibilidade. Ninguém falará no risco de anoitecer

---

[27] "Normally, we associate the word risk with 'adverse' events (Sennett, 1998: 82), for example the likelihood of getting cancer, of losing one's job, or of perishing in a car accident or a plane crash. Hence, risk – in the modern understanding of the term – refers to the calculated probability that something undesirable will occur" ("Normalmente, nós associamos a palavra risco com eventos 'adversos' (Sennett, 1998: 82), por exemplo, a probabilidade de ter um câncer, de perder o emprego ou de morrer em um acidente de carro ou aéreo. Por isso, risco – no entendimento moderno do termo – refere-se à probabilidade calculada de que algo indesejado venha a ocorrer") (RASBORG, Klaus. Risk. In: KIVISTO, Peter (org.). *The Cambridge handbook of social theory*. Cambridge: Cambridge University, 2020. v. 2: Contemporary theories and issues. p. 314).

[28] A propósito, v. item 2.1.2 e subitens, *supra*.

[29] V. item anterior.

[30] Nesse sentido, v. BECK, Ulrich. *World risk society*. Malden: Polity, 1999. p. 135.

[31] Isto é, suficiente consenso a respeito da inevitabilidade de sua ocorrência.

Capítulo 3 · O RISCO COMO CONCEITO PROCESSUAL | **109**

ao final do dia ou de poluição da atmosfera da lua. O risco envolve a avaliação de danos ou perdas para o futuro. Sempre que se afastar a necessidade de uma avaliação ou que ela não estiver voltada a eventos futuros, descaberá falar de risco.

O conceito de risco, em sua acepção contemporânea, sobretudo sob o ponto de vista jurídico,[32] está necessariamente associado a dois objetivos fundamentais: a *previsibilidade*, isto é, a previsão de eventos futuros, danosos ou indesejados; e a *decidibilidade*, expressando a capacidade de decidir sobre esses eventos. A afirmação de um risco significa, sempre, a predição de um dano ou resultado indesejado, e sua utilidade está ligada à capacidade de decidir a respeito.

A *previsibilidade*, por sua vez, liga-se a um duplo movimento, aquele de identificação da possibilidade futura de dano ou perda e aquele de dimensionamento ou quantificação do risco.[33] Por isso, o dano incorrido, o certo e aquele impossível não são pertinentes à avaliação de risco, porque não apenas dispensam projeção para o futuro, mas também o cálculo de quão provável é sua ocorrência.

Ressalte-se que diversa é a situação de risco que, por razões de incerteza científica, seja incalculável. Neste último caso, diversamente, não se afasta o risco, até porque essa característica, em vez de reduzir a possibilidade de dano ou perda, torna-a mais incerta e não menos provável.

A previsibilidade envolve dois elementos, um precedente e outro consequente. O *elemento precedente* diz respeito à *identificação* do risco, da possibilidade futura, abstrata, de ocorrência de um evento indesejado. O *elemento consequente* consiste no *cálculo da probabilidade* da ocorrência desse possível evento. Dito de outra forma, a afirmação concreta de um risco exige, primeiro, a identificação de uma ameaça ou perigo futuros; depois, para que o conceito tenha utilidade prática, é necessário quantificar qual é a probabilidade de sua ocorrência.

Por fim, a *decidibilidade* é um aspecto fundamental no qual o conceito de risco está envolvido, principalmente quanto à sua aplicação no Direito e, em especial, no processo. Esse aspecto *decisional* está associado à maneira como as pessoas, organizações ou instituições devem agir em face da constatação de um risco.[34]

---

[32] Na avaliação de Jenny Steele, "[a] relação do direito com a teoria do risco é atualmente menos do que óbvia. É claro que muitas discussões sobre o risco e seu significado amplo incluíram comentários acerca do sistema jurídico no seu âmbito. Mas o que a teoria jurídica tem feito dessa ligação? Explicitamente, relativamente pouco." ("The relationship of law with theory of risk is currently less than obvious. It is clear that many discussions of risk and its broad significance have included comments about the legal system within their ambit. But what has legal theory itself made of the connection? Explicitly, relatively little") (STEELE, Jenny. *Risks and legal theory*. Londres: Bloomsbury, 2004. p. 4).

[33] Para Giddens, o conceito de risco está intimamente ligado à possibilidade de cálculo, constituindo, em matéria de seguros, uma *previsão atuarial* (Cf. GIDDENS, Anthony. *Runaway world*: how globalisation is reshaping our lives. London: Profile Books, 1999. p. 28).

[34] Não por outra razão, Steele define risco como um *método* pelo qual se estruturam os esforços em um processo decisório, de como agir ou como escolher entre várias possibilidades

110 | TUTELA DE URGÊNCIA – *Carlos Alberto de Salles*

O risco está fortemente presente na vida cotidiana das pessoas, o que é evidenciado quando se contrata um seguro, quando se aplica em ações, quando se avalia um investimento, quando se pratica esporte e, recentemente, na pandemia da covid-19, até mesmo em decisões corriqueiras, como sair de casa ou tomar vacina.

De igual modo, o risco está presente nas mais variadas gamas de decisões estatais, na execução e na formulação de políticas públicas. Também, como esta obra pretende demonstrar, deve estar presente nas decisões judiciais. Isso porque o cálculo de risco, ainda que realizado de modo intuitivo, permite determinar o *nível de ação*, isto é, quando ou a partir de qual probabilidade de dano um sujeito ou instituição deve agir para evitá-lo ou, de outra maneira, responder a ele – com a contratação de um seguro, por exemplo.[35]

No tocante à atividade jurisdicional, pode-se falar de *nível de intervenção*, designando a partir de qual avaliação de risco uma medida de urgência se faz necessária. Nesse sentido é a proposta do risco como indicativo da urgência.[36]

Nos próximos itens são desenvolvidos os objetivos da *previsibilidade* e da *decidibilidade*, a partir dos quais o conceito de risco está estruturado. O primeiro é apresentado tendo por base seus elementos constitutivos, antecedente (*identificação*) e consequente (*calculabilidade*). O segundo, *decidibilidade*, é exposto por meio da ideia de *nível de intervenção*, a indicar o grau de risco apto a justificar a tomada de uma providência com caráter de urgência.

Nesta obra, buscam-se elementos conceituais para a análise e a compreensão dos requisitos de urgência nas decisões judiciais proferidas em tutela provisória. É certo, no entanto, que tais objetivos e elementos podem estar presentes em outros processos decisórios, envolvendo desde decisões na esfera privada até decisões no âmbito de políticas públicas, inclusive legislativas, que podem ter por base uma avaliação de risco.

Por essa razão, busca-se, também, demonstrar que, em algumas situações, há definições de urgência *ope legis*, isto é, estabelecidas por decisões do legislador, adotadas por meio do cotejo entre valores jurídicos e sociais protegidos pelo ordenamento jurídico, de um lado, e possibilidades abstratas de dano ou perda, de outro. Nas situações cuja urgência está definida em lei, o julgador fica dispensado de avaliar a questão do risco. Daí o subitem sobre a "definição *ope legis* da urgência".[37]

(STEELE, Jenny. *Risks and legal theory*. Londres: Bloomsbury, 2004. p. 7-8). A presente obra não adota essa definição, por entender haver nela uma metonímia, na qual se toma o todo pela parte.

[35]   V. item 3.5.2, *infra*.

[36]   V. item 3.6.1 e subitens, *infra*.

[37]   Item 3.4.4, *infra*.

3.4.1 Elemento precedente: a identificação do risco

O *elemento precedente* do risco é a constatação da possibilidade futura de dano ou perda. Em outras palavras, é sua identificação ou percepção. Isso porque algumas vezes a possibilidade futura de dano ou perda se mostra evidente, podendo ser constatada pela experiência do homem comum ou do julgador, como interessa mais de perto a esta obra. Outras vezes, a identificação de um risco depende, em algum grau, de conhecimento técnico ou científico, colocado em termos de uma avaliação específica ou da formação de um consenso em relação a determinado tema ou problema.[38] Em outras, ainda, há verdadeira *invisibilidade do risco*,[39] seja por sua intensa dispersão em dada população, seja pela precariedade ou complexidade das avaliações técnicas envolvidas.

Alguns exemplos da prática forense podem ajudar a entender essas diferenças na percepção do risco.

Considere-se, a respeito, a situação de uma criança retirada de forma furtiva da residência de quem legalmente detém sua guarda. O risco à criança até o deslinde final do processo, no caso, é de fácil apreensão, até presumível, bastando para tanto a experiência comum do julgador. Diversa, no entanto, é a situação do vício construtivo de uma edificação, que, afirma-se, pode levá-la à ruína, total ou parcial. Aqui, o elemento técnico mostra-se fundamental para identificação e dimensionamento da possibilidade de dano futuro. Afinal, para além de um dano certo – o defeito da construção em si, mais facilmente demonstrável –, pode haver a possibilidade de outros futuros, como um desabamento ou desmoronamento, capazes de acirrar as consequências do fato alegado.

No que toca a situações de *invisibilidade do risco* ou de sua difícil percepção, o papel da ciência é fundamental. Não somente no que diz respeito à prova pericial, ligada a algum processo judicial, mas também à formação de

---

[38] Deve-se admitir, a esse propósito, que há uma grande diferença de visão sobre o risco entre pessoas leigas e especialistas. Para Clayton Gillette e James Krier, os especialistas veem o risco como um fenômeno unidimensional, enquanto para o leigo ele é pluridimensional. Os primeiros estão preocupados com um aspecto específico, por exemplo, com quantas pessoas irão morrer por ano em razão de uma nova tecnologia. Ao contrário, para pessoas leigas muitos outros fatores são considerados, tais como exposição involuntária, incerteza científica sobre o perigo envolvido, irreversibilidade das consequências e assim por diante (GILLETTE, Clayton P.; KRIER, James E. Risk, courts, and agencies. *University of Pennsylvania Law Review*, v. 138, p. 1027-1109. p. 1073, 1990). Na presente obra, interessa, sobretudo, discutir a identificação jurisdicional do risco, havendo, é claro, grande variação do grau de dificuldade, a depender das peculiaridades do caso concreto.

[39] Afirmando que os riscos são ao mesmo tempo "reais" e constituídos por meio de sua percepção e construção social, Beck aponta para a existência de uma "invisibilidade social" do risco em algumas situações marcadas por elevado grau de incerteza (BECK, Ulrich. *World risk society*. Malden: Polity, 1999. p. 143-144).

consensos em relação a certos riscos, cuja determinação escape à percepção das pessoas em geral e do julgador em um processo. Quer dizer, em relação a temas a respeito dos quais se tenha formado suficiente consenso quanto à existência de risco, sua demonstração pode escapar à necessidade de prova técnica específica.

Algumas situações, ao longo das últimas décadas, ilustram mudanças na percepção do risco que acabaram por se consolidar na sociedade. O uso do cinto de segurança em veículos automotores ou do capacete em motocicletas, o fumo, o dirigir embriagado etc. são exemplos corriqueiros da formação de consensos em matérias sobre as quais, em momentos anteriores, o risco não era adequadamente percebido. Há, ainda, grandes riscos de maior dispersão entre a população e vinculados a graus mais elevados de incerteza científica.

É nesse sentido que a ideia de uma *sociedade de risco*, supradestacada,[40] é construída. Ela remete não apenas à maneira como o risco passa a ter lugar fundamental na vida do homem contemporâneo, indicando, também, a dificuldade da percepção de grandes riscos hoje existentes, marcados por grande dispersão e por incertezas científicas.

Riscos como o da energia nuclear, o de produtos químicos, o de alimentos geneticamente modificados e o de alterações ecológicas muitas vezes são de difícil reconhecimento, podendo ficar *invisíveis*. Os exemplos utilizados pelos autores precursores da ideia quanto ao advento desse tipo de sociedade são, sobretudo, a *doença da vaca louca* e acidentes nucleares, tendo Chernobyl como principal preocupação.[41] Em tempos recentes, os riscos envolvidos na pandemia de covid-19 e aqueles realçados pelas mudanças climáticas ajudariam a compor o quadro dessa sociedade de risco.

O *elemento precedente* do cálculo de risco, consistente na identificação das possibilidades futuras de dano ou perda, algumas vezes é juridicamente construído, vindo definido em lei ou sendo objeto de elaboração pela doutrina e pela jurisprudência. Nessas hipóteses, o legislador, ao fazer a indicação da existência de urgência em determinada situação de fato e de direito, aponta, para o intérprete ou aplicador, por via de consequência, a existência de uma situação de risco envolvida, de maneira a viabilizar o deferimento de medida provisória. Essa indicação de urgência – que traduz a existência de um risco – pode ser feita de

---

[40] Item 3.2, *supra*.

[41] V. GIDDENS, Anthony. *Runaway world*: how globalisation is reshaping our lives. London: Profile Books, 1999. p. 28-29. Também, BECK, Ulrich. *World risk society*. Malden: Polity, 1999. p. 51-54. A propósito, Beck sustenta que os perigos nucleares, químicos, genéticos e ecológicos abalaram o cálculo de risco. As principais causas desse abalo: o dano não poder mais ser delimitado; o princípio da precaução ter sido excluído dos piores acidentes imagináveis; os acidentes terem perdido sua delimitação no tempo e no espaço; os *standards* de normalidade terem sido abolidos.

modo direto ou indireto. Nessa segunda forma, a afirmação da urgência depende do entendimento doutrinário e jurisprudencial a partir dos valores que serviram de base para a norma legislada.

3.4.2 Elemento consequente: o cálculo do risco

Identificado o risco, para que ele possa atingir o objetivo de decidibilidade, é necessário quantificar a possibilidade de ocorrência futura de dano ou perda.[42] Daí a importância do elemento de *calculabilidade* do risco, para estabelecer uma medida da possibilidade de ocorrência de resultado indesejado e da gravidade de suas consequências.

Na avaliação do risco, é necessária uma dupla operação, de *quantificação* e *qualificação* da possibilidade de ocorrência futura de um resultado indesejado. Afinal, toda avaliação de risco envolve não apenas o cálculo das chances de ocorrência de dado evento, mas também a atribuição de valor a essas chances.[43] Daí a necessidade de qualificação do dano, que pode ser representada por um valor financeiro ou de outra natureza. O risco pode envolver perdas materiais, quantificáveis em dinheiro, ou, por exemplo, colocar em jogo a vida, a saúde ou a integridade física de alguém.

Tal operação é importante, porque a gravidade do dano não se mede apenas pela probabilidade de ocorrência de um resultado indesejado. Pode ser que determinado evento tenha elevada probabilidade de ocorrência, mas suas consequências sejam de baixíssima monta, por exemplo, em uma contabilização bancária, a perda de algumas dezenas de centavos em cada milhão de real. Por outro lado, o evento pode ter pouquíssima chance de ocorrer, mas ter resultados de extrema gravidade, como a perda de uma vida ou um acidente envolvendo grande número de pessoas.

Uma completa avaliação do risco não é apenas probabilística, porque envolve uma qualificação do possível dano ou perda. Isso porque o cálculo de risco é *correlativo*, isto é, exige quantificação e qualificação. Em outros termos, deve considerar um elemento *objetivo*, consistente na probabilidade de ocorrência do evento indesejado, e *subjetivo*, que diz respeito à valoração dos danos ou perdas antevistas, isto é, à qualificação da gravidade de sua ocorrência.

Com esse cálculo, permite-se avaliar a necessidade de uma medida de urgência, nos vários âmbitos,[44] para evitar o risco ou impedir sua progressão.

---

[42] V. item 3.4.3, *infra*.

[43] Nesse sentido, v. STEELE, Jenny. *Risks and legal theory*. Londres: Bloomsbury, 2004. p. 24-29.

[44] Neste ponto, a abordagem é ampla, aplicável a várias esferas, abrangendo não apenas a judicial, mas também a administrativa, a legislativa e, ainda, as decisões no âmbito pessoal e privado. A aplicação no âmbito judicial será tratada mais à frente (item 3.6).

114 | TUTELA DE URGÊNCIA – *Carlos Alberto de Salles*

Dito de outra maneira, como se verá a seguir, o cálculo serve para que se possa decidir, estabelecendo o *nível de intervenção*, ou seja, o ponto a partir do qual a avaliação do risco recomenda a adoção de uma medida.[45]

A propósito da quantificação do risco, cabe destacar o papel fundamental que a matemática teve em seu desenvolvimento, no sentido de permitir lhe dar uma expressão numérica, em termos de probabilidade ou estatística.[46] Isso porque a abordagem matemática dá concreção numérica ao cálculo de possibilidades de ocorrência de um evento futuro. Em especial, a probabilidade é o coração matemático do conceito de risco.[47] Afinal, ela é significativa, exatamente, da medida numérica da chance de um evento vir a ocorrer.

A probabilidade se utiliza de uma escala de valores de 0 (zero) a 1 (um), sendo 0 (zero) a impossibilidade de ocorrência de determinado evento e 1 (um) a certeza de sua ocorrência.[48] Considerando um experimento com amostras e resultados bem definidos, em uma visão clássica, o cálculo de probabilidade se faz com o número de resultados favoráveis dividido pelo número de resultados possíveis. Imagine-se, a título de exemplo, um biomédico que tem sobre sua bancada cem amostras sanguíneas de um determinado grupo de pessoas com o intuito de verificar a ocorrência de uma alteração nos cromossomos. Digamos que, das cem amostras, vinte apresentavam a alteração procurada. Assim, por esse experimento, a probabilidade de ocorrência da alteração seria de 0,2 (dois décimos), na escala de 0 (zero) a 1 (um).

---

[45] "Avaliação de risco: o primeiro passo no desencadeamento de processos decisórios" (CALDAS, Luiz Querino de Araújo. Risco potencial em toxicologia ambiental. *In*: BRILHANTE, Ogenis Magno; CALDAS, Luiz Querino de Araújo (org.). *Gestão e avaliação de risco em saúde ambiental*. Rio de Janeiro: Fiocruz, 1999. p. 94). Não por acaso, a Lei 13.577/2009 do Estado de São Paulo, que trata de áreas contaminadas, define risco, para suas finalidades, como "probabilidade de ocorrência de um efeito adverso em um receptor sensível" (art. 3º, XIX).

[46] A probabilidade tem por objeto um problema matemático, autocontido, isto é, pressupõe um modelo probabilístico que obedece a determinados axiomas. A estatística, diferentemente, trabalha com diversos modelos de inferência – sem que se possa, a princípio, determinar qual seja melhor – para extrair informação de uma variável desconhecida ou de um modelo desconhecido a partir de dados disponíveis. Nesse sentido, cf. BERTSEKAS, Dimitri P.; TSITSIKLIS, John N. *Introduction to probability*. 2. ed. Belmont: Athena Scientific, 2008. p. 408-412.

[47] BERNSTEIN, Peter L. *Against the gods:* the remarkable story of risk. New York: John Wiley & Sons, 1998. p. 3. Discorrendo sobre o conceito de risco, Ogenis Magno Brilhante aponta que "[são] vários os conceitos, mas um ponto comum entre eles é a inclusão da noção de probabilidade" (BRILHANTE, Ogenis Magno. Gestão e avaliação da poluição, impacto e risco na saúde ambiental. In: BRILHANTE, Ogenis Magno; CALDAS, Luiz Querino de Araújo (org.). *Gestão e avaliação de risco em saúde ambiental*. Rio de Janeiro: Fiocruz, 1999. p. 19-73. p. 36).

[48] Sobre a expressão matemática do risco, v. BRILHANTE, Ogenis Magno. Gestão e avaliação da poluição, impacto e risco na saúde ambiental. In: BRILHANTE, Ogenis Magno; CALDAS, Luiz Querino de Araújo (org.). *Gestão e avaliação de risco em saúde ambiental*. Rio de Janeiro: Fiocruz, 1999. p. 19-73. p. 37-38.

Considerando esse mesmo exemplo, é possível construir uma inferência estatística a partir de algumas das variáveis envolvidas. Tome-se, ilustrativamente, o espaço amostral e o universo examinado. Sem esses dados não se permite inferir, com mínima segurança, que 20% da humanidade possua essa variação nos cromossomos. Contrariamente, se essas amostras disserem respeito a um universo consistente em um grupo restrito, digamos mil pessoas, é mais plausível a inferência de que, *estatisticamente*, 20% das pessoas desse grupo possuem essa alteração em suas células. Quanto melhor a construção da amostra, mais confiável será o resultado.

A abordagem matemática ou estatística do risco, nos moldes do esboçado anteriormente, pode ser útil a seu tratamento jurídico e jurisdicional. É o que se verifica, de maneira notável, nos cálculos atuariais da área de seguros.[49] Sua aplicação é, porém, possível em outras áreas, sempre que um componente de risco estiver envolvido, como ocorre nas decisões judiciais envolvendo a tutela de urgência.

Com o desenvolvimento de mecanismos de *inteligência artificial*, em especial, abrem-se grandes possibilidades de utilização de cálculos de risco em processos decisórios, destacando-se sua utilização em instrumentos de *aprendizado de máquina*. Afinal, o principal instrumento para o desenvolvimento desses sistemas informatizados de respostas automatizadas é exatamente o *statistical learning*, pelo qual os programas acumulam informações para estabelecer padrões estatísticos, possibilitando dar ao usuário a solução "esperada", quer dizer, aquela "mais provável", considerando a avaliação estatística automaticamente realizada pela máquina.[50] Imagine-se, a propósito, um programa informatizado para auxiliar em julgamentos, fornecendo a probabilidade do direito em termos quantitativos, para apreciação de tutela de urgência, tomando por base o percentual de sucesso de uma pretensão nos tribunais, ou do dano, levando em conta processos pretéritos.

A esse propósito, importante destacar que, muito embora o Código de Processo Civil faça referência apenas à "probabilidade do direito",[51] o cálculo pode ser aplicado, com mais razão, ao "perigo de dano" e ao "risco ao resultado útil do processo".[52] Nesse sentido, pode-se falar em um *duplo cálculo de probabilidade* para deferimento da tutela de urgência: a *probabilidade do direito* e a *probabilidade do risco* (possibilidade futura de dano ou perda).

---

[49] V. item 3.5.2, *infra*.

[50] Para noções sobre inteligência artificial, aprendizado de máquina e *statistical learning* da perspectiva de sua aplicação ao direito, v. MCCARTY, L. Thorne. Finding the right balance in artificial intelligence and law. In: BARFIELD, Woodrow; PAGALLO, Ugo (org.). *Research handbook on the law of artificial intelligence*. Cheltenham: Edward Elgar, 2018. p. 55-87.

[51] Art. 300, *caput*, do CPC.

[52] Art. 300, *caput*, do CPC.

As duas espécies de probabilidade não são alternativas, no sentido de uma ser dirimente da outra.[53] Ao contrário, elas são aditivas – exige-se a presença de ambas –, mas são também *correlacionadas*, no sentido de que o grau de uma pode repercutir na necessidade de grau da outra. Misturam, como apresentado anteriormente, elementos de quantificação e de qualificação. Colocado em termos estritamente jurídico-processuais, diante de uma alta probabilidade do direito, pode-se exigir risco menos grave e evidente. Da mesma maneira, diante de risco mais grave e evidente, menor pode ser a exigência de probabilidade do direito.

Cogite-se, a título de exemplo, um pedido de rescisão contratual e reintegração na posse de um imóvel, pelo compromissário vendedor, em face do comprador que desistiu do negócio e deixou de integralizar as parcelas devidas. Há suficiente robustez do direito afirmado a tornar prescindível risco de elevada monta para a medida reintegratória. Em sentido diverso, considere-se pedido, de beneficiária de plano de saúde, de procedimento cirúrgico de urgência, relativo à enfermidade grave, contestado pela operadora. Neste caso, ao contrário, o elevado risco de morte ou agravo à saúde, em tutela de urgência, pode dispensar maior probabilidade do direito, fragilizada por fatores como período de carência, preexistência da doença ou eventual exclusão contratual.

O objetivo de previsibilidade, ínsito ao conceito de risco, deve, em seu elemento de *calculabilidade*, chamar a atenção para a necessidade de que a decisão judicial busque, na apreciação dos requisitos da tutela de urgência, quantificar e qualificar, em padrões minimamente palpáveis, a probabilidade do direito e de ocorrência futura de dano ou resultado indesejado.

No que toca ao direito, não basta a afirmação de sua "probabilidade" para concluir pelo deferimento de uma medida de urgência. Insista-se, é necessário qualificá-la. Afinal, tratando-se de uma forma de mensuração, a "probabilidade" pode ser *alta* ou *baixa* e pode, ainda, ser ou não relativa a danos ou perdas futuras graves, em termos de *irreparabilidade* ou de *difícil reparação*.[54] É preciso *quantificar* a probabilidade do direito, para que se possa, na decisão judicial, *qualificá-la*.[55]

---

[53] A esse propósito, já decidiu o STJ: "Agravo interno no pedido de tutela provisória na ação rescisória. Tutela de urgência. Requisitos do art. 300 do CPC/2015. Presença cumulativa. Necessidade. Probabilidade do direito alegado. Ausência. Indeferimento. 1. O acolhimento do pedido de tutela provisória pressupõe a presença cumulativa de elementos que evidenciem a probabilidade do direito alegado e o perigo de dano ou o risco ao resultado útil do processo, a teor do disposto no art. 300 do Código de Processo Civil de 2015. 2. Agravo interno não provido"(STJ, AgInt na Tutela Provisória na AR n. 6280 RJ 2018/0137841-0, Rel. Min. Ricardo Villas Bôas Cueva, j. 15.10.2019, 2ª Seção, *DJe* 21.10.2019).

[54] Como discutido no item seguinte.

[55] Em termos semelhantes, tratando do *periculum in mora*, Stefano Recchioni sustenta o "perigo cautelar"(*pericolo cautelare*) como uma relação entre dois termos. Nesse sentido, para ele, a norma a esse respeito deve ser entendida como tendo uma estrutura probabilística, a exigir a consideração de dois critérios, isto é, "la misura 'quantitativa' e la misura 'qualitativa'"

Com essa operação, o juiz deve ser capaz de qualificar a probabilidade, o que faz por meio de cálculo jurídico e não matemático.

É preciso deixar claro que cálculo matemático e cálculo jurídico do risco são coisas diferentes.

Embora este último possa ter expressão matemática, sua formulação e apresentação são outras. É o cálculo jurídico do risco que deve servir de base para o julgador na apreciação da tutela de urgência, e, como dito, isso é feito não apenas a partir da quantificação do risco, mas também de sua qualificação. Trata-se igualmente de cálculo racional, mas que não precisa ser traduzido em expressão numérica. Sua racionalidade está ligada à verificação dos requisitos legais caracterizadores da urgência da medida pretendida, devendo vir exposta, na forma de discurso coerente, a necessidade de uma intervenção de qualquer natureza que seja.

Nesse aspecto é a proposta desta obra, de que o conceito de risco possa ser um instrumento para construção da racionalidade ínsita à tutela de urgência.

3.4.3 Nível de intervenção: a utilidade do risco

Como já afirmado, a identificação de um risco e sua quantificação, para posterior qualificação jurídica, estão ligadas à predição da ocorrência de um dano ou de uma perda em perspectiva de futuro. A utilidade da verificação do risco se relaciona à capacidade de decidir a respeito dos fatos envolvidos.[56] O objetivo de tal decisão é o de evitar sua ocorrência ou de impedir sua progressão.[57] Em outras palavras, a avaliação do risco faz sentido se for considerada para a tomada de uma decisão,[58] seja para a adoção de uma medida, seja, em movimento oposto, para afastar seu cabimento, infirmando sua existência ou sua gravidade. Daí a ligação do conceito de risco ao objetivo de decidibilidade, enunciado anteriormente.

Esse objetivo não está ligado apenas à decisão jurisdicional, mas a qualquer esfera decisória na qual se coloquem situações de risco, mesmo aquelas privadas e pessoais. Considere-se, a propósito, a decisão de uma empresa investir ou de uma pessoa tomar vacina. Para além do campo judicial, o risco é fator a ser considerado, igualmente, em decisões administrativas e legislativas, por exemplo,

---

("a medição 'quantitativa' e a medição 'qualitativa'") (RECCHIONI, Stefano. *Diritto processuale cautelare*. Torino: G Giappichelli, 2015. p. 107-114).

[56] Item 3.4, *supra*.

[57] Item 3.4.2, *supra*. Sobre os objetivos da tutela de urgência, v. item 4.5, *infra*.

[58] De acordo com Jenny Steele, para o direito, "[o risco] é importante apenas porque descreve um método para ser usado quando se deve decidir como agir, ou como escolher entre possibilidades" ("risk is important only because it describes a method for use when we must decide how to act, or how to choose between possibilities"). Segundo a autora, "essa *associação* entre risco e processo decisório é de primordial importância" ("it is indeed this *association* between risk and decision-making which is of primary importance") (STEELE, Jenny. *Risks and legal theory*. Londres: Bloomsbury, 2004. p. 7).

na regulamentação do uso de substâncias nocivas, na formulação de políticas públicas, nas respostas a situações de emergência e assim por diante.

De maneira geral, a decidibilidade está ligada a saber qual probabilidade e qual qualidade de risco caracterizam a urgência, indicativa da necessidade de uma medida capaz de responder à possibilidade de um dano ou de uma perda. Isso porque, sendo racionalmente quantificável o risco, numericamente ou não, e sabendo-se de sua gravidade, cabe decidir se essa avaliação exige uma resposta, seja ela jurisdicional, administrativa, legislativa, negocial ou até mesmo pessoal. Daí a dupla função, de quantificação e qualificação, do cálculo de risco, destacada no item anterior.

A essa apreciação do risco se denomina *nível de intervenção*,[59] significando aquele a partir do qual uma resposta mostra-se necessária, no momento em que a avaliação foi realizada. Saber se o nível de intervenção foi ou não alcançado representa uma avaliação final de risco, consideradas as circunstâncias que a envolvem.

No plano administrativo, é bastante significativa a regulamentação de substâncias ou poluentes potencialmente nocivos. Nela, o *nível de ação* ou de *intervenção* é de aplicação bastante clara. Afinal, é viável, nessa matéria, a indicação numérica da quantidade de determinado contaminante a partir da qual é necessário desencadear uma medida corretiva ou protetiva,[60] considerando o conhecimento científico disponível no momento da decisão acerca do agente nocivo em questão.

Claro, nesses casos, o nível de intervenção poderá variar, conforme o conhecimento sobre o tema evolua, reforçando ou afastando a nocividade da substância química envolvida, dependendo da descoberta de métodos eficazes de avaliação e de controle. O limite estabelecido, a partir do qual uma medida administrativa deve ser adotada para eliminar, mitigar ou reduzir o risco,[61] portanto, liga-se às

---

[59] Também chamado *nível de ação*, a indicar quando uma ação administrativa se mostra necessária.

[60] Nesse sentido, em toxicologia ambiental, a estimativa de risco "relaciona a quantificação da relação dose-resposta ou dose-efeito para um dado agente ambiental, demonstrando a probabilidade e a natureza dos seus efeitos na saúde e no meio ambiente" (CALDAS, Luiz Querino de Araújo. Risco potencial em toxicologia ambiental. *In*: BRILHANTE, Ogenis Magno; CALDAS, Luiz Querino de Araújo (org.). *Gestão e avaliação de risco em saúde ambiental*. Rio de Janeiro: Fiocruz, 1999. p. 94).

[61] É o que acontece, entre outras, na área de meio ambiente do trabalho, energia nuclear e controle de áreas contaminadas. Sobre saúde e segurança ocupacional, v. a Norma Regulamentadora n. 09 (NR-09) do Ministério do Trabalho e Emprego, que estabelece um nível de ação, acima do qual "devem ser implementadas ações de controle sistemático de forma a minimizar a probabilidade de que as exposições ocupacionais ultrapassem os limites de exposição" (item 9.6.1.2) (disponível em: https://www.gov.br/trabalho-e--emprego/pt-br/acesso-a-informacao/participacao-social/conselhos-e-orgaos-colegiados/comissao-tripartite-partitaria-permanente/arquivos/normas-regulamentadoras/nr-09--atualizada-2021-com-anexos-vibra-e-calor.pdf. Acesso em: 9 set. 2023). Acerca de padrões

Capítulo 3 · O RISCO COMO CONCEITO PROCESSUAL | 119

informações e avaliações disponíveis no momento. Nada impede, com a evolução do conhecimento sobre a matéria, a revisão da decisão inicial.

De maneira semelhante, a decisão jurisdicional, concedendo ou indeferindo uma tutela de urgência, atende a uma avaliação do nível de intervenção no momento no qual foi proferida. Considera, em uma ou outra direção, aqueles elementos de fato ou de direito presentes ou aferíveis no processo quando foi proferida. Daí sua característica de *provisoriedade*,[62] com a possibilidade de ser alterada a qualquer tempo.[63]

A decisão da tutela de urgência, similarmente ao exemplo da decisão administrativa supra-indicado, é sempre referente às condições presentes no momento em que foi lançada. Assim, pode-se dizer que contém implícita cláusula *rebus sic stantibus*. Com o desenvolvimento do processo e sua projeção no tempo, o estabelecimento do contraditório, a instrução probatória ou mesmo a alteração do contexto fático podem determinar a modificação na avaliação quanto ao atingimento ou não do nível de intervenção que serviu de base à decisão.

Ainda no âmbito jurisdicional, verifica-se o problema de que a definição do nível de intervenção dificilmente comporta soluções gerais. Isso pelo fato de precisarem ser definidas caso a caso, considerando a multiplicidade de situações envolvidas e as possibilidades de serem consideradas em juízo sumário. Pesa também a dificuldade de poucos processos comportarem uma avaliação de risco em termos estritamente objetivos, possibilitando expressão numérica. Tais dificuldades, no entanto, não excluem a necessidade de o julgador ter parâmetros aptos a permitir o balizamento de suas decisões.

Nesse aspecto, uma mudança – pouco discutida – do Código de Processo Civil de 2015, em tese, acabou por reduzir parâmetros decisórios nas tutelas de urgência. Isso porque, diversamente de seus antecessores, o Código vigente

---

de segurança em energia nuclear, v. a norma NN 3.01 do Conselho Nacional de Energia Nuclear – CNEN, que estabelece *níveis de ação* ("acima dos quais devem ser adotadas ações protetoras ou remediadoras em situações de emergência ou de exposição crônica") e um *nível de intervenção* ("nível de dose evitável, que leva à implementação de uma ação remediadora ou protetora específica, em uma situação de emergência ou de exposição crônica") – itens 52 e 53, seção 3) (disponível em: http://appasp.cnen.gov.br/seguranca/normas/pdf/Nrm301.pdf. Acesso em: 9 set. 2023). A propósito da avaliação de risco envolvendo áreas contaminadas, v. a Lei 13.577/2009 do Estado de São Paulo, que, tratando do gerenciamento de áreas contaminadas, estabelece um *valor de intervenção*, indicando a "concentração de determinada substância no solo e na água subterrânea acima da qual existem riscos potenciais diretos e indiretos à saúde humana, considerado um cenário de exposição genérico" (art. 3º, XXII) (disponível em: https://www.al.sp.gov.br/repositorio/legislacao/ lei/2009/lei-13577-08.07.2009.html. Acesso em: 9 set. 2023).

62 Destacando essa característica da tutela de urgência, v. item 1.5.1, *supra*. Também, item 4.1.1, *infra*.

63 Sobre a possibilidade de ser alterada a qualquer tempo, art. 296, *caput*, do CPC.

abandonou a qualificação do dano ensejador da tutela de urgência, cujo contraste pode-se observar do *Quadro 3*, a seguir.

O Código de 1939 indicava o cabimento de cautelares, além dos casos que a lei expressamente autorizava, contra atos "capazes de causar *lesões, de difícil e incerta reparação*, no direito de uma das partes".[64] O diploma legal de 1973 previa o cabimento de cautelares diante de "receio de que uma parte, antes do julgamento da lide, cause ao direito da outra *lesão grave e de difícil reparação*", vindo a admitir antecipação de tutela quando houvesse "fundado receio de *dano irreparável ou de difícil reparação*".[65] Abandonando a qualificação do dano ou da lesão, o Código de Processo Civil de 2015 refere apenas "perigo de dano ou o risco ao resultado útil do processo".[66]

Quadro 3 – Qualificação do dano para tutela de urgência

CPC/1939	CPC/1973	CPC/2015
LIVRO V Dos processos acessórios TÍTULO I Das medidas preventivas	LIVRO III Do processo cautelar TÍTULO ÚNICO Das medidas cautelares CAPÍTULO I Das disposições gerais	PARTE GERAL LIVRO V Da tutela provisória TÍTULO II Da tutela de urgência CAPÍTULO I Disposições gerais
Art. 675. Além dos casos em que a lei expressamente o autoriza, o juiz poderá determinar providências para acautelar o interesse das partes: (...) II – quando, antes da decisão, for provável a ocorrência de atos capazes de *causar lesões, de difícil e incerta reparação*, no direito de uma das partes; (...)	Art. 798. Além dos procedimentos cautelares específicos, que este Código regula no Capítulo II deste Livro, poderá o juiz determinar as medidas provisórias que julgar adequadas, quando houver fundado receio de que uma parte, antes do julgamento da lide, *cause ao direito da outra lesão grave e de difícil reparação*.	Art. 301. A tutela de urgência de natureza cautelar pode ser efetivada mediante arresto, sequestro, arrolamento de bens, registro de protesto contra alienação de bem e qualquer outra medida idônea *para asseguração do direito*.

continua

---

[64] Art. 675, II, do CPC/1939. V. item 2.1.2.2, *supra*.

[65] Art. 273, I, do CPC/1973, com a redação da Lei 8.952/1994. V. item 2.1.2.3, *supra*.

[66] Art. 300, *caput*, do CPC/2015. No Anteprojeto do qual resultou o Código, havia remissão a "risco de dano irreparável ou de difícil reparação" (art. 283). V. item 2.1.2.4, em especial *Quadro 2, supra*.

Capítulo 3 · O RISCO COMO CONCEITO PROCESSUAL | **121**

continuação

CPC/1939	CPC/1973	CPC/2015
–	LIVRO I Do processo de conhecimento TÍTULO VII Do processo e do procedimento CAPÍTULO I Das disposições gerais	–
–	Art. 273.* O juiz poderá, a requerimento da parte, antecipar, total ou parcialmente, os efeitos da tutela pretendida no pedido inicial, desde que, existindo prova inequívoca, se convença da verossimilhança da alegação e: I – haja fundado receio de *dano irreparável ou de difícil reparação*; (...) ** Com a redação da Lei 8.952/1994.*	Art. 300. A tutela de urgência será concedida quando houver elementos que evidenciem a probabilidade do direito e o *perigo de dano ou o risco ao resultado útil do processo.*

Fonte: elaborado pelo autor.

Essa ausência de qualificação jurídica da possibilidade de dano ou perda, inovação do Código vigente, trouxe como consequência o esvaziamento de um critério que aponte situações de variável possibilidade e gravidade de dano.[67] Como salientado no item anterior, a uma *quantificação* do risco segue a necessidade de *qualificação* da possibilidade de dano envolvida, de maneira a indicar o cabimento de uma medida de urgência. Com a supressão dos qualificativos de

---

[67] Em diversas outras situações, o CPC/2015 indica os critérios de irreparabilidade e/ou difícil e impossível reparação: art. 314 (atos urgentes durante a suspensão do processo); art. 521, parágrafo único (caução para levantamentos e alienações na execução provisória); art. 526, § 6º (efeito suspensivo na impugnação do cumprimento de sentença); art. 989, II (efeito suspensivo na reclamação); art. 995, parágrafo único (efeito suspensivo nos recursos); art. 1.012, § 4º (efeito suspensivo na apelação); art. 1.026, § 1º (efeito suspensivo nos embargos de declaração).

irreparabilidade ou *difícil reparação*, faltam ao julgador elementos para discernir entre vários possíveis danos de variável probabilidade de ocorrência.[68]

Com isso, tornou-se ainda mais opaco para o julgador o *nível de intervenção*, indicativo da situação que efetivamente poderia dar ensejo a uma medida de urgência. Antes, embora estabelecidas de maneira genérica, a irreparabilidade ou a dificuldade de reparação fixavam uma linha de corte a partir da qual a tutela provisória seria cabível. Quer dizer, entre tantos possíveis danos, quais tipos de dano justificariam uma medida de urgência? Ou, de outra forma: cabe tutela de urgência ante qualquer espécie e em qualquer possibilidade de dano?

Não parece ter sido a intenção do legislador do Código de Processo Civil de 2015 resguardar a parte de todo e qualquer dano ou perda, por menor e mais improvável que fosse. Também não parece ser essa a melhor interpretação da norma do inciso XXXV do art. 5º da Constituição Federal. Afinal, não se mostra factível deixar as partes inteiramente indenes, infensas a qualquer possibilidade de dano. Isso porque, como visto anteriormente,[69] o dano marginal do processo, por si só, tornaria tal objetivo inalcançável.

Resta saber, assim, quais riscos são ou não aceitáveis para o sistema jurídico e processual. Nas disciplinas processuais anteriores ao Código de Processo Civil vigente, a *irreparabilidade* ou a *difícil reparação do dano* davam resposta ao problema, indicando ser aceitável o risco de dano ou perda que se mostrassem reparáveis pelos meios jurídico-processuais, diferentemente daqueles primeiros, que eram, sim, ensejadores de tutela de urgência.

A interpretação mais adequada precisa levar em conta o risco como indicativo da urgência, considerando que os requisitos exigidos pelo Código vigente, de "perigo de dano ou o risco ao resultado útil do processo", são relativos a possibilidades futuras de resultados adversos. Mesmo o "perigo de dano", como aventado *supra*,[70] deve ser lido sob a perspectiva do risco. Daí, com mais razão, a necessidade de o julgador calcular o risco corretamente, com sua quantificação e qualificação, de maneira que possa realizar uma correta ponderação da distribuição de gravames entre as partes.[71]

---

[68] Afirmando que da garantia do art. 5º, XXXV, da CF decorreria a impossibilidade de afastamento da tutela de urgência, "não importando a gravidade", José Roberto dos Santos Bedaque sustenta que "[pode-se] afirmar que entre nós a tutela destinada a afastar lesão grave, ainda que reparável, encontra amparo no plano constitucional", esclarecendo, no entanto, que "[a] identificação da reparabilidade ou não do dano tem outra finalidade. Constitui critério para o julgador avaliar a conveniência em conceder a medida provisória, pois lhe permite compará-la com o prejuízo a ser causado à parte contrária" (BEDAQUE, José Roberto dos Santos. *Tutela provisória:* analisada à luz das garantias constitucionais da ação e do processo. 6. ed. São Paulo: Malheiros, 2021. p. 178).

[69] Item 1.4.1, *supra*.

[70] Cf. item 3.3, *supra*.

[71] Nesse sentido item 3.6.2.2, *infra*.

3.4.4 A definição *ope legis* da urgência

Os desdobramentos do conceito de risco a partir dos objetivos de *previsibilidade* e *decidibilidade* podem ser verificados em vários processos decisórios, inclusive no legislativo, como desenvolvido no item anterior.

Esta parte do livro busca demonstrar como o legislador, em determinadas matérias, realiza prévia determinação de urgência, baseada em abstrata avaliação de risco, considerando os valores jurídicos e sociais envolvidos e apontando uma resposta judicial à possibilidade de ocorrência de danos ou perdas na situação regulamentada.

Trata-se de opções legislativas, expressas na forma de normas que têm por base uma ponderação entre valores e possibilidades abstratas de dano ou perda, portanto envolvendo uma avaliação de risco, ainda que abstrata. Nesses casos, nas hipóteses legais, a urgência é definida *ope legis*, dispensando a apreciação judicial desse requisito, uma vez que a medida provisória é cabível em razão apenas da hipótese legalmente adequada.

Assim, considerando as características do litígio e a relevância dos valores sociais envolvidos, há uma definição normativa quanto à existência de *ameaça a direito* – para colocar nos termos da Constituição.[72] Dito de outra forma, os elementos de *identificação* e *calculabilidade* do risco, no caso, estão na base da opção legislativa, justificando a intervenção judicial antecipatória ou acautelatória.

Não se trata de *presunção legal* do risco, porque nesses casos o legislador não propõe a questão em termos probatórios, mas de indicação direta, *ope legis*, do cabimento da medida provisória. O risco, na verdade, faz parte da deliberação legislativa, não se colocando como questão aberta à apreciação judicial.

É o mesmo que ocorre naquelas situações nas quais há um direito substancial de cautela, como supradestacado,[73] quando há uma previsão legal, de direito material, em favor da parte credora. Nesses casos, igualmente, há uma determinação prévia, *ope legis*, de medidas assecuratórias, que também independem de apreciação judicial do requisito de urgência da decisão.[74]

Em medidas antecipatórias, de igual maneira, há situações nas quais o cabimento da tutela provisória é previamente estabelecido por lei, tornando prescindível a cognição judicial do *periculum in mora*.

---

[72] Art. 5º, XXXV, da CF.

[73] V. item 1.5.5, *supra*.

[74] No item indicado (1.5.5), são citadas, exemplificativamente, a constituição de capital para a renda assegurar o pagamento da pensão mensal decorrente de indenização (art. 533 do CPC e Súmula 313 do STJ); a caução legal estabelecida em favor de proprietário ou possuidor ameaçado em razão de risco de ruína de prédio vizinho (art. 1.280 do CC); a situação de alguém precisar realizar obras no interior de seu imóvel com risco de dano iminente (art. 1.281 do CC); a retenção por benfeitorias (arts. 1.219 do CC e 538, §§ 1º e 2º, do CPC).

124 | TUTELA DE URGÊNCIA – *Carlos Alberto de Salles*

É o caso, por exemplo, dos *alimentos provisórios*, medida tipicamente antecipatória de urgência. O art. 4º da Lei 5.478/1968 estabelece que, "ao despachar o pedido, *o juiz fixará desde logo alimentos provisórios* a serem pagos pelo devedor". A questão do risco, dos possíveis danos suportados pelo alimentando, por evidente, sequer é colocada à cognição judicial. Ao juiz não é dado aferir a urgência da situação, que já vem pressuposta pelo legislador. No caso dos alimentos, não se coloca, também, a questão da irreversibilidade,[75] naturalmente decorrente da sabida irrepetibilidade desse tipo de prestação.

Também em relação a direitos possessórios, o legislador estabelece que "o possuidor tem direito a ser mantido na posse em caso de turbação, restituído o caso de esbulho",[76] permitindo inclusive desforço imediato para preservação ou retomada da posse.[77] Secundando a disciplina de direito material, "quando a ação for proposta dentro de ano e dia da turbação ou esbulho",[78] o Código de Processo Civil estabelece que, "estando a petição inicial devidamente instruída, *o juiz deferirá, sem ouvir o réu*, a expedição do mandado liminar de manutenção ou de reintegração".[79] Nesse caso, também, verifica-se que o requisito de urgência não se coloca ao julgador. A possibilidade de danos, decorrentes da privação da posse e eventualmente impingidos à coisa, foi adrede considerada pelo legislador.

Por contraste, interessante comparar as opções do legislador quanto à posse da coisa certa deixada ao legatário. Embora se reconheça ao legatário o princípio da *saisine*[80] – pelo qual desde a abertura da sucessão a coisa legada lhe pertence –, o legislador, de maneira expressa, exclui a possibilidade de utilização de desforço próprio e o deferimento imediato da posse: "*Não se defere de imediato* a posse da coisa, nem nela pode o legatário entrar com autoridade própria".[81] Quer dizer, mesmo se tratando igualmente de posse, no caso da sucessão testamentária, a legislação afasta a necessidade de resposta dotada de imediatidade.

Em casos como os exemplificados anteriormente, o risco, como indicativo da urgência,[82] é objeto de prévia avaliação legislativa. Considerando os valores sociais envolvidos,[83] como a posse ou os alimentos, o legislador examina sua importância

---

[75]   Art. 300, § 3º, do CPC.
[76]   Art. 1.210, *caput*, do CC. No mesmo sentido, art. 560 do CPC.
[77]   Art. 1.210, § 1º, do CC.
[78]   Art. 558, *caput*, do CPC.
[79]   Art. 562, *caput*, do CPC.
[80]   Art. 1.923, *caput*, do CC. Também art. 1.784 do mesmo Código.
[81]   Art. 1.923, § 1º, do CC.
[82]   V. item 3.6.1 e subitens, *infra*.
[83]   Na verdade, aqueles de relevância sob a ótica da maioria legislativa que aprovou o texto legal. A propósito dos provimentos mandamentais, denunciando uma maior valorização legislativa dos direitos patrimoniais em relação àqueles pessoais e coletivos, questiona Kazuo Watanabe: "Por que, então, não aceitar que, para a tutela de *direitos não patrimo-*

Capítulo 3 · O RISCO COMO CONCEITO PROCESSUAL | 125

e as consequências indesejadas, caso não tenham uma resposta imediata. Não significa, no entanto, que não haja vinculação da tutela provisória a uma questão de risco, mas apenas que as opções a esse respeito foram feitas pelo legislador.[84]

3.5 O RISCO EM OUTRAS ÁREAS DO DIREITO

O crescimento do risco na sociedade contemporânea, como já discutido,[85] tem impacto no Direito como um todo, seja criando ou impulsionando novas áreas, seja colocando questões e desafios ainda não enfrentados. Esses reflexos já se fizeram sentir com mais força em áreas nas quais a questão do risco ganhou maior centralidade, em razão de especificidades da matéria.

É o caso da responsabilidade civil, no Direito Civil, na qual a transição para uma economia industrializada colocou precocemente em destaque atividades capazes, por si mesmas, de causar danos, evidenciando a insuficiência da culpa como elemento central de responsabilização. O Direito dos Seguros, de sua feita, nasce como resultado de uma resposta econômica e jurídica para o enfrentamento do problema, com a criação de uma forma de coletivização voluntária de riscos. Também o Direito Ambiental, considerando os efeitos lesivos da ação humana na natureza, é em grande parte resposta aos chamados *riscos antrópicos*, que levaram à criação de dois importantes princípios relacionados ao risco: o princípio da *prevenção* e o da *precaução*.

Como já destacado, o conceito de risco tem um papel muito central na sociedade contemporânea, desafiando respostas jurídicas em muitas outras áreas do Direito, por exemplo, além daquelas já mencionadas, nas ligadas a problemas societários, previdenciários, de investimentos, do mercado de ações, do consumidor etc.

Nesta parte da obra, buscando subsídios teóricos e práticos para o Direito Processual Civil, destaca-se o risco em três áreas: no Direito Civil, no Direito dos Seguros e no Direito Ambiental. Essas áreas foram escolhidas por serem mais ilustrativas da influência e do desenvolvimento normativo pautado no risco. Começa-se pelo Direito Civil, por ser o campo de mais longeva e significativa

---

niais, mais relevantes que os patrimoniais, quais os ligados aos direitos da coletividade à qualidade de vida ou os direitos absolutos da personalidade (como os direitos à vida, à saúde, à integridade física, e psíquica, à liberdade, ao nome, à intimidade etc.), possa o sistema possuir provimentos que concedam tutela eficaz às obrigações de fazer e não fazer?" (WATANABE, Kazuo. Tutela antecipatória e tutela específica das obrigações de fazer e não fazer. In: TEIXEIRA, Sálvio de Figueiredo (org.). *Reforma do Código de Processo Civil*. São Paulo: Saraiva, 1996. p. 46).

[84] Note-se que, em relação à tutela de evidência, o CPC, corretamente, prevê sua concessão "independentemente da *demonstração* de perigo de dano ou de risco ao resultado útil do processo" (art. 311, *caput*, do CPC).

[85] Item 3.2, *supra*.

afluência do conceito de risco.[86] Depois se cuida do Direito dos Seguros, por se tratar da resposta mais diretamente relacionada aos problemas do risco. Por fim, aborda-se o Direito Ambiental, em razão de ser uma área diretamente impactada por riscos de grande relevância e dispersão em escala mundial.

Não se pretende aqui uma apresentação exaustiva do risco nessas áreas, o que exigiria desenvolvimento próprio. Apenas, considerando o escopo desta obra, busca-se uma rápida apresentação a reforçar a necessidade e a utilidade do conceito de risco sob o enfoque do Direito Processual Civil, em alguma medida situando esse tema em um contexto mais abrangente.

3.5.1 O risco no Direito Civil

A questão do risco começa a colocar-se no Direito Civil a partir do esgotamento da responsabilidade civil aquiliana, no final do século XXI, impulsionada, sobretudo, pelas ideias de Saleilles[87] e Josserand. [88]

---

[86] "A partir do momento em que falamos de riscos devidos à ação humana, seu tratamento jurídico é uma questão incontornável, uma vez que o objeto do Direito são a conduta humana e as relações sociais. Quando essa atividade humana gera riscos que são assim em razão de sua capacidade de produzir danos, então parece que é a responsabilidade a instituição adequada para o tratamento jurídico do risco." ("Desde el momento en que hablamos de riesgos debidos a la acción humana, su tratamiento es una cuestión ineludible al ser el objeto del Derecho la conduta humana y las relaciones sociales. Cuando esa actividad humana genera riesgos que lo son por su capacidad para producir daños, entonces parece que es la responsabilidad la institución adecuada para el tratamiento jurídico del riesgo") (ESTEVE PARDO, José. *Técnica, riesgo y derecho*: tratamiento del riesgo tecnológico en el derecho ambiental. Barcelona: Ariel, 1999. p. 31).

[87] Depois de denunciar que permanecia dominante o princípio romano da responsabilidade civil baseada na culpa, ainda vinculada à ideia de condenação de pena privada, coloca que «[on] oublie qu'il ne s'agit plus de condamner à une peine, mais de faire supporter un risque. Un accident se produit: sans doute, si celui qui en est l'auteur l'a voulu ou que sa négligence grossière en soit la cause, qu'on lui impute toutes les suites de sa faute, rien de plus juste: c'est le principe de la réparation intégrale, fondée sur la faute, l'ancienne conception romaine se retrouve ici. Mais neuf fois sur dix les choses sont loin d'être aussi nettes. L'accident a été le fait du hasard; sans doute en cherchant bien on reconnaît qu'il aurait pu être évité» ("esquecemo-nos de que já não se trata de impor uma pena, mas de fazer arcar com o risco. Ocorre um acidente: sem dúvida que, se o autor que o provocou quis que ele acontecesse ou se sua negligência grosseira foi a causa, deve ser responsabilizado por todas as consequências de sua falta, nada mais justo: é o princípio da reparação integral, baseado na culpa, a antiga concepção romana se encontra aqui. Mas em nove em cada dez vezes as coisas estão longe de ser tão claras. O acidente aconteceu por acaso; sem dúvida que, se procurarmos bem, vemos que poderia ter sido evitado") (SALEILLES, Raymond. *Les accidents de travail et la responsabilité civile*: essai d'une théorie objective de la responsabilité délictuelle. Paris: A. Rousseau, 1897. p. 4-5).

[88] Afirmando que, para além do que garante Saleilles, a teoria não se aplica apenas a fatos decorrentes da indústria. Para ele, «[ce] ne sont pas seulement les choses industrielles qui engagent, par les dommages qu'elles occasionnent, la responsabilité du patron; ce sont les choses quelconques, par le préjudice qu'elles causent, la responsabilité de celui qui s'en

A responsabilidade aquiliana tinha suas raízes na superação do caráter estritamente sancionatório da responsabilidade civil do Direito Romano clássico. Com a *Lex Aquilia*, consolida-se o preceito da *damnum iniuria datum*,[89] pelo qual se torna possível a recomposição de um dano, com a substituição de penas fixas, como constava de leis anteriores, para permitir sua reparação pecuniária. A evolução da responsabilidade extracontratual no Direito Romano deu-se no sentido de uma expansão do conceito de ilicitude da ação geradora de responsabilidade, sendo discutível que o elemento subjetivo da culpa tenha também sido introduzido a partir da Lei Aquília.[90] Foi no direito moderno, seguramente, que a culpa se consolidou como elemento básico da responsabilidade civil extracontratual.[91]

Com o desenvolvimento decorrente da Revolução Industrial, houve inovações tecnológicas que fizeram proliferar acidentes e demandas judiciais reparatórias. Os acidentes passaram a ser caracterizados por danos chamados de anônimos, de difícil identificação de um culpado.[92] A industrialização fez emergirem danos cuja atribuição por culpa não se mostrava suficiente, desafiando nova renovação desse instituto. Com isso, fragilizou-se o postulado da culpa como elemento único de atribuição da responsabilidade, seja porque envolvida em atividade complexa, composta por uma série de atos coordenados e permanentes, seja pela constatação da inevitabilidade de alguns danos.

No Brasil, a necessidade de um novo tratamento da responsabilidade civil foi pioneiramente defendida por Alvino Lima, em 1938, em concurso para cá-

---

sert, qui en profite. A *l'obrigation née du fait de l'industrie*, il faut substituer *l'obrigation née du fait des choses*, à la notion du *risque professionnel*, la notion du *risque crée*» ("[não] são apenas as coisas industriais que, pelos danos que causam, dão origem à responsabilidade do patrão; são as coisas de qualquer natureza que, pelos prejuízos causados, dão origem à reponsabilidade de quem delas se utiliza, lucra com elas. É preciso substituir *a obrigação nascida do fato da indústria* por aquela *obrigação nascida do fato das coisas*, pela noção de *risco profissional*, pela noção de *risco criado*") (JOSSERAND, Louis. *De la responsabilité du fait des choses inanimées*. [s.l.]: Librairie Nouvelle de Droit et de Jurisprudence, 1897. p. 105-106 (com destaques no original)).

[89] Dano provocado por lesão (a direito), em tradução livre.

[90] Sobre a evolução da responsabilidade civil aquiliana, v. LIMA, Alvino. *Culpa e risco*. 2. ed. São Paulo: Ed. RT, 1999. p. 23-27.

[91] Para Giselda Hironaka, "[a] ideia, propugnada pela *lex Aquilia de damno*, de que a ilicitude de uma ação que gera responsabilidade se determinaria pela voluntariedade na produção do dano ou na prática de ação contrária à lei foi verdadeiramente revolucionária. A culpa, no entanto, ainda não era elemento fundamental do conceito, já que, para os romanos, o fator elementar era a causalidade do agente em relação ao dano. A modernidade acrisolou a culpa como condição da responsabilidade, como seu fundamento maior, graças à contribuição de autores como Domat..." (HIRONAKA, Giselda Maria Fernandes Novaes. Responsabilidade pressuposta. In: PIRES, Fernanda Ivo (org.). *Da estrutura à função da responsabilidade civil*: uma homenagem do IBERC ao professor Renan Lotufo. Indaiatuba: Foco, 2021. p. 586-587).

[92] Nesse sentido, cf. GODOY, Claudio Luiz Bueno de. *Responsabilidade civil pelo risco da atividade*. São Paulo: Saraiva, 2009. p. 13.

tedra da Faculdade de Direito do Largo de São Francisco.[93] Contrapondo-se às correntes dominantes à época, sustentou que "o princípio da responsabilidade extracontratual não repousa exclusivamente, no direito civil moderno, na culpa, mas também no risco".[94]

Não obstante o Código Civil de 1916 estivesse voltado para a "identificação de um culpado pela reparação do patrimônio desfalcado em razão do ilícito cometido",[95] Alvino Lima buscou demonstrar a existência, no sistema jurídico brasileiro, da responsabilidade sem culpa. Para tanto, remeteu a situações específicas retiradas do próprio Código Civil então vigente,[96] na responsabilidade por abuso de direito[97] e em hipóteses estabelecidas na legislação especial.[98]

Apesar desse precoce alerta, apenas em 2002, com o atual Código Civil, esse diploma – de vital importância para a regulação de nossas relações de direito privado – passou a ter uma cláusula geral de responsabilidade sem culpa, pelo risco da atividade. O art. 927, *caput*, combinado com o art. 186, mantém, como regra geral, a centralidade da culpa na responsabilidade civil. Já em seu parágrafo único, o dispositivo legal ressalva a obrigação de reparar o dano "independentemente de culpa, nos casos especificados por lei ou quando a atividade normalmente desenvolvida pelo autor do dano implicar, por sua natureza, risco para os direitos de outrem".[99]

Eis o risco introduzido em nosso Código Civil como elemento de atribuição da responsabilidade civil.

---

[93] LIMA, Alvino. *Culpa e risco*. 2. ed. São Paulo: Ed. RT, 1999. p. 328.

[94] LIMA, Alvino. *Culpa e risco*. 2. ed. São Paulo: Ed. RT, 1999. p. 328.

[95] GODOY, Claudio Luiz Bueno de. *Responsabilidade civil pelo risco da atividade*. São Paulo: Saraiva, 2009. p. 10.

[96] Tais como na responsabilidade decorrente da ruína de edifício, de patrões e comitentes, do proprietário e da guarda de animais, de relações de vizinhança etc. Cf. LIMA, Alvino. *Culpa e risco*. 2. ed. São Paulo: Ed. RT, 1999. p. 113-202 (Cap. II).

[97] Separando "as esferas do ato ilícito e do ato abusivo, ambos geradores de responsabilidade" (LIMA, Alvino. *Culpa e risco*. 2. ed. São Paulo: Ed. RT, 1999. p. 205).

[98] Como nos acidentes do trabalho, de aeronaves, por eletricidade etc. Cf. LIMA, Alvino. *Culpa e risco*. 2. ed. São Paulo: Ed. RT, 1999. p. 259-277 (Cap. V).

[99] Sem prejuízo das situações particulares de responsabilidade objetiva reguladas pelo próprio Código. Vale destacar, a responsabilidade do dono, pelo dano produzido por seu animal (art. 936 do CC); a do dono de edifício ou construção, em razão de sua ruína (art. 937 do CC); a do habitante de prédio, pelas coisas que caírem ou forem lançadas em lugar indevido (art. 938 do CC), chamada de *effusis et defectis*. Esta última mais seguramente envolve responsabilidade objetiva. "A nova legislação cedeu à tendência, já referida, de multiplicidade de critérios de imputação da responsabilidade civil, a ponto de estabelecer cláusula geral de responsabilidade sem culpa no caso de atividade que crie risco, além de outras hipóteses igualmente casuísticas em que se prescinde da avaliação da culpa" (GODOY, Claudio Luiz Bueno de. *Responsabilidade civil pelo risco da atividade*. São Paulo: Saraiva, 2009. p. 27).

Com efeito, o risco no Direito Civil, em especial no que toca à responsabilidade extracontratual,[100] tem diversa consideração daquela de maior interesse para o Direito Processual Civil, sobretudo quanto às tutelas de urgência. Em termos gerais, apenas para fins de análise, pode-se dizer que o risco para a responsabilidade extracontratual é considerado *ex post*, isto é, olhado retrospectivamente, embora deva ser precedente ao dano, posto que inerente à "atividade normalmente desenvolvida".[101] Afinal, na dinâmica jurídica de atribuição de responsabilidade civil, interessa o *dano incorrido*,[102] aquele já concretizado, significativo de uma lesão a ser reparada conforme a sua extensão.[103]

O risco na perspectiva da responsabilidade extracontratual é um elemento pelo qual se dá a atribuição ou imputação de responsabilidade,[104] devendo-se ter em conta sua presença como elemento ínsito à atividade da qual decorre o dano. Isso porque não é todo e qualquer risco apto a propiciar a reparação do dano sem culpa, mas somente "quando a atividade normalmente desenvolvida pelo autor do dano implicar, por sua natureza, risco para os direitos de outrem".[105] Portanto, é

---

[100] Considerado o Direito Civil de maneira ampla, em áreas como a dos Direitos do Consumidor e Ambiental, há situações reguladas, no âmbito do direito material, que têm também uma colocação *prospectiva*, isto é, voltada para eventos futuros. Isso ocorre sempre que esse tipo de regra tem um aspecto preventivo ou de precaução, como será discutido a seguir, no item 3.5.3, em relação ao meio ambiente.

[101] Art. 927, parágrafo único, do CC.

[102] Nesse sentido, v. item 3.4, *supra*. Neste ponto, interessante o questionamento de Ulrich Beck acerca da natureza do risco: "Riscos são declarações factuais? Riscos são declarações de valor? Declarações de risco não são nem apenas factuais, nem apenas declarações de valor. Em vez disso, eles são ambos ao mesmo tempo ou algo a meio caminho, como se fosse uma 'moralidade matematizada'". ("Are risks factual statements? Are risks value statements? Risk statements are neither only factual nor only value statements. Instead, they are either both at the same time or something in between, a 'mathematicized morality' as it were") (BECK, Ulrich. *World risk society*. Malden: Polity, 1999. p. 138). Observa-se que, dependendo da aplicação do conceito no Direito, pode prevalecer um ou outro sentido.

[103] Situação diversa é aquela da responsabilidade pela simples exposição ao risco. Nesses casos, discutidos na literatura jurídica norte-americana (*liability for risk exposure*), a simples exposição a um risco seria significativa de um "dano", ainda que esse não seja efetivo. Discutindo as possibilidades de responsabilização e de apuração do *quanto* de reparação, na ausência de qualquer prejuízo manifesto (*in the absence of any manifested injury*), v. WRIGHT, Richard W. Causation, responsibility, risk, probability, naked statistics, and proof: pruning the bramble bush by clarifying the concepts. *Iowa Law Review*, v. 73, p. 1001-1077, 1988 (em especial, p. 1067-1072). Nesse caso, há efetivo cálculo de risco, tendo em vista a necessidade de uma projeção de possibilidades futuras de dano, nos moldes sustentados anteriormente (item 3.4, *supra*).

[104] Destacando o *risco* como elemento de imputação da responsabilidade – ocupando a função anteriormente ocupada pela *culpa* (GODOY, Claudio Luiz Bueno de. *Responsabilidade civil pelo risco da atividade*. São Paulo: Saraiva, 2009. p. 16-29).

[105] Art. 927, parágrafo único, do CC. Nesse sentido, "a potencialidade danosa deve sempre ser examinada como um *prius*, e não um *posterius* ao dano", pois "o risco não pode ser avaliado depois porque deve ser ínsito, justamente, à atividade desenvolvida. A identificação do

preciso verificar o risco e suas características de maneira retrospectiva, tendo em consideração sua preexistência em relação ao momento de ocorrência do dano.[106]

Na tutela de urgência, ao contrário, a avaliação do risco é *ex ante*, no sentido de anterior à ocorrência do dano, isto é, a avaliação de risco o coloca como indicativo da probabilidade de ocorrência de dano futuro, não como fator integrante da atividade geradora do dano. Evidente, a esse propósito, o escopo preventivo da consideração do risco desse tipo de medida jurisdicional, em contraste com aquela do Direito Civil, cujo objetivo é reparatório.

Nesse sentido, de modo diverso do que ocorre na responsabilidade civil, a visão do risco na tutela de urgência é prospectiva, não retrospectiva. Não interessa o risco da atividade, considerado retrospectivamente, pois já concretizado em um dano que se quer reparar. O dano na tutela de urgência é aquele que se quer evitar ou cuja progressão se deseja impedir, interessando o cálculo da possibilidade de sua ocorrência futura.

3.5.2 O risco no Direito dos Seguros

No Direito dos Seguros, como na tutela de urgência, interessa a avaliação da probabilidade de danos futuros, o risco enquanto projeção de danos de ocorrência possível, formulado por meio de cálculo atuarial. Sua finalidade, todavia, é diversa.

Com efeito, nos dois casos, embora o conceito de risco esteja ligado ao objetivo de *previsibilidade*, implicando sua identificação[107] e calculabilidade,[108] há de se ter em conta uma diferença fundamental: nos seguros, a previsibilidade contida no conceito de risco é expressa em termos de probabilidade de ocorrência de um dano e tem por finalidade viabilizar o *compartilhamento do risco* em dada

---

      risco especial da atividade, enfim, deve dar-se de maneira apriorística, ainda que nunca em um rol fechado, incompatível com a relatividade do conceito" (GODOY, Claudio Luiz Bueno de. *Responsabilidade civil pelo risco da atividade*. São Paulo: Saraiva, 2009. p. 116).

[106] Denunciando a necessidade do estabelecimento de critérios diante da "onipresença do risco" (QUEIROZ, João Quinelato de. Desafios da cláusula geral de risco na responsabilidade objetiva. In: SCHREIBER, Anderson; MONTEIRO FILHO, Carlos Edison do Rêgo; OLIVA, Milena Donato (org.). *Problemas de direito civil*: homenagem aos 30 anos de cátedra do professor Gustavo Tepedino. Rio de Janeiro: Forense, 2021. p. 617-636). Sustentando a interpretação pela qual a atribuição de diferenciado risco à "atividade normalmente desenvolvida pelo autor do dano" (art. 927, parágrafo único, do CC) deve levar em conta uma constatação estatística, uma espécie de percentual de sinistralidade (GODOY, Claudio Luiz Bueno de. *Responsabilidade civil pelo risco da atividade*. São Paulo: Saraiva, 2009. p. 98).

[107] A identificação do risco é tão importante no contrato de seguros que uma das poucas punições impostas ao segurador diz respeito à emissão da apólice quando sabe inexistente o risco (art. 773 do CC). Cf., nesse sentido e alertando que "[o] risco é um elemento essencial para o contrato de seguro por uma questão muito simples: se não houver risco, o seguro, como contrato que o alberga, perde a razão de existir" (GOLDBERG, Ilan. *Contrato de seguro D&O*. 2. ed. São Paulo: Thomson Reuters Brasil, 2022. p. 76-77).

[108] V. itens 3.4.1 e 3.4.2, *supra*.

coletividade de contratantes.[109] Quer dizer, o cálculo do risco é essencial para que se possa quantificar os custos decorrentes, caso o sinistro venha a se concretizar. Com isso, é possível delimitar as obrigações securitárias, precificando-as de acordo com o grau de risco, e distribuindo-as entre vários segurados, na forma dos chamados *prêmios*, a contraprestação devida à seguradora.

Fundamentalmente, o seguro é um meio de redistribuição do risco.[110] O segurado negocia o risco com o segurador em troca de pagamento.[111] Com o seguro, o risco não deixa de existir, mas, concretizado o dano (o *sinistro*, em linguagem securitária), o segurador arcará com a reparação, nos limites do contrato.[112] De sua parte, o segurador distribuirá os custos entre um grupo de contratantes submetidos aos mesmos riscos. Quanto maior o risco e a extensão do possível dano, maior será o prêmio cobrado do segurado. Esse é o elemento econômico do contrato de seguro, o chamado *mutualismo*, consistente na formação de um fundo comum capaz de cobrir os prejuízos resultantes da realização do risco, a ocorrência do sinistro.[113]

---

[109] Para uma noção do *compartilhamento de riscos* nos seguros, v. TZIRULNIK, Ernesto. *Seguro de riscos de engenharia:* instrumento do desenvolvimento. São Paulo: Roncarati, 2015. p. 40.

[110] Cf. GIDDENS, Anthony. *Runaway world*: how globalisation is reshaping our lives. London: Profile Books, 1999. p. 25. Segundo François Ewald, "[the] technology of insurance—that is, actuarial science—did not fall from the mathematical heavens to be incarnated in these institutions [insurances]. It slowly emerged from the multiple practices that it had served to represent and rationalize. It is more the effect than the cause of these practices" ("[a] tecnologia do seguro – isto é, a ciência atuarial – não cai dos céus matemáticos para ser encarnada nessas instituições [seguros]. Lentamente emergiu das múltiplas práticas às quais serviu para representar e racionalizar. É mais o efeito do que a causa dessas práticas") (EWALD, François. *The birth of solidarity*: the history of the French Welfare State. Trad. Timothy Scott Johnson. Durham: Duke University, 2020. p. 97. Disponível em: https://www.perlego.com/book/1458375/the-birth-of-solidarity-the-history-of-the-french-welfare-state-pdf. Acesso em: 29 set. 2023).

[111] Nos termos do Código Civil, "[pelo] contrato de seguro, o segurador se obriga, mediante o pagamento do prêmio, a garantir interesse legítimo do segurado, relativo à pessoa ou a coisa, *contra riscos predeterminados*" (art. 757, *caput*).

[112] Segundo Tiago Junqueira, a delimitação do dano no contrato de seguro é feita em duas camadas. Uma positiva, na qual se estipula o que é coberto pela apólice; outra negativa, na qual se estabelece o que não será coberto, as chamadas cláusulas de exclusão (JUNQUEIRA, Thiago. O risco no domínio dos seguros. In: GOLDBERG, Ilan; JUNQUEIRA, Thiago Villela Bastos (org.). *Temas atuais de direito dos seguros*. São Paulo: Thomson Reuters Brasil, 2020. t. 2. p. 43-73 – em especial, p. 60-63).

[113] "Caracterizado pelo elemento econômico do seguro, o mutualismo constitui a base estatística e atuarial das operações de seguro, capaz de formar uma reserva técnica para garantia dos riscos subscritos. De forma simplificada, a reunião de pessoas ou empresas expostas aos mesmos riscos, cuja exposição será calculada para a formação de um fundo mútuo capaz de coibir os prejuízos que possam advir da ocorrência de um sinistro" (VISSOTO, Robson. O contrato de seguro: uma visão contemporânea do risco e do sinistro. In: TZIRULNICK, Ernesto *et al.* (org.). *Direito do seguro contemporâneo*: edição comemorativa

O seguro visa garantir, a quem indicado no contrato,[114] a reparação de possível dano futuro e fortuito.[115] O risco está presente nele como forma de compor o contrato, delimitar as obrigações contratadas e, sobretudo, possibilitar seu equacionamento econômico e financeiro. Na tutela de urgência – vale retomar –, ao contrário, busca-se proteger a parte, possível vítima, da ocorrência do dano. De alguma forma, poder-se-ia dizer que o seguro tem como finalidade última garantir a *reparabilidade* do dano, enquanto o processo visaria assegurar um alto grau de *indenidade* das partes no processo.[116]

3.5.3 O risco no Direito Ambiental

O risco no Direito Ambiental possui grande centralidade, em razão de desafiar respostas a problemas graves e bastante peculiares.[117] Essa centralidade decorre exatamente de características dos bens ambientais protegidos e, por consequência, dos danos a que estão sujeitos. Nesse sentido, ao menos três problemas, frequentemente envolvidos com danos ambientais, ressaltam a relevância do risco nessa área: a irreparabilidade, a incomensurabilidade e a intangibilidade.

A *irreparabilidade* de alguns bens ambientais está ligada, por um lado, à sua *finitude* enquanto recurso material ou, por outro, aos *efeitos de justiça distributiva* que o dano acarreta.[118] No primeiro caso, pense-se, por exemplo, em uma perda de biodiversidade. Uma espécie de animal ou vegetal extinta, que jamais poderá ser recuperada. No segundo, tome-se em consideração uma área de Floresta Amazônica ou Atlântica derrubada para aproveitamento de madeira. Nesse caso, o dano ambiental quebra um preceito de justiça distributiva. A floresta "em pé" constitui

---

dos 20 anos do IBDS. São Paulo: Contracorrente, 2021. v. I p. 76). O autor alerta que, em razão da dinâmica e concorrência do mercado, a mutualidade tem sido colocada em posição secundária pelas seguradoras (p. 77).

[114] Lembrando que o contrato de seguro pode ser feito à conta de outrem, de modo a beneficiar terceiro, que não o segurado (art. 767 do CC).

[115] No sentido de ser incerto, não intencional, não podendo ser acionado ou agravado pelo segurado (art. 768 do CC). Nesse sentido, JUNQUEIRA, Thiago. O risco no domínio dos seguros. In: GOLDBERG, Ilan; JUNQUEIRA, Thiago Villela Bastos (org.). *Temas atuais de direito dos seguros*. São Paulo: Thomson Reuters Brasil, 2020. t. 2. p. 53.

[116] A propósito de saber se a tutela de urgência teria por finalidade eliminar todo e qualquer dano a que as partes estivessem submetidas no processo, retomar a discussão sobre o nível de intervenção, item 3.4.3, *supra*.

[117] Tanto assim que a Constituição prevê que incumbe ao poder público "controlar a produção, a comercialização e o emprego de técnicas, métodos e substâncias que comportem *risco* para a vida e o meio ambiente" (art. 225, § 1º, V).

[118] Sobre a questão da justiça distributiva em relação a problemas ambientais, v., do autor, SALLES, Carlos Alberto de. *Execução judicial em matéria ambiental*. São Paulo: Ed. RT, 1998. p. 106-110.

Capítulo 3 · O RISCO COMO CONCEITO PROCESSUAL | **133**

um bem coletivo, no sentido de ter uma atribuição à coletividade. Transformada em madeira, torna-se objeto de apropriação individual, rompendo com o princípio distributivo que lhe servia de base e que não poderá mais ser restaurado.

A *incomensurabilidade* é outra faceta do dano ambiental a potencializar a dificuldade de sua reparação. Quanto vale, em termos pecuniários, uma área de preservação permanente, a poluição de um rio, o transtorno de uma atividade urbana ruidosa?[119] A avaliação econômica do dano ambiental não encontra aritmética capaz de solucionar questões dessa espécie,[120] além de não resolver o problema de justiça distributiva apontado anteriormente. Tudo isso se coloca em favor da afirmação da *primazia da tutela específica* para reparação de bens ambientais, inclusive com a possibilidade de compensação não pecuniária.[121]

Por fim, a *intangibilidade* do dano ambiental tem a ver com aquelas situações envolvendo a *invisibilidade do risco* ambiental, já tratadas aqui.[122] Afinal, as dificuldades de identificação do risco muitas vezes são relativas a dano já em processo. A situação mais candente a esse respeito é a contaminação humana por substância tóxica.[123] Uma contaminação por asbestos (amianto), por exemplo,

---

[119] Discorrendo sobre as dificuldades de apurar o *quantum debeatur* do dano ambiental extrapatrimonial, que para os autores vai além do dano moral, v. AYALA, Patryck de Araújo; LEITE, José Rubens Morato. *Dano ambiental*: do individual ao coletivo extrapatrimonial: teoria e prática. 6. ed. São Paulo: Ed. RT, 2014. p. 297-300.

[120] Ressalvados os esforços que têm sido feitos no âmbito acadêmico e de operadores do direito para solucionar o problema. Sobre as tentativas de valorar bens e serviços fora do mercado, v. TURNER, R. Kerry; PEARCE, David W.; BATEMAN, Ian. *Environmental economics*: an elementary introduction. Baltimore: Johns Hopkins University, 1993. p. 108-127. O CNJ, recentemente, realizou consulta pública sobre o tema da "quantificação do dano ambiental". Disponível em: https://www.cnj.jus.br/poder-judiciario/consultas-publicas/quantificacao-de-danos-ambientais/. Acesso em: 1 nov. 2023.

[121] Sendo certo que a tutela específica enfrenta sérios óbices em sua implementação. Trabalhando essas dificuldades e buscando soluções, v. SALLES, Carlos Alberto de. *Execução judicial em matéria ambiental*. São Paulo: Ed. RT, 1998, em especial, p. 152-156. A respeito da compensação por equivalente não pecuniário, sustentou-se: "tratando--se sempre de situação irreparável, pois de maneira contrária seria o caso de tutela específica, a possibilidade de fixação de medida de compensação em espécie, consistente em equivalente não pecuniário, não encontra qualquer óbice formal ou material em nosso sistema jurídico" (SALLES, Carlos Alberto de. *Execução judicial em matéria ambiental*. São Paulo: Ed. RT, 1998. p. 320). Sustentando a existência de um "princípio da (priorização) da reparação *in natura*", v. SARLET, Ingo; FENSTERSEIFER, Tiago. *Curso de direito ambiental*. 2. ed. Rio de Janeiro: Forense, 2021. p. 578-579). Discutindo os significados, para o meio ambiente, de "restaurar", "recuperar" e "reparar", v. MACHADO, Paulo Affonso Leme. *Direito ambiental brasileiro*. 28. ed. São Paulo: JusPodivm, 2022. p. 365-366.

[122] Item 3.4.1, *supra*.

[123] A respeito dessa problemática, v. ROSENTHAL, Alon; GRAY, George M.; GRAHAM, John D. Legislating acceptable cancer risk from exposure to toxic chemicals. *Ecology Law Quarterly*, v. 19, p. 269-362, 1992.

pode demorar mais de uma década para manifestar-se depois da exposição do sujeito.[124] Seguramente, nos dias atuais, o melhor exemplo de intangibilidade do risco ambiental é o aquecimento global, cuja apreensão é de difícil percepção pelo homem comum e a atribuição de responsabilidade obscurecida por uma grande dispersão de fontes poluidoras em escala mundial.[125]

Como supradesenvolvido,[126] uma das utilidades do risco é permitir a *decidibilidade* ou, como colocado, o estabelecimento do *nível de interferência*, a partir do qual é necessária uma decisão para evitar ou minorar a situação de possível dano. Daí a importância da qualificação do dano possível.[127] A gravidade do dano, nesse enfoque, conduz à conclusão da gravidade do próprio risco. Exatamente com o propósito de saber quando uma medida de proteção é adequada, o Direito Ambiental alberga dois princípios fundamentais: o da *prevenção* e o da *precaução*, ambos relacionados com o risco.

O princípio da prevenção,[128] considerando sobretudo a característica de irreparabilidade dos danos ambientais, tem como objetivo garantir um alto grau de *indenidade* dos bens ambientais, de maneira semelhante ao que se disse no item anterior acerca da tutela de urgência em relação aos danos suportados pelas partes. Dito de outra forma, tal princípio ressalta o caráter preventivo das medidas protetivas do Direito Ambiental.

Ante a *finitude* dos recursos ambientais e os *efeitos de justiça distributiva* que os danos ambientais acarretam, melhor que o dano não seja concretizado. Constatado o risco, as medidas legais e jurisdicionais devem voltar-se para impedir o dano, em "um movimento já bem perceptível das linhas de proteção que o

---

[124] Comentando sobre negligência com a informação de risco em relação aos asbestos, v. BECK, Ulrich. *World risk society*. Malden: Polity, 1999. p. 145.

[125] Comentando, a respeito das mudanças climáticas, que "[risco] global não é catástrofe global. É previsão da catástrofe", v. BECK, Ulrich. *A metamorfose do mundo*: novos conceitos para uma nova realidade. Rio de Janeiro: Zahar, 2018. p. 63. Para um apanhado das consequências do aquecimento global e das possíveis reações a ele, v. p. 54-58 da obra citada.

[126] Item 3.4.3, *supra*.

[127] A esse propósito, tentou-se demonstrar anteriormente como, na disciplina da tutela de urgência do CPC/2015, a retirada da qualificação do dano, como irreparável ou de difícil reparação, em alguma medida, tornou mais difícil o estabelecimento de critérios interpretativos para estabelecer o *nível de interferência*, indicativo do cabimento do deferimento da tutela provisória pretendida pela parte.

[128] "Para que se possa prevenir adequadamente é preciso antes predizer. A prevenção comporta já uma ação ou uma omissão e para que isso se realize, torna-se necessário um procedimento anterior – a tomada de consciência de uma situação aparentemente ou de fato perigosa ou de risco, através de reflexão, de verificação e de análise. Prevenir é agir antecipadamente, evitando um dano ou um prejuízo" (MACHADO, Paulo Affonso Leme; ARAGÃO, Maria Alexandra de Sousa. *Princípios de direito ambiental*. São Paulo: JusPodivm, 2022. p. 87-88).

Capítulo 3 · O RISCO COMO CONCEITO PROCESSUAL | 135

ordenamento jurídico arbitra", no sentido de "estabelecer mecanismos de reação antes de que se produzam resultados danosos".[129]

O princípio da precaução, por sua vez, é construído a partir da junção de dois elementos básicos: o *elevado grau de incerteza científica* na identificação do risco e a *possibilidade de ocorrência de dano grave*.[130] Se, na avaliação de um risco, constatar-se a inexistência de seguras evidências científicas e, ao mesmo tempo, a possibilidade de danos futuros graves, recomendar-se-á, por cautela, uma ação ambiental protetiva. "Na sua forma mais simples, propõe que se atue sobre questões ambientais (e, por inferência, sobre outras formas de risco) mesmo que não haja provas científicas seguras sobre elas".[131] Em última análise, o princípio da precaução tem também um escopo preventivo, de evitar o dano. O que o diferencia é o fato de referir-se a riscos que, embora graves, sejam marcados por alto grau de incerteza científica.

Diferentemente do que ocorre no Direito Civil e no dos Seguros, verifica--se que o risco para o Direito Ambiental tem uma utilidade semelhante àquela buscada na tutela provisória, qual seja, a de aplicar a previsibilidade, que é própria

---

[129] ESTEVE PARDO, José. *Técnica, riesgo y derecho*: tratamiento del riesgo tecnológico en el derecho ambiental. Barcelona: Ariel, 1999. p. 77. Em espanhol no original: "un movimiento ya perceptible de las líneas de protección que el ordenamiento jurídico arbitra", no sentido de "establecer mecanismos de reacción antes de que se produzcan resultados dañosos".

[130] O Princípio 15 da Declaração do Rio de Janeiro, aprovada na Conferência da Nações Unidas para o Meio Ambiente e o Desenvolvimento, de 1992, prevê: "De modo a proteger o meio ambiente, o princípio da precaução deve ser amplamente observado pelos Estados, de acordo com as suas capacidades. Quando houver ameaça de danos sérios ou irreversíveis, a *ausência de absoluta certeza científica* não deve ser utilizada como razão para postergar medidas eficazes e economicamente viáveis para prevenir a degradação ambiental" (grifos nossos). Disponível em: https://www.scielo.br/j/ea/a/ szzGBPjxPqnTsHsnMSxFWPL/?lang=pt. Acesso em: 27 set. 2023. Mostrando a importância do Direito Internacional na formulação dos princípios internacionais relacionados ao meio ambiente, v. WOLD, Chris. A emergência de um conjunto de princípios destinados à proteção internacional do meio ambiente. *Princípios de direito ambiental na dimensão internacional e comparada*. Belo Horizonte: Del Rey, 2003. p. 5-31 (em especial, p. 5-10).

[131] "At its simplest, it proposes that action on environmental issues (and, by inference, other forms of risk) should be taken even though there is insure scientific evidence about them" (GIDDENS, Anthony. *Runaway world*: how globalisation is reshaping our lives. London: Profile Books, 1999. p. 32). José Adércio Leite Sampaio aponta a existência de uma concepção *forte* e outra *fraca* do princípio da precaução. Na concepção forte, ele equivaleria a verdadeiro *in dubio pro natureza*, expressando o direcionamento a ser adotado em relação a qualquer ação lesiva ao meio ambiente. Em concepção fraca, o princípio da precaução expressa uma operação de apuração de benefícios globais, levando em conta componentes financeiros e imateriais. V. SAMPAIO, José Adércio Leite. Constituição e meio ambiente na perspectiva do direito. *Princípios de direito ambiental*: na dimensão internacional e comparada. Belo Horizonte: Del Rey, 2003. p. 45-86 (em especial, p. 59 e 61-62).

136 | TUTELA DE URGÊNCIA – *Carlos Alberto de Salles*

desse conceito, como um mecanismo desencadeador de medidas para afastar a possibilidade de dano.

Na responsabilidade civil extracontratual, sem culpa, o risco é avaliado retrospectivamente, como fator de atribuição da obrigação de reparar o dano. No Direito dos Seguros, o risco é avaliado prospectivamente, mas sua finalidade é diversa. No caso, para propiciar a coletivização contratual do risco. Em relação ao Direito Ambiental, a consideração do risco (em perspectiva de futuro) e sua finalidade (preventiva) são as mesmas da tutela provisória. A diferença está na funcionalidade, tendo em vista que, no Direito Ambiental, trata-se de medidas jurídicas, estrito senso, e, no processo, de medidas de tutela provisória.[132]

3.6 O CONCEITO DE RISCO E SUA APLICAÇÃO AO PROCESSO

Como visto,[133] o risco na sociedade contemporânea ganhou maior centralidade, tendo se tornado condicionante essencial das atividades humanas. Passou a repercutir tanto nas decisões do dia a dia do homem comum quanto no direcionamento das ações das várias instituições sociais. Essa centralidade decorreu, sobretudo, do desenvolvimento dos processos industriais e tecnológicos, com a ampliação dos riscos dele resultantes, mas não somente. Decorre, também, da evolução da capacidade de previsão e avaliação de danos e perdas de ocorrência futura, levando à percepção de uma presença generalizada do risco em nossa sociedade. Tanto assim que passou a ter um papel destacado em várias áreas do Direito.[134]

No Direito Processual, como esta obra busca demonstrar, o conceito de risco pode ser útil ao aprimoramento da dinâmica processual, em especial no tocante à tutela de urgência, embora possa estar presente em outros institutos, tais como no direito probatório, na tutela preventiva e na de precaução.[135] O risco no processo, de modo geral, tem sua importância no aprimoramento do exame de possibilidades futuras de danos ou resultados adversos, de maneira a permitir maior adequação de medidas jurisdicionais a situações que exijam respostas de urgência. O conceito de risco, a esse propósito, serve de *instrumento para construção da racionalidade ínsita à tutela de urgência.*

De modo especial, na tutela de urgência, independentemente dos contornos da disciplina legal, o julgador, pelas forças da circunstância, é levado a fazer uma

---

[132] Eventualmente tendo por objeto o Direito Ambiental e, nesse caso, considerando as peculiaridades deste em relação ao risco.

[133] Item 3.2, *supra.*

[134] Como naquelas destacadas nos itens 3.5.1, 3.5.2 e 3.5.3, *supra.*

[135] Sobre as tutelas preventiva e de precaução, cf. MIRRA, Álvaro Luiz Valery. Tutelas jurisdicionais de prevenção e de precaução no processo coletivo ambiental. *Revista do Advogado – Direito Ambiental*, v. 133, p. 9-17, 2017.

Capítulo 3 · O RISCO COMO CONCEITO PROCESSUAL | **137**

avaliação de risco, ainda que possa não ter consciência disso. Importante que tenha elementos analíticos suficientes para fazer essa avaliação. Na apreciação da tutela de urgência, as atividades de identificação e cálculo de risco são parte integrante da *ratio* própria da atividade jurisdicional nessa área, porque voltadas à previsibilidade de ocorrências futuras. Afinal, essas atividades traduzem, em termos práticos, os requisitos legais indicativos da urgência.

Como se buscou demonstrar no primeiro capítulo desta obra, as tutelas provisórias de maneira geral e a tutela de urgência em especial têm papel fundamental na gestão do tempo do processo. São meios de garantir tanto a efetividade da tutela jurisdicional quanto a justiça da distribuição entre as partes dos gravames do tempo do processo. Com isso, pode-se evitar prejuízos ao objeto material ou à utilidade do processo, bem como organizar de maneira racional a distribuição do tempo do processo, de modo que nenhuma parte suporte esse gravame excessivo ou injustificável.

Como já mencionado, "[risco] e tempo são faces opostas da mesma moeda, porque se não houvesse amanhã não haveria risco".[136] O risco apresenta-se como instrumento para aprimorar a previsibilidade de eventos, servindo ao processo com os objetivos de *efetividade* e *justiça*.

O conceito de risco, conforme demonstrado, não é estranho à nossa disciplina jurídico-processual.[137] Aliás, no Anteprojeto da comissão de juristas do Senado, o risco foi corretamente colocado como elemento central da definição legal do cabimento da tutela de urgência.[138] No texto aprovado e em vigor, o risco aparece associado apenas ao resultado útil do processo, mas o "perigo de dano" também deve ser lido sob a perspectiva do risco[139] para que tenha funcionalidade.

Como destacado no início deste capítulo,[140] busca-se a elaboração conceitual do risco, de maneira a dotá-lo de significado funcional para o processo e torná-lo apto a responder à complexidade e à diversidade de situações envolvidas na tutela de urgência.[141]

---

[136] "Risk and time are opposite sides of the same coin, for if there were no tomorrow there would be no risk" (BERNSTEIN, Peter L. *Against the gods:* the remarkable story of risk. New York: John Wiley & Sons, 1998. p. 15).

[137] Cf. item 2.1.2.

[138] V. item 2.1.2.4, em especial o *Quadro 2*. Anteprojeto da comissão de juristas: "art. 283. Para a concessão de tutela de urgência, serão exigidos elementos que evidenciem a *plausibilidade* do direito, bem como a *demonstração de risco* de dano irreparável ou de difícil reparação".

[139] V. itens 3.3 e 3.4.3, *supra*.

[140] Item 3.1.

[141] Nesse sentido, como destacado no item referido na nota anterior, o trabalho tem um caráter epistemológico, de construção do conhecimento nessa área.

3.6.1 O risco como elemento indicativo de urgência

Esta obra propõe o *risco*, com seus desdobramentos teóricos e analíticos apresentados nos itens anteriores, *como elemento indicativo da urgência*.

Cabe chamar a atenção, de início, para o fato de que *urgente* é predicado da *tutela*, consistente em resposta para situações que exijam imediatidade ou celeridade na prestação jurisdicional, diante da iminência de um dano ou, de modo geral, de um resultado indesejado. Sem ela, poderia sobrevir um evento reputado como lesivo ou nocivo pelo sistema jurídico ou, simplesmente, que desestabilizasse o equilíbrio entre as partes no processo, levando a uma distribuição não equitativa dos gravames do tempo do processo.[142] A urgência, nesse sentido, é indicativa da necessidade de uma resposta jurisdicional célere ou imediata, que afaste a possibilidade de danos materiais ou processuais, para garantir, dessa forma, a eficácia prática do provimento final.[143]

Sendo assim, na disciplina jurídica desse tipo de tutela, é preciso estabelecer parâmetros pelos quais o intérprete e o aplicador do direito possam aquilatar a existência de *urgência* em grau suficiente para caracterizar a necessidade de uma medida jurisdicional. São as características, de fato e de direito, da situação examinada que permitem aferir o atributo de urgência.

Na proposta deste livro, o *conceito de risco* pode ser utilizado como elemento indicativo da caracterização da situação ensejadora da tutela de urgência, a ser considerado na aplicação dos requisitos legais estabelecidos nessa matéria. A correta identificação[144] e o cálculo[145] do risco permitem ao julgador ter maior *previsibilidade*[146] de eventos futuros que justifiquem – ou não – uma intervenção jurisdicional provisória. Claro, não é a percepção de um risco qualquer que serve a esse propósito. Ao contrário, apenas daquele em quantidade e qualidade suficientes ao cabimento da tutela de urgência.[147]

---

[142] A esse propósito, retomar itens 1.4 e 1.4.2, *supra*.

[143] O que vale tanto para medidas conservativas quanto para aquelas inovativas. "Embora ambas visem a assegurar a efetividade e a utilidade do provimento principal, na cautelar conservativa isso se verifica mediante a preservação de bens ou situações, normalmente para garantir a execução forçada. A eficácia prática do pronunciamento final é mantida, mediante o afastamento de uma situação objetiva de perigo. Já, na cautelar antecipatória a ameaça é analisada por um prisma subjetivo, pois o resultado do processo, se não antecipado, poderá não ser mais útil para o titular do direito. Existe realmente diferença entre a instrumentalidade da medida conservativa e aquela própria da inovativa ou antecipatória. Em ambos os casos a finalidade é assegurar o resultado prático do processo, representado pela tutela definitiva" (BEDAQUE, José Roberto dos Santos. *Tutela provisória:* analisada à luz das garantias constitucionais da ação e do processo. 6. ed. São Paulo: Malheiros, 2021. p. 145-146).

[144] V. item 3.4.1, *supra*.

[145] V. item 3.4.2, *supra*.

[146] Sobre o papel da previsibilidade no risco, v. item 3.4, *supra*.

[147] V. item 3.4.3, *supra*.

Capítulo 3 · O RISCO COMO CONCEITO PROCESSUAL | 139

3.6.1.1 Os requisitos legais da tutela de urgência

Na tutela provisória, a disciplina legal do Código de Processo Civil estabelece critérios para caracterizar a urgência. São os parâmetros pelos quais uma resposta jurisdicional dotada de imediatidade mostra-se cabível. Não obstante a literalidade do Código,[148] que menciona risco de modo parcial, apenas em relação ao resultado útil do processo, o conceito pode ser colocado como instrumento de análise, para interpretação e aplicação de todos os requisitos legais.

O problema que se busca aqui resolver a esse propósito é o de dar conteúdo mais preciso e compreensão mais sistemática aos requisitos estabelecidos pelo Código. Com isso, pretende-se a aplicação desses requisitos de maneira mais aderente às funções e finalidades da tutela de urgência.

Depois de várias idas e vindas no trâmite legislativo do Anteprojeto do qual resultou o vigente Código de Processo Civil,[149] a disciplina legal estabelecida acabou não se afastando do equacionamento tradicional dado à matéria em nosso Direito. Com base em ampla construção doutrinária – mesmo sem referência expressa na legislação de processo –,[150] estabeleceram-se como requisitos da tutela de urgência as noções de *fumus boni iuris* e de *periculum in mora*, inicialmente aplicáveis às medidas cautelares previstas no sistema jurídico processual.

Tais requisitos tradicionais, não há como negar, permanecem presentes no Código vigente, correspondendo às locuções *probabilidade de direito (fumus boni iuris)* e *perigo de dano* ou *risco ao resultado útil do processo (periculum in mora)*.[151] Aliás, o projeto aprovado pela Câmara dos Deputados, antes da revisão final pelo Senado Federal, tinha formulação ainda mais próxima àquela tradicional dos elementos caracterizadores da urgência, exigindo "elementos que evidenciem a *probabilidade do direito* e o *perigo na demora da prestação da tutela jurisdicional*".[152]

Claro, a formulação ora vigente nessa matéria não está a salvo de polêmicas e controvérsias, a começar pela unificação de critérios para caracterização dos requisitos de cabimento da cautelar e da antecipação de tutela nos casos de urgência.

A propósito, oportuno recordar, de início, que o Código de Processo Civil de 1973, com a modificação de seu art. 273,[153] passou a conviver com duas disciplinas de tutela de urgência, diversas e separadas: a das medidas cautelares e a

---

[148] Art. 300, *caput*, do CPC: "A tutela de urgência será concedida quando houver elementos que evidenciem a probabilidade do direito e o perigo de dano ou o risco ao resultado útil do processo".

[149] A propósito, v. item 2.1.2.4, *supra*.

[150] Retomem-se, a propósito, os itens 2.1.2.1, 2.1.2.2 e 2.1.2.3, sobre a evolução da matéria nos estatutos legais antecedentes ao Código de Processo Civil vigente.

[151] Art. 300, *caput*.

[152] Art. 301 do PL 8.046/2021. V. item 2.1.2.4, *supra*.

[153] Com a Lei 8.952/1994.

da tutela antecipada, esta última introduzida pelo dispositivo legal indicado. As primeiras, como regra, deveriam seguir a disciplina legal das medidas cautelares *nominadas* – estabelecida por meio de procedimentos especiais do chamado processo cautelar – e, de maneira geral, obedecer à constatação da existência de *fumus boni iuris* e de *periculum in mora*. A disciplina geral da antecipação de tutela foi introduzida no Código exigindo requisito, a princípio, mais rigoroso, a "prova inequívoca da verossimilhança da alegação".[154]

Com isso, haveria, então, uma diferença de grau entre *fumus boni iuris*, o exigido para deferimento da cautelar, e *prova inequívoca* para concessão da antecipação de tutela. Se para a cautelar bastava a aparência do direito da parte, para a tutela antecipada exigia-se, em tese, muito mais, até porque, compreendida em sua literalidade, a "prova inequívoca" – poucas vezes presente mesmo nos julgamentos de mérito – deixaria pouco espaço para a concessão desse tipo de medida. No entanto, seja pelo intenso uso das medidas antecipatórias verificado na prática, seja pela escassa atenção dada pela doutrina a essa diferença, a diversidade de enfoque legal teve pouca repercussão prática na consideração dos requisitos para os dois tipos de medidas.[155]

No Código de 2015, como já mencionado,[156] houve clara intenção de unificar a disciplina legal das duas espécies de tutela, com a unificação dos critérios da tutela cautelar e da antecipada. É o que se extrai da leitura do parágrafo único do art. 297 (estabelecendo que a tutela de urgência será "cautelar ou antecipada") e do *caput* do art. 300 (no que estabelece critérios gerais para a tutela de urgência como um todo), ambos do vigente Código de Processo Civil.

Ocorre, entretanto, que a redação deste último dispositivo legal, ao diferenciar "perigo de dano ou o risco ao resultado útil do processo", abriu espaço para discussão doutrinária a respeito da *interpretação cruzada* em relação aos dois tipos de tutela.

---

[154] Art. 273, *caput*, do CPC/1973.

[155] "Para a cautelar, seria suficiente *fumus boni iuris*, enquanto para a tutela antecipada, de acordo com o próprio texto legislativo, do *caput* do art. 273 do CPC de 1973, seria necessário um *plus*, representado pela 'prova inequívoca da verossimilhança da alegação'. Muito pouco, contudo, foi escrito e discutido acerca de eventual distinção do *periculum in mora* necessário para a concessão da medida cautelar e da tutela antecipada. A afirmação, amplamente majoritária, era a de que ambas pressupunham a mesma ou, quando menos, equivalente urgência — um *periculum in mora* homogêneo ou indistinto para ambos os institutos..." (BUENO, Cassio Scarpinella. A tutela provisória de urgência do CPC de 2015 na perspectiva dos diferentes tipos de *periculum in mora* de Calamandrei. *Revista de Processo*, v. 269, p. 269-290, 2017. p. 272). Comentando essas possíveis diferenças na gradação do *fumus boni iuris* entre a cautelar e a antecipação de tutela, no CPC/1973, e festejando a eliminação dessa "controvérsia inútil" pelo CPC/2015, cf. BEDAQUE, José Roberto dos Santos. *Tutela provisória*: analisada à luz das garantias constitucionais da ação e do processo. 6. ed. São Paulo: Malheiros, 2021. p. 346-351.

[156] Item 2.1.2.4, *supra*.

Por meio dela, cada um desses elementos (perigo e risco) seria exigível, de forma específica, para cada uma das espécies de tutela provisória de urgência. Nessa leitura, a tutela antecipada exigiria "perigo de dano", enquanto a cautelar demandaria "risco ao resultado útil do processo", não se aplicando, portanto, às duas espécies.

Tal interpretação, todavia, não pode prosperar.

Não bastasse o direcionamento do Código à unificação das espécies de tutela, como suprarrelembrado, ao disciplinar as modalidades *antecedentes* dos dois tipos de tutela – que nesse aspecto recebem tratamento legislativo separado – o texto legal repete, tanto para a antecipada quanto para a cautelar, os mesmos requisitos de "perigo de dano ou o risco ao resultado útil do processo".[157] Assim, os requisitos são estabelecidos indistintamente para as duas modalidades de tutela de urgência, não interferindo no cabimento de uma ou de outra. A distinção constante do texto legal, por certo, tem por finalidade deixar a salvo de dúvidas a inteira abrangência das medidas tratadas.[158]

De toda maneira, mais importante do que interpretações levando em conta a literalidade da norma é a compreensão da racionalidade e da funcionalidade que estão por trás da disciplina jurídica. Nesta obra, essa compreensão dos requisitos da tutela de urgência é realizada sob a perspectiva do risco e sob a premissa de que esse instituto processual tem um papel não apenas como mecanismo de efetividade do processo, mas, também, na construção de um processo justo, com a distribuição equitativa e equilibrada entre as partes dos gravames decorrentes do tempo do processo.

3.6.1.2 A urgência como elemento processualmente construído

Como já destacado,[159] a *urgência* é indicativa de predicado da tutela jurisdicional. A tutela é *de urgência* porque deve atender à situação da qual podem advir resultados indesejados caso nenhuma medida seja tomada. Essa qualificação da medida jurisdicional como *urgente* é, em sua aplicação ao caso concreto, realizada por meio de requisitos legalmente estabelecidos, como aqueles presentes no Código de Processo Civil vigente, apontados no item anterior.

---

[157] Respectivamente, arts. 303, *caput*, e 305, *caput*. Para Cassio Scarpinella Bueno, na verdade, "[a] repetição dos elementos do gênero [tutela de urgência] ao menos no que diz respeito aos requisitos de sua concessão a partir do perigo da demora (se relativo ao dano ou ao resultado útil do processo), em suas duas espécies [cautelar e antecipada] torna-os inúteis" (BUENO, Cassio Scarpinella. A tutela provisória de urgência do CPC de 2015 na perspectiva dos diferentes tipos de *periculum in mora* de Calamandrei. *Revista de Processo*, v. 269, p. 269-290, 2017. p. 274).

[158] Nesse aspecto, chama a atenção a formulação que havia sido aprovada pela Câmara dos Deputados, antes da revisão final pelo Senado, na qual constava apenas "perigo na demora da prestação da tutela jurisdicional". Art. 301 do PL 8.046/2021. V. item 2.1.2.4.

[159] Item 3.6.1, *supra*.

A urgência da medida pretendida pela parte, em regra, é colocada a exame pelo julgador, salvo aquelas situações nas quais haja indicação *ope legis* de sua caracterização.[160] Nas hipóteses indicadas para tanto, em razão de *prévia* e *abstrata* avaliação pelo legislador,[161] é cabível resposta jurisdicional imediata e, por essa razão, prestada como tutela provisória, mediante cognição sumária, sem necessidade de observar os requisitos próprios da tutela de urgência.

O deferimento da tutela de urgência, de todo modo, deve ser examinado pelo julgador, seja para constatar a ocorrência daqueles casos estabelecidos pelo legislador, seja para apreciar os requisitos estabelecidos na disciplina processual. Esse exame, em ambos os casos, deve ser feito levando em conta os condicionantes presentes no processo quando da apreciação do pedido da parte. Não por outra razão, a decisão daí resultante poderá ser revogada ou modificada a qualquer tempo.[162]

Tais condicionantes dizem respeito tanto ao objeto do processo, em si, quanto às perspectivas processuais, em termos de prova e de demora para chegar à prestação jurisdicional definitiva. Em sua apreciação, o julgador deve levar em conta as provas já produzidas e a posição das partes quanto ao direito afirmado no momento no qual o processo se encontra, considerando a provisoriedade da tutela, sujeita a alterações decorrentes dos fatos ou do próprio desenvolvimento do processo.

É certo que, em liminar,[163] *ab initio*, mais do que as alegações – até em razão da possibilidade de deferimento do pedido *inaudita altera parte* –, o julgador procura antever a *posição jurídica* de todas as partes. Para tanto, deve fazer a projeção dos riscos envolvidos. Ainda que, de modo abstrato, anteveja as possibilidades de danos ou perdas para todas as partes, não somente para aquela requerente, mesmo que não esteja estabelecido o contraditório. Cabe ao juiz, também, cuidado com os gravames impostos para a parte ainda ausente do processo.

Nessa mesma direção, seria imprescindível levar em conta a estimativa da duração do processo, da demora da resposta jurisdicional esperada pelas partes. Essa projeção temporal é fundamental, porque a principal justificativa da tutela provisória é o *tempo do processo*,[164] sua duração até chegar a uma tutela definitiva.

---

[160] Nesse sentido, item 3.4.4, *supra*.

[161] *Prévia* e *abstrata* por não dizer respeito a litígio concreto e por considerar valores extraídos do ordenamento jurídico, sem ligação com situações específicas, como discutido no item em referência na nota anterior.

[162] Art. 296, *caput*, do CPC.

[163] Discutindo as diferenças entre liminar, cautelar e antecipação de tutela, v. as sempre lúcidas ponderações de CALMON DE PASSOS, José Joaquim. *Comentários ao Código de Processo Civil*. 8. ed. Rio de Janeiro: Forense, 1998. v. III: Arts 270 a 331. p. 17-19.

[164] Retome itens 1.3 e 1.4, *supra*.

Admita-se, por suposição, um utópico *processo imediato.*[165] Nessas condições, a tutela provisória pode não ser necessária, tendo em vista a possibilidade de célere prolação de decisão final de mérito.[166]

Na apreciação da tutela provisória, cabe considerar, além dos condicionantes objetivos e subjetivos colocados ao julgador, a avaliação das perspectivas temporais da resposta jurisdicional.[167] Afinal, a tutela de urgência "encontra sua razão de ser na impossibilidade de que a tutela ordinária seja instantânea",[168] fazendo com que, quanto mais rápido e eficiente for o processo ordinário, menor a necessidade da tutela provisória. Assim, cabe ao julgador estimar se eventual ou ocasional celeridade poderia tornar prescindível a medida de urgência.

Diante do exposto, neste item, cabe a observação de a urgência ser examinada a partir dos condicionantes presentes no processo no momento de apreciação do pedido. Entre esses, a situação de fato, o direito material envolvido e a projeção do desenvolvimento do próprio processo, em termos das perspectivas probatórias e de sua duração. Nesse sentido, pouco importa quais sejam os requisitos estabelecidos em lei, a urgência é um elemento *processualmente construído*, isto é, apreensível a partir da situação de fato e de direito presente no momento da apreciação do pedido, bem como da estimativa do desenvolvimento do próprio processo e da possibilidade de sucesso da parte.

A esse propósito, cabe recordar que a tutela é *provisória,* e como tal é também a cognição judicial que a embasa.[169] Essa cognição poderá ser complementada com a instauração do contraditório e a dilação probatória. Ainda mais, tem como peculiaridade incidir sobre as possibilidades do próprio processo, inclusive sobre os limites de sua forma sumária. Afinal, há demandas, por sua natureza, mais facilmente aferíveis *prima facie*, mediante simples alegação e provas documentais; outras envolvem maior dificuldade, exigindo, mesmo em cognição sumária, maior substrato probatório ou a instauração do contraditório para constatação da urgência afirmada.

Em suma, pode-se dizer que ao julgador cabe fazer uma avaliação dos riscos implicados a determinado processo, levando em conta a multiplicidade de fatores apontada anteriormente. Mais do que isso, cabe examinar como esses riscos se distribuem entre as partes e se essa distribuição é equitativa, considerando a

---

[165] Cf. item 1.3.1, *supra.*

[166] Sem prejuízo de a tutela de urgência ser deferida na própria sentença. A esse propósito, v. item 1.5.2, *supra.*

[167] Nesse sentido, retome item 1.3.2, *supra.*

[168] "... trova la sua ragion d'essere nell'impossibilità che la tutela ordinaria sia istantania" (CIPRIANI, Franco. Il procedimento cautelare tra efficienza e garanzie. *Il Giusto Proceso Civile,* v. 1, p. 7-30, 2006. p. 10).

[169] V. item 3.6.2, *infra.*

144 TUTELA DE URGÊNCIA – *Carlos Alberto de Salles*

posição jurídica de ambas no processo e a gravidade do dano ou perda que podem vir a sofrer, tanto pela demora da resposta jurisdicional quanto pela irreversibilidade da medida deferida pelo juízo.[170] Como anteriormente sustentado,[171] por meio da tutela provisória, realiza-se a gestão do tempo e dos riscos do processo, tendo em vista a consideração dos gravames e do risco suportados pelas partes e levando em conta uma estimativa do próprio processo e de seus resultados.

3.6.2 O risco como objeto da cognição judicial

Como mencionado no item anterior, a tutela de urgência é provisória, sendo sumária a cognição que a embasa. Com o desenvolvimento do processo, ela poderá sempre ser complementada, até a decisão final. Por conta das mudanças da cognição judicial ao longo do processo, a tutela provisória poderá, em qualquer momento, ser modificada, revogada ou mesmo deferida, caso não o tenha sido de início.[172]

A esse respeito, importante retomar a afirmação da tutela de urgência compreendida como mecanismo de *aceleração da resposta jurisdicional.*[173] O objetivo desse tipo de tutela é o de propiciar resposta, independentemente de sua natureza, antes da decisão definitiva. Resposta que poderá consistir em antecipação, no todo ou em parte, do resultado final pretendido pela parte ou em provimento apto a assegurar condições para atendimento do direito afirmado.[174]

Tal *aceleração* torna-se possível mediante a utilização da técnica de *cognição sumária*,[175] que é o mecanismo processual pelo qual se pode alcançar rapidez e agilidade na resposta jurisdicional. Por meio dessa técnica, é possível chegar a uma decisão sem obrigar o julgador a conhecer, de maneira exauriente, todas as questões de fato e de direito relativas ao objeto do processo. Basta, para tanto, que o julgador conheça de maneira ainda *superficial* da pretensão formulada pela parte.

Cabe responder como o *conceito de risco* pode ser utilizado em cognição processual sumária. Até porque é preciso saber se tal utilização não exigiria ir além da superficialidade característica desse tipo de cognição.

A esse propósito, como já ressaltado,[176] faz-se relevante a observação de que a cognição sumária não é "incompleta", em contraposição àquela plena e

---

[170] Cf., a esse respeito, item 4.1.2, *infra*.

[171] Item 1.6, *supra*.

[172] Arts. 298 e 300, *caput*, do CPC. No tocante à possibilidade de deferimento a qualquer tempo, ver a expressa dicção do segundo dispositivo legal, referindo que sua concessão se dará "quando houver elementos que evidenciem" os requisitos legais.

[173] Como desenvolvido no capítulo 1, em especial, itens 1.3.2 e 1.5, *supra*.

[174] Sob esse enfoque, tanto a *tutela antecipada* quanto a *cautelar* têm o condão de apressar resultados que seriam possíveis apenas com o desenvolvimento completo do processo.

[175] V. itens 1.5 e 1.5.1, *supra*.

[176] Item 1.5.1, *supra*.

completa, própria do procedimento ordinário.[177] Como salienta Kazuo Watanabe, ao contrário, mesmo sumária, esse tipo de cognição se estende sobre todas as questões pertinentes, "mas se a cognição dessas questões é superficial, ela é sumária quanto à profundidade",[178] sendo horizontalmente ilimitada. Ou seja, é *ampla* (ou plena) em extensão, mas *sumária* (ou superficial) em profundidade.

A sumariedade, assim, tem a ver com a superficialidade da cognição, sem, no entanto, excluir a apreciação de todas as questões de fato e de direito, material e processual, que sejam pertinentes para a decisão. Dessa forma, elementos processuais – como pressupostos processuais ou condições da ação – e materiais – como requisitos do direito afirmado – devem ser apreciados, embora de maneira superficial. A diferença consiste apenas no fato de as várias questões pertinentes serem solucionadas *prima facie*, mediante juízo sumário.

O conceito de risco, de qualquer forma, não induz uma ampliação da cognição judicial, horizontal ou vertical. O risco, da maneira aqui desenvolvida, ao contrário, coloca-se como elemento de análise capaz de unificar a compreensão dos requisitos de urgência e, ao mesmo tempo, dar-lhes conteúdo mais preciso. Não se trata de proposta *de lege ferenda*, porque não é oposta à disciplina legal, que contempla esse conceito.[179] Nem mesmo *de lege lata*, porque não propõe inovação no trato da legislação vigente. Trata-se, de forma diversa, de proposta no âmbito conceitual, de construção epistemológica dos requisitos da tutela de urgência.[180]

A consideração do risco, assim, vem refinar a cognição sumária, melhorando com isso a *previsibilidade*[181] do julgador quanto a resultados adversos que se queira evitar. Pretende-se, portanto, agregar à cognição judicial dos requisitos legais da tutela de urgência um método de *avaliação de risco* no processo,[182] a partir da consideração do *elemento precedente* (a identificação do risco), do *elemento consequente* (o cálculo do risco) e da determinação do *nível de intervenção* (a qualificação final do risco). É o que se coloca em perspectiva no próximo item.

Insista-se, segundo a proposta aqui sustentada, o conceito de risco se coloca como um instrumento para construção da racionalidade ínsita à tutela de urgência.

---

[177] Entendendo de forma diversa, no sentido de ser "incompleta, porque parcial", v. BEDAQUE, José Roberto dos Santos. *Tutela provisória*: analisada à luz das garantias constitucionais da ação e do processo. 6. ed. São Paulo: Malheiros, 2021. p. 117.

[178] WATANABE, Kazuo. *Cognição no processo civil*. 4. ed. São Paulo: Saraiva, 2012. p. 128.

[179] Parte final do *caput* do art. 300 do CPC.

[180] Cf. item 3.1, *supra*.

[181] Sobre risco e previsibilidade, v. item 3.4, *supra*.

[182] Para a colocação do risco com um método utilizado em processos decisórios, v. STEELE, Jenny. *Risks and legal theory*. Londres: Bloomsbury, 2004. p. 7-8.

146 | TUTELA DE URGÊNCIA – *Carlos Alberto de Salles*

3.6.2.1 A avaliação jurisdicional do risco

A identificação de um risco e a estimativa da probabilidade de resultado indesejado, com suas correspondentes quantificâno e qualificação, compreendidas no cálculo de risco, associam-se à predição de danos ou perdas cuja prevenção interesse ao sistema jurídico. Essas operações estão ligadas à capacidade de decidir a respeito,[183] com o estabelecimento de medidas para evitar sua ocorrência ou impedir sua progressão.[184] Trata-se da chamada *decidibilidade*,[185] sempre orientada pelos objetivos de efetividade da tutela jurisdicional e, na perspectiva interna ao processo, de justiça na distribuição entre as partes dos gravames decorrentes do *tempo do processo*.[186]

O primeiro passo na avaliação do risco é sua *identificação*.[187]

Essa operação inicial tem variável grau de dificuldade. O risco pode ser demonstrado técnica ou cientificamente ou pela simples experiência comum do julgador. Por vezes, a demonstração pode ainda estar ligada a intricadas situações de incerteza científica, de difícil superação em cognição sumária. Em outras situações, ao contrário, pode se ligar a consensos muito bem estabelecidos no âmbito da ciência e da população de um modo geral.

Da perspectiva da cognição sumária – é evidente –, a identificação do risco em exame superficial é mais fácil em situações que encontrem respaldo na experiência comum ou que venham embasadas em fortes consensos científicos ou sociais. Nesses casos, o risco é mais facilmente aferível, na medida em que sua constatação dispensa maiores elementos de prova e contraditório mais alargado. Em situações de mais difícil apreensão do risco, a parte deve contar com produção antecipada de provas,[188]

---

[183] Itens 3.4 e 3.4.3, *supra*.

[184] Cf. item 3.4.3, *supra*. Sobre objetivos da tutela de urgência, v. item 4.5, *infra*.

[185] V., sobretudo, itens 3.4 e 3.4.3, *supra*.

[186] A esse propósito, v. itens 1.3 e 1.4, com seus respectivos subitens, *supra*.

[187] Como desenvolvido no item 3.4.1, *supra*.

[188] Arts. 381 a 383 do CPC. Sobre produção antecipada de provas, Flávio Luiz Yarshell coloca: "A propósito, não será demasiado reafirmar a ideia de que, quanto mais o sistema permite ou se dispõe a antecipar medidas de instrução, maior a quantidade de elementos fornecidos às partes para avaliação de suas chances e riscos no futuro e eventual processo. E, quanto maior a amplitude de tais providências, mais se pode exigir daquelas sob o prisma ético. O reconhecimento de um direito à pré-constituição da prova, assim, valoriza o princípio de lealdade e dá verdadeiro sentido ao chamado dever de veracidade. Além disso, o direito de pré-constituir prova, ou, por outras palavras, de produzi-la antecipadamente mesmo que não haja urgência afigura-se instrumento idôneo a permitir que os interessados verdadeiramente cumpram seus deveres de colaboração e cooperação, considerando-se aí, mais uma vez, os escopos da jurisdição" (YARSHELL, Flávio Luiz. *Antecipação da prova sem o requisito da urgência e direito autônomo à prova*. São Paulo: Malheiros, 2009. p. 306). Aponta, também, que "a certeza – ressalva feita ao caráter objetivo que decorre da sentença soberanamente transitada em julgado – traduz-se em termos mais realistas, não mais que em probabilidades; e, portanto, na avaliação de riscos" (p. 249).

Capítulo 3 · O RISCO COMO CONCEITO PROCESSUAL | **147**

atas notariais,[189] outros meios de provas extrajudiciais ou aguardar a instrução probatória no próprio processo.

Superadas as dificuldades de identificação do risco, que têm muito a ver com sua gravidade e com a forma de sua manifestação, o segundo passo para sua avaliação, em cognição sumária, é a exata compreensão de sua *calculabilidade*.[190]

A esse propósito, importante entender que o cálculo de risco é *correlativo*.[191] Para sua aferição, mostra-se necessário levar em conta dois fatores, a serem reciprocamente considerados: a probabilidade de ocorrência de evento não desejado (dado quantitativo) e o valor atribuído de tal evento (dado qualitativo). A probabilidade diz respeito à possibilidade de ocorrência de evento futuro. A atribuição de valor, por outro lado, está baseada na gravidade das consequências do evento provável, podendo adotar expressão econômico-financeira ou basear-se nos valores morais e jurídicos envolvidos. O cálculo de risco, portanto, não é simples antevisão de possibilidades futuras, mas implica atribuição de valor quanto ao dano ou perda antevistos. Daí a ideia de o cálculo de risco envolver *quantificação* e *qualificação*.

O cálculo de risco, projetado para a cognição judicial na tutela de urgência, deve, assim, considerar a *correlação* entre probabilidade e gravidade do possível dano ou perda.[192] Tais fatores são reciprocamente determinantes da conclusão quanto ao cabimento da tutela de urgência. Há situações nas quais pode haver alta probabilidade de dano, mas se tratar de risco pouco significativo. Como também pode haver situação de baixa ou desconhecida probabilidade, mas risco de enorme gravidade.

Compare-se, a título de exemplo, pedido de suspensão do pagamento de parcelas devidas e restituição daquelas já pagas, em uma rescisão contratual movida contra contratante solvente; e pedido de nunciação de obra nova, baseada na possibilidade de desmoronamento de aterro sobre casas vizinhas. No primeiro caso, a probabilidade de dano é elevada, em razão do dispêndio mensal com o pagamento das parcelas contratadas, embora a gravidade seja pequena, uma vez que o dano envolvido é patrimonial.[193] No segundo, a probabilidade pode ser

---

[189] Art. 384 do CPC.

[190] Apresentada anteriormente como o *elemento consequente* do conceito de risco (item 3.4.2).

[191] Cf. item 3.4.2, *supra*.

[192] Outra possível correlação é entre a gravidade do provimento jurisdicional e o direito afirmado. Nesse sentido, há possibilidade de falar-se em um "princípio da proporcionalidade: quanto mais grave for a interferência do provimento na esfera do peticionado, tanto mais rigoroso tem de ser o exame do direito e tanto mais severas hão de ser as exigências a impor a quem cabe tornar críveis as alegações".

[193] Devendo-se sempre levar em consideração a situação econômico-financeira das partes e a representatividade da "perda patrimonial" para elas. Afinal, a relevância do dano patrimonial pode alterar a análise da gravidade envolvida.

pequena ou de difícil constatação, mas o dano gravíssimo, na medida em que põe em risco a vida dos habitantes das casas.

É certo que, em cognição sumária, portanto superficial, há uma tendência em prevalecer a qualificação do risco. Isso por ser mais facilmente verificável, considerando que sua probabilidade pode exigir constatações de maior complexidade. No entanto, essa circunstância não afasta a necessidade de o julgador aquilatar a probabilidade de dano ou perda, pois, se for inexistente ou ínfima, a tutela de urgência pode não se justificar, mesmo diante da gravidade do dano ou perda esperada.

Avaliação jurídica do risco é, também, cálculo racional, mas não necessariamente matemático, não precisa ser traduzido em expressão numérica. Sua racionalidade está ligada, sobretudo, à verificação dos requisitos legais caracterizadores da urgência, da qual o risco é um indicativo. O cálculo jurídico do risco deve vir exposto na forma de discurso coerente, indicando a necessidade de uma intervenção jurisdicional de natureza adequada. Dessa maneira, a função primordial do cálculo de risco, insiste-se, é a de *decidibilidade*, a de fornecer elementos para o julgador verificar o correto *nível de intervenção* a partir do qual uma resposta jurisdicional mostra-se necessária.

Nesse aspecto, como antes apontado,[194] o Código de Processo Civil vigente abandonou a qualificação de dano ou lesão que seriam ensejadores de tutela de urgência. Na disciplina anterior, estes vinham designados como de "grave e de difícil reparação"[195] ou de "irreparável ou de difícil reparação".[196] Tal qualificação legal, em alguma medida, indicava critérios para determinação do nível de intervenção. Sinalizava que não era qualquer dano que seria determinante da medida de urgência, mas apenas aqueles aptos a receberem a qualificação dos adjetivos indicados no texto legal.

À falta de indicação no texto legal, e não parecendo razoável ou factível pretender partes sempre e inteiramente indenes no processo,[197] a solução deve vir do intérprete ou do aplicador da norma.

Para tanto, deve-se considerar as finalidades para as quais a tutela de urgência está direcionada, quais sejam, a efetividade e a justiça do processo, significativa, no caso, da distribuição equitativa dos gravames do tempo do processo. Para isso, aponta-se a necessidade de ampliar horizontalmente (não em profundidade) a cognição do julgador, de modo que ela abranja a posição *das partes* no processo, não somente aquela da requerente da medida. Assim a

---

[194] Item 3.4.3, em especial o *Quadro 3, supra.*
[195] Art. 798 do CPC/1973.
[196] Art. 273, I, do CPC/1973, com a redação da Lei 8.952/1994. V., também, item 2.1.2.3, *supra.*
[197] Nesse sentido, v. item 3.4.3, *supra.*

proposta desta obra, de a tutela de urgência depender de uma ponderação de gravames (*balance of hardships*), tratada no item seguinte.

3.6.2.2   A ponderação de gravames (balance of hardships)

Os requisitos legais da tutela de urgência, em última análise, devem ser considerados a partir de suas finalidades, de promover efetividade e justiça do processo.[198]

Com efeito, o tempo do processo impõe inevitáveis gravames às partes, seja em razão da falta de decisão definitiva quanto ao direito material envolvido, seja em decorrência dos ônus decorrentes do trâmite processual. Importante, assim, a distribuição equilibrada desses gravames, que deve ser feita mediante apreciação equitativa, levando em conta a ponderação entre a posição jurídica das partes e os gravames por elas suportados.

Sob enfoque semelhante, é o que sustenta Cândido Rangel Dinamarco:

> Para minimizar os riscos decorrentes da sumariedade da cognição para esses juízos [de probabilidade] é sempre indispensável pôr esses dois requisitos [*fumus boni iuris* e *periculum in mora*], juntos, sobre a mesma mesa de trabalho, associando-os harmonicamente em um raciocínio integrado e contextual, porque só assim se pode chegar a um resultado equilibrado e proporcional aos perigos que eventualmente a parte possa temer. (...) E assim é que, maior o perigo detectado, menor rigor deverá ter o juiz quanto à probabilidade do direito. Maior a probabilidade de existência do direito, menores deverão ser seus temores na avaliação do perigo que ameaça o demandante. Inversamente, menor a probabilidade de existência do direito, com maior severidade deve ser examinado o requisito do perigo; e menor ou menos relevante o perigo de dano lamentado pelo postulante da medida, com menos liberdade há o juiz de apreciar o *fumus boni iuris*. O *fumus* que em um caso poderia ser suficiente talvez não o seja quando o risco de sofrer um mal não for tão grande ou quando o mal temido não seja tão grave a ponto de justificar eventuais riscos inversos, inerentes à antecipação.[199]

Nos Estados Unidos, o instrumento correspondente às nossas tutelas de urgência vai ao encontro dessa ideia de ponderação da posição *das partes*. Nessa direção, como as *preliminary injunctions* não possuem requisitos legalmente

---

[198] V. item 1.4, e respectivos subitens, *supra*.

[199] DINAMARCO, Cândido Rangel. *Instituições de direito processual civil*. 9. ed. São Paulo: Jus-Podivm, 2024. v. III. p. 894-895.

150 | TUTELA DE URGÊNCIA – *Carlos Alberto de Salles*

estabelecidos,[200] há importante discussão doutrinária e jurisprudencial acerca dos *standards*, ou parâmetros, para apreciação judicial dessas medidas injuntivas.[201]

Ocorre que se trata de medidas da chamada jurisdição de *equity*, que difere daquela denominada *at law*[202] e era decidida por juízes diferentes, com competência específica para seu exercício. Embora hoje sejam ambas exercidas pelo mesmo juiz, conservam características que lhes são peculiares. De todo modo, é certo que, mesmo agora, "todas ou quase todas as medidas equitativas são discricionárias em algum grau",[203] mesmo sendo exercidas em juízo único, que na jurisdição *at law* não tem a mesma liberdade de decisão.

Para delimitar o campo de discricionariedade da jurisdição de *equity*, doutrina e jurisprudência buscam identificar fatores a serem considerados para deferimento das medidas de urgência. Longe de serem uníssonos e livres de polêmicas, esses fatores procuram dar racionalidade à discricionaridade exercida pela corte. Entre os requisitos apontados, aparece o *balance of hardships*.[204]

Não se trata aqui, a toda evidência, de propor a importação de qualquer mecanismo jurídico estrangeiro, muito menos norte-americano, que a propósito da matéria estudada possui traços bastante específicos. A começar pelo fato de, naquele sistema, como mencionado, não haver parâmetros legais para deferimento de uma *preliminary injunction*, diferentemente do que ocorre no Brasil, o que geraria uma barreira intransponível de *transferibilidade*.[205]

Busca-se, isto sim, consideradas as características do direito brasileiro, encontrar padrões de racionalidade, para os quais a experiência estrangeira pode contribuir. Afinal, tais padrões podem ser capazes de permitir uma adequada compreensão das funções jurisdicionais envolvidas, em especial quanto à extensão da cognição judicial no âmbito da matéria tratada nesta obra. Mesmo no contexto

---

[200] A *Rule* 65 das *Federal Rules of Civil Procedure*, que trata desse instituto, não estabelece quais fatores devem ser observados para o deferimento de uma *preliminary injunction*.

[201] Para análise mais abrangente do instituto norte-americano, v. item 4.2.3, *infra*.

[202] Sobre a formação histórica das cortes de *equity* no sistema inglês e norte-americano, com posterior fusão com a jurisdição *at law*, v. SALLES, Carlos Alberto de. *Execução judicial em matéria ambiental*. São Paulo: Ed. RT, 1998, em especial, p. 167-174.

[203] "All or almost all equitable remedies are discretionary to some degree" (DOBBS, Dan B.; ROBERTS, Caprice L. *Law of remedies*: damages – equity – restitution. 3. ed. St. Paul: West Academic, 2018. p. 82).

[204] Referido, também, como *balance of convenience*. Cf. BEDAQUE, José Roberto dos Santos. *Tutela provisória*: analisada à luz das garantias constitucionais da ação e do processo. 6. ed. São Paulo: Malheiros, 2021. p. 36. Sobre a chamada cláusula de *hardship*, instrumento contratual, cuja finalidade é adaptar as obrigações contratuais às vicissitudes do tempo, v. MARTINS-COSTA, Judith. *Crise e perturbações no cumprimento da prestação*: estudo de direito comparado luso-brasileiro. São Paulo: Quartier Latin, 2020. p. 78-95.

[205] Discutindo as bases analíticas de direito comparado, em especial tendo como paradigma o direito norte-americano, v. SALLES, Carlos Alberto de. *Execução judicial em matéria ambiental*. São Paulo: Ed. RT, 1998, especial, p. 161-166.

do *civil law*, é possível afirmar o juiz das medidas provisórias como um "artesão do equilíbrio dos interesses".[206]

Em última análise, cuida-se de construir uma espécie de "mapa para fazer julgamentos mentais",[207] útil não apenas para julgadores, mas também para outros profissionais envolvidos com o processo, permitindo um adequado dimensionamento de expectativas e atribuições em relação à tutela de urgência.

Tratando-se de tutela provisória – portanto, anterior a uma solução definitiva –, a ponderação ou o balanceamento entre posições das partes e gravames por elas suportados tem de ser realizado prospectivamente, considerando o provável desenvolvimento do processo. Toma-se por base, então, a avaliação prévia do direito das partes e dos encargos a elas impostos ao longo do processo.

O julgador, ao fazer essa apreciação, realiza uma estimativa de possibilidades futuras às quais as partes podem estar sujeitas. Em outras palavras, no enfoque desta obra, o julgador *realiza uma avaliação dos riscos envolvidos no processo*, considerando para tanto a posição e as possibilidades *das partes* em relação ao direito material e ao próprio processo.

Assim, como dito de início,[208] a abordagem aqui proposta implica reconhecer que a cognição judicial abrange o cotejo da posição de todas as partes. Tal ampliação, no entanto, não afasta o caráter sumário, característico da cognição nas tutelas de urgência. A proposta ponderação de gravames não significa desnaturar a cognição superficial necessária à agilidade desse tipo de tutela; apenas coloca sob nova perspectiva os requisitos legais para caracterização de urgência, com o objetivo de estabelecer uma devida proporcionalidade entre as posições das partes.

Em suma, o julgador faz escolhas quanto às medidas jurisdicionais pretendidas pelas partes, com base em estimativas quanto ao direito e às possibilidades de ambas no processo, para delineamento de medidas de urgência que atendam à situação alegada pelas partes.[209]

Diversamente do que em geral se coloca, não importa apenas a posição da parte requerente, mas, também, a da parte em face da qual a medida é requerida. Em relação a esta última, tal estimativa realiza-se ainda que de maneira abstrata, considerando que ela não tenha sido integrada ao processo. Até por isso, algumas

---

[206] "[Artisan] de l'équilibre des intérêts" (CHAINAIS, Cécile. *La protection juridictionnelle provisoire dans le procès civil en droits français et italien*. Paris: Dalloz, 2007. p. 435).

[207] "[Map] for making metal judgments", para usar a expressão de DOBBS, Dan B.; ROBERTS, Caprice L. *Law of remedies*: damages – equity – restitution. 3. ed. St. Paul: West Academic, 2018 (Hornbook Series). p. 197.

[208] Item 3.6.2, *supra*.

[209] Para uma proposta de aplicação dessa técnica de ponderação, com formulação de exemplos, v. item 4.6, *infra*.

vezes a instauração do contraditório é dirimente da imediata concessão da tutela de urgência, por ser possível vislumbrar resposta da parte contrária em relação à qual não haja elementos nos autos.

Tal consideração mais abrangente justifica-se pelo fato de as tutelas provisórias, em especial as de urgência, servirem para realizar a referida distribuição dos gravames, de maneira que haja um adequado balanceamento do que será suportado por cada parte. Não se diga, a esse respeito, que se está a criar requisito inexistente na disciplina legal. Direitos de autor, réu e eventuais terceiros não são inseparáveis. Ao contrário, na maioria das vezes são ligados em relação de prejudicialidade. A probabilidade do direito de uma parte está condicionada à possível defesa da outra. Sob esse enfoque, o requisito de *probabilidade do direito* pode ser lido como *probabilidade de sucesso da demanda* por se ligar ao alegado pela parte contrária.[210]

A ponderação de gravames deve ocorrer tanto na tutela antecipada quanto na cautelar. Afinal, não se há de duvidar que a imposição de medidas meramente assecuratórias seja de igual maneira gravosa, afetando negativamente a parte em face da qual é lançada. Considerem-se, a título de exemplo, medidas cautelares tradicionais, como o arresto, o sequestro ou mesmo uma simples inscrição no registro imobiliário do bem. Todas acarretam efeitos negativos para a parte requerida, restrições decorrentes da medida acautelatória, seja pela apreensão de bens e recursos materiais, seja por sua simples vinculação ao processo.

É preciso, em todos os casos, cuidado para que a tutela de urgência não seja, ela mesma, fator de desestabilização do equilíbrio entre as partes e de produção de resultados indesejados.

O próprio legislador destaca que a tutela antecipada "não será concedida quando houver perigo de irreversibilidade dos efeitos da decisão",[211] a demonstrar a necessidade de consideração da eficácia da medida provisória, também, em face de quem ela é lançada.

A esse propósito, curiosamente, o Código de Processo Civil vigente manteve a irreversibilidade como limite, mas aboliu a irreparabilidade ou a difícil reparação como critério para deferimento da tutela de urgência.[212] Na falta da irreparabilidade como marco definidor do *nível de intervenção*, a justificar o deferimento desse tipo de medida, e não sendo plausível seu cabimento em face de todo e qualquer dado, mostra-se possível ao julgador realizar uma ponderação entre a posição das partes e os riscos a que estão submetidas no processo.

---

[210] Adiante será demonstrado como a probabilidade do direito tem papel constitutivo do risco suportado pela parte (item 4.3.1, *infra*).

[211] Art. 300, § 3º, do CPC. A respeito, v. item 4.1.2 e subitens, *infra*.

[212] Nesse sentido, a discussão no item 3.4.3, *supra*.

Com efeito, em muitas situações, o dano evitado para uma parte e aquele produzido para outra, em decorrência de uma tutela de urgência, tendem a ser parelhos. O que uma parte obtém ou evita com a medida é semelhante àquilo que é suportado pela parte contrária. Em outras situações, no entanto, consideradas as condições subjetivas das partes – inclusive quanto à gravidade do dano –, o benefício pode ser grande para uma e, em contraste, insignificante para a outra. Sob diferente perspectiva, a princípio não se pode admitir que a tutela de urgência venha a causar danos desproporcionalmente maiores à parte requerida do que os correspondentes benefícios àquela requerente. Na devida medida, é como se, no balanceamento de gravames, o juiz realizasse "uma análise de custo-benefício de pequena escala".[213]

Na consideração dos requisitos para a tutela de urgência, há uma zona de tensão entre a *efetividade* e a *justiça do processo*,[214] sendo certo que a primeira não poderá ser alcançada em prejuízo da segunda. Tanto possíveis danos e perdas da parte requerente quanto aqueles impostos à parte contrária devem ser considerados, sob pena de prejuízo a um processo justo, equilibrado e equitativo. O

---

[213] LUSVARGHI, Leonardo Augusto dos Santos. *Tutela antecipada em processos coletivos*: a racionalidade de sua concessão. 2012. Dissertação (Mestrado) – Faculdade de Direito, Universidade de São Paulo, São Paulo, 2012. p. 100. No caso, o autor comenta o *balance of hardships* do sistema norte-americano.

[214] Semelhante àquela apontada por Teori Albino Zavascki, entre efetividade e segurança (ZAVASCKI, Teori Albino. *Antecipação da tutela*. 7. ed. São Paulo: Saraiva, 2009. p. 63-71). Nesse sentido, também, ANDOLINA, Italo. *"Cognizione" ed "esecuzione forzata" nel sistema della tutela giurisdizionale*: corso di lezioni. Milano: A. Giuffrè, 1983. p. 21. Coloca ainda que "[l']istanza di tempestività rispecchia *sub specie universalis* l'interesse dell'atore ad arrestare il fenomeno inquietante del prodursi del danno marginale; essa non è che una proiezione, su un piano di generalità ed astrattezza, dell'interesse di urgenza cristallizzato in quella che costituisce, secondo l'*id quod plerumque accidit*, la sua dimensione quantitativa media. L'istanza di stabilità riflette *sub specie universalis* l'interesse del convenuto ad evitare il danno d'una esecuzione che successivamente potrebbe rivelarsi ingiustificata; essa non è che una proiezione, su un piano di generalità ed astrattezza, dell'interesse alla completa cognizione, cristallizzato in quella che costituisce, secondo l'*id quod plerumque accidit*, la sua dimensione quantitativa media". ("[o] pedido de tempestividade reflete *sub specie universalis* o interesse do autor em fazer cessar o fenômeno perturbador de produzir-se um dano marginal; não é mais do que uma projeção, num plano de generalidade e abstração, do interesse na urgência cristalizado naquilo que constitui, segundo o *id quod plerumque accidit*, a sua dimensão quantitativa média. O pedido de estabilidade reflete, *sub specie universalis*, o interesse do demandado de evitar o prejuízo de uma execução que na sequência poderia vir a revelar-se injustificada; não é mais do que uma projeção, em um plano de generalidade e abstração, do interesse na cognição completa, cristalizado naquilo que constitui, segundo o *id quod plerumque accidit*, a sua dimensão quantitativa média") (p. 29). Também, item 2.1.3.2, *supra*. Para José Roberto dos Santos Bedaque: "Celeridade *versus* segurança, eis o drama enfrentado pelo processualista ao tentar construir o modelo adequado do processo justo e équo" (BEDAQUE, José Roberto dos Santos. *Tutela provisória*: analisada à luz das garantias constitucionais da ação e do processo. 6. ed. São Paulo: Malheiros, 2021. p. 155).

papel do julgador, assim, deve ser buscar o equilíbrio entre aqueles valores em tensão (efetividade e justiça) em razão da tutela de urgência, sabendo que eles nem sempre podem andar juntos.

Com a falta de critério legal claro para determinar o nível de intervenção jurisdicional, para deferimento de uma medida de urgência, deve-se considerar a necessidade de garantir a efetividade do processo e a distribuição equitativa de seus gravames. Para tanto, impõe-se reconhecer um objeto mais abrangente da cognição judicial, com a consideração ampla da posição das partes no processo.

Tal consideração é feita de modo prospectivo, pois busca antever os resultados no processo. A cognição judicial realiza-se na forma de ampla *avaliação do risco*, levando em conta as possibilidades de resultados indesejados para todas as partes. O julgador, ao deferir ou não uma tutela de urgência, faz, também, uma alocação dos riscos do processo. Em última análise, cuida-se de saber qual das partes suportará os *riscos* de um resultado adverso. Daí a necessidade de um criterioso balanceamento de posições e possíveis danos ou perdas impingidos às partes, de modo a estabelecer verdadeira *regulação provisória do litígio*.[215]

3.6.2.3 As possibilidades de avaliação jurídica do risco

A seguir, investiga-se o modo pelo qual a avaliação de risco pode ser absorvida pela cognição judicial, em especial em sua forma sumária, superficial, não exauriente. Procura-se responder *se* e *como* caberia à cognição judicial assimilar o cálculo probabilístico do risco como base de decisões.

Como supradesenvolvido, o conceito de risco está ligado aos objetivos fundamentais de *previsibilidade* e *decidibilidade*.[216]

A elaboração de um *cálculo do risco*[217] tem a ver diretamente com o segundo desses objetivos, pois trata de elaborar uma avaliação, capaz de servir de base para a decisão judicial. Por meio dele, é possível estabelecer um *nível de intervenção*,[218] um ponto de corte indicativo do grau de risco a partir do qual se justifica a urgência de uma resposta jurisdicional.[219]

Nesse sentido, cabe recordar que a principal expressão do risco tem sido dada em termos de probabilidade matemática.[220] Nela, utiliza-se uma escala de valores de 0 (zero) a 1 (um), sendo 0 (zero) a impossibilidade de ocorrência

---

[215] A esse respeito, cf. item 4.6, *infra*.
[216] V. item 3.1, *supra*.
[217] Cf. item 3.4.2, *supra*.
[218] Cf. item 3.4.3, *supra*.
[219] Em outros contextos, esse *nível de intervenção* é importante, também, em decisões administrativas, legislativas ou mesmo de agentes privados.
[220] Essa discussão foi apresentada no item 3.4.2, *supra*.

Capítulo 3 · O RISCO COMO CONCEITO PROCESSUAL | **155**

de determinado evento e 1 (um) a certeza de sua ocorrência. Em um processo ideal, a decisão quanto à tutela de urgência poderia estar referenciada em probabilidade matemática. Para tanto, o julgador precisaria estar capacitado para elaborar – pessoalmente ou com auxílio técnico-eletrônico – o cálculo de qual nível de probabilidade seria determinante de uma medida de urgência. Por exemplo, para julgar que a probabilidade de ocorrência de um evento lesivo é de 0,8 (oito décimos) e que esse patamar é suficiente para o deferimento da tutela pretendida pela parte.[221]

Sem dúvida, a objetividade e a precisão matemática, como fundamento decisório, podem impressionar positivamente. Afinal, a altíssima probabilidade de ocorrência futura de um evento, calculada em expressão numérica, pode parecer boa métrica para chancelar a necessidade de uma medida urgente.

Esse cálculo, todavia, não é realizado com facilidade. Sua realização toma por base eventos pretéritos, que servem para localizar padrões da frequência com que ocorrem. Com base neles, é possível determinar a probabilidade de uma ocorrência futura. A acuidade do cálculo probabilístico, no entanto, depende de vários fatores, entre os quais o tamanho e a uniformidade das amostras examinadas, não excluindo, de qualquer forma, a necessidade de *qualificação* dos riscos, como já apontado.[222] Com tudo isso, sua realização em juízo, no âmbito de um processo específico, impõe sérias dificuldades.

Em primeiro lugar, porque nosso processo jurisdicional opera com base em decisões caso a caso.[223] Excluídas aquelas hipóteses de processos repetitivos, baseados na identidade de questões de direito,[224] a judicialização de litígios ocorre levando em conta situações de fato, envolvidas em circunstâncias, quase sempre, muito variadas. Por mais que a causa de pedir de um processo possa ter identidade com a de outro, sempre poderão existir, entre outras, situações subjetivas, negociais ou probatórias peculiares. Tudo isso torna difícil definir a base amostral necessária para, de forma consistente, estabelecer a probabilidade de resultados futuros aplicável a uma generalidade de casos.

Em segundo, pesa o fato de o cálculo de risco ter um aspecto *correlativo*, isto é, além de sua identificação e quantificação, exige-se qualificar o possível

---

[221] Em termos de probabilidade, ante a falta de parâmetro legal será sempre problemático definir qual seria o coeficiente adequado para desencadear uma tutela de urgência. Qual a probabilidade exigida para seu deferimento? Basta aquele equivalente a 0,2 (dois décimos)? Ou seriam necessárias probabilidades mais altas? Acima de 0,5 (cinco décimos) ou com maior rigor, superior a 0,9 (nove décimos)?

[222] Item 3.4.3, *supra*.

[223] Discutindo os problemas de escala nos quais o processo decisório judicial está envolvido, v. KOMESAR, Neil K. *Imperfect alternatives*: choosing institutions in law, economics, and public policy. Chicago: University of Chicago, 1997. p. 142-150.

[224] V. arts. 928, 976, I, e 1.036, *caput*, do CPC.

evento antevisto, segundo a gravidade do risco envolvido.[225] Em outros termos, tal cálculo envolve a correlação entre a probabilidade e a gravidade do possível dano ou perda envolvidos. Quanto mais grave o risco, menor a probabilidade exigida. Por exemplo, considerem-se situações envolvendo risco de morte. A gravidade do resultado provável induz à necessidade de urgência, que, portanto, pode configurar-se mesmo com menor probabilidade.

Em terceiro lugar, por fim, como sustentado no item anterior, o risco a ser considerado no processo não diz respeito somente à parte requerente da medida, mas também àquela em face da qual é requerida. Mais ainda, esse risco diz respeito ao próprio processo. Por um lado, o deferimento da tutela de urgência impõe um gravame à parte contrária e, dado seu caráter provisório, está sujeita a ser revertida em momento processual posterior. Por outro lado, o indeferimento da medida pode vir a comprometer o resultado útil do processo, como não quer o Código de Processo Civil.[226] Daí a importância de antever as chances de sucesso das partes no processo, estimar aquela que aparenta ter razão, para realizar a correta *ponderação de gravames* – ou *balance of hardships* – aos quais as partes estão submetidas.

Buscando um modo de calcular e exprimir correlações entre os fatores determinantes das *preliminary injunctions*, dos Estados Unidos, surgiu a formulação que acabou conhecida como Leubsdorf-Posner, em referência aos autores envolvidos em seu desenvolvimento.

John Leubsdorf deu o primeiro passo. Em um artigo acadêmico,[227] propôs que o objetivo daquele instituto do direito norte-americano deveria ser o de minimizar danos irreparáveis, naquelas situações nas quais as Cortes não pudessem saber, no início do processo, a quem viria a ser reconhecido o direito controvertido.

Para tanto, o julgador deveria comparar o dano irreparável encarado por cada parte, descontado da probabilidade de a parte estar juridicamente errada. Com isso, a parte cuja posição fosse a mais provável de prevalecer poderia obter a *preliminary injunction* – ou, se fosse o demandado, prevenir sua concessão – mesmo se o dano irreparável a que estivesse submetida fosse menor do que o da parte contrária. Por outro lado, a parte encarando um dano irreparável de muito maior expressão do que aquele de seu oponente poderia obter ou prevenir a *injunction*, mesmo que as chances de sua posição prevalecer no mérito não fossem tão fortes.[228]

---

[225] Nesse aspecto, a necessidade de *qualificação* do risco, apontada no item 3.4.2. Também item 3.6.2.1, *supra*.

[226] Art. 330, *caput*, parte final.

[227] LEUBSDORF, John. The standard for preliminary injunctions. *Harvard Law Review*, v. 91, p. 525-566, 1978.

[228] Para uma síntese mais recente da posição do autor, v. LEUBSDORF, John. Preliminary injunctions: in defense of the merits. *Fordham Law Review*, v. 76, p. 33-47, 2007. p. 33-35.

Capítulo 3 · O RISCO COMO CONCEITO PROCESSUAL | **157**

A posição de Leubsdorf, estabelecendo a correlação entre o dano irreparável prevenido ou impingido pela medida de urgência e a possibilidade de seu beneficiário não se sair vitorioso do processo, acabou – o que é curioso – ganhando expressão matemática em um julgado da Corte de Apelação do 7º Circuito da Justiça Federal norte-americana.

Richard A. Posner, juiz daquela corte de apelação e também acadêmico, ligado à análise econômica do Direito, aplicando as ideias de Leubsdorf, fundamentou sua decisão, no caso conhecido como *American Hospital Supply v. Hospital Products*,[229] baseando-se na seguinte fórmula:

$$P \times Hp > (1 - P) \times Hd$$

Nessa fórmula, P é a probabilidade de o demandante ganhar o processo. Hp (*harm to the plaintiff*) é o conjunto de danos irreparáveis para o autor caso a *injunction* seja negada. A subtração (1 - P) indica a possibilidade de o demandado perder o processo, calculada pela probabilidade máxima (= 1) menos a probabilidade de o autor ganhar a causa. Por fim, Hd (*harm to the defendant*) é o conjunto de danos irreparáveis para o réu.[230]

Exemplificativamente, suponha-se que a probabilidade de ganho do autor seja de 60% (0,6) e o dano irreparável para ambas as partes seja igual a 1.000 (em valor de moeda).[231] Então, substituindo os valores na fórmula, tem-se:

$$0,6 \times 1.000 > (1 - 0,6) \times 1.000$$
$$600 > 400$$

Assim, da fórmula Leubsdorf-Posner, relacionando dano irreparável e probabilidade de sucesso no processo, resultou a indicação de posição de vantagem do autor para fim de deferimento da tutela de urgência, de maneira semelhante ao julgado do 7º Circuito, que manteve a *injunction* preliminar deferida em primeiro grau. Claro, a decisão judicial não se limitou à aplicação da formulação, mas debateu extensivamente as razões que levaram às conclusões quanto aos danos irreparáveis, de uma e outra parte, na ausência ou no

---

[229] 780 F.2d 589 (7th Cir. 1986).

[230] Cf., discutindo a aplicabilidade dessa fórmula, LUSVARGHI, Leonardo Augusto dos Santos. *Tutela antecipada em processos coletivos*: a racionalidade de sua concessão. 2012. Dissertação (Mestrado) – Faculdade de Direito, Universidade de São Paulo, São Paulo, 2012. p. 75-83.

[231] No caso comentado, diversamente do exemplo referido, o valor das perdas irreparáveis sofridas pelas partes é igual, porque se trata de rescisão contratual. A empresa Hospital Products estava em estado pré-falimentar quando da apreciação da *preliminary injunction*.

deferimento da medida, e as alegações indicativas das chances de o demandante ou o demandado saírem vitoriosos.

A estratégia adotada pelo julgador, nesse caso, longe de pretender matematizar o julgamento, foi, na verdade, apenas dotá-lo de racionalidade, tomando por base os elementos tradicionalmente indicados para a *preliminary injunction*.[232] É o que esclarece a própria *opinion*[233] lançada no julgamento do caso:

> [Esta fórmula] não é apresentada como um novo parâmetro jurídico; não se destina a forçar a análise em uma camisa de força quantitativa, mas a auxiliá-la, apresentando sucintamente os fatores que a Corte deve considerar ao tomar sua decisão e articulando o relacionamento entre esses fatores. Na verdade, é apenas uma destilação do familiar teste de quatro (por vezes cinco) fatores que as cortes usam ao decidir se concedem uma *preliminary injunction*.[234]

Dois pontos chamam a atenção na colocação de Richard Posner, expostas na fundamentação de seu voto, na perspectiva desta obra.

Primeiro, os fatores considerados na fórmula utilizada podem, com facilidade, ser considerados da perspectiva do risco. Nesse sentido, a formulação proposta não indica nada mais do que um cotejamento de riscos. De um lado, a probabilidade de sucesso do autor no mérito da demanda e de vir a sofrer danos irreparáveis no caso de não deferimento da medida de urgência. De outro, em movimento contrário, a probabilidade de insucesso do demandado e danos, de igual qualidade, no caso de a *injunction* vir a ser deferida. Em outras palavras, uma avaliação dos riscos envolvidos na apreciação da medida, para uma e outra parte.

Segundo, impressiona o fato de a fórmula proposta, com a redução que propõe, aproximar-se dos requisitos estabelecidos pelo art. 300 do Código de Processo Civil brasileiro. Afinal, os fatores nela considerados nada mais são do que, de um lado, a "probabilidade do direito" [P e (1 − P)] e, de outro, "o perigo de dano ou o risco ao resultado útil do processo" [Hp e Hd], estes últimos sem

---

[232] Cf. no item anterior.

[233] Correspondente, na sistemática brasileira, ao voto vencedor que comporá o acórdão, contendo o julgamento pelo colegiado. No caso em comento, houve voto divergente, revogando a medida de urgência deferida em primeiro grau.

[234] "[This formula] is not offered as a new legal standard; it is intended not to force analysis into a quantitative straitjacket but to assist analysis by presenting succinctly the factors that the court must consider in making its decision and by articulating the relationship among the factors. It is actually just a distillation of the familiar four (sometimes five) factor test that courts use in deciding whether to grant a preliminary injunction." 780 F.2d 589 (7th Cir. 1986) Complementa, "[the] formula is new; the analysis it capsulizes is standard" ("a fórmula é nova; a análise que encerra é usual"). 780 F.2d 589 (7th Cir. 1986).

os parâmetros legais da adjetivação de "irreparáveis" ou "de difícil reparação", que, como visto, deixaram de estar presentes em nosso direito.[235]

Isso ocorre porque, nos Estados Unidos, usualmente se utiliza um *teste* expresso em quatro elementos, discutidos em item anterior.[236] A fórmula, ao condensar esses quatro elementos, acaba por indicar fatores semelhantes àqueles presentes na legislação brasileira vigente.[237] Por certo, não se trata de mera coincidência, mas de respostas, que, para tratar situações semelhantes, adotam a mesma racionalidade, embora partindo de antecedentes e pressupostos diversos.

No capítulo seguinte, os requisitos da tutela de urgência no Brasil são apresentados sob o enfoque do risco, buscando-se uma elaboração conceitual e epistemológica, como instrumento para construção da racionalidade ínsita à tutela de urgência.

---

[235] Retomar, a esse propósito, o item 3.4.3, *supra*.

[236] V. item 4.2.3, *supra*.

[237] Segundo a fundamentação do voto no qual a fórmula foi proposta, os elementos do *teste* estão presentes na fórmula: "The court asks whether the plaintiff will be irreparably harmed if the preliminary injunction is denied (sometimes also whether the plaintiff has an adequate remedy at law), whether the harm to the plaintiff if the preliminary injunction is denied will exceed the harm to the defendant if it is granted, whether the plaintiff is reasonably likely to prevail at trial, and whether the public interest will be affected by granting or denying the injunction (i.e., whether third parties will be harmed-and these harms can then be added to Hp or Hd as the case may be)" ["A Corte questiona se o autor sofrerá lesão irreparável se a *preliminary injunction* for negada (por vezes, também se o autor tem um adequado remédio *at law*), se o dano para o autor se a *preliminary injunction* for negada excederá o dano para o réu se ela for concedida, se o autor tem razoável probabilidade de sair-se vitorioso no julgamento e se o interesse público será afetado pela concessão ou denegação da *injunction* (ou seja, se terceiros sofrerão danos – e esses danos podem ser adicionados a Hp ou Hd, conforme for o caso)"]. 780 F.2d 589 (7th Cir. 1986).

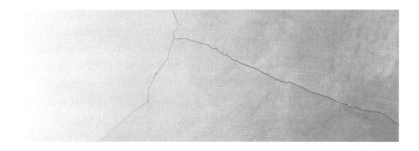

Capítulo 4
A RESPOSTA PROCESSUAL CIVIL AO RISCO

4.1 CARACTERÍSTICAS FUNDANTES DA TUTELA PROVISÓRIA NO BRASIL

As tutelas provisórias, com destaque àquela de urgência, estão relacionadas com a questão do tempo do processo, mais exatamente com as consequências danosas da demora de uma resposta jurisdicional.[1] Nas palavras de Cândido Rangel Dinamarco, "todas essas medidas [provisórias] relacionam-se de algum modo com o tempo e, cada uma a seu modo, todas visam a acelerar o exercício da jurisdição e a produção de resultados úteis".[2]

Nos termos colocados nesta obra, na impossibilidade de um *processo imediato*,[3] as tutelas provisórias buscam a *aceleração da resposta jurisdicional*. Ainda que essa tutela seja exclusivamente conservativa, sem antecipação de efeitos da decisão final, consiste em uma resposta da jurisdição à necessidade de proteção do direito afirmado pelo requerente da medida.[4]

Com a finalidade de propiciar a adequada colocação da resposta jurisdicional no tempo, sustenta-se o risco como conceito instrumental para avaliação

---

[1] Cf. item 1.3.2, *supra*.
[2] DINAMARCO, Cândido Rangel. *Instituições de direito processual civil*. 9. ed. São Paulo: JusPodivm, 2024. v. III. p. 865.
[3] V. item 1.3.1, *supra*.
[4] Sobre a aceleração da resposta jurisdicional, v. itens 1.3.2 e 1.5, *supra*.

da necessidade e cabimento de medidas de urgência. Afinal, como destacado na introdução, o risco é o tempo pensado na perspectiva de futuro. O risco apresenta-se nos moldes de uma projeção do tempo futuro, como um cálculo de possibilidades de ocorrência de eventos adversos, dos quais possam resultar danos ou perdas.[5]

Em última análise, é a estimativa judicial de riscos relativos ao processo ou à situação de direito material que constitui o cerne da atividade jurisdicional de apreciação do cabimento de medidas de urgência. É nesse sentido a afirmação do risco como indicativo de urgência.[6]

Os requisitos legais estabelecidos para deferimento de tutela dessa espécie, no Brasil e em outros países, traduzem, na verdade, parâmetros para definir a urgência de determinado provimento jurisdicional. Sob outro enfoque, indicam parâmetros para avaliação do risco no processo. A urgência, nesse sentido, é um elemento processualmente construído, quer dizer, verificado conforme os elementos constantes do processo no momento em que a medida é apresentada à apreciação do julgador.[7] O risco, dela indicativo, é estimado em consonância com os elementos que constem do processo.

Ao decidir sobre a tutela de urgência, o julgador realiza uma distribuição entre as partes do tempo – e também do risco – do processo. Em outras palavras, decide qual das partes suportará os gravames decorrentes da duração do processo, na forma de limitações ao gozo e ao exercício de direitos. A parte privada de direitos, seja em razão de contra ela pender uma tutela provisória, seja por não a ter obtido, arca também com o risco da incorreção da decisão do julgador. Da mesma forma, a parte beneficiária desse tipo de medida arca com o risco de reversão desta e de ter de responder pela restituição da parte contrária ao *status quo ante*.

Como já destacado,[8] o julgador, ao deferir uma medida provisória, modifica ou preserva a alocação de gravames e riscos suportados pelas partes. Ao indeferir, em direção inversa, mantém o *status quo*, quer dizer, a situação preexistente entre os envolvidos. Com isso, deve manter o equilíbrio de distribuição de gravames e riscos entre as partes,[9] tendo por base a posição da parte em relação a suas possibilidades de sucesso no processo. Dessa maneira, conscientemente ou não, realiza verdadeira *gestão do tempo e dos riscos* no processo, com reflexos para a efetividade da tutela jurisdicional e para a justiça do processo. A esse propósito,

---

[5]   Para o conceito de risco, v. item 3.4, *supra*.

[6]   Cf. item 3.6.1 e respectivos subitens, *supra*.

[7]   Nesse sentido, cf. item 3.6.1.2, *supra*.

[8]   Item 1.6, *supra*.

[9]   Sustentando a necessidade de assegurar situação de equilíbrio entre os interessados, v. BEDAQUE, José Roberto dos Santos. *Tutela provisória:* analisada à luz das garantias constitucionais da ação e do processo. 6. ed. São Paulo: Malheiros, 2021. p. 331.

Capítulo 4 · A RESPOSTA PROCESSUAL CIVIL AO RISCO | **163**

a tutela de urgência deve servir para constante promoção de uma distribuição equitativa de gravames e riscos.

A disciplina legal dessa gestão do tempo e dos riscos é feita, sobretudo, por meio dos requisitos de cabimento indicados para as modalidades de tutela provisória.[10] Para a tutela de urgência, o Código de Processo Civil estabelece que será concedida "quando houver elementos que evidenciem a probabilidade do direito e o perigo de dano ou o risco ao resultado útil do processo".[11] Nesse ponto, a disciplina vigente manteve-se fiel aos elementos tradicionais do *fumus boni iuris* e do *periculum in mora*.[12] Esses requisitos, embora não expressos em lei sob essa forma, continuam significativos daquilo que se entende necessário para o deferimento desse tipo de medida.[13]

Nesta obra, os requisitos da tutela de urgência são apresentados, na sequência, adotando a divisão entre *fumus boni iuris* e *periculum in mora* ou, em outras palavras, entre probabilidade do direito e urgência propriamente dita, prevalecentes tanto na modalidade incidente quanto na antecedente.

Nos próximos itens, destacam-se, primeiro, três características fundamentais das tutelas de urgência no Brasil: a *provisoriedade*, a *instrumentalidade* e a *sumariedade*. Essas características apontadas pela doutrina influenciam a própria concepção dos institutos, condicionando, de alguma maneira, sua disciplina.

Depois, são apresentadas algumas regras que constituem verdadeiro balizamento normativo da tutela de urgência, posto que dirigidas a controlar, minorar ou responder a riscos decorrentes do próprio provimento de urgência. Para Dinamarco, algumas normas, das quais cita a provisoriedade e a irreversibilidade, constituem verdadeiros *contrapesos* normativos ao risco inerente a decisões tomadas em cognição sumária.[14] Para as finalidades deste livro, aponta-se, além

---

[10] Sobre os requisitos e seu significado, cf. item 3.6.1.1, *supra*.

[11] Art. 300 do CPC.

[12] Nesse sentido, cf. BEDAQUE, José Roberto dos Santos. *Tutela provisória:* analisada à luz das garantias constitucionais da ação e do processo. 6. ed. São Paulo: Malheiros, 2021. p. 346. V. item 2.1.2.4, *supra*, apontando que o projeto do CPC/2015 aprovado na Câmara dos Deputados, antes da revisão final pelo Senado Federal, trazia disposição com indicação quase literal dessa formulação doutrinária.

[13] Como já apontado, isso também não ocorria no Código de 1973. Em seu texto original, regulava várias espécies de procedimentos cautelares em espécie e uma norma de fechamento, permitindo as então chamadas *cautelares inominadas* (art. 798). Nessa norma, havia elementos que permitiam identificar o *fumus boni iuris* e o *periculum in mora*. As medidas cautelares em espécie, ditas *nominadas*, possuíam requisitos próprios, embora nem sempre apresentados de maneira clara e precisa. Compare, por exemplo, os arts. 813 (arresto), 823 (sequestro) e 855 (arrolamento de bens). De todo modo, os requisitos tradicionais eram amplamente aceitos.

[14] Dinamarco aponta, como *contrapesos*, a subordinação da eficácia das decisões à possibilidade de revogação ou modificação (art. 296 do CPC) e a responsabilidade objetiva do beneficiário das medidas provisórias (art. 302 do CPC) (DINAMARCO, Cândido Rangel.

164 | TUTELA DE URGÊNCIA – *Carlos Alberto de Salles*

da vedação à irreversibilidade, a possibilidade de exigência de caução e a regra de responsabilidade do beneficiário. Justificam-se essas normas de caráter limitativo à tutela provisória, tendo em vista a possibilidade de sua reversão ao longo do processo.

Tais características são tratadas de início, em razão de representarem elementos fundantes da tutela provisória no Brasil. Na sequência, apresenta-se um estudo de direito comparado, antes de adentrar na estruturação e no significado dos requisitos legais da espécie de tutela estudada.

4.1.1 Provisoriedade, instrumentalidade e sumariedade

As características da provisoriedade, instrumentalidade e sumariedade são significativas do modo de estruturação jurídico-processual da tutela de urgência no Brasil. Em termos analíticos, pode-se dizer que a sumariedade expressa a técnica processual que lhe serve de base,[15] enquanto a provisoriedade e a instrumentalidade, inter-relacionadas, representam respostas à limitação de cognição judicial presente na primeira.

Se a premência por medidas urgentes é determinante no estabelecimento das tutelas provisórias, não é menos verdade que a técnica de sumarização limita garantias processuais, impondo medidas sem a devida ciência da parte contrária, sem a completa instituição do contraditório, sem cognição exauriente e sem esgotamento das possibilidades probatórias que assistem as partes.[16] Essa contradição, expressa anteriormente em termos de tensão entre efetividade e segurança,[17] encontra uma das respostas no atributo de provisoriedade das medidas envolvidas, expressas sobretudo nas limitações de sua eficácia.

Por essa razão, a provisoriedade da tutela de urgência é um fator fundamental na disciplina legal da matéria, merecendo uma adequada compreensão. Nos termos do já apontado, atua como um contrapeso normativo contra os riscos de uma decisão tomada sem cognição exauriente.

De início, necessário compreender o inteiro significado processual do caráter "provisório" desse tipo de medida. A esse propósito, dois são os sentidos que se

---

Instituições de direito processual. 9. ed. São Paulo: JusPodivm, 2024. v. III. p. 866). Aqui, adota-se abordagem ampliativa, acrescentando-se a regra da reversibilidade da decisão provisória, expressa na forma de vedação da tutela antecipada "quando houver perigo de irreversibilidade dos efeitos da decisão" (art. 300, § 3º, do CPC) e a responsabilidade do beneficiário pela reversão das medidas (art. 302 do CPC).

[15] Para técnica processual de sumarização da cognição judicial, v. item 1.5 e respectivos subitens, *supra*.

[16] Cf. as respostas do *référé*, do sistema francês, no que se vale da competência do presidente do tribunal para sua emissão, item 4.2.2, *infra*. Também as fortes limitações impostas às *preliminary injunctions* e às *temporary restraining orders*, em relação à necessidade de prévia notificação (*notice*) e audiência (*hearing*) da parte contrária, item 4.2.3, *infra*.

[17] Cf. item 2.1.3.2, *supra*.

Capítulo 4 • A RESPOSTA PROCESSUAL CIVIL AO RISCO | **165**

pode emprestar a essa designação: *(i)* o de tratar-se de provimento revogável ou modificável a qualquer tempo;[18] e *(ii)* aquele apontando para a circunstância de que, não sendo modificado ou revogado, será substituído pela decisão final de mérito.

A possibilidade de alteração ou revogação do provimento provisório não depende de pedido da parte, uma vez que não consta do dispositivo legal exigência nesse sentido. O juiz, considerando fatos, provas ou simples alegações que venham a ser trazidas ao processo, poderá mesmo de ofício rever a decisão concessiva ou denegatória.

Eventualmente, sobretudo em decisão *inaudita altera parte*, simples alegação poderá ser suficiente para fundamentar mudança, tendo em vista que, estabelecido o contraditório, a parte contrária poderá trazer matéria de fato ou de direito, ainda não considerada pelo julgador. Por exemplo, em litígio tendo contrato por objeto, poderá alegar cláusula ou interpretação não considerada na decisão concessiva.

A modificação ou revogação, no entanto, não poderá ser efetuada se não houver concreta motivação para tanto.[19] Isso porque, "na decisão que conceder, negar, modificar ou revogar a tutela provisória, o juiz *motivará* seu convencimento de modo claro e preciso".[20] Não basta, portanto, que o julgador mude de ideia a respeito do que decidira, pois faltaria fundamento suficiente para tanto.[21] Embora não se cogite de preclusão *pro judicato*, inaplicável à espécie, o julgador estaria limitado pela regra que veda decidir novamente questões já decididas,[22] se mantida a situação ensejadora da decisão anterior.[23] Essa regra constitui garantia das partes contra mudanças arbitrárias em relação à matéria objeto de decisão anterior.

No que toca à provisoriedade, no sentido de que a decisão provisória será sempre substituída por aquela definitiva, mesmo não havendo norma geral expressa a respeito, aplica-se, por via de extensão, a regra do art. 1.008 do Código de Processo Civil, que estabelece o chamado *efeito substitutivo* da decisão proferida

---

[18]   Art. 296, *caput*, do CPC.

[19]   Em sentido contrário, pela revogabilidade "embora inexistente alteração do quadro fático e independentemente de recurso", cf. BEDAQUE, José Roberto dos Santos. *Tutela provisória*: analisada à luz das garantias constitucionais da ação e do processo. 6. ed. São Paulo: Malheiros, 2021. p. 153-154.

[20]   Art. 298 do CPC.

[21]   A mudança de opinião a respeito de fatores que já foram considerados, significativamente designada na língua inglesa como *second thoughts* (segundos pensamentos), sem que tenha havido qualquer acréscimo em matéria de fato ou de direito, em nada contribui com a estabilidade e a segurança das decisões jurisdicionais. Tal admissão, ademais, representaria indevido acréscimo da discricionaridade do julgador.

[22]   Art. 505 do CPC.

[23]   No direito francês, há norma expressa no sentido de que "somente podem ser modificadas ou revogadas no *référé* em caso de circunstâncias novas" (art. 488 do CPC francês). V. item 4.2.2, *infra*.

em grau de recurso. Esse dispositivo, todavia, só vale para a tutela provisória deferida em sentença ou já em sede recursal com as devidas adaptações.[24] É certa, de todo modo, a presença do mesmo efeito quanto à tutela de urgência deferida em caráter antecedente ou incidente em relação à sentença.

Trata-se, no caso, de decorrência lógica do sistema, respaldando a característica da *instrumentalidade* da tutela provisória, indicativa de não representar uma pretensão autônoma, mas instrumental àquela principal formulada no processo.[25]

A propósito, "a instrumentalidade da tutela determina sua provisoriedade necessária, pois o provimento será sempre substituído por outro de natureza definitiva".[26] É o que se extrai, sobretudo, da clara indicação do Código de 2015, de que a tutela provisória pode ser "concedida em caráter antecedente ou incidental".[27] Sendo incidental ou antecedente, portanto instrumental, a decisão nessas condições está necessariamente condicionada ao advento de futura sentença que a substituirá, ainda que simplesmente a confirme. Tanto que, em termos práticos, com o advento de decisão definitiva, a execução da tutela provisória torna-se definitiva.

A estabilização da tutela, agora prevista em nosso sistema,[28] não é uma exceção às características de instrumentalidade e provisoriedade das tutelas provisórias. Sendo possível apenas na hipótese de tutela de urgência antecipada na forma antecedente, depende da não ocorrência de uma decisão final de mérito, isto é, de que não haja efetiva impugnação ("se da decisão que a conceder não for interposto o respectivo recurso"),[29] não chegando o processo ao provimento de mérito. De qualquer forma, a tutela antecipada antecedente também é instrumental a um processo de mérito, tanto que sua própria eficácia está condicionada ao aditamento da petição inicial para formulação do pedido de tutela final,[30] sob pena de extinção sem resolução do mérito.[31]

Situação diversa é aquela que Giuseppe Tarzia trata de provisoriedade *eventual*, quer dizer, destinada a transformar-se em definitiva na falta de iniciativa da parte contrária.[32] É o caso, no Brasil, do processo monitório.[33] Se, em juízo sumário, com base em prova escrita sem eficácia de título executivo, o

---

[24] Acerca do tema, cf. itens 1.5.2 e 1.5.3, *supra*.

[25] Cf. item 1.5.1, *supra*.

[26] BEDAQUE, José Roberto dos Santos. *Tutela provisória*: analisada à luz das garantias constitucionais da ação e do processo. 6. ed. São Paulo: Malheiros, 2021. p. 264.

[27] Art. 294, parágrafo único, do CPC.

[28] Art. 304 do CPC.

[29] Art. 304, *caput*, parte final, do CPC.

[30] Art. 303, § 1º, I, do CPC.

[31] Art. 303, § 2º, do CPC.

[32] Cf. TARZIA, Giuseppe. La tutela cautelare – Introduzione. In: SALETTI, Achille; TARZIA, Giuseppe (org.). *Il processo cautelare*. 3. ed. Padova: Cedam, 2008. p. XXI-XXXVII. p. XXX.

[33] Arts. 700 a 702 do CPC.

Capítulo 4 · A RESPOSTA PROCESSUAL CIVIL AO RISCO | **167**

juiz entender evidente o direito do autor, determinará a expedição de mandado de pagamento, entrega da coisa ou obrigação de fazer ou não fazer.[34] A matéria somente será submetida à decisão final de mérito se o demandado opuser os respectivos embargos.[35] Caso contrário, aquela decisão inicial torna-se definitiva. O processo monitório, entretanto, mesmo utilizando técnica de cognição sumária e de decisão provisória, não é espécie de tutela de urgência.

Para os propósitos desta obra, merece destaque que a provisoriedade se mostra não apenas como uma característica fundamental da tutela provisória. Mais do que isso, coloca-se como uma necessidade sistêmica de contrabalancear o risco de decisões preferidas sem cognição exauriente, podendo deixar de lado elementos importantes de uma decisão justa. Melhor, por esse motivo, que estejam ligadas, por meio de um vínculo de instrumentalidade, a uma decisão final a ser proferida sem os limites da cognição superficial própria dos procedimentos sumários.

4.1.2 Risco, irreparabilidade e reversibilidade

A tutela de urgência representa, em si, um risco a ser considerado, pois pode atingir gravemente os interesses da parte contra a qual é lançada. Decidida em cognição sumária, não exauriente, recomenda cautela em seu deferimento e na disciplina jurídica que lhe serve de base. A excepcionalidade desse modo de cognição,[36] em relação àquele ordinariamente utilizado para chegar à decisão final, exige o estabelecimento de *salvaguardas* ou *contrapesos* para compensar a maior possibilidade de erro de apreciação judicial. Há, portanto, o risco de a decisão vir a ser modificada, revogada ou revertida em decisão final.

Não por outra razão, como destacado no item anterior, a própria concepção do instituto tem na provisoriedade característica fundante, a indicar – fora a singular possibilidade de *estabilização*[37] – que sua eficácia definitiva depende de provimento final, confirmatório, alcançado mediante cognição exauriente. A provisoriedade indica a lógica do funcionamento processual desse tipo de medida, no entanto não basta para resguardar o direito material subjacente do risco a que está submetido. Mais que garantir a operatividade processual, portanto, é preciso controlar ou responder aos possíveis danos que a parte contrária possa vir a sofrer.

É nesse sentido a regra da reversibilidade das medidas provisórias, formulada em termos de vedação de decisão concessiva da qual possa resultar "perigo

---

[34] Discutindo o processo monitório, para concluir que o caráter provisório da decisão não está necessariamente ligado à sumariedade da cognição, v. BEDAQUE, José Roberto dos Santos. *Tutela provisória:* analisada à luz das garantias constitucionais da ação e do processo. 6. ed. São Paulo: Malheiros, 2021. p. 262-264.

[35] Art. 702, § 4º, do CPC.

[36] Cogitando da *excepcionalidade* como uma das características fundamentais das tutelas de urgência, tendo em vista seu deferimento em cognição sumária, v. item 1.5.1, *supra*.

[37] Art. 304 do CPC.

de irreversibilidade dos efeitos da decisão".[38] Como se observa, a regra colocada ao julgador é a de que o provimento jurisdicional provisório deve permitir que a parte contra a qual foi lançado possa ser reconduzida ao *status quo ante*, à situação anterior aos efeitos da medida deferida.

O dispositivo legal em análise,[39] cabe ressaltar, refere-se apenas à "tutela de urgência de natureza antecipada". Seguindo-se a literalidade da norma, os provimentos cautelares e a tutela de evidência não se submeteriam à limitação de irreversibilidade. Como sustenta Cândido Rangel Dinamarco, no tocante às tutelas antecipada e de evidência, "instituída uma situação irreversível, ter-se-ia uma consumação do exercício da jurisdição sem o pleno cumprimento das regras inerentes ao devido processo legal".[40]

Ocorre, todavia, que medidas cautelares também podem causar danos à parte contrária e, na prática, se demonstrar irreversíveis ou de difícil reversão.[41]

A esse propósito cumpre observar que o conceito de reversibilidade não é suficientemente preciso. Não é correto supor que abarque a possibilidade *em tese* de reparação, sem atenção à necessidade de garantir resultados concretos e efetivos à parte lesada. Por isso, é preciso que a reversibilidade abranja a efetiva condição de o beneficiário da medida provisória reconduzir a parte contrária à sua situação anterior.

Nesse sentido, é preciso considerar que, mesmo estritamente assecuratórias,[42] cautelares podem acarretar danos e perda, e esses podem mostrar-se, na prática,

---

[38] Art. 300, § 3º, do CPC.

[39] Art. 300, § 3º, do CPC.

[40] DINAMARCO, Cândido Rangel. *Instituições de direito processual.* 9. ed. São Paulo: JusPodivm, 2024. v. III. p. 867.

[41] "A tutela de urgência, cautelar ou antecipada, pode causar danos a quem tem de suportar seus efeitos. A constrição patrimonial destinada a assegurar a utilidade prática da tutela definitiva ou a invasão da esfera jurídica da parte decorrente da antecipação de efeitos a ela inerentes muito provavelmente acarretarão prejuízos representados não só pelo acréscimo de possíveis despesas processuais, mas também pelas consequências incidentes sobre o patrimônio da parte" (BEDAQUE, José Roberto dos Santos. *Tutela provisória:* analisada à luz das garantias constitucionais da ação e do processo. 6. ed. São Paulo: Malheiros, 2021. p. 371).

[42] Sustentando a necessidade de *minimizar danos* na escolha da medida cautelar adequada, cf. "Agravo de instrumento. Ação pauliana. Arresto de imóvel. Insurgência da agravante quanto ao indeferimento do arresto de imóvel em tutela de urgência. Não acolhimento. Necessidade de observância do contraditório para afirmação da existência de fraude. Deferimento, na origem, de anotação da existência da ação junto ao Registro de Imóveis. Medida suficiente a minimizar o risco de dano. O reconhecimento da fraude implica em anulação dos negócios jurídicos supervenientes, tratando-se de medida que deve ser deferida com cautela. Precedentes desta Câmara. Decisão mantida. Recurso desprovido" (TJSP, AI 2135468-96.2023.8.26.0000, Rel. Donegá Morandini, 3ª Câmara de Direito Privado, Foro de Bragança Paulista – 3ª Vara Cível, j. 31.10.2023; data de registro: 01.11.2023).

irreversíveis, permitindo uma extensão da regra, em princípio aplicável apenas à antecipação de tutela.[43]

Imagine-se, por exemplo, o pedido de averbação, no cartório de registro imobiliário, de demanda dominial, proposta por condômino titular de pequena parcela da propriedade. Essa simples averbação, acautelatória, poderá inviabilizar futura transação imobiliária de toda a área, gerando prejuízos que o beneficiário pode vir a não ter condições de ressarcir. Ou, ainda, considere-se a suspensão cautelar do registro de uma patente, pleiteada por um pequeno inventor. Nesse caso, a determinação judicial poderia inviabilizar a produção de milhares de unidades do produto antes protegido pela patente questionada. É de supor que o requerente da medida talvez não possa, também, arcar com os custos de ressarcir os danos provocados.

Nos dois casos, não obstante se trate de medidas cautelares,[44] parece evidente o advento de consequências danosas e a necessidade de considerar a solvência do beneficiário na avaliação da reversibilidade da demanda, pois ela muito facilmente poderia na prática não se mostrar viável. Legítimo cogitar, portanto, da aplicação por analogia do limite de irreversibilidade a todas as modalidades de tutela provisória, cautelares inclusive. Afinal, a irreversibilidade, nos termos colocados por Dinamarco, constitui uma "consumação do exercício da jurisdição",[45] fugindo dos parâmetros pelos quais os institutos estudados se estruturam, uma vez que violariam sua própria característica de provisoriedade.[46]

O conceito mesmo de irreversibilidade, de todo modo, não pode ser compreendido em sua literalidade. De fato, há situações de danos efetivamente irreversíveis – por exemplo, os pedidos antecipatórios de pretensão demolitória ou de destruição de mercadorias falsificadas –, mas a definição desse fator deve ser realizada no contexto concreto do processo. Pesam nesse sentido elementos relacionados aos possíveis danos e perdas a serem suportados pela parte e à possibilidade de sua reparação.

Em última análise, irreversível é o dano ao qual a regra de responsabilidade não responde adequadamente, não propiciando a cobertura total ou parcial dos prejuízos causados pela tutela de urgência revertida.[47]

---

[43] Art. 300, § 3º, do CPC.

[44] Nos exemplos, claramente não se trata de antecipação de tutela. As medidas têm a finalidade apenas de assegurar os direitos de propriedade, de um lado, e de titularidade de patente, de outro.

[45] DINAMARCO, Cândido Rangel. *Instituições de direito processual.* 9. ed. São Paulo: JusPodivm, 2024. v. III. p. 867.

[46] Sobre a importância e a finalidade dessa característica da tutela provisória, retomar o exposto no item anterior.

[47] Art. 302 do CPC.

Nesse aspecto, trata-se, mais uma vez, de uma avaliação de risco. Note-se que a irreversibilidade não é outra coisa senão a estimativa da possibilidade de danos futuros que possam se mostrar irreparáveis. Ao apreciar o pedido de tutela de urgência, antecipatória ou cautelar, o julgador calcula o risco de irreversibilidade do provimento jurisdicional pleiteado.

Na estimativa realizada pelo julgador, a possibilidade de reparação pelo beneficiário da medida é um dado a ser considerado em conjunto com a probabilidade de seu direito e com a gravidade do risco a que está exposto,[48] para o devido sopesamento dos valores envolvidos, o que pode levar a situações bastante dilemáticas.[49] No entanto, a irreversibilidade, que em poucas situações tem caráter material,[50] não pode ser tomada como óbice absoluto a impedir a tutela de urgência.[51]

A regra de responsabilidade, insculpida no art. 302 do Código de Processo Civil,[52] de fato, tem função vital na dinâmica processual das tutelas de urgência. Claramente, se a regra da reversibilidade estabelece uma salvaguarda em termos de parâmetro normativo, a regra de responsabilidade o faz em termos materiais, ao estabelecer a responsabilidade por eventuais danos indevidamente sofridos em decorrência da medida deferida.

Trata-se de responsabilidade objetiva, isto é, independente de culpa.[53] A improcedência, não importa qual seja seu fundamento, a extinção do processo sem resolução do mérito ou a simples revogação da medida conduz o beneficiário à obrigação de reconstituir a parte contrária ao *status quo ante*.[54] Responde pelos

---

[48] Sustentando a possibilidade de superação da vedação legal, diante do perigo de o direito do autor ser violado de maneira também irreversível, v. MITIDIERO, Daniel. *Antecipação de tutela*: da tutela cautelar à técnica antecipatória. 4. ed. São Paulo: Ed. RT, 2019. p. 152.

[49] Nesse sentido, a posição de José Roberto dos Santos Bedaque, de que "a reversibilidade, como requisito da antecipação de efeitos, não pode ser levada às últimas consequências. Impossível ignorar situações em que, não obstante irreversíveis os efeitos, a medida constitui providência adequada toda vez que os valores a serem preservados com a sua adoção sejam superiores àqueles inerentes aos interesses da parte oposta. Nesses casos o problema se resolve à luz do valor mais relevante e da probabilidade do direito acautelado" (BEDAQUE, José Roberto dos Santos. *Tutela provisória*: analisada à luz das garantias constitucionais da ação e do processo. 6. ed. São Paulo: Malheiros, 2021. p. 267).

[50] Como acontece, por exemplo, em uma medida determinando a demolição de um bem ou a liberação de produtos falsificados para venda.

[51] Para Cassio Scarpinella Bueno, o princípio da proporcionalidade serve com "ferramenta que permite a flexibilização do rigor da letra do § 3º do art. 300 (que consagra, em termos bem diretos, os princípios da isonomia e o da segurança jurídica) diante de outros valores dispersos no sistema; assim, por exemplo, o direito à saúde, o direito à vida e, no plano processual, os princípios do acesso à justiça, da eficiência processual e da efetividade do direito material pelo e no processo" (BUENO, Cássio Scarpinella. *Curso sistematizado de direito processual civil*. São Paulo: Saraiva, 2023. v. 1. p. 400).

[52] Essa norma deve ser lida em consonância com aquela do art. 520, I a IV, do CPC.

[53] Sobre o tema, v. item 3.5.1, *supra*.

[54] Art. 302, I, III e IV, do CPC.

Capítulo 4 · A RESPOSTA PROCESSUAL CIVIL AO RISCO | **171**

danos causados, também, no caso de tutela em caráter antecedente e de deixar de tempestivamente promover a citação da parte contrária no prazo de cinco dias.[55]

Embora o artigo em discussão fale em "reparação",[56] a responsabilidade estabelecida impõe a obrigação de reversão material das consequências da tutela de urgência. Assim, se o provimento jurisdicional provisório impôs obrigação de fazer, de entrega de coisa ou de constrição patrimonial, a restituição da parte contrária ao estado anterior deverá ser feita de forma específica, com o desfazimento material das consequências da determinação jurisdicional. Tudo sem prejuízo da recomposição de eventuais despesas e perdas patrimoniais da parte que suportou a medida.

À falta de limitação temporal ou condição, estabelecida em lei, a exigibilidade dessas obrigações é imediata, devendo-se, quando não se tratar de decisão definitiva, observar as regras de execução provisória.[57]

Outra medida que constitui salvaguarda ao risco no qual incorre a parte que responde à tutela de urgência é a possibilidade de a decisão concessiva ser condicionada ao oferecimento de *caução*, real ou fidejussória.[58] Note-se que, no caso, a caução é condicionante da concessão da medida, sendo diversa daquela exigível na execução provisória.[59] Trata-se de verdadeira contracautela, cujo objetivo é garantir o cumprimento da obrigação reparatória pelo beneficiário do provimento de urgência. Liga-se, portanto, de maneira complementar, à regra de responsabilidade que rege a matéria.

De maneira geral, o que se extrai da disciplina processual supradescrita é a percepção de que as medidas de urgência importam risco para a parte contra a qual ela é lançada. Tal percepção se traduz em termos legais na *regra da reversibilidade* e na *responsabilização* do beneficiário da tutela, inclusive com a possibilidade de exigência de caução. Traz, portanto, importante indicação no sentido de que se deve, na apreciação da concessão, considerar não apenas a posição da parte requerente, mas também a daquela em face de quem é requerida.

Daí a tutela de urgência conduzir, como já sustentado,[60] senão a um cálculo de custo e benefício, a verdadeira ponderação dos gravames suportados por demandante e demandado (*balance of hardships*).[61]

---

[55] Inciso III.

[56] Art. 302, *caput*, do CPC.

[57] Arts. 520 a 522 do CPC. Eventualmente aplicando as normas dos §§ 3º, 4º e 5º do art. 537 do CPC.

[58] Nos termos do art. 300, § 1º, do CPC.

[59] Art. 520, IV, do CPC. No sentido indicado, cf. MARINONI, Luiz Guilherme. *Tutela de urgência e tutela da evidência:* soluções processuais diante do tempo da justiça. 4. ed. São Paulo: Ed. RT, 2021. p. 184.

[60] Nesse sentido, v. item 3.6.2.2, *supra*.

[61] Descrevendo essa técnica nas *preliminary injunctions* do direito norte-americano, cf. item 4.2.3, *infra*.

Em uma abordagem abrangente, pode-se dizer que a *irreparabilidade*, de um lado, e a *irreversibilidade*, de outro, são colocadas como fatores de exacerbação do risco, expressos por meio da qualificação da gravidade do dano. Esses fatores indicam uma espécie de intervalo, tendo como marcos o dano irreparável para o requerente, de um lado, e aquele irreversível para o requerido, de outro. Nesse intervalo, o julgador deve adotar a providência que melhor atenda ao equilíbrio entre a posição das partes.[62]

Esse equilíbrio deve ser estabelecido por meio de um *juízo de equidade*,[63] não bastando considerar a simples igualdade entre as partes:[64] é necessário considerar de maneira proporcional as possibilidades de sucesso no processo e a gravidade do risco a que estejam submetidas.[65] Não faz sentido a tutela de urgência produzir para a parte requerida prejuízo exponencialmente maior do que o benefício para a parte requerente.[66] Do mesmo modo, foge à razoabili-

---

[62] Sustentando que a tutela jurisdicional deve "assegurar situação de equilíbrio entre os interessados", de onde decorreria a "necessidade de ponderar todos os valores envolvidos", cf. BEDAQUE, José Roberto dos Santos. *Tutela provisória*: analisada à luz das garantias constitucionais da ação e do processo. 6. ed. São Paulo: Malheiros, 2021. p. 331.

[63] Acerca da ligação entre equidade e justiça para fins do processo civil, v. item 2.1.3.3, *supra*. Para uma abordagem recente acerca da questão de justiça, v. SALLES, Carlos Alberto de; NUSDEO, Ana Maria. Litigância climática e justiça: o difícil confronto entre virtude e as instituições. In: QUEIROZ, Rafael Mafei Rabelo; PESSO, Ariel Engel; ROQUE, Luiz Felipe (org.). *Reflexões sobre teoria e história do direito*: estudos em homenagem a José Reinaldo de Lima Lopes. São Paulo: Almedina, 2023. p. 481-498. A matéria já fora tratada pelo autor em SALLES, Carlos Alberto de. *Execução judicial em matéria ambiental*. São Paulo: Ed. RT, 1998. p. 108-110.

[64] Importante destacar, a esse propósito, a insuficiência da garantia de igualdade em sentido formal. Afinal, como bem se alerta, "a igualdade não é uma igualdade meramente formal, mas uma igualdade substancial. Esta precisão impõe que se criem estatutos de desigualdade se as situações a regular forem desiguais. Nestes casos, será através da criação de estatutos de desigualdade que se cria a igualdade substancial" (SILVA, Paula Costa e. Legalidade das formas de processo e gestão processual ou as duas faces de Janus. *Revista de Informação Legislativa*, v. 190, ano 48, p. 137-149, abr./jun. 2011. p. 145).

[65] A ideia de a tutela de urgência estar ligada à ponderação de posições e riscos para as partes é desenvolvida em várias partes desta obra. Sobre a distribuição do gravame do tempo do processo, v. item 1.4.2, *supra*. Afirmando a tutela de urgência como mecanismo de gestão do tempo e do risco no processo, v. item 1.6, *supra*. Acerca da correção da injustiça do processo, v. item 2.1.3.3, *supra*. Propondo a técnica da ponderação de gravames (*balance of hardships*), v. item 3.6.2.2, *supra*. Sobre a utilização do *balance of hardships* no processo civil norte-americano, v. item 4.2.3, *infra*.

[66] Cf., a título de exemplo, a consideração da distribuição de gravames entre as partes em caso envolvendo violação de propriedade intelectual relativa a *software*: "Agravo de instrumento. Ação inibitória e indenizatória. Tutela de urgência. Deferimento do pedido para sobrestar a comercialização de *software*. Preservação. Insistência para o reconhecimento de que há distinção entre agente de titularidade da agravada e o licenciado pela agravante. Questão, porém, que não se resolve em sede de agravo. Cotejamento próprio para a fase de julgamento, no mínimo após a análise extensiva da perícia realizada em produção antecipada de prova. Probabilidade do direito, neste momento, existente. Prova

Capítulo 4 · A RESPOSTA PROCESSUAL CIVIL AO RISCO | **173**

dade deixar o requerente submetido a risco de extrema gravidade, com pequeno sacrifício à posição do requerido.[67]

4.2 A TUTELA DE URGÊNCIA EM OUTROS PAÍSES

Neste ponto, cabe uma breve digressão de direito comparado, com a finalidade de trazer à discussão a maneira pela qual outros ordenamentos jurídico--processuais respondem à necessidade de medidas de urgência, para conhecer o modo pelo qual organizam seus aparatos jurisdicionais e disciplinam processualmente a produção de decisões nessa matéria. O objetivo, a esse propósito, é identificar nos sistemas estrangeiros estudados fatores que possam colaborar para a compreensão e apontar modelos capazes de contribuir para o aprimoramento do sistema processual brasileiro.[68]

Para tanto, escolheram-se três paradigmas de direito estrangeiro: o italiano, o francês e o norte-americano. O italiano, em razão de ser a principal fonte do direito brasileiro, com direta influência nas concepções e estruturação de nosso direito processual civil moderno e contemporâneo.[69] O francês e o norte-ameri-

---

[ ] pericial que reconhece a semelhança dos *softwares*. Risco de dano irreparável, ainda, identificado. Comercialização suficiente à exasperação do prejuízo imputado ao titular da obra objeto de suposta contrafação. Presença, assim, dos requisitos do art. 300 do CPC. Agravo desprovido" (TJSP, AI 2108569-61.2023.8.26.0000, Rel. Donegá Morandini, 3ª Câmara de Direito Privado, Foro de Guaíra – 1ª Vara, j. 06.06.2023; data de registro: 07.06.2023).

[67] É o caso, por exemplo, da manutenção do contrato de plano de saúde para dar continuidade a tratamento médico-hospitalar de doença grave. Cf., por exemplo, "Agravo de instrumento. Obrigação de fazer. Plano de saúde. Manutenção contratual. Tutela de urgência. Inconformismo da operadora do plano de saúde contra decisão que a compeliu a restabelecer o contrato. Pleito de reforma. Não acolhimento. Hipótese que aparenta se amoldar ao Tema/STJ 1082. Beneficiário da apólice em tratamento de doença grave (neoplasia maligna da mama – CID 10: C50). Decisão mantida. Recurso não provido" (TJSP, AI 2196896-79.2023.8.26.0000, Rel. Schmitt Corrêa, 3ª Câmara de Direito Privado, Foro Central Cível – 14ª Vara Cível, j. 30.11.2023; data de registro: 30.11.2023).

[68] Para trabalhos anteriores do autor em comparação jurídica, v. SALLES, Carlos Alberto de. *Execução judicial em matéria ambiental*. São Paulo: Ed. RT, 1998. p. 161-225. Em desdobramento, v. SALLES, Carlos Alberto de. "Injunctions" e "contempt of court" em defesa do meio ambiente. In: LUCON, Paulo Henrique dos Santos (org.). *Tutela coletiva*: 20 anos da lei de ação civil pública e do fundo de defesa de direitos difusos: 15 anos do Código de Defesa do Consumidor. São Paulo: Atlas, 2006. p. 83-109. No tema de mecanismos de solução de controvérsias, SALLES, Carlos Alberto de. *Arbitragem em contratos administrativos*. Rio de Janeiro: Forense, 2011. p. 4-6 e 151-204. Acerca dos instrumentos do governo federal norte-americano para solução de controvérsias administrativas, v. SALLES, Carlos Alberto de. A solução consensual de controvérsias administrativas: o caso do Governo Federal norte-americano. In: ÁVILA, Henrique; WATANABE, Kazuo; NOLASCO, Rita Dias *et al.* (org.). *Desjudicialização, justiça conciliativa e poder público*. São Paulo: Ed. RT, 2021. p. 191-221.

[69] A respeito da importância do direito italiano a esse propósito, v. item 2.1, *supra*.

174 | TUTELA DE URGÊNCIA – *Carlos Alberto de Salles*

cano, por apresentarem dois institutos processuais que têm sido referência dos principais estudos de direito comparado sobre o tema, respectivamente, o *référé* e a *preliminary injunction*.

A proposta de abordagem realizada é a de identificar os pontos de maior relevância nos paradigmas de direito estrangeiro em matéria de tutela de urgência, para determinar as concepções e mecanismos estruturantes da disciplina processual correlata. Alerte-se que não se pretende sustentar a *transferibilidade* de qualquer instituto de direito estrangeiro,[70] tendo em vista as dificuldades de superar diferenças culturais, sociais e econômicas.[71] Ao contrário, a proposta aqui é limitada à obtenção de parâmetros capazes de permitir melhor avaliação do direito nacional, com a localização de eventuais falhas e adaptações pontuais que se mostrem viáveis.[72]

4.2.1 Itália: *procedimenti cautelari* – instrumentalidade e provisoriedade

A resposta ao risco no Código de Processo Civil italiano é dada, sobretudo, por meio dos procedimentos cautelares, não havendo disciplina em separado da tutela antecipada.[73] Embora esta última seja cabível, como destacado, é tratada legal e doutrinariamente como uma técnica da tutela cautelar.[74]

---

[70] Sobre os problemas de transferibilidade, v. FRIEDMAN, Lawrence M. Access to justice: social and historical context. *In*: CAPPELLETTI, Mauro; WEISNER, John (org.). *Access to justice – promising institutions*. Vol. II, Livro I. Milano: Sijhoff/Giuffrè, 1978. v. 4. p. 28-29.

[71] Apontando problemas relacionados a essas diferenças, v. DENTI, Vittorio. Diritto comparato e scienza del processo. *Rivista di Diritto Processuale Civile*, n. 3, ano XXXIV, p. 334-364, jul./set. 1979. p. 335.

[72] Definindo objetivo semelhante, v. SALLES, Carlos Alberto de. *Execução judicial em matéria ambiental*. São Paulo: Ed. RT, 1998. p. 165.

[73] Arts. 669-*bis* a 702. Como colocado por Antonio Carrata, na Itália faz parte da reflexão em torno do processo civil a convicção de que "l'effettività della tutela giurisdizionale non possa prescindere dalla predisposiozione di mesure provvisorie idonee a neutralizzare, in via cautelare, i rischi ai quali è esposta la situazione sostanziale nel tempo necessario ad ottenere la richesta giurisdizionale" ("a efetividade da tutela jurisdicional não pode prescindir da existência de medidas provisórias idôneas neutralizar, em via cautelar, os riscos aos quais está exposta a situação substancial no tempo necessário para obter a tutela jurisdicional demandada") (CARRATTA, Antonio. Profili sistematici della tutela cautelare. In: CARRATTA, Antonio (org.). *I procedimenti cautelari*. Torino: Zanichelli, 2017. p. 1). Como destacado na sequência, o Código de Processo italiano prevê também procedimentos sumários, não cautelares que atendem a situações implicadas com o risco.

[74] Destacando ter havido apenas com a reforma de 2005 (*Legge 14 maggio 2005*, n. 80), a introdução legislativa da distinção entre provimentos cautelares conservativos e provimentos cautelares antecipatórios, que anteriormente se revelava sobretudo no nível dogmático, v. DAMIANI, Francesco Saverio. *La tutela cautelare anticipatoria*: profili storico-sistematici. Napoli: Edizioni Scientifiche Italiane, 2018. p. 16.

Com efeito, o Código italiano, conhecido como Código Grandi Calamandrei,[75] é de 1940,[76] tendo passado por inúmeras modificações e algumas grandes reformas, como as de 1950, 1990, 2005, 2009 e, recentemente, a que entrou em vigor em junho de 2023. Em termos de tutelas provisórias, conserva semelhanças com as estruturas dos congêneres brasileiros de 1939 e de 1973. Por certo, o primeiro em razão de ter sido inspirado no projeto de Giuseppe Chiovenda,[77] de grande influência sobre Calamandrei, o principal artífice do diploma legal ainda vigente na Itália. O segundo já por direta influência do direito italiano, haurida, sobretudo, pela presença de Enrico Tullio Liebman no Brasil.[78]

No Código italiano, os "procedimentos cautelares" estão disciplinados no Capítulo III do Título I do Livro IV. O Título I abriga os "procedimentos sumários", que incluem, além dos provimentos cautelares, outros procedimentos-provimentos jurisdicionais sumários, como aqueles designados injuncionais e de convalidação de despejo.[79]

A diferença entre os procedimentos sumários não cautelares e os propriamente cautelares é sobretudo funcional, na medida em que os primeiros não visam a assegurar a efetividade da tutela jurisdicional de mérito.[80] Ao contrário, geram provimentos com força de coisa julgada formal e substancial, enquanto os provimentos cautelares são provisórios até o trânsito em julgado, possuindo uma autoridade que não é invocável em processo diverso.[81]

---

[75] Como referência ao Ministro da Justiça à época, Dino Grandi, e ao processualista Piero Calamandrei. A comissão era composta, também, pelos juristas Francesco Carnelutti e Enrico Redenti (TUCCI, José Rogério Cruz e. *Piero Calamandrei*: vida e obra – contribuição para o estudo do processo civil. Ribeirão Preto: Migalhas, 2012. p. 20). Para a discussão acerca da relação entre Calamandrei e o Ministro de Mussolini, Dino Grandi, bem como sobre exposição informativa, escrita pelo primeiro e enviada ao rei da Itália, apontada como contendo apelos fascistas, v. CIPRIANI, Franco. *Piero Calamandrei e la procedura civile*: miti, leggende, interpretazioni, documenti. Napoli: Edizioni Scientifiche Italiane, 2007. p. 123-142. Para a atuação de Calamandrei em defesa do Código de Processo Civil no pós-guerra, por ocasião da revisão da legislação do período fascista, v. p. 156-158 da última obra citada.

[76] Aprovado pelo *Reggio Decreto 28 ottobre 1940*, n. 1443.

[77] V. item 2.1.2.2, *supra*.

[78] A esse respeito, v. item 2.1.2.3, *supra*.

[79] Capo I, Del Procedimento d'Ingiunzione, e Capo II, Del Procedimento per Convalida di Sfratto, respectivamente arts. 633 a 656 e 657 a 669.

[80] Para a diferenciação entre os procedimentos sumários, v. CARRATTA, Antonio. Profili sistematici della tutela cautelare. *In*: CARRATTA, Antonio (org.). *I procedimenti cautelari*. Torino: Zanichelli, 2017. p. 21-22. Em 2009, realizou-se uma reforma do procedimento sumário para as causas de competência do tribunal em composição monocrática. Discutindo essa reforma, v. MANDRIOLI, Crisanto; CARRATA, Antonio. *Come cambia il processo civile*: Legge 18 giugno 2009 n. 69: disposizioni per lo sviluppo economico, la semplificazione, la competitività nonché in materia di processo civile. Torino: G. Giappichelli, 2009. p. 135-140.

[81] Art. 669-*novies*, 3º *comma*, Código de Processo Civil italiano. No Brasil, à falta de dispositivo legal semelhante, os provimentos proferidos em tutela provisória podem ser alegados

176 | TUTELA DE URGÊNCIA – *Carlos Alberto de Salles*

Para fins desta obra, interessa destacar duas reformas do Código de Processo que, em certa medida, aproximam o sistema italiano daquele vigente no Brasil, em especial no que diz respeito à tutela antecipada: a reforma de 2005 e a recente, que entrou em vigor em junho de 2023.[82]

Relativamente à primeira (de 2005), cabe o destaque em razão de ter trazido inovações acerca da tutela antecipada. Afinal, nesse aspecto, a disciplina processual brasileira das tutelas de urgência – fortemente influenciada pela italiana em seus primórdios – teve na antecipação de tutela um ponto de ruptura com o modelo italiano, que trata da matéria sob diversa lógica jurídica.

O sistema processual civil brasileiro, a partir de 1994, passou a contemplar amplamente a antecipação de tutela,[83] instrumento não incorporado ao direito italiano com a mesma amplitude e intensidade. O direito processual italiano, no entanto, nos casos em que são cabíveis medidas antecipatórias, prevê mais abrangente possibilidade de estabilização da tutela. A reforma de 2005, em termos da tutela provisória, de alguma forma amplia essa característica do direito processual da Itália.

A esse propósito, observa-se que o art. 700 do Código de Processo Civil italiano ocupa papel central, pois estabelece verdadeira *norma de fechamento* do sistema, por meio da qual se constrói a atipicidade da tutela cautelar,[84] contendo, inclusive, o permissivo legal para a antecipação de tutela.

Tal dispositivo legal tem por objetivo possibilitar tutela de urgência para qualquer situação jurídica ameaçada de "prejuízo iminente e irreparável",[85] no período de tempo necessário para o interessado "fazer valer o seu direito pela via ordinária".[86] Dito de outra maneira, o art. 700 permite que as medidas cautelares sejam cabíveis mesmo para situações jurídicas não expressamente previstas no Código, podendo o interessado valer-se dos provimentos "mais idôneos para

---

em outro processo, *observados os limites de sua eficácia*. Na ação rescisória, a propósito, há previsão da possibilidade de tutela provisória com a finalidade precípua de produzir efeito em relação a outro processo (art. 969 do CPC brasileiro), ou seja, no processo de cumprimento da sentença rescindenda.

[82] Apontando um crescimento, no ordenamento italiano, dos provimentos "definidos" em lei como provisórios, v. TARZIA, Giuseppe. La tutela cautelare – Introduzione. *In*: SALETTI, Achille; TARZIA, Giuseppe (org.). *Il processo cautelare*. 3. ed. Padova: Cedam, 2008. p. XXI-XXXVII. p. XXIX.

[83] Pela Lei 8.952/1994. A esse respeito, v. item 2.1.2.3, *supra*.

[84] Nesse sentido, cf. CARRATTA, Antonio. Profili sistematici della tutela cautelare. *In*: CARRATTA, Antonio (org.). *I procedimenti cautelari*. Torino: Zanichelli, 2017. p. 8-9. A função ocupada por essa norma é semelhante àquela do art. 798 do CPC/1973 (Brasil), que servia de base às chamadas cautelares inominadas. Cf. item 2.1.2.3, *supra*.

[85] No original do art. 700, "pregiudizio imminente e irreparabile".

[86] No original do art. 700, "far valere il suo diritto in via ordinaria".

Capítulo 4 · A RESPOSTA PROCESSUAL CIVIL AO RISCO | **177**

assegurar provisoriamente os efeitos da decisão de mérito".[87] Ainda mais, torna cabíveis quaisquer tipos de provimento jurisdicional necessários para garantir a efetividade da tutela final.

Apesar da inicial hesitação da doutrina italiana a respeito,[88] entre os provimentos admitidos pela norma de fechamento em questão estariam aqueles de antecipação de tutela, com respaldo na posição do próprio Piero Calamandrei.[89]

Nota-se, todavia, em contraste com a disciplina legal brasileira, que tem a antecipação entre as formas principais de tutela de urgência,[90] que a italiana tem esse tipo de resposta jurisdicional colocado de modo subsidiário, quase excepcional. Na prática, o art. 700 do diploma legal daquele país coloca a tutela antecipada debaixo de vários condicionantes: não haver medida cautelar típica; haver fundado motivo de que não se possa fazer valer a decisão final; haver ameaça de dano iminente e irreparável; e ser esse tipo de tutela o meio mais idôneo para assegurar os efeitos da decisão de mérito. Superados esses condicionantes, então, é cabível a medida antecipatória. Daí seguramente se poder afirmar que a disciplina legal da Itália, nesse aspecto, é mais limitada que a brasileira.

Em direção oposta, todavia, a estabilização da antecipação de tutela naquele país é muito mais abrangente que a brasileira. Tanto assim que, nos casos de antecipação dos efeitos da sentença, do art. 700, não se aplicam os limites de eficácia impostos a outras medidas cautelares,[91] atribuindo, assim, maior estabilidade à antecipação. Como se sabe, no Brasil, a estabilização da tutela é cabível somente na hipótese de *tutela antecipada antecedente* – isto é, aquela proposta antes da formulação dos pedidos finais de mérito – e caso não haja impugnação recursal da decisão concessiva.

A esse respeito, deve-se observar que no sistema processual italiano, no caso de cautelares *ante causam*, o processo principal (*giudizio di merito*) deve ser proposto no prazo de até sessenta dias ou outro, inferior, fixado pela decisão

---

[87] No original do art. 700, "più idonei ad assicurare provvisoriamente gli effetti della decisione sul merito".

[88] Descrevendo a evolução do tratamento da temática nos Códigos de 1865 e de 1940, v. DAMIANI, Francesco Saverio. *La tutela cautelare anticipatoria*: profili storico-sistematici. Napoli: Edizioni Scientifiche Italiane, 2018 (Biblioteca di Diritto Processuale, 26). p. 89-99.

[89] Admitindo provimentos cautelares consistentes em verdadeira decisão antecipada e provisória de mérito. Cf. CALAMANDREI, Piero. *Introduzione allo studio sistematico dei provvedimenti cautelare*. Opere giuridiche. Roma: Roma TrE-Press, 2019. v. IX: Esecuzioni forzata e procedimenti speciali, p. 185-188.

[90] Nesse sentido é a classificação legal do parágrafo único do art. 294 do CPC.

[91] O art. 669-*octies, sesto comma*, expressamente, determina a não aplicação dos limites estabelecidos pelo art. 669-*novies, primo comma*.

de acolhimento da medida. É o que é estabelecido pelo art. 669-*octies*, § 1º, do Código de Processo Civil italiano,[92] no que é muito próximo ao art. 806 do congênere brasileiro de 1973 e semelhante aos aditamentos exigidos pelos arts. 303, § 1º, I, e 308, *caput*, do Código de 2015, nas duas modalidades de pedidos antecedentes.[93] No direito italiano, se a ação principal (*procedimento di merito*) não for iniciada no prazo estabelecido ou se vier a ser extinta, a medida cautelar perderá sua eficácia, também de forma semelhante ao que ocorre no Brasil.[94]

Na reforma do rito especial societário,[95] de 2003, o legislador italiano estabeleceu que, nas medidas de urgência e outros provimentos cautelares *idôneos a antecipar* os efeitos da decisão de mérito, não se aplicava a regra da perda de eficácia no caso de não se iniciar o juízo de mérito.[96] Assim, não iniciado o processo principal, as medidas cautelares ou antecipatórias não mais perdiam sua eficácia, o mesmo ocorrendo no caso de extinção daquele processo.[97] Em outros termos, deferida a medida antecipatória, não passava a correr prazo para a propositura da ação principal,[98] legal ou fixado pelo juiz.[99] Isso implicava um regime especial de estabilidade das medidas cautelares, que, diversamente daquelas conservativas,

---

[92] Na falta de fixação de prazo pelo juiz, a *"causa di merito"* deve ser iniciada em sessenta dias (*secondo comma*).

[93] De tutela antecipada e cautelar, respectivamente. Também a Lei de Arbitragem brasileira traz dispositivo semelhante, estabelecendo que, deferida medida de urgência pelo Poder Judiciário, antes de instituída a arbitragem, ela perde a eficácia se a parte interessada não requerer a instituição da arbitragem no prazo de trinta dias (Lei 9.307/1996, art. 22-A, parágrafo único).

[94] Art. 669-*nonies, primo comma*. No Código de Processo Civil brasileiro, arts. 303, § 2º, e 309, I. No Código de 1973, art. 808, I.

[95] Decreto Legislativo 5, de 17.01.2003. Para uma descrição das mudanças do chamado processo societário, que abrange uma gama mais vasta do que estritamente a matéria de Direito Societário, podendo ser tratado de processo comercial, cf. DAMIANI, Francesco Saverio. *La tutela cautelare anticipatoria*: profili storico-sistematici. Napoli: Edizioni Scientifiche Italiane, 2018 (Biblioteca di Diritto Processuale, 26). p. 124-131.

[96] Art. 669-*nonies, primo comma*.

[97] Respectivamente, arts. 23, *primo comma*, e 24, *terzo comma*.

[98] 669-*octies, primo comma*.

[99] "[Implicava] che a seguito della pronuncia di un provvedimento d'urgenza o di un altro provvedimento cautelare idoneo ad anticipare gli effeti della decisione di merito, non decorresse alcun termine (fissato dal giudice o previsto dalla legge) per l'instaurazione della causa di merito" ("[Implicava] que, em consequência da concessão de um provimento cautelar ou de outra medida cautelar idônea para antecipar os efeitos da decisão de mérito, não decorresse qualquer prazo – fixado pelo juiz ou previsto na lei – para o início do processo de mérito") (DAMIANI, Francesco Saverio. *La tutela cautelare anticipatoria*: profili storico-sistematici. Napoli: Edizioni Scientifiche Italiane, 2018 (Biblioteca di Diritto Processuale, 26). p. 127; TARZIA, Giuseppe. La tutela cautelare – Introduzione. *In*: SALETTI, Achille; TARZIA, Giuseppe (org.). *Il processo cautelare*. 3. ed. Padova: Cedam, 2008. p. XXXVI).

poderiam sobreviver à falta de instauração de processo quanto ao mérito final da causa (*giudizio di merito*).[100]

Pouco tempo depois, em 2005, nova mudança legislativa trouxe para o próprio Código de Processo Civil italiano, no art. 669-*octies*,[101] a mesma regra que havia sido introduzida no processo societário, também para abranger as medidas de urgência e outros provimentos cautelares *idôneos a antecipar* os efeitos da decisão de mérito.

Assim, ampliou-se a estabilização dos provimentos antecipatórios no Código, prevendo que, naquelas hipóteses do art. 700, mesmo a extinção do processo de mérito não acarretaria a perda de eficácia de provimentos antecipatórios, ainda que a demanda tenha sido proposta no curso do processo.[102] De todo modo, estabeleceu-se que "a autoridade do provimento cautelar não é invocável em outro processo".[103]

Assim, criou-se um *regime especial ou diferenciado de estabilidade* para os provimentos cautelares considerados antecipatórios, deixando inalterado o regime tradicional de estabilidade para os demais provimentos cautelares.[104]

De qualquer forma, sem prejuízo do cabimento do recurso (*reclamo*) cabível contra a decisão que concede ou indefere a medida cautelar,[105] o juiz de instrução pode, no curso do processo, a pedido da parte, modificar ou revogar os provimentos cautelares,[106] ainda que proferidos *ante causam*, se houver mudança nas circunstâncias ou alegação de fato anterior de que se tenha conhecimento posteriormente ao deferimento da medida.[107] A revogação ou modificação pode ser pedida ao juiz que deferiu a medida, mesmo que o processo principal (*giudizio*

---

[100] Cf., nesse sentido, DAMIANI, Francesco Saverio. *La tutela cautelare anticipatoria*: profili storico-sistematici. Napoli: Edizioni Scientifiche Italiane, 2018 (Biblioteca di Diritto Processuale, 26). p. 131.

[101] *Sesto comma.*

[102] *Ottavo comma.*

[103] "L'autorità del provvedimento cautelare non è invocabile in un diverso processo". Art. 669-*octies, nono comma.*

[104] Nesse sentido, cf. DAMIANI, Francesco Saverio. *La tutela cautelare anticipatoria*: profili storico-sistematici. Napoli: Edizioni Scientifiche Italiane, 2018 (Biblioteca di Diritto Processuale, 26). p. 141.

[105] Art. 669-*terdecies.*

[106] Giuseppe Tarzia destaca, a propósito, a existência de três noções de provisoriedade envolvidas com a tutela cautelar. Aquela designada *normal* (*provvisorietà normale*), que seria atuante no âmbito interno ou externo do processo, sendo relativa à decisão, em um processo de primeiro grau, dotada de *estabilidade limitada*, produzindo efeitos até sua revogação ou ao menos até sua substituição pela sentença. Contrapõe essa provisoriedade àquela *necessária*, no sentido de o provimento ser destinado a ser substituído pela decisão definitiva; e àquela *eventual*, quer dizer, destinada a transformar-se em definitiva na falta de iniciativa da parte contrária (TARZIA, Giuseppe. La tutela cautelare – Introduzione. *In*: SALETTI, Achille; TARZIA, Giuseppe (org.). *Il processo cautelare.* 3. ed. Padova: Cedam, 2008. p. XXX).

[107] Art. 669-*decies, primo comma.*

di merito) não tenha sido iniciado ou tenha sido extinto, desde que exaurido eventual recurso interposto.[108]

Recentemente nova reforma processual, na Itália, fez modificações legislativas da disciplina dos provimentos cautelares. No tema de interesse desta obra, essa reforma tratou dos efeitos da decisão suspensiva de deliberação assemblear e, em maior parte, do poder cautelar do árbitro e sua relação com a jurisdição estatal.[109] A disciplina jurídica da arbitragem na Itália, vale recordar, é estabelecida no Código de Processo Civil. Cabe destacar alguns pontos dessa reforma no tocante às tutelas de urgência.

A reforma foi realizada por meio do Decreto Legislativo 149, de 10 de outubro de 2022, que deu atuação à *Legge Delegata 206*, de 26 de novembro de 2021, com entrada em vigor a partir de 30 de junho de 2023.[110]

Cabe destacar que, por meio desse sistema de *lei delegada*, o legislativo dá ao governo uma espécie de mandato ou autorização para promover, em um prazo determinado, alterações legislativas. No caso, a lei em questão abrangia vários aspectos do Código de Processo Civil italiano, entre eles os provimentos cautelares,[111] tudo com os objetivos, constantes do texto legal, "de simplificação, rapidez e racionalização do processo civil, com respeito à garantia do contraditório, atendo-se aos princípios e critérios diretivos previstos na presente lei".[112]

Tratando de provimento jurisdicional que determine a *suspensão de deliberação assemblear*, o Decreto Legislativo 149 estabeleceu ser aplicável a *exceção* à regra pela qual o provimento cautelar perde sua eficácia se não proposta a ação principal[113] no prazo de sessenta dias.[114] Em outras palavras, nos moldes do que fora estabelecido no processo societário e em relação ao art. 700 do diploma processual, a decisão determinando a suspensão de decisão assemblear não perde

---

[108] *Secondo comma.* O recurso, no caso, é o *reclamo*, previsto no art. 669-*terdecies*.

[109] Sobre a relação entre arbitragem e jurisdição estatal, de modo geral, v. SALLES, Carlos Alberto de. Arbitragem e jurisdição estatal. In: SALLES, Carlos Alberto de; LORENCINI, Marco Antônio Garcia Lopes; SILVA, Paulo Eduardo Alves da (org.). *Negociação, mediação, conciliação e arbitragem:* curso de métodos adequados de solução de controvérsias. 5. ed. Rio de Janeiro: Forense, 2023. p. 303-332.

[110] Art. 35, *Legge Delegata 206*, de 26.11.2021.

[111] Merece destaque a observação de que, na Itália, não havendo clara distinção legislativa entre tutelas antecipatórias e cautelares, toda a matéria é tratada sob a rubrica de *provimentos cautelares*.

[112] "... semplificazione, speditezza e razionalizzazione del processo civile, nel rispetto della garanzia del contraddittorio, attenendosi ai principi e criteri direttivi previsti dalla presente legge." Art. 1 da *Legge Delegata 206*, de 26.11.2021.

[113] Art. 669-*octies, sesto comma*. A regra desse dispositivo excepciona os provimentos de urgência do art. 700 do Código de Processo Civil italiano, e outros provimentos cautelares idôneos a antecipar os efeitos da sentença de mérito.

[114] A norma excepcionada é a do art. 669-*octies, primo comma*.

Capítulo 4 · A RESPOSTA PROCESSUAL CIVIL AO RISCO | **181**

a eficácia se não proposta a ação principal no prazo indicado. No mesmo dispositivo legal,[115] o decreto estende a essa hipótese a manutenção da eficácia desse provimento específico, mesmo com a extinção do processo principal (*estinzione del giudizio di merito*). Com isso, a hipótese indicada cria, como discorrido, uma especial estabilização da tutela.[116]

Ainda em relação às tutelas de urgência, a mudança legislativa italiana dá aos árbitros o poder de proferir decisões cautelares, o que antes lhes era vedado como regra.[117] Tais decisões agora se tornam possíveis mediante autorização na convenção arbitral, ainda que por simples referência a regulamento arbitral.[118]

Embora atribuída a competência cautelar aos árbitros, ela não é exclusiva. Os parágrafos do art. 818, alterado, introduzidos pela reforma italiana, mantêm a competência do juízo estatal para decidir sobre tutelas de urgência, quando ainda não tenha havido aceitação do árbitro único ou da constituição do painel arbitral,[119] bem como a possibilidade de impugnação na jurisdição estatal dessas decisões arbitrais,[120] por *nulidade* ou contrariedade à ordem pública.[121]

Em razão dessas mudanças, o decreto legislativo modifica, também, o dispositivo segundo o qual, no caso de remessa do processo à competência de juiz estrangeiro ou árbitro, a revogação ou modificação dos provimentos cautelares deve ser apreciada por aqueles.[122] O decreto, nesse caso, realiza apenas um acréscimo, ressalvando, por remissão, que a competência dos árbitros depende de disposição convencional das partes.[123]

Em suma, pode-se dizer que, em relação às tutelas de urgência, há diferenças estruturais na maneira como Brasil e Itália disciplinam legalmente a matéria. Ambas as codificações estão voltadas à neutralização dos riscos aos

---

[115] Art. 669-*octies, ottavo comma*.

[116] Semelhante, como já destacado, àquela do art. 304 do CPC brasileiro.

[117] Pela redação anterior, os árbitros, em regra, estavam impossibilitados de fazê-lo: art. 818 – "Gli arbitri non possono concedere sequestri, né altri provvedimenti cautelari, salva diversa disposizione di legge" ("os árbitros não podem conceder sequestro, nem outros provimentos cautelares, salvo diversa disposição legal").

[118] Art. 818, *primo comma*.

[119] Art. 818, *secondo comma*. Semelhante à Lei de arbitragem brasileira (Lei 9.307/1996, art. 22-A). No Brasil, tem-se admitido a competência de *árbitro de emergência*, indicado na convenção de arbitragem ou no regulamento da instituição arbitral, para decidir sobre tutelas de urgência. Cf. CARRETEIRO, Mateus Aimoré. Tutelas de urgência. In: SETOGUTI, Guilherme; LEVY, Daniel (org.). *Curso de arbitragem*. São Paulo: Thomson Reuters Brasil, 2018. p. 393-429.

[120] Art. 818-*bis*.

[121] Para as hipóteses de nulidade da arbitragem, v. art. 829.

[122] Art. 669-*decies, terzo comma*. Semelhante ao disposto pela Lei de Arbitragem brasileira em relação ao árbitro (Lei 9.307/1996, art. 22-B).

[123] Art. 818, *primo comma*.

quais se submetem as situações de direito material no tempo necessário à tutela jurisdicional definitiva.

A disciplina processual brasileira, no entanto, mesmo inspirada, em suas origens, pela italiana,[124] a partir de 1994, com a alteração do art. 273 do Código de 1973,[125] passou a dispor sobre a antecipação de tutela de modo direto e abrangente, acabando por, no Código de 2015, relegar a tutela cautelar a posição secundária.[126] Tanto assim que sua disciplina acabou limitada ao art. 301 do Código vigente, com regramento processual mais extenso previsto para sua modalidade antecedente, mas que nada acresce quanto à sua aplicação.

Nesse ponto, a comparação aponta para características estruturais opostas entre os dois sistemas. Isso porque o Código de Processo Civil italiano, em sentido contrário, disciplina a tutela antecipada de forma secundária, no âmbito dos provimentos cautelares e com cabimento nos estreitos limites de seu art. 700. Embora, como visto, as reformas mais recentes tenham consolidado sua esfera de aplicação, diversamente do que ocorre no Brasil, a matéria continua disciplinada como medida cautelar atípica,[127] sem estar regulada de forma autônoma e abrangente, como acontece no Brasil.

No que toca à estabilização dos efeitos da tutela antecipada, todavia, a disciplina legal italiana – o que pode parecer contraditório – é mais abrangente que a brasileira, como já apontado. Ocorre que há uma lógica legislativa diversa a reger as regras processuais a respeito, espelhada apenas na estabilização da tutela antecipada antecedente.[128]

No Brasil, os provimentos antecipatórios seguem estrita instrumentalidade em relação ao provimento principal de mérito. Como regra, a eficácia das medidas antecipatórias está condicionada ao prosseguimento do processo no qual foram lançadas e a sua confirmação em decisão final. Dito de outra maneira, a antecipação de tutela se estabiliza, em última análise, com o provimento final de mérito. A exceção, ora admitida no sistema processual brasileiro, é a tutela deferida em procedimento antecedente, caso não seja eficazmente impugnada.[129]

Neste último caso, no ordenamento italiano pode-se dizer que há uma *instrumentalidade atenuada*,[130] pois as medidas em questão, nas condições indicadas

---

[124] V., sobretudo, item 2.1, *supra*.

[125] V. item 2.1.2.3, *supra*.

[126] V. item 2.1.2.4, *supra*.

[127] Cf. PANZAROLA, Andrea. I provvedimenti di urgenza dell'art. 700 C.P.C. In: CARRATTA, Antonio (org.). *I procedimenti cautelari*. Torino: Zanichelli, 2017. p. 753-756.

[128] Art. 304 do CPC brasileiro.

[129] "Se da decisão que a conceder não for interposto o respectivo recurso", como consta do art. 304, *caput*, do CPC.

[130] Tomando de empréstimo a expressão utilizada por Achille Saletti para tratar da matéria (SALETTI, Achille. Le misure cautelari a strumentalità attenuata. In: TARZIA, Giuseppe; SALETTI, Achille (org.). *Il processo cautelare*. 3. ed. Padova: Cedam, 2008. p. 289-317).

Capítulo 4 · A RESPOSTA PROCESSUAL CIVIL AO RISCO | 183

nas respectivas disciplinas legais, passam a *não* depender da propositura da ação principal – ou, na Itália, da *"causa de mérito"* – para manter sua eficácia. Nesse sentido, há instrumentalidade com o provimento final, mas, como o provimento antecipatório pode preservar sua eficácia, sem depender daquele, nesse sentido, pode ser entendida como atenuada. Em outros termos, ocorre uma estabilização da tutela mesmo sem coisa jugada.[131]

A lógica legislativa prevalecente – como exceção no Brasil, mas como regra para as medidas antecipatórias na Itália – é a de que, se há antecipação dos efeitos da sentença de mérito, não havendo impugnação eficaz, capaz de levar à apreciação da questão de fundo, relativa ao mérito da controvérsia, sua eficácia permanece. Isso em razão de, em tese, o demandado poder aquiescer com a solução trazida pela medida antecipada, evitando uma extensão desnecessária do processo em bases contenciosas.

Para o sucesso dessa estratégia legislativa, entretanto, mostra-se fundamental um adequado – e difícil – equacionamento da atribuição das despesas processuais, sob pena de impulsionar a parte beneficiária da medida a propor sempre a demanda principal para recuperar os custos nos quais incorreu.[132]

A par das diferenças normativas e de tratamento jurídico, o estudo comparado dos dois sistemas mostra-se profícuo, tendo em vista a inegável influência – e consequente proximidade – que o direito italiano vem exercendo, desde os primórdios, sobre o processo civil moderno e contemporâneo brasileiro. Na matéria estudada nesta obra, em alguma medida, pode-se olhar para o direito italiano em busca das raízes de nosso próprio direito processual.

4.2.2 França: o *référé* – competência, autonomia e eficácia

O *référé*[133] é o mais emblemático instituto de tutela provisória do sistema processual da França,[134] seja por sua longevidade, seja pela peculiaridade. O

---

[131] Art. 304, § 6º, do CPC brasileiro; e art. 669-*octies, nono comma*, do congênere italiano.

[132] Apontando que a reforma do processo societário, de 2003, trazia regra nesse sentido, esquecida da reforma do Código de 2005, bem como a possibilidade de aplicação da regulamentação da disciplina da primeira, por extensão ou analogia, cf. DAMIANI, Francesco Saverio. *La tutela cautelare anticipatoria*: profili storico-sistematici. Napoli: Edizioni Scientifiche Italiane, 2018 (Biblioteca di Diritto Processuale, 26). p. 142-143.

[133] Deixa-se de traduzir o nome do instituto pela falta de correspondente específico no sistema jurídico brasileiro. A tradução literal poderia levar ao equívoco de correspondências não existentes, preferindo-se, por essa razão, manter a denominação na língua de origem. Outros institutos do direito francês, sempre que possível, são traduzidos, indicando-se entre parênteses a designação original, sempre que não possuírem exata correspondência com aquela utilizada no Brasil.

[134] Por exemplo, quanto à competência do *juge de la mise en état* (juiz de instrução) (v. art. 789, §§ 3º e 4º, do Código de Processo Civil francês, modificado pelo *Décret 2019-1333 du 11 décembre 2019*), ou do *juge des contentieux de la protection* (espécie de juiz das pessoas

quadro completo das tutelas provisórias francesas vai muito além do *référé*, uma vez que há outras medidas dessa natureza, variando quanto à autoridade competente e ao cabimento nos vários ramos da Justiça do país. No escopo da presente obra é tratado apenas do *référé* em sua concepção tradicional, por ser a mais conhecida e influente.

O instituto do *référé* desenvolveu-se primeiramente na jurisprudência, a partir dos séculos XIV e XV, tornando-se norma por meio do Édito Real de 22 de janeiro de 1685, sob o reinado de Luís XIV. Desenvolveu-se, sobretudo, por influência de Belleyne, presidente do *Tribunal Civil de la Seine*, entre os anos de 1829 e 1856,[135] embora o instituto já houvesse sido incorporado ao Código de Processo Civil francês em 1806. Posteriormente, veio a ser mantido no Código vigente, de 1975.[136] Este último traz em seu Livro I[137] a disciplina geral do instituto, e em seu Livro II a disciplina das espécies de *référés*.[138]

Hoje o modelo de *référé* está bastante modificado, podendo-se dizer *multiforme*.[139] Descolou-se do pressuposto tradicional de urgência para ser adotado em várias situações,[140] com denominações diversas, tais como *référé de remise en état*, *référé provision*, *preventif* e *probatoire*.[141] Recentemente foram feitas reformas, reestruturando, verdadeiramente, a disciplina processual do instituto no Código de Processo Civil francês.[142]

---

economicamente vulneráveis) (v. art. 834 do mesmo Código, modificado pelo *Décret 2020-1452, 27.11.2020*).

[135] Cf. STRICKLER, Yves; VARNEK, Alexey. *Procédure civile*. 12. ed. Bruxelles: Bruylant, 2022. p. 314-315. Para um histórico do instituto, v., também, BONATO, Giovanni. La tutela anticipatoria di urgenza e la sua stabilizzazione nel nuovo CPC brasiliano: comparazion con il sistema francese e con quello italiano. *Revista da AGU*, v. 15, n. 4, p. 11-64, nov./dez. 2016. p. 18-19; e JOMMI, Alessandro. *Il référé provision*: ordinamento francese ed evoluzione della tutela sommaria anticipatoria in Italia. Torino: G. Giappichelli, 2005. p. 5-9.

[136] Conhecido como *Nouveau Code de Procédure Civile, Décret 75.123, du 5 décembre 1975*, em vigor a partir de 1º de janeiro de 1976.

[137] *Libre I, Titre XIV, Chapitre II, Section II, Sou-section II, arts. 484-492*.

[138] *Libre II, Titre I, Sous-titre III, Chapitre II, arts. 834-838*. A matéria foi objeto de alterações legislativas recentes: *Décret 2019-1331, 11.12.2019*; *Décret 2020-1452, 27.11.2020*; e *Décret 2023-686, 29.07.2023*. O *Décret 2020-1452, 27.11.2020*, regulou, ainda, a *procédure accéléré au fond* (procedimento acelerado de mérito).

[139] Nesse sentido, PANZAROLA, Andrea. I provvedimenti di urgenza dell'art. 700 C.P.C. In: CARRATTA, Antonio (org.). *I procedimenti cautelari*. Torino: Zanichelli, 2017. p. 789.

[140] Cf. DOTTI, Rogéria Fagundes. *Tutela da evidência*: probabilidade, defesa frágil e o dever de antecipar a tempo. São Paulo: Thomson Reuters Brasil, 2020. p. 69-70.

[141] Indicando os vários tipos, v. BONATO, Giovanni; QUEIROZ, Pedro Gomes de. Os *référés* no ordenamento francês. *Revista de Processo*, v. 255, p. 527-566, 2016 (item 2). Com maior detalhe, v. STRICKLER, Yves; VARNEK, Alexey. *Procédure civile*. 12. ed. Bruxelas: Bruylant, 2022 (Paradigme). p. 324-330.

[142] V. as mudanças introduzidas pelo *Décret 2019-1333, du 11 décembre 2019*, *Décret 2020-1452, de 27 novembre 2020* e *Décret 2023-686, du 29 juillet 2023*.

Pode-se até mesmo afirmar que a urgência não representa mais a marca típica, caracterizante do *référé*, que deixou de ser exclusivo de provimentos de urgência, passando a estar ligado de igual modo à tutela de evidência.[143] De qualquer forma, independentemente da justificativa que lhe sirva de base, "[o] *référé* hoje está entre as mais familiares faces da justiça".[144]

Tomando por base a tutela de urgência brasileira e mesmo a disciplina das cautelares na Itália,[145] as características do regramento jurídico de sua *competência* e da *autonomia* em relação ao processo de mérito são os dois principais diferenciais do *référé*. O processo de *référé*, a princípio, é de competência do presidente do tribunal. Por outro lado, desenvolve-se de maneira totalmente autônoma em relação ao processo de mérito ou *du fond* (de fundo), como costumam dizer.

Há verdadeira jurisdição autônoma a decidir sobre o *référé*. A lei confere a um juiz, diferentemente daquele competente para o processo principal, o poder de decretar medidas provisórias de forma imediata.[146]

Como colocam Yves Strickler e Alexey Varnek, "sob pretexto de evitar a injustiça que constitui uma justiça lenta, é preciso não cair na injustiça ainda maior de uma justiça sumária".[147] Justifica-se, assim, como uma espécie de salvaguarda, a confiança na competência ao presidente do tribunal ou a juiz experiente, por ele designado. Se a exigência de imediatidade da resposta jurisdicional, possível apenas mediante um processo sumário, traz maiores riscos à decisão, é melhor que seja proferida por juiz da mais alta dignidade e experiência.

Para compreender em sua inteireza o significado dessa divisão de competência, no entanto, é preciso destacar alguns elementos característicos da organização judiciária da França. É fundamental, a esse propósito, o fato de a jurisdição de direito comum (*juridiction de droit commun*) ser organizada em juízos colegiados desde o primeiro grau de jurisdição.[148] Em regra, qualquer processo é iniciado

---

[143] Cf. PANZAROLA, Andrea. I provvedimenti di urgenza dell'art. 700 C.P.C. *In*: CARRATTA, Antonio (org.). *I procedimenti cautelari*. Torino: Zanichelli, 2017. p. 790, apontando inclusive que hoje estaria mais ligado à evidência.

[144] "Le *référé* est aujourd'hui parmi les visages les plus familiers de la justice" (STRICKLER, Yves; VARNEK, Alexey. *Procédure civile*. 12. ed. Bruxelas: Bruylant, 2022 (Paradigme). p. 314).

[145] Sobre o tema, item 4.2.1, *supra*.

[146] CHAINAIS, Cécile. *La protection juridictionnelle provisoire dans le procès civil en droits français et italien*. Paris: Dalloz, 2007. p. 224.

[147] "... sous pretexte d'éviter l'injustice certaine que constitue une justice lente, Il ne faut pas tomber dans l'injustice encore plus grande d'une justice sommaire" (STRICKLER, Yves; VARNEK, Alexey. *Procédure civile*. 12. ed. Bruxelas: Bruylant, 2022 (Paradigme). p. 315).

[148] Envolvendo o *tribunal d'instance* e o *tribunal de grande instance*, cuja competência varia conforme o valor de alçada. A França possui, também, jurisdições especiais, chamadas *jurisdictions d'exception*, tais como o tribunal *paritaire des baux ruraux*, o *tribunal de commerce* e o *conseil des prud'hommes*. Sobre a distinção das jurisdições francesas, cf. CADIET, Loïc; NORMAND, Jacques; AMRANI-MEKKI, Soraya. *Théorie générale du procès*. 2. ed. Paris:

devant le tribunal (perante o tribunal), ou seja, é dirigido em seu nascedouro a um juízo colegiado.

Há no sistema francês, todavia, a possibilidade de decisões monocráticas, mesmo em medidas de urgência. É o que ocorre, por exemplo, com aquelas incidentais decretadas pelo *juge de la mise en état* (juiz de instrução),[149] que, depois de firmada sua competência, pode determinar uma *provision ad litem* (um tipo de caução) e todas as medidas provisórias, mesmo conservativas, salvo sequestros (*saises conservatoires*), hipotecas e arrestos (*nantissements provisoires*), que competem ao juiz da execução.[150] Também a competência do presidente do tribunal, cabe destacar, é monocrática quando decide nos processos autônomos, em *référé* ou nas chamadas determinações a pedido (*ordonnances sur requête*).[151]

De modo diverso do que pode parecer, tomando por base o sistema jurisdicional brasileiro, a referência a *tribunal*, na França, diz respeito também a cortes de primeiro grau, não somente àquelas em grau de recurso. A decisão acerca do *référé*, tomada pelo presidente do tribunal, nesse sentido, não é de instância superior, mas do próprio órgão jurisdicional de primeiro grau; não é do colegiado que julgará o mérito.[152] Em suma, pode ser deferido na maior parte dos órgãos jurisdicionais franceses, sempre, como regra, pela presidência do órgão jurisdicional competente.[153]

O *référé*, portanto, é também uma forma de organização jurisdicional, que concede o poder de apreciar e deferir as medidas necessárias, com imediatidade, para juiz não competente para o processo principal de mérito. Nesse sentido, constitui verdadeira *jurisdição autônoma*.[154] De igual maneira, dá ensejo a de-

---

Presses Universitaires de France, 2013. p. 433-445. Para uma visão geral da organização da Justiça na França, v. DUPIC, Emmanuel. *La justice en France*: acteurs et enjeux. [s.l.]: Bréal, 2021. p. 151-206.

[149] A propósito, v. art. 789, §§ 3º e 4º, do Código de Processo Civil (modificado pelo *Décret 2019-1333 du 11 décembre 2019* – art. 4). Sobre a competência do *juge de la mise en état* para medidas provisórias incidentais, v. GUINCHARD, Serge *et al. Procédure civile.* 7. ed. Paris: Dalloz, 2021. p. 1008-1010.

[150] Cf. STRICKLER, Yves; VARNEK, Alexey. *Procédure civile.* 12. ed. Bruxelas: Bruylant, 2022 (Paradigme). p. 283.

[151] Para definições legais, v., respectivamente, arts. 484 e 493 do Código de Processo Civil francês.

[152] Eventualmente, o presidente do tribunal pode remeter a decisão ao colegiado: "Le juge des référés a la faculté de renvoyer l'affaire en état de référé devant la formation collégiale de la juridiction à une audience dont il fixe la date" ("O juiz dos *référés* pode remeter o processo de *référé* à formação colegiada da jurisdição para uma audiência para a qual fixa a data") (art. 487 do Código de Processo Civil francês).

[153] Cf. BONATO, Giovanni; QUEIROZ, Pedro Gomes de. Os *référés* no ordenamento francês. *Revista de Processo*, v. 255, p. 527-566, 2016, item 4.

[154] Nesse sentido, v. CHAINAIS, Cécile. *La protection juridictionnelle provisoire dans le procès civil en droits français et italien.* Paris: Dalloz, 2007. p. 224.

Capítulo 4 · A RESPOSTA PROCESSUAL CIVIL AO RISCO | 187

senvolvimento processual autônomo, não relacionado com aquele que corre perante o juízo de fundo, livre de litispendência ou conexão. A esse propósito, verdadeira demanda dá início ao processo de *référé*, pelo qual se dá a *instauração de instância*, para colocar nos termos utilizados no direito francês.[155] Como tal, o processo se submete a todos os incidentes de instância (*incidents d'instance*),[156] inclusive em apelação.[157]

No mesmo sentido, pode-se afirmar que "a instância do *référé* é distinta da instância de mérito"[158] ou, nos termos utilizados pelo direito brasileiro, que o processo do *référé* é distinto daquele de mérito. Tanto assim que o pedido desse tipo de medida pode ser formulado de modo antecedente ou *en cours d'instance* (na pendência do processo de mérito), no *tribunal judiciaire* (antes *tribunal de grande instance*), até a vinculação do *juge de la mise en état* (juiz de instrução).[159]

A destacar as diferenças entre o processo de *référé* e aquele de fundo, há também a questão da autoridade e da eficácia das decisões em cada caso.

Relativamente à autoridade das decisões proferidas em *référé*, é usual a menção, a partir da doutrina francesa, à existência de uma "coisa julgada provisória".[160] A designação, para os parâmetros brasileiros,[161] parece inteiramente equivocada.

---

[155] De maneira diversa da abordagem do direito brasileiro, "[l'instance] est la phase judiciaire du procès: introduite par l'éxercice d'une action en justice (ou d'un recours), elle ne naît qu'avec la saisine d'un juge s'éteint, en principe, avec le jugement de celui-ci" ("[a instância] é a fase judiciária do processo: introduzida pelo exercício de uma ação (ou de um recurso), ela não nasce a não ser com a vinculação de um juiz competente e extingue-se, a princípio, com o julgamento por este") (CADIET, Loïc; NORMAND, Jacques; AMRANI-MEKKI, Soraya. *Théorie générale du procès*. 2. ed. Paris: Presses Universitaires de France, 2013 (Thémis). p. 379).

[156] Arts. 367 a 410 do Código de Processo Civil francês.

[157] A propósito, o art. 490 do mesmo Código. Sobre os incidentes aos quais o *référé* se submete, cf. CHAINAIS, Cécile. *La protection juridictionnelle provisoire dans le procès civil en droits français et italien*. Paris: Dalloz, 2007. p. 229-230.

[158] "... l'instance en *référé étant distincte de l'instance au fond*" (CHAINAIS, Cécile. *La protection juridictionnelle provisoire dans le procès civil en droits français et italien*. Paris: Dalloz, 2007. p. 231).

[159] V. art. 789, §§ 3º e 4º, do Código de Processo Civil francês, modificado pelo *Décret 2019-1333 du 11 décembre 2019*. A respeito, v. BONATO, Giovanni; QUEIROZ, Pedro Gomes de. Os *référés* no ordenamento francês. *Revista de Processo*, v. 255, p. 527-566, 2016, item 4. Também, CHAINAIS, Cécile. *La protection juridictionnelle provisoire dans le procès civil en droits français et italien*. Paris: Dalloz, 2007. p. 234-235.

[160] Cf. PERROT, Roger. Du provisoire au définitif. In: COLLECTIF (org.). *Le juge entre deux millénaires* – Mélanges offerts à Pierre Drai. Paris: Dalloz, 2000. p. 450-452; STRICKLER, Yves; VARNEK, Alexey. *Procédure civile*. 12. ed. Bruxelas: Bruylant, 2022 (Paradigme). p. 330; BONATO, Giovanni. La tutela anticipatoria di urgenza e la sua stabilizzazione nel nuovo CPC brasiliano: comparazione con il sistema francese e con quello italiano. *Revista da AGU*, v. 15, n. 4, p. 11-64, nov./dez. 2016. p. 19.

[161] Acerca da matéria, fundamental para a doutrina brasileira o posicionamento de Enrico Tullio Liebman, diferenciando eficácia da sentença e autoridade da coisa julgada

TUTELA DE URGÊNCIA – *Carlos Alberto de Salles*

Afinal, para nós a coisa julgada é intrinsecamente ligada à imutabilidade dos efeitos da sentença, fazendo com que a referência francesa, sob essa perspectiva, possa ser vista como uma *contradictio in terminis*.

É preciso compreender, no entanto, que a doutrina francesa, a esse propósito, está designando por coisa julgada (*chose jugée*) a simples *estabilidade* da eficácia da decisão proferida em *référé*,[162] mesmo sendo por natureza provisória. Isso porque se enfatiza a regra do art. 488 do Código de Processo Civil, que estabelece que as determinações expedidas naquele tipo de procedimento "não podem ser modificadas ou revogadas no *référé* a não ser em caso de circunstâncias novas",[163] assim entendidas aquelas relativas a fato posterior, não ocorrido ao tempo da decisão, ou anterior, porém de revelação a ela posterior.[164]

A esse propósito, há de se notar ainda que a eficácia da medida provisória, no *référé*, não está submetida a qualquer limite temporal ou condicionamento à formulação do pedido principal, de fundo, como ocorre no sistema italiano e na antecipação de tutela antecedente no Brasil.[165] Com isso a determinação em *référé* conserva eficácia *sine die*, embora mantendo o caráter provisório.[166] Essa circunstância abre a possibilidade de as partes se contentarem com a solução dada ao litígio em via provisória. Nessa hipótese, não se chega a uma decisão de fundo, podendo-se dizer que a decisão em *référé* remanesce instável *in iure*, embora se torne *in facto* definitiva.[167]

(LIEBMAN, Enrico Tullio. *Eficácia e autoridade da sentença*. Tradução de Alfredo Buzaid e Aires Benvindo. Rio de Janeiro: Forense, 1945, em especial p. 36-38 e 46-51).

[162] Apontando a incorporação, no direito brasileiro, da categoria de "estabilidades processuais", cf. CABRAL, Antonio do Passo. As estabilidades processuais como categoria incorporada ao sistema do CPC. In: CABRAL, Antônio do Passo; DIDIER JUNIOR, Fredie (org.). *Grandes temas do novo CPC:* coisa julgada e outras estabilidades processuais. Salvador: JusPodivm, 2018. p. 25-60.

[163] "(...) ne peut être modifiée ou rapportée en référé qu'en cas de circonstances nouvelles" (art. 488 do Código de Processo Civil francês).

[164] A respeito, cf. STRICKLER, Yves; VARNEK, Alexey. *Procédure civile*. 12. ed. Bruxelas: Bruylant, 2022 (Paradigme). p. 330.

[165] No caso, para promover o aditamento ao pedido de tutela antecipada antecedente (art. 303, § 1º, I, do CPC). Para o modelo italiano, v. item anterior.

[166] Nesse sentido, cf. PANZAROLA, Andrea. I provvedimenti di urgenza dell'art. 700 C.P.C. *In:* CARRATTA, Antonio (org.). *I procedimenti cautelari*. Torino: Zanichelli, 2017. p. 791.

[167] A esse propósito, cf. a colocação também de Panzarolla (PANZAROLA, Andrea. I provvedimenti di urgenza dell'art. 700 C.P.C. *In:* CARRATTA, Antonio (org.). *I procedimenti cautelari*. Torino: Zanichelli, 2017. p. 791). Ainda, DOTTI, *Tutela da evidência*, p. 70. Alertando que, na ausência de disposição legal expressa a respeito, há posições jurisprudenciais que vinculam a estabilidade do provimento em *référé* à proposição de um sucessivo juízo de mérito, v. BONATO, Giovanni; QUEIROZ, Pedro Gomes de. Os *référés* no ordenamento francês. *Revista de Processo*, v. 255, p. 527-566, 2016, item 6. Provavelmente em razão do contraste, a constatação dessa certa incondicionalidade dos provimentos em *référé* aparece de maneira mais clara nos escritos de estudiosos do sistema processual francês a partir da perspectiva de outros países.

Há, assim, de fato, a possibilidade de uma forte estabilização da tutela provisória na disciplina legal dos *référés*, tornando plausível a indicação de uma "coisa julgada provisória", com a ressalva do significado específico que se quer dar ao termo. A definitividade atingida pelos provimentos jurisdicionais nesses casos decorre, sobretudo, da extinção das possibilidades de serem impugnados,[168] mesmo sem gerar propriamente coisa julgada.[169]

De qualquer forma, verifica-se que a provisoriedade é característica central do tipo de provimento estudado,[170] em moldes semelhantes ao que ocorre com os congêneres italiano e brasileiro. No caso francês, a disciplina legal aponta para o fato de o juiz de fundo, da causa principal, ser totalmente livre em sua decisão, sem que o provimento jurisdicional deferido em *référé* lhe cause qualquer restrição. Ao contrário, na apreciação da questão de fundo, poderá retomar o quanto tenha sido decidido no juízo, por isso mesmo *provisório*, do *référé*, podendo julgar de modo contrário ao decidido naquele, em decisão que substituirá a anterior e proferida em processo autônomo.[171]

Ainda em termos de eficácia, importante destacar que não é suficiente que a decisão seja rapidamente proferida; é preciso ainda que ela seja rapidamente executada.[172] A esse respeito, recente reforma estabeleceu que "[as] decisões de primeira instância são de direito executórias a menos que a lei ou a decisão proferida disponha em sentido contrário" (art. 514).[173] Essa nova regra, embora inverta a solução tradicional,[174] permite ao juiz rejeitar a execução provisória, salvo aquelas que tenham por base decisões proferidas em *référé*, determinando medidas provisórias no curso do processo ou ordenando providências conservatórias. Também não pode afastar a execução provisória quando, na condição de juiz de instrução (*juge de la mise en état*), estabeleça caução em favor do credor (*provision au créancier*).[175]

---

[168] Nesse sentido, cf. STRICKLER, Yves; VARNEK, Alexey. *Procédure civile*. 12. ed. Bruxelas: Bruylant, 2022 (Paradigme). p. 330.

[169] Destaque-se que, segundo disposição expressa – semelhante ao art. 304, § 6º, do diploma processual brasileiro –, o Código francês indica que a decisão provisória não tem a autoridade de coisa julgada em relação ao processo de mérito (art. 488 do diploma francês).

[170] Conforme, inclusive, a definição constante do art. 484 do Código de Processo Civil francês.

[171] Cf. BONATO, Giovanni; QUEIROZ, Pedro Gomes de. Os *référés* no ordenamento francês. *Revista de Processo*, v. 255, p. 527-566, 2016, item 6.

[172] CHAINAIS, Cécile. *La protection juridictionnelle provisoire dans le procès civil en droits français et italien*. Paris: Dalloz, 2007. p. 281.

[173] "Les décisions de première instance sont de droit exécutoires à titre provisoire à moins que la loi ou la décision rendue n'en dispose autrement" (art. 514), modificado pelo *Décret 2019-1331, 11.12.2019*.

[174] Cf. STRICKLER, Yves; VARNEK, Alexey. *Procédure civile*. 12. ed. Bruxelas: Bruylant, 2022 (Paradigme). p. 332.

[175] Art. 514-1 do Código de Processo Civil francês.

190 | TUTELA DE URGÊNCIA – *Carlos Alberto de Salles*

A principal técnica processual de efetivação da execução provisória no direito francês é a chamada *astreinte*, multa cominatória fixada pelo juiz para induzir o devedor ao cumprimento da obrigação.[176] Trata-se de técnica baseada em coerção indireta visando assegurar a execução do provimento judicial, no interesse geral de que as decisões judiciais sejam respeitadas e executadas.[177] Para que a rapidez exigida pelo *référé* seja efetiva, não basta o procedimento autônomo e sumário, sendo necessário que possua mecanismo para agilmente garantir a execução das determinações judiciais.

Em termos de direito comparado, o modelo francês do *référé* destaca-se por algumas diferenças básicas de concepção, não apenas das técnicas processuais, mas também da própria organização da jurisdição em relação a esse tipo de medida provisória. A combinação da repartição da competência entre o presidente do tribunal (para o *référé*) e o juízo ordinário para matéria de mérito (*du fond*), com um procedimento autônomo, sem vínculo de instrumentalidade formal com o processo principal, pode significar – como parece estar nas origens do instituto francês – uma salvaguarda contra os males de um processo sumário, na medida em que incrementa a autoridade da decisão.

De igual maneira, a abertura à possibilidade de as partes se conformarem com a decisão provisória, dando-lhe estabilidade (e cumprimento!), mostra-se atrativa, embora sua efetividade prática seja dependente de fortes incentivos econômicos no balanço de custos e vantagens do processo,[178] de modo a torná-la mais vantajosa que a resistência à medida na via processual.

4.2.3 Estados Unidos: *preliminary injunctions* – discricionaridade e devido processo legal

As *injunctions*[179] surgiram no antigo direito inglês, tendo se desenvolvido a partir do século XII e vindo posteriormente a ser incorporadas ao sistema jurídico e processual norte-americano.

---

[176] Medida cabível no ordenamento brasileiro com base no disposto nos arts. 139, IV, 536, § 1º, e 537 do Código de Processo Civil. Sobre a importância do instituto francês, v. TARUFFO, Michele. L'attuazione esecutiva dei diritti: profili comparatistici. *Rivista Trimestrale di Diritto e Procedura Civile*, anno XLII, n. 1, p. 142-178, 1988. p. 161-162.

[177] Nesse sentido, cf. CHAINAIS, Cécile. *La protection juridictionnelle provisoire dans le procès civil en droits français et italien.* Paris: Dalloz, 2007. p. 284.

[178] O que vale para a alternativa hoje presente na disciplina processual brasileira (art. 304).

[179] Do mesmo modo que em relação ao *référé*, tratado no item anterior, deixa-se de traduzir a designação *injunction* em razão da falta de correspondente específico no sistema jurídico brasileiro. Pelo mesmo motivo, outros institutos do direito norte-americano também são mantidos na língua de origem, tendo em vista a especificidade com que são utilizados no sistema estrangeiro. Assim, por exemplo, a contraposição das jurisdições de *equity* e *at law*, que não encontrariam tradução cômoda àquilo que, no Brasil, se denominaria juízos de equidade e de direito.

Esse instituto, apesar do desenvolvimento diferente,[180] tem um ponto de partida próximo ao do *référé* do sistema francês.[181] Ambos partem de uma divisão de funções e poderes jurisdicionais distribuídos entre órgãos de diversa competência. Da mesma forma que o instituto francês caracteriza-se pela competência do presidente do tribunal – também de longevas raízes históricas –, em contraposição àquela do juízo de fundo, atribuído a uma das câmaras da mesma corte, as *injunctions* se caracterizam como um instrumento próprio das chamadas *courts of equity*,[182] destacadas daquelas de *common law*.[183]

A jurisdição *equity* desenvolve-se a partir das atribuições da *Chancery*, um órgão atuante perante o rei e seu conselho permanente, que acaba assumindo funções jurisdicionais, para suprir a necessidade dos casos que não encontravam solução no sistema tradicional.[184] Isso porque o rei conservava para si uma *reserva de justiça*,[185] conhecendo de pedidos que não encontravam resposta nas cortes tradicionais. Daí o crescimento dos poderes jurisdicionais do *Chancellor*, para quem, historicamente, a decisão desses casos acabou sendo transferida, vindo a formar as *courts of equity*.

Nesse sistema *dual* de jurisdição, tendo em vista as funções historicamente desempenhadas, cada espécie de corte caracterizava-se, também, pelos tipos de medidas jurisdicionais utilizados por uma e outra. Enquanto as *law courts* eram, sobretudo, identificadas pela utilização de remédios reparatórios, as de

---

[180] Para uma descrição mais detalhada da evolução do antigo sistema jurisdicional inglês, v. SALLES, Carlos Alberto de. *Execução judicial em matéria ambiental*. São Paulo: Ed. RT, 1998. p. 167-172.

[181] V. item anterior.

[182] Evita-se a tradução por "cortes de equidade", por não se tratar estritamente de um *juízo de equidade*. De fato, os casos não eram decididos com base em precedentes, como era próprio das cortes de *common law*, mas em certa discricionaridade ou possíveis princípios de justiça ou de consciência. Cf. GRILLIOT, Harold J.; SCHUBERT, Frank A. *Introduction to law and the legal system*. Boston: Houghton Mifflin, 1989. p. 204. Com o passar do tempo, acaba por se formar um corpo normativo próprio, administrado por uma corte separada. Sobre a formação do sistema de direito aplicado pela jurisdição de *equity*, v. MAITLAND, Frederic William. *Equity*: a course of lectures. Cambridge: Cambridge University Press, 2011. p. 8-9.

[183] Designadas de *law courts* ou cortes de direito, que aplicavam os preceitos do direito tradicional inglês.

[184] Na colocação de F. Pollock, os poderes do *Chancellor* desenvolvem-se a partir daquele "class of petition by humble suitors for relief against oppression or extortion, alleging poverty and inability to cope with their adversaries by regular processo of law" ("tipo de petição de demandantes humildes buscando alívio contra opressão ou extorsão, alegando pobreza e inabilidade para lidar com seus adversários por meio do processo regular legal") (POLLOCK, Frederick. The transformation of equity. In: VINOGRADOFF, Paul (org.). *Essays in legal history*. New Jersey: The Lawbook Exchange, 2004. p. 290).

[185] Cf. SALLES, Carlos Alberto de. *Execução judicial em matéria ambiental*. São Paulo: Ed. RT, 1998. p. 168-169.

equity baseavam-se na emissão de ordens para fazer ou deixar de fazer alguma coisa. Daí as *injunctions* estarem ligadas a este último tipo de jurisdição. Há, no entanto, alguns remédios jurídicos de tutela específica que são tradicionais *at law*, como é o caso do *replevin* – espécie de busca e apreensão de bens móveis – e do *ejectment* – modalidade de ordem de desocupação de imóveis.[186]

Diferentemente da Inglaterra, onde constituíam dois verdadeiros sistemas de direito administrados por cortes separadas, nos Estados Unidos as jurisdições de *equity* e *at law* nunca chegaram a ser exercidas por órgãos separados. Muito embora concebidas e aplicadas separadamente, cabia ao juiz aplicar as medidas pleiteadas pelas partes tendo em vista as características da providência solicitada e a circunstância de ela encontrar fundamento em uma ou outra jurisdição.

A fusão dos dois sistemas jurisdicionais,[187] nos Estados Unidos, acabou consagrada, no âmbito federal, pelas *Federal Rules of Civil Procedure* de 1938. Não obstante a fusão, todavia, a distinção permanece relevante, pelo menos por três razões: (i) medidas *in equity*[188] são geralmente levadas a efeito por meio de *contempt of court*;[189] (ii) a presença de matérias *in law* define a necessidade de o julgamento ser realizado perante o júri, não podendo ser objeto de decisão apenas pelo juiz togado;[190] (iii) nas medidas de equidade o juiz tem maior discricionaridade na definição da medida, enquanto nos chamados *legal remedies* o remédio adotado decorre do direito estabelecido.[191]

Essas medidas, típicas da jurisdição de *equity*, podem consistir em um provimento jurisdicional de mérito ou apenas preliminar, de natureza provisória, como destacado pela disciplina legal do equivalente brasileiro. No primeiro caso, nos Estados Unidos, ela é denominada *permanent injunction*.[192] Trata-se de provimento final, consistente em tutela específica, em medida jurisdicional

---

[186] Cf. LAYCOCK, Douglas. *Modern American remedies*: cases and materials. Boston: Little Brown, 1994. p. 650-652.

[187] Na maioria dos Estados e no sistema de Justiça federal, qualquer juiz pode aplicar medidas de *equity*. Poucos Estados norte-americanos mantêm hoje *equity courts* separadas. O Estado da Virginia, por exemplo, realizou a fusão entre *law* e *equity* apenas em 2006. Cf. DOBBS, Dan B.; ROBERTS, Caprice L. *Law of remedies*: damages – equity – restitution. 3. ed. St. Paul: West Academic, 2018. p. 104.

[188] A *Rule 65*, que trata das *injunctions* e das *restraining orders*, já foi modificada sete vezes ao longo da vigência das *Federal Rules of Civil Procedure*, a última em 26 de março de 2009.

[189] Sobre esse instituto no Direito Processual norte-americano, v. SALLES, Carlos Alberto de. *Execução judicial em matéria ambiental*. São Paulo: Ed. RT, 1998. p. 209-216.

[190] A *U. S. Constitution 7th amendment* garante o júri apenas para "suits at common law".

[191] Apontando essas razões, v. DOBBS, Dan B.; ROBERTS, Caprice L. *Law of remedies*: damages – equity – restitution. 3. ed. St. Paul: West Academic, 2018 (Hornbook Series). p. 9.

[192] "An injunction that is issued after the merits have been decided is called a permanent injunction" ("Uma *injunction* que é emitida depois de o mérito ter sido decidido é chamada de *permanent injunction*") (LYNCH, Kevin J. Preliminary injunctions in public law: the merits. *Houston Law Review*, v. 60, p. 1067-1114, 2023. p. 1071).

impositiva de obrigação de fazer ou não fazer, tendo por escopo satisfazer o direito pleiteado pelo autor. A *permanent injunction* é, portanto, remédio pertinente ao mérito do processo, tendo, com isso, caráter de definitividade, sendo concedida depois de devido processo legal e julgamento final de mérito.[193]

Esse tipo de medida *in equity*, no entanto, tem utilização, também, como medida preliminar ou provisional, podendo ser caracterizada como espécie de tutela provisória, capaz de suprir a necessidade de medidas de urgência, fornecendo um remédio jurisdicional dotado de imediatidade para atender a uma situação de risco alegada pela parte.

De maior interesse para esta obra, assim, é essa segunda espécie de *injunction*, chamada nos Estados Unidos de *provisional relief*,[194] e que podem ser divididas em *preliminary injunction* e *temporary restraining orders*. As do primeiro tipo, mais comum, devem sempre ser antecedidas de notificação (*notice*) à parte contrária,[195] que deverá ter a oportunidade de ser ouvida, embora em procedimento atenuado em relação às exigências do processo ordinariamente utilizado para um julgamento de mérito.[196] Já as *temporary restraining orders – TROs* também têm natureza de *injunction*, mas permitem que a corte dispense a notificação da parte contrária.[197] É o caso, no direito brasileiro, tratado por deferimento *inaudita altera parte*, utilizado, em geral, para evitar que o demandado, sendo notificado, tome providências evasivas em contração à ordem judicial.

A *preliminary injunction* mantém sua eficácia até que seja revogada, que uma medida permanente lhe tome o lugar ou que o processo seja extinto (*dismissed*).

---

[193] Ilustrativa a esse propósito a discussão travada no caso conhecido como *Boomer v. Atlantic Cement Company* (26 N.Y.2d 219, 309 N.Y.S.2d 312 [N.Y. 1970]). Trata-se de demanda de vizinhos incomodados por uma fábrica de cimento, geradora de poluição e de outros transtornos. Apesar de a medida tradicional para esses casos ser a *injunction*, a corte de apelação estabeleceu uma medida reparatória em favor dos autores. Para uma discussão sobre a escolha de remédios jurisdicionais a partir de uma análise econômica e institucional comparada, v. KOMESAR, Neil K. *Imperfect alternatives*: choosing institutions in law, economics, and public policy. Chicago: University of Chicago, 1997. p. 14-28.

[194] Literalmente *alívio provisório*, equivalente aos *provimentos ou medidas provisórias*.

[195] *Federal Rules of Civil Procedure, Rule 65 (a) (1)*. "A preliminary injunction is the name to an order when a party, usually the plaintiff, asks the court to enjoin another party from taking some action (or perhaps to require some action be taken, a mandatory injunction) during the pendency of the litigation" ("Uma *preliminary injunction* é o nome dado a uma ordem quando a parte, usualmente o autor, pede para a corte ordenar uma outra parte que pratique alguma conduta – ou talvez para pleitear que alguma ação seja tomada, uma *mandatory injunction* – durante a pendência do processo") (LYNCH, Kevin J. Preliminary injunctions in public law: the merits. *Houston Law Review*, v. 60, p. 1067-1114, 2023. p. 1071).

[196] Nesse sentido, v. DOBBS, Dan B.; ROBERTS, Caprice L. *Law of remedies*: damages – equity – restitution. 3. ed. St. Paul: West Academic, 2018 (Hornbook Series). p. 187.

[197] *Federal Rules of Civil Procedure, Rule 65 (b) (1)*.

Em razão de implicar maiores restrições ao devido processo legal, as *TROs* emitidas sem a notificação da parte contrária perdem sua eficácia no prazo que a corte estabelecer, que não deve superar catorze dias, salvo se houver boa causa (*good cause*) para estendê-lo ou se a parte contrária concordar com maior extensão.[198] Se a ordem for emitida sem notificação, um pedido para *preliminary injunction* deve estar pronto para audiência (*hearing*) no prazo mais curto possível (*earliest possible time*).[199]

Assim, embora não mereça maior atenção da doutrina norte-americana, a *provisoriedade*, da mesma maneira que nas cautelares italianas e no *référé* francês, tratados nos itens anteriores, é de igual forma característica das medidas de *provisional relief*. As *TROs* têm sua eficácia condicionada a um prazo de notificação da parte contrária, e as *preliminary injunctions* são dependentes do resultado de mérito.

Diferencial importante acerca desses mecanismos processuais norte-americanos é o tratamento dado às bases jurídicas para apreciação de seu cabimento no caso concreto. Considerando a falta de parâmetros legais precisos – o que é compatível com a maior discricionaridade e flexibilidade do juiz na emissão de provimentos de *equity*[200] –, a jurisprudência, usando uma estratégia comum nos Estados Unidos, estabelece *testes* para suprir lacunas ou complementar disposições normativas.[201] Esses testes consistem na indicação de número variável de requisitos a serem respondidos para deferimento de uma medida jurisdicional ou para reconhecimento de um direito.

Na matéria estudada, justifica-se esse tipo de teste, pois praticamente não há indicação legal dos requisitos a serem observados para concessão desse tipo de medida. Na disciplina das *Federal Rules of Civil Procedure* nessa matéria, somente em relação às *TROs* sem notificação prévia há indicação legal de que, para sua emissão,[202] deve estar claramente demonstrado iminente e irreparável lesão, perda ou dano, de possível ocorrência antes que a parte contrária possa ser ouvida no processo.[203]

---

[198] *Federal Rules of Civil Procedure, Rule 65 (b) (2).*

[199] *Federal Rules of Civil Procedure, Rule 65 (b) (3).*

[200] "Flexibility has consistently been acknowledged as the core of equity" ("A flexibilidade tem consistentemente sido reconhecida como o núcleo central da *equity*") (LYNCH, Kevin J. Preliminary injunctions in public law: the merits. *Houston Law Review*, v. 60, p. 1067-1114, 2023. p. 1078).

[201] Esses *testes* aparecem tanto no sistema de precedentes quanto naquele designado *statutory law*, derivado de leis (*acts*) aprovadas pelo Congresso.

[202] "[The] rule does not state the factors to be used in deciding whether to issue a preliminary injunction" ("[A] regra não estabelece os fatores a serem usados para decidir se é o caso de emitir de uma *preliminary injunction*") (LYNCH, Kevin J. Preliminary injunctions in public law: the merits. *Houston Law Review*, v. 60, p. 1067-1114, 2023. p. 1078).

[203] *Federal Rules of Civil Procedure, Rule 65 (b) (1) (A).*

A matéria foi, a esse propósito, consolidada pela Suprema Corte no caso conhecido como *eBay v. MercExchange*,[204] de 2006. Trata-se de processo no qual se buscava uma *injunction* contra produtos que infringiam direito de patente de programas de informática para *sites* na internet.[205] O objeto da decisão, portanto, dizia respeito a uma *permanent injunction*, provimento jurisdicional de mérito que foi rejeitado em primeiro grau, mas acolhido em apelação.[206] Nela se estabeleceu um teste indicando quatro fatores que não teriam sido observados nas instâncias inferiores, anulando as decisões anteriores. Segundo a decisão, para a concessão da medida, o requerente deveria demonstrar:

(i) que havia sofrido um dano irreparável;

(ii) que medidas disponíveis *at law*, tais como reparação pecuniária de danos, seriam inadequadas para compensar o dano;

(iii) que, considerando o balanceamento de gravames (*balance of hardships*) entre autor e réu, um remédio de *equity* estaria previsto; e

(iv) que o interesse público não seria desprezado pela *injunction* permanente.[207]

O caso *eBay* teve grande importância não apenas por sistematizar requisitos que, de alguma maneira, já estavam presentes em precedentes formados na jurisdição de *equity*,[208] mas, da mesma forma, em razão de seu alcance. Afinal, o julgamento indica uma abrangência maior que a decorrente do caso em si. Isso ocorre ao reafirmar a necessidade de demonstração de dano irreparável, que parte da doutrina considerava superada,[209] e de inexistência de medida adequada *at law*, criando verdadeira hierarquia entre medidas jurisdicionais e promovendo a impressão de que a *injunction* é um remédio de exceção.[210]

Restava saber se as conclusões da Suprema Corte, nesse caso, aplicavam-se também às *preliminary injunctions*, considerando que o precedente fora criado

---

[204] 547 US 388 (2006).

[205] Para uma apresentação do caso, v. DOBBS, Dan B.; ROBERTS, Caprice L. *Law of remedies*: damages – equity – restitution. 3. ed. St. Paul: West Academic, 2018 (Hornbook Series). p. 190-191.

[206] Discutindo essa decisão, seu alcance e significado, cf. BRAY, Samuel L. The Supreme Court and the new equity. *Vanderbilt Law Review*, v. 68, n. 4, p. 997-1057, 2015. p. 1023-1030.

[207] Cf. DOBBS, Dan B.; ROBERTS, Caprice L. *Law of remedies*: damages – equity – restitution. 3. ed. St. Paul: West Academic, 2018 (Hornbook Series). p. 191-192.

[208] "The test in eBay is not 'the traditional four-factor test', but it is 'a traditional four-factor test'" ("O teste em eBay não é *o tradicional teste de quatro fatores*, mas *um teste tradicional de quatro fatores*") (BRAY, Samuel L. The Supreme Court and the new equity. *Vanderbilt Law Review*, v. 68, n. 4, p. 997-1057, 2015. p. 1029).

[209] Nesse sentido, sobretudo, LAYCOCK, Douglas. *The death of the irreparable injury rule*. New York: Oxford University Press, 1991.

[210] Discutindo o possível alcance do caso *e-Bay*, cf. BRAY, Samuel L. The Supreme Court and the new equity. *Vanderbilt Law Review*, v. 68, n. 4, p. 997-1057, 2015. p. 1024-1028.

em relação àquela modalidade permanente. A esse propósito, em 2008, no caso conhecido por *Winter v. Natural Resources Defense Council*,[211] a Suprema Corte veio endossar o teste indicado em *e-Bay* com alguns acréscimos, ao decidir acerca de um intrincado caso visando impedir, *em* tutela provisória, que a Marinha norte--americana utilizasse um tipo de sonar que causaria lesões à fauna marinha.[212]

Em *Winter*, a Suprema Corte decidiu pela rejeição da *preliminary injunction*. A apelação manteve a medida, tendo por fundamento a conclusão de que os autores haviam demonstrado atender ao requisito de "possibilidade de dano irreparável". A Suprema Corte basicamente aplicou, com adaptações, os requisitos que havia indicado no caso *e-Bay*. Além de manter a necessidade de combinação entre *dano irreparável*[213] e inexistência de remédio adequado *at law*, apontou a necessidade de demonstrar a "probabilidade de sucesso no mérito" (*likelihood of success on the merits*).[214]

O ponto de maior importância da decisão, entretanto, foi o destaque dado ao fato de que não basta haver "possibilidade" de dano irreparável, sendo necessário que ele fosse provável (*likely*).[215] À Suprema Corte pareceu que o parâmetro da mera "possibilidade" não era suficientemente rigoroso para a emissão de uma *preliminary injunction*, devendo-se, para tanto, exigir verdadeira "probabilidade" de ocorrência do dano irreparável.[216] Em essência, parece ter-se querido firmar posição no sentido de que o juiz, ao conceder ou denegar esse tipo de medida, deve ter em mente a possibilidade de que um erro pode causar perdas irreparáveis para qualquer das partes, devendo estar atento para o risco de errar e para a magnitude dos danos que pode acarretar.[217]

---

[211] 555 U.S. 7 (2008).

[212] Para uma breve descrição do caso, v. DOBBS, Dan B.; ROBERTS, Caprice L. *Law of remedies*: damages – equity – restitution. 3. ed. St. Paul: West Academic, 2018 (Hornbook Series). p. 191-192.

[213] No caso, de modo específico, dano irreparável na ausência de uma *injunction* (*irreparable harm absent an injunction*). Quer dizer, aquele que o autor sofreria se a medida não fosse deferida.

[214] Sobre as mudanças introduzidas por *Winter*, versando sobre *preliminary injunction*, em relação ao *e-Bay*, cf. BRAY, Samuel L. The Supreme Court and the new equity. *Vanderbilt Law Review*, v. 68, n. 4, p. 997-1057, 2015. p. 1031-1032.

[215] Cf., apontando que essa decisão foi contrária ao que fora sedimentado há longo tempo nas cortes inferiores, LYNCH, Kevin J. Preliminary injunctions in public law: the merits. *Houston Law Review*, v. 60, p. 1067-1114, 2023. p. 1081-1083. Destacando a importância desse ponto, v. BRAY, Samuel L. The Supreme Court and the new equity. *Vanderbilt Law Review*, v. 68, n. 4, p. 997-1057, 2015. p. 1031-1032.

[216] Nesse sentido, Cândido Rangel Dinamarco: "Probabilidade é mais que mera *possibilidade* e menos que *certeza* para decidir em caráter definitivo" (DINAMARCO, Cândido Rangel. *Instituições de direito processual*. 9. ed. São Paulo: JusPodivm, 2024. v. III. p. 871 – destacado no original).

[217] DOBBS, Dan B.; ROBERTS, Caprice L. *Law of remedies*: damages – equity – restitution. 3. ed. St. Paul: West Academic, 2018 (Hornbook Series). p. 196.

Essa mudança de posicionamento, de modo geral, é vista como tendo reduzido a flexibilidade típica das medidas da jurisdição de *equity*,[218] significando uma limitação à discricionaridade judicial – tradicional nas medidas em *equity* – e tornando mais rigorosa a avaliação dos riscos envolvidos. Não chegou, é certo, a produzir uma reviravolta no tratamento dessa matéria, mas firmou posição no sentido de uma redução na flexibilidade judicial.[219]

De todos os paradigmas de direito estrangeiro estudados – italiano, francês e norte-americano –, este último, seguramente, é o mais distante, em termos de função e estruturação dos institutos jurídicos. Talvez por isso mesmo, pela diferença, possa inspirar soluções mais inovativas. Com essa finalidade, cabe destacar que a compreensão das medidas de tutela provisória nos Estados Unidos deve ser feita a partir da tentativa de equilíbrio, buscada pelo sistema, entre discricionaridade e devido processo legal.

Admite-se, tendo por base as características tradicionais da jurisdição de *equity*, uma maior discricionaridade judicial, tanto na identificação das situações de fato ensejadoras de medidas provisórias quanto na modelagem dos remédios adequados para atender ao reclamo formulado pela parte.

Por outro lado, preservam-se as garantias do devido processo legal, em especial do contraditório, exigindo-se o direito de prévia notificação (*notice*) e audiência (*hearing*). Apenas excepcionalmente, nas *temporary restraining orders*, admite-se a concessão de uma medida sem atender a esses requisitos, mediante estrita demonstração de necessidade. Também, na mesma direção, vem o requisito de o juiz considerar o balanceamento de danos causados às partes (*balance of harms between the parties*). Essa é uma maneira de dar conteúdo substancial ao contraditório, por meio da consideração da posição de ambas as partes, não somente daquela requerente.

4.3 A PROBABILIDADE DO DIREITO: O *FUMUS BONI IURIS*

Partindo da premissa da urgência como elemento processualmente construído,[220] deve-se entender os requisitos juridicamente estabelecidos para

---

[218] Destacando a importância desse posicionamento, que de algum modo torna mais difícil a concessão desse tipo de medida, v. LYNCH, Kevin J. Preliminary injunctions in public law: the merits. *Houston Law Review*, v. 60, p. 1067-1114, 2023. p. 1070-1074. Também, BRAY, Samuel L. The Supreme Court and the new equity. *Vanderbilt Law Review*, v. 68, n. 4, p. 997-1057, 2015. p. 1031-1032.

[219] Para uma avaliação de como os vários *Circuits* da Justiça Federal norte-americana têm aplicado os parâmetros definidos pelo caso *Winter*, demonstrando que apenas a minoria das cortes federais de apelação abandonou o padrão flexível de decisão, enrijecendo o tratamento dos requisitos para deferimento desse tipo de medida, v. LYNCH, Kevin J. Preliminary injunctions in public law: the merits. *Houston Law Review*, v. 60, p. 1067-1114, 2023. p. 1074-1077 e 1083-1089.

[220] V. item 3.6.1.2, *supra*.

deferimento da tutela de urgência, que se propõe tenham o conceito de risco como elemento fundamental para essa análise.

O *fumus boni iuris* é um desses requisitos, sendo sua caracterização essencial para determinação do *risco* indicativo da urgência da prestação jurisdicional pretendida.[221]

A esse respeito, é preciso entender o significado funcional do *fumus boni iuris*, incorporado ao Código vigente sob a designação de "probabilidade do direito",[222] o qual é fundamental para a determinação da *posição jurídica*[223] da parte, considerados os elementos de fato e de direito presentes no processo no momento da apreciação do pedido de tutela de urgência.

Como desenvolvido nos itens seguintes, esse requisito é central na *identificação do risco*.[224] A partir dele se verifica a existência de um objeto jurídico, suficientemente demonstrado, sobre o qual incide a possibilidade de dano. Até por isso, concretamente, tal requisito deve ser aferido a partir das possibilidades de sucesso da parte no acolhimento de sua demanda. Por certo a probabilidade do direito, referida pelo Código, não diz respeito a uma consideração abstrata desse direito. Ao contrário, remete a um exame que tenha por pressuposto as condições efetivamente verificadas no processo.

Depois, nos itens subsequentes, levada em conta essa premissa, discutem-se outros elementos importantes na configuração do *fumus boni iuris*.

---

[221] Nesse sentido, item 3.6.1, *supra*.

[222] Art. 300, *caput*, do CPC. O CPC/1973, com a introdução da disciplina geral da antecipação de tutela, na reforma de seu art. 273, passou a adotar a designação "verossimilhança". Para comparação com a redação adotada pelos outros Códigos de Processo Civil, recorra ao *Quadro 3*, item 3.4.3, *supra*. O anteprojeto do qual resultou o CPC/2015 utilizava a expressão "plausibilidade", antes de os projetos de lei e da redação final acabar adotando "probabilidade". Comparando as várias redações que levaram àquela adotada pelo CPC/2015, v. *Quadro 2*, item 2.1.2, *supra*.

[223] Não se utiliza, nesta obra, a expressão *situação ou posição de vantagem*, muitas vezes empregada pela doutrina de Direito Processual Civil. Essa opção fundamenta-se no entendimento de que tal expressão não permite, por si só, a distinção entre vantagens de fato e de direito, de uma ou outra parte. Esse fator nem sempre é coincidente e excludente daquela da parte contrária. Por exemplo, em uma disputa dominial, a parte que está na posse da coisa tem uma posição vantagem *de fato*, podendo usar e gozar da coisa objeto do litígio até eventual determinação judicial alterando essa situação. A parte contrária, por sua vez, pode possuir o título de propriedade. Dessa forma, também possui posição de vantagem, *de direito*. A *posição de vantagem*, portanto, não tem sentido unívoco, exigindo, por exatidão, que se especifique a vantagem à qual se está referindo. Prefere-se, assim, adotar apenas a *posição* ou *posição jurídica* como indicativa do conjunto de elementos de fato e direito relativos a determinada parte em certo momento processual, constituindo uma projeção das possibilidades de êxito da parte no processo.

[224] Cf. item 3.4.1, *supra*.

4.3.1 A probabilidade do direito na identificação do risco

Da perspectiva desta obra, *probabilidade* indica uma quantificação da chance de ocorrência de determinado evento.[225] Assim, tendo um significado de cálculo, a expressão adotada pelo Código de Processo Civil deveria vir adjetivada, de modo a indicar a suficiência do fator determinante da tutela de urgência. Caberia falar em probabilidade *alta*, *elevada* ou *significativa*, expressando o sentido de quantidade ao qual esse requisito está relacionado.[226] Afinal, seguramente, o legislador não quis que qualquer probabilidade bastasse para ensejar a tutela de urgência, incluindo aquelas *baixas* ou *insignificantes*.

A determinação da probabilidade do direito, para fins da tutela de urgência, constitui um ponto de partida para a *identificação do risco*. Afinal, por meio dele se constitui o objeto submetido a eventual dano ou perda, quer dizer, demita-se a existência – ou não – de suficiente demonstração do direito que se pretende seja protegido pelo provimento jurisdicional pleiteado. Dito de outra forma, se a tutela de urgência tem por finalidade a proteção do direito, este último precisa ser suficientemente constituído, demonstrado, para que sobre ele seja possível incidir risco, vir a concretizar-se um dano ou uma perda.

Trata-se, sem dúvida, de um critério de *suficiência* ou de *preponderância* da posição jurídico-processual da parte requerente. Nesse sentido é a sempre oportuna colocação de Cândido Rangel Dinamarco de que a probabilidade de existência do direito "[conceitua-se] como a preponderância de elementos *convergentes* à aceitação de uma proposição, sobre os elementos *divergentes*".[227]

Como se observa, a decisão, no caso, não é binária – há ou não probabilidade –, mas sujeita a uma estimativa jurisdicional multifatorial, por meio da qual se determina se os elementos de fato e de direito presentes no processo mostram-se, *prima facie*, bastantes para acolher a pretensão de urgência de requerente.

Embora não se costume colocar nesses termos, o *fumus boni iuris* ou probabilidade do direito funciona como uma *premissa* para caracterização da urgência no processo. Afinal, somente haverá *periculum in mora* se houver um

---

225   Sobre a probabilidade no cálculo de risco, v. item 3.4.2, *supra*.

226   Tratando da verossimilhança, nos termos do reformado art. 273 do CPC/1973, José Roberto dos Santos Bedaque, em sentido semelhante, aponta que, "à luz dos elementos dos autos, o direito do autor poderia ser verossímil (tutela cautelar), altamente verossímil (tutela antecipada) e existente (procedência do pedido)" (BEDAQUE, José Roberto dos Santos. *Tutela provisória:* analisada à luz das garantias constitucionais da ação e do processo. 6. ed. São Paulo: Malheiros, 2021. p. 348). Para fins desta obra, não se considera a variação de probabilidade do direito para fins de cabimento das espécies de tutela de urgência, o que deve ser feito por meio da adequação dos provimentos jurisdicionais aos direitos e à situação de fato.

227   DINAMARCO, Cândido Rangel. *Instituições de direito processual.* 9. ed. São Paulo: JusPodivm, 2024. v. III. p. 871 – destacado no original.

objeto adequadamente constituído sobre o qual este incida, ou seja, um direito demonstrado com suficiente probabilidade.

Para fins da proposta aqui desenvolvida, a identificação do risco somente faz sentido diante de suficiente probabilidade do direito submetido à possibilidade futura de lesão jurídica. Se inverossímil – ou improvável – o direito, difícil, por consequência, caracterizar o risco de dano ou perda. Isso porque o cálculo de risco, como visto,[228] não é simples probabilidade de ocorrência de um evento futuro, mas também a qualificação de seu resultado. Há, no que diz respeito aos requisitos da tutela de urgência, um *duplo cálculo de probabilidade envolvido*, relativo ao direito e à possibilidade futura de perda ou dano, ou seja, o do risco propriamente dito.[229]

A apreciação do cabimento da tutela de urgência, assim, tem uma faceta *correlacional*, isto é, depende da consideração simultânea dos dois fatores. Quanto à estimativa do risco em si, é necessária sua *qualificação*,[230] tomando por base a gravidade dos danos que podem estar envolvidos. Dessa correlação extrai-se o *nível de intervenção*,[231] determinante do cabimento de um provimento jurisdicional provisório. Tal nível é estabelecido mediante juízo de ponderação, considerando reciprocamente a probabilidade do direito e a gravidade do risco.

O primeiro fator, no entanto, é pressuposto do segundo. Imagine-se, por exemplo, demanda dirigida contra um plano de saúde pedindo a cobertura de uma cirurgia sob risco de morte. Com certeza a gravidade do possível dano poderá ser determinante, mas deverá estar minimamente demonstrado que o autor é beneficiário do plano e, em tal situação, faz jus ao procedimento pretendido.

Na verdade, na apreciação da tutela de urgência o julgador deve procurar um equilíbrio entre a posição das partes e os gravames por elas suportados em razão do tempo do processo.[232] Esse equilíbrio é realizado, sobretudo, estabelecendo-se uma equidade entre a possibilidade de êxito da parte no processo e a gravidade do risco por ela suportado.[233]

4.3.2 A probabilidade do sucesso na demanda

Colocado, conforme exposto, o *fumus boni iuris* como pressuposto para a avaliação do risco e, por consequência, para a determinação da urgência, resta compreender de que maneira os elementos de fato e de direito devem ser consi-

---

[228] Item 3.4.2.
[229] Nesse sentido, cf. item 3.4.2, *supra*.
[230] Cf. itens 3.4.2 e 3.4.3, *supra*.
[231] Sobre a forma de consideração dos elementos de *decidibilidade* quanto à urgência, v. item 3.4.3, *supra*.
[232] A propósito, retomem-se itens 1.4.2, 1.6 e 3.6.2.2, *supra*.
[233] Nesse sentido, itens 1.6 e 4.1.2, *supra*.

Capítulo 4 · A RESPOSTA PROCESSUAL CIVIL AO RISCO | **201**

derados em sua verificação e na aferição de sua suficiência para deferimento de uma medida de urgência.

Para esse propósito, é adequado entender que a *probabilidade do direito*, nos termos indicados no texto legal,[234] deve ser compreendida como *probabilidade de sucesso na demanda*.[235] Isso porque, como mencionado, não se trata de um fator a ser considerado em abstrato, mas verificado por meio dos elementos de fato e de direito constantes do processo no momento de apreciação do pedido de tutela de urgência. Afinal, "[é] preciso também que, ao lado dessas circunstâncias favoráveis [realidades fáticas mostradas no processo], ele disponha ainda de condições processuais para o reconhecimento desse suposto direito".[236] Como acontece em relação ao limite da irreversibilidade,[237] devem ser considerados os condicionantes presentes no processo no momento da decisão da tutela de urgência.

Não bastam as afirmações do requerente. Necessário um mínimo substrato probatório capaz de demonstrar a aparência do direito afirmado. Da mesma forma, deve-se indicar a viabilidade processual da pretensão formulada,[238] minimamente demonstrando que as partes atendem às condições da ação – se são legítimas, se há interesse processual, se o provimento jurisdicional pleiteado é adequado –[239] e aos pressupostos processuais – ou, ao menos, que eles podem vir ser demonstrados.

Mesmo se tratando da formulação de um juízo realizado em cognição sumária, devem estar presentes elementos probatórios mínimos, indicativos da pertinência da medida pleiteada.[240] A cognição sumária, realizada superficialmente, não se limita a aspectos de direito, mas abrange também elementos probatórios, por meio dos quais se constrói uma avaliação probabilística – e provisória, destaque-se – do mérito do processo, a fim de qualificar a pretensão do requerente da medida de urgência.

---

[234] Art. 300 do CPC.

[235] Nesse sentido a colocação do direito norte-americano, cf. item 4.2.3, *supra*.

[236] DINAMARCO, Cândido Rangel. *Instituições de direito processual*. 9. ed. São Paulo: JusPodivm, 2024. v. III. p. 893 – destacado no original. Como complementa, "[essa] é uma *condicionante objetiva* do concreto reconhecimento da presença do *fumus boni iuris* em cada caso – uma condicionante que vai além da probabilidade do direito subjetivo material alegado, para chegar à concreta probabilidade de que venha ao fim a obter a tutela jurisdicional desejada" (p. 893).

[237] Como já se disse em relação à *irreversibilidade*, cf. item 4.1.2, *supra*.

[238] Apontando que a probabilidade do direito tem a ver com o mérito do processo e, também, com as condições e pressupostos processuais, v. item 1.5.1, *supra*.

[239] Nesse sentido, v. DINAMARCO, Cândido Rangel. *Instituições de direito processual*. 9. ed. São Paulo: JusPodivm, 2024. v. III. p. 894.

[240] A aferição do direito é tratada no item 4.3.3.2, *infra*.

Nesse sentido, o requisito *fumus boni iuris* é indicado pela estimativa das possibilidades de êxito do requerente no mérito da demanda.[241] A aparência do bom direito é aquela indicativa de que ele tem boas chances de ser reconhecido pela decisão de mérito.

Mesmo nas tutelas de urgência antecedentes, antecipada ou cautelar, o requerente não está dispensado de demonstrar que há probabilidade de sucesso em sua postulação, a ser concluída em momento posterior.[242] Trata-se de procedimento expedito, reduzido nos requisitos de sua formulação, de modo a permitir a rápida propositura de uma demanda inicial, quando ainda não tenha havido tempo suficiente para reunir todos os elementos necessários a uma petição versando sobre o mérito.[243]

A redução de exigências de propositura, contida na redação do Código de Processo Civil a esse respeito, não retira a necessidade de demonstração da probabilidade do direito – como também não do *periculum in mora*. A referência legal, é verdade, indica apenas a "exposição da lide, do direito, que se busca realizar";[244] ou a "lide e seu fundamento" e "a exposição sumária do direito que se objetiva assegurar".[245] No entanto, essa reduzida descrição do fundamento jurídico do pedido visa, exatamente, "a possibilitar ao juiz, após exame dos elementos de prova juntados com a inicial, verificar a probabilidade do direito afirmado".[246]

Sendo o *fumus boni iuris* um pressuposto para determinação da urgência, como sustentado no item anterior, ele se mantém como requisito ao deferimento da tutela de urgência. Mesmo em demanda proposta de maneira expedita, antecedente, a parte deverá apresentar alegações e elementos probatórios mínimos, indicativos da pertinência da medida pleiteada. Sem isso, as formas de tutela antecedente poderiam tornar-se meio menos oneroso de obtenção do provimento jurisdicional de urgência, criando um incentivo para que ações envolvendo esse tipo de pretensão fossem sempre propostas pela via antecedente.[247]

---

[241] Afirmando que esse requisito "só se considera suficientemente satisfeito quando as *chances de vitória* do autor preponderam sobre os riscos de derrota" (DINAMARCO, Cândido Rangel. *Instituições de direito processual*. 9. ed. São Paulo: JusPodivm, 2024. v. III. p. 894 – destacado no original).

[242] Arts. 303, § 1º, I, e 308, *caput*, do CPC.

[243] De forma realista, essa modalidade é cabível em face da "impossibilidade de o advogado preparar a petição inicial da ação de conhecimento diante da urgência na obtenção da tutela" (MARINONI, Luiz Guilherme. *Tutela de urgência e tutela da evidência*: soluções processuais diante do tempo da justiça. 4. ed. São Paulo: Ed. RT, 2021. p. 129).

[244] Art. 303, *caput*, do CPC.

[245] Art. 305, *caput*, do CPC.

[246] BEDAQUE, José Roberto dos Santos. *Tutela provisória*: analisada à luz das garantias constitucionais da ação e do processo. 6. ed. São Paulo: Malheiros, 2021. p. 435.

[247] Sob outro enfoque, Luiz Guilherme Marinoni denuncia que a possibilidade de pedir tutela antecipada sem risco de ser vencido no processo – tendo em vista a possibilidade de

No próximo tópico, desenvolvem-se alguns fatores relevantes para uma completa consideração da probabilidade do direito da tutela de urgência.

4.3.3 A formação do juízo de probabilidade

Nos itens antecedentes deste capítulo, destacou-se, em suma, que o requisito da probabilidade do direito ou, simplesmente, *fumus boni iuris* é vital na apreciação dos pedidos de tutela de urgência, tanto na modalidade incidental quanto na antecedente.

Na verdade, tal requisito atua como uma espécie de pressuposto para exame do risco, indicativo da urgência de respostas jurisdicionais dotadas de imediatidade. Isso porque por meio dele se constitui, *in concreto*, o objeto de proteção jurisdicional sujeito a possibilidade futura de danos ou perdas. Dito de outra maneira, para deferir a tutela de urgência na proteção de um direito afirmado é preciso demonstrar suficiente probabilidade de ele ser acolhido no mérito da demanda, o que reforça as características de *provisoriedade* e *instrumentalidade* desse tipo de tutela.[248]

Sustenta-se, assim, que o *fumus boni iuris* deve ser entendido como um cálculo probabilístico do sucesso de acolhimento da demanda proposta pelo requerente da medida provisória. Sendo assim, deve ser indicativo de *suficiente* probabilidade de êxito do requerente no mérito final do processo.

A constatação da suficiência dessa probabilidade depende de alguns condicionantes, mapeados nos itens seguintes.

4.3.3.1 A demonstração prima facie *da causa de pedir*

A causa de pedir, dando conteúdo de direito material ao pedido, tem por função individuar sua pretensão de direito material no processo ou, em outros termos, introduzir nele o direito subjetivo (substancial) da parte.[249] Em última análise, por meio da causa de pedir dá-se a delimitação fático-jurídica do campo de incidência da jurisdição, determinando os limites da decisão de mérito da coisa julgada que sobre ela incidir.[250]

---

deixar de aditar a inicial em caso de indeferimento para levar à extinção do processo (art. 303, § 6º, do CPC) – poderia estimular requerimentos destituídos de bom fundamento na propositura dessas medidas (MARINONI, Luiz Guilherme. *Tutela de urgência e tutela da evidência:* soluções processuais diante do tempo da justiça. 4. ed. São Paulo: Ed. RT, 2021. p. 129).

[248] Nos termos do exposto no item 4.1.1, *supra*.

[249] Neste último sentido, cf. TUCCI, José Rogério Cruz e. A *"causa petendi" no processo civil*. 2. ed. São Paulo: Ed. RT, 2001. p. 126.

[250] De modo semelhante, v. DINAMARCO, Cândido Rangel. *Instituições de direito processual civil*. 9. ed. São Paulo: JusPodivm, 2023. v. II. p. 152.

Nas tutelas de urgência, o julgador deverá examinar em cognição sumária a ocorrência de relação de pertinência entre os fundamentos de fato e de direito e os pedidos de mérito formulados e, com maior especificidade, ao pedido relativo à medida de urgência.[251] Afinal, os pedidos podem não guardar relação de pertinência entre o alegado, a pretensão formulada e o provimento jurisdicional indicado como adequado. Colocado de outra maneira, pode não haver congruência entre alegações e pedidos, o que afastaria no todo ou em parte a pertinência da tutela pleiteada.[252]

A aferição da probabilidade do direito, correspondente ao sucesso da demanda,[253] encontra limites na causa de pedir indicada pela parte. Deve existir correspondência entre pedido, causa de pedir e a providência postulada em tutela provisória.[254] Essa correspondência deve se dar, também, com a causa de pedir do próprio provimento de urgência. Não se admite, por exemplo, que a parte alegue um risco de desabamento, em decorrência de vício construtivo, e receba como prestação jurisdicional a suspensão das prestações devidas em razão do contrato, para evitar dano patrimonial.

Não por outra razão, mesmo nas tutelas antecedentes, que em razão de urgência seguem procedimento expedito,[255] exige-se a indicação, ainda que em apresentação sumária, da "exposição da lide" ou "da lide e seu fundamento".[256]

---

[251] Como coloca Kazuo Watanabe em relação do processo cautelar, "[a] relação jurídica material mais ampla em que, eventualmente, a pretensão deduzida se posiciona virá ao processo apenas como causa de pedir remota. A cognição sumária não diz respeito apenas a essa causa de pedir remota, e sim, principalmente, ao próprio direito substancial de cautela afirmado" (WATANABE, Kazuo. *Cognição no processo civil*. 4. ed. São Paulo: Saraiva, 2012. p. 144).

[252] O STJ já decidiu que a decisão que antecipa a tutela está limitada ao pedido inicial. Cf., tratando de revisão contratual, na qual foi formulado pedido antecipatório de impedir a inscrição do nome do autor em cadastro de proteção ao crédito: "Processo civil. Antecipação de tutela. A decisão que antecipa a tutela não pode ir além da sentença possível, que, por sua vez, está limitada pelo pedido inicial. Recurso especial conhecido e provido" (REsp 194.156/RS, Rel. Min. Ari Pargendler, 3ª Turma, j. 02.05.2002). Também, tratando de dissolução de sociedade comercial, com pedido de tutela de urgência para, entre outras operações societárias e comerciais, impedir a empresa de transacionar ações e a marca da companhia: "Recurso especial. Processo civil. Decisão. Antecipação de tutela. Limites. Efeitos. Vinculação ao pedido final. Congruência. Provimento definitivo. 1 – Os efeitos da decisão que defere o pedido de antecipação de tutela devem ser aqueles constantes do conteúdo do dispositivo de uma eventual sentença de procedência da ação. 2 – Os efeitos da decisão antecipatória não podem ir além do que se pretende obter em definitivo, ou seja, além do pedido final formulado pelo autor da demanda. 3 – Recurso especial conhecido e provido" (REsp 694.251/AM, Rel. Ministro Fernando Gonçalves, 4ª Turma, j. 16.12.2004).

[253] Cf. item 4.3.2, *supra*.

[254] Em sentido semelhante, referindo-se à jurisprudência do STJ, v. DINAMARCO, Cândido Rangel. *Instituições de direito processual*. 9. ed. São Paulo: JusPodivm, 2024. v. III. p. 893.

[255] Cf. item 4.3.2, *supra*, e também item 4.5.4, *infra*.

[256] Arts. 303, *caput*, e 305, *caput*, do CPC, respectivamente.

Capítulo 4 · A RESPOSTA PROCESSUAL CIVIL AO RISCO | **205**

Ressalte-se que, no que toca ao pedido, a correspondência ou congruência pode ser atenuada, devendo-se preservar um espaço para o julgador moldar a resposta de urgência à correção do risco alegado,[257] levando em conta a ponderação da posição das partes enfaticamente sustentada nesta obra.[258] É o que ocorre, por exemplo, na corriqueira situação na qual a parte pede um arresto de bens, mas o juiz entende mais adequada a simples anotação da demanda no registro do imóvel. De alguma forma, é o que Cândido Rangel Dinamarco trata como o confronto entre o "juízo de mal maior e juízo do direito mais forte".[259]

Daí a possibilidade de o juiz modelar, para maior adequação, as medidas de urgência, buscando, como se trata na sequência, a melhor forma de regulação provisória do litígio.[260]

Assim, destaca-se que, para fins da tutela de urgência, deve haver demonstração *prima facie* da causa de pedir sustentada pelo autor. Tanto mais alta será a probabilidade do direito quanto mais bem demonstrados forem os fatos e fundamentos jurídicos que servem de base ao pedido formulado, final ou de tutela provisória.

A propósito, diversamente do que ocorre na verificação da causa de pedir para fins de admissibilidade de demanda, quando basta a análise *in statu assertionis*,[261] na tutela de urgência é necessário considerar os elementos de prova constantes dos autos. A *causa petendi* próxima, isto é, o enquadramento jurídico da situação alegada em concreto, para essa finalidade, deve, mesmo em cognição superficial, ser efetivamente analisada, não apenas a partir da simples alegação do autor.

4.3.3.2   A aferição da probabilidade do direito

Como visto, a aferição da probabilidade do direito não é critério absoluto, mas sujeito a gradações, sendo importante a determinação de sua suficiência.

---

[257] Discutindo a fungibilidade de tutelas e de meios nas medidas de urgência, Paula Costa e Silva afirma que, "se a parte requer uma tutela, se o tribunal verifica estarem reunidos tanto os pressupostos de admissibilidade da providência quanto as suas condições de procedência, deve decretar a providência adequada a assegurar a efetividade do direito da parte, independentemente de ela coincidir ou não com aquela que esta lhe pediu que decretasse" (SILVA, Paula Costa e. A sobrevivência do *suum quique tribuere*: fungibilidade de tutelas e fungibilidade de meios na tutela cautelar civil. In: ARMELIN, Donaldo (org.). *Tutelas de urgência e cautelares*: estudos em homenagem a Ovídio A. Baptista da Silva. São Paulo: Saraiva, 2010. p. 946).

[258] Retomem-se, a propósito, itens 3.6.2.2 e 4.1.2, *supra*.

[259] DINAMARCO, Cândido Rangel. *Instituições de direito processual*. 9. ed. São Paulo: JusPodivm, 2024. v. III. p. 891.

[260] V. item 4.6, *infra*. Em entendimento abrangente, esse é o sentido do art. 297 do CPC/2015: "o juiz poderá determinar as medidas que considerar adequadas para efetivação da tutela provisória".

[261] Sobre a apreciação, geral, da causa de pedir próxima *in statu assertionis*, cf. TUCCI, José Rogério Cruz e. *A "causa petendi" no processo civil*. 2. ed. São Paulo: Ed. RT, 2001, p. 155.

De todo modo, coloca-se como um ponto de partida para identificação do risco e consequente constatação da urgência do provimento jurisdicional pleiteado pela parte.[262]

Assim, importante que ela seja realizada em termos concretos, ou seja, considerando as alegações e elementos de prova constantes do processo, podendo, por essa razão, ser expressa enquanto probabilidade de sucesso na demanda.[263] Fundamental, a esse propósito, a realização desse exame de probabilidade tendo por base a causa de pedir apontada pela parte, na qual a tutela de urgência deve estar circunscrita, a depender de sua demonstração *prima facie*.[264]

Cabe, ainda, uma breve digressão sobre o modo jurídico-processual de realizar a aferição dessa probabilidade.

Em primeiro lugar, deve-se ter claro que se trata de *conceito jurídico indeterminado*,[265] ou seja, daqueles que o legislador positiva sem estabelecer com clareza um conteúdo específico, deixando para os intérpretes e aplicadores lhes dar significado mais específico e funcional, de modo a propiciar sua serventia prática.[266] Nesse sentido, não importaria muito se a indicação no texto legal fosse plausibilidade, verossimilhança ou possibilidade do direito.[267] Importa, isto sim, entender esse requisito legal de acordo com a funcionalidade do instituto processual.

A indeterminação do preceito legal era menor sob a vigência do Código de Processo Civil de 1973, no tocante à tutela antecipada, uma vez que estabelecia o pressuposto de que, "existindo prova inequívoca, se convença [o juiz] da verossimilhança da alegação", caberia a antecipação, desde que presente uma das hipóteses previstas nos incisos do *caput* do art. 273.

---

[262] Cf. Itens 4.3.1 e 3.6.1, *supra*.

[263] Item 4.3.2, *supra*.

[264] Item 4.3.3.1, *supra*.

[265] Nesse sentido, v. DINAMARCO, Cândido Rangel. *Instituições de direito processual*. 9. ed. São Paulo: JusPodivm, 2024. v. III. p. 892.

[266] Para Eros Roberto Grau, "[se] é indeterminado o *conceito*, não é *conceito*", sendo mais adequado referir-se a *termos indeterminados de conceitos*, em relação aos quais cabe emitir juízo de legalidade (não de discricionariedade) (GRAU, Eros Roberto. *Direito posto e direito pressuposto*. São Paulo: Malheiros, 1996. p. 146-150).

[267] Ao encontro dessa afirmação vêm as várias designações constantes de diplomas legais precedentes e dos diversos projetos dos quais resultou o vigente Código de Processo Civil. Cf. itens 2.1.2.2 a 2.1.2.4, *supra*. Sustentando que a verossimilhança não fornece um elemento de cognição sobre a verdade, dizendo respeito somente a eventual "normalidade", diferentemente da probabilidade, cf. TARUFFO, Michele. *Uma simples verdade*: o juiz e a construção dos fatos. Tradução de Vitor de Paula Ramos. São Paulo: Marcial Pons, 2016. p. 112-113. Em sentido semelhante, apontando que verossimilhança teria o significado de "conformidade da afirmação àquilo que *normalmente acontece*", cf. MITIDIERO Daniel. *Antecipação de tutela*: da tutela cautelar à técnica antecipatória. 4. ed. São Paulo: Ed. RT, 2019. p. 115 – destacado no original.

Essa solução legislativa, que foi adotada na reforma do art. 273, deixava mais claro o conteúdo da norma ao indicar a necessidade de exame probatório. No entanto, atribuía ao intérprete a difícil tarefa de conciliar critérios a princípio díspares, pois "verossimilhança" e "prova inequívoca" levam a direções opostas. José Carlos Barbosa Moreira, depois de admitir a intensa controvérsia acerca da matéria, propôs o entendimento segundo o qual a prova deveria possuir um único sentido (unívoca = inequívoca) e ser persuasiva, indicando ser apta a fazer verossímil a alegação do requerente.[268]

Deixando de lado as especificidades da disciplina processual analisada, importante entender o papel desse fator, que se convencionou chamar de *fumus boni iuris*, no arranjo jurídico-processual desse tipo de medida jurisdicional. Inafastável, a propósito, que, independentemente da designação que se dê, trata-se de um *juízo hipotético*, que decorre da natureza mesma dos provimentos de urgência,[269] para proporcionar uma resposta jurisdicional com mais imediatidade, embora com base em decisão de menor segurança. A confirmação – ou negação – dessa hipótese somente se dará com a decisão final de mérito. Apenas com o advento desta última se confirmará ou não o prognóstico de êxito do requerente no processo.

O problema é exatamente o fato de que esse prognóstico não tem parâmetros absolutos, seja quanto ao grau de probabilidade envolvida, seja em relação à prevalência de qualquer dos elementos avaliados.[270] Por outro lado, considerando que, no sistema brasileiro, esse pedido pode ser formulado ou alterado em qualquer momento do processo,[271] o juízo hipotético que lhe serve de base pode ser formulado ou modificado conforme o estado do processo e dos elementos dele constantes quando da apreciação do pedido de concessão, modificação ou revogação.

De todo modo, é possível explicitar alguns dos "*elementos* que evidenciem a probabilidade do direito",[272] somente referidos pelo Código, que devem ser considerados nessa estimativa de probabilidade por este exigida:

---

[268] Cf. BARBOSA MOREIRA, José Carlos. Antecipação da tutela: algumas questões controvertidas. *Temas de direito processual* – Oitava série. 2. ed. Rio de Janeiro: GZ, 2023. p. 117-132 (p. 118-121).

[269] Nessa linha, sustentando que "il provvedimento cautelare è per natura ipotetico" ("o provimento cautelar é por natureza hipotético"), v. CALAMANDREI, Piero. *Introduzione allo studio sistematico dei provvedimenti cautelare*. Opere giuridiche. Roma: Roma TrE-Press, 2019. v. IX: Esecuzioni forzata e procedimenti speciali. p. 201.

[270] Para Cassio Scarpinella Bueno, "[sobre] a palavra 'probabilidade' empregada pelo legislador no *caput* do art. 300, é importante entendê-la como sinônima de qualquer outra que dê a entender que o requerente da tutela provisória se mostra em melhor posição jurídica que a da parte contrária" (BUENO, Cássio Scarpinella. *Curso sistematizado de direito processual civil*. São Paulo: Saraiva, 2023. v. 1. p. 397). O problema é exatamente identificar os critérios pelos quais uma posição é superior à outra.

[271] Art. 296, *caput*, do CPC. Nesse sentido, v. itens 1.5.2 e 1.5.3, *supra*.

[272] Art. 300, *caput*, do CPC.

(i) A *congruência interna* do direito afirmado. É provável o direito que encontra tranquilo fundamento no ordenamento jurídico, cujas bases não são objeto de controvérsias doutrinárias ou jurisprudenciais. Ainda mais que tal direito não dependa de contrapartida devida à parte contrária ou que seu cumprimento seja de fácil demonstração unilateral.

(ii) O *adequado equacionamento processual* do direito.[273] Para viabilidade do processo pelo qual o direito é postulado deve também estar demonstrado, por exemplo, que os pressupostos e condições da ação tenham sido ou podem ser atendidos. Com esse mesmo propósito, deverá ser evidenciado que as provas necessárias estão pré-constituídas ou são factíveis de serem produzidas. Também, deve-se demonstrar a adequação entre o provimento jurisdicional pretendido e o direito afirmado, se aquele não é excessivo, despropositado ou temerário.

(iii) A *suficiência do substrato probatório* no momento de apreciação do pedido. Mesmo o Código vigente não tendo repetido a referência à prova inequívoca do diploma que o antecedeu,[274] é certo que para a afirmação do direito é necessário um mínimo de respaldo probatório.[275]

(iv) A *inexistência de contraditório prévio imprescindível*. A tutela de urgência constitui uma exceção à regra do contraditório prévio em nosso processo.[276] Para verificar o cabimento de medida de urgência *inaudita altera parte*, há de se considerar que em certas situações o contraditório não poderá ser diferido para momento posterior. Como desenvolvido no próximo item, isso ocorre sempre que, das afirmações e elementos de prova apresentados pelo requerente, remanescerem dúvidas sobre o cabimento da medida ou quanto a sua gravidade para a parte contrária.

4.3.3.3   O papel do contraditório

O contraditório é garantia básica do processo brasileiro, com assento constitucional e introjetada no vigente Código de Processo Civil.[277] A tutela de urgência não é exceção à regra do contraditório prévio.

A norma do Código de Processo Civil, que excepciona a tutela de urgência do dispositivo legal pelo qual não será proferida decisão contra uma das partes sem

---

[273] Em sentido semelhante, cf. item 4.3.2, *supra*.

[274] Art. 273, *caput*, do CPC/1973.

[275] "Dito claramente: o juízo necessário para a antecipação de tutela não prescinde da prova das alegações" (MITIDIERO, Daniel. *Antecipação de tutela*: da tutela cautelar à técnica antecipatória. 4. ed. São Paulo: Ed. RT, 2019. p. 124).

[276] Art. 9º, parágrafo único, I, do CPC, em regulamentação do inciso LV do art. 5º da CF.

[277] Inciso LV do art. 5º da CF; e arts. 9º e 10 do CPC, além de disposições específicas existentes em diversos procedimentos.

que ela seja previamente ouvida,[278] aplica-se somente àqueles casos cuja urgência justifique essa possibilidade. Nessas situações, o contraditório é diferido, quer dizer, realizado depois de proferida a decisão, sem desrespeito à Constituição.[279] Não havendo premência que justifique o deferimento antes de estabelecido o contraditório, a medida deverá ser apreciada depois de ouvir-se a parte contrária.[280]

Há, é verdade, a possibilidade de a medida ser concedida antes de ouvida a parte contrária, *inaudita altera parte*.[281] Essa hipótese, no entanto, deve ser vista como excepcional, para ser aceita em basicamente duas circunstâncias: quando tamanha seja a urgência que não possa aguardar a formação do contraditório ou quando tenha por objetivo evitar conduta lesiva por parte do próprio demandado.[282] Destaque-se, por dever de clareza, que o risco pode decorrer de fatos naturais,[283] tais como o surgimento de uma doença grave em demanda por medicamento em face do SUS ou de plano de saúde, ou o risco de desabamento surgido em decorrência de chuvas, em uma ação de nunciação de obra nova.

Na verdade, os riscos decorrentes da própria tutela de urgência, no sentido de que pode trazer prejuízos ao demandado,[284] justificadores da *instrumentali-*

---

[278] Art. 9º, parágrafo único, I, do CPC.

[279] Cf. THEODORO JUNIOR, Humberto. *Curso de direito processual civil*. 63. ed. Rio de Janeiro: Forense, 2021. v. I. p. 78.

[280] No sistema jurídico norte-americano, apenas as *temporary restraining orders* admitem, de modo excepcional, que a medida seja concedida sem que a parte contrária seja notificada, mesmo assim com limitação temporal de sua eficácia para realização da cientificação. Cf. item 4.2.3, *supra*. Também o *référé* francês desenvolve-se em contraditório (diferentemente das chamadas *ordonnances sur requête*, que se desenvolvem em via unilateral), devendo a outra parte estar presente ou chamada (*présente ou appelée*) (art. 484 do CPC francês). Cf. STRICKLER, Yves; VARNEK, Alexey. *Procédure civile*. 12. ed. Bruxelas: Bruylant, 2022 (Paradigme). p. 316.

[281] Sobre esse tipo de decisão e sua harmonia com o modelo constitucional, v. BUENO, Cássio Scarpinella. *Curso sistematizado de direito processual civil*. São Paulo: Saraiva, 2023. v. 1. p. 399. A propósito do cabimento em liminares, v. LARA, Betina Rizzato. *Liminares no processo civil*. São Paulo: Ed. RT, 1993. p. 90-92.

[282] No Código de Processo Civil de 1939 a conduta do demandado e de terceiros que pudessem interferir no resultado útil do processo tinha especial relevância, constando da regra geral sobre a matéria: "Art. 675. Além dos casos em que a lei expressamente o autoriza, o juiz poderá determinar providências para acautelar o interesse das partes: I – quando do estado de fato da lide surgirem fundados receios de rixa ou violência entre os litigantes; II – quando, antes da decisão, for provável a ocorrência de atos capazes de causar lesões, de difícil e incerta reparação, no direito de uma das partes; III – quando, no processo, a uma das partes for impossível produzir prova, por não se achar na posse de determinada coisa". Preocupações semelhantes também inspiraram, entre outras, as tradicionais medidas cautelares de arresto e sequestro nos termos previstos pelo CPC/1973 (arts. 813 e 822, respectivamente).

[283] Nesse sentido, cf. THEODORO JUNIOR, Humberto. *Curso de direito processual civil*. 63. ed. Rio de Janeiro: Forense, 2021. v. I. p. 542.

[284] Nesse sentido, o item 4.1.2, *supra*.

dade e *provisoriedade* características desse tipo de provimento,[285] em razão do procedimento sumário que lhe serve de base, estão ligados à superficialidade da *cognição judicial.* Não têm a ver com limitação ao contraditório, até porque, no melhor entendimento da norma constitucional,[286] ele não pode ser limitado. Tanto assim que a exceção trazida pelo Código de Processo Civil vigente, em relação à tutela de urgência,[287] diz respeito tão somente à regra de que a parte seja "previamente ouvida"[288] em relação à decisão contra ela proferida. Como alertado, é significativa apenas do diferimento do contraditório para momento subsequente do processo.

Em algumas circunstâncias, aliás, o contraditório prévio é necessário para uma completa apreciação da tutela de urgência. Na ponderação da posição das partes e da gravidade dos riscos envolvidos,[289] poderá prevalecer esta última, a indicar a necessidade de medidas com a máxima imediatidade, situação justificativa de o contraditório ser estabelecido em momento posterior. Em outros casos, entretanto, não apenas instaurar o contraditório previamente é a regra como também pode se mostrar indispensável para compreensão da controvérsia em sua integralidade. Isso ocorre sempre que a correta estimativa da posição das partes dependa de manifestação daquela requerida ou a medida pleiteada lhe possa trazer danos ou perdas graves ou irreversíveis.

A primeira situação – de falta de elementos quanto à posição jurídica da parte contrária – verifica-se sempre que a narrativa dos fatos apresentada pelo autor não permita inteira compreensão quanto à existência de resistência pela parte contrária ou possíveis razões que a embasariam. Há, é certo, uma questão de estratégia processual da parte sobre o quanto ela coloca na fundamentação de seu pedido sobre a posição da outra parte. No entanto, essa limitação de informações não pode chegar a impedir a inteira compreensão da controvérsia (o que muitas vezes ocorre). O contraditório nessas condições torna-se indispensável, para que se possa traçar o quadro completo do litígio e avaliar o cabimento da tutela de urgência.

Cogite-se, a título de ilustração, o pedido de tutela de urgência para entrega de imóvel residencial em decorrência de um compromisso de compra e venda. Os autores demonstram estarem com suas prestações em dia, o prazo contratual para entrega da obra finalizado, além de forte premência pessoal, em razão de estarem com o casamento marcado ou perto do término do contrato de locação do imóvel onde residem. Qual, no entanto, a causa do atraso pela construtora?

---

[285] Cf. item 4.1.1, *supra.*
[286] Inciso LV do art. 5º da CF.
[287] Art. 9º, parágrafo único, I, do CPC/2015.
[288] *Caput* do artigo citado na nota anterior.
[289] A esse propósito, retomar o item 3.6.2.2, *supra*, destacando a necessidade de ponderação de gravame entre as partes.

Capítulo 4 · A RESPOSTA PROCESSUAL CIVIL AO RISCO — 211

A obra não está pronta? Não possui "habite-se"? Tem problemas com o agente financeiro ou com terceiros? A causa do ato jurídico comissivo, no caso, mostra-se fundamental para eventual concessão de medida de urgência, demostrando indispensável o prévio contraditório.

O Superior Tribunal de Justiça, por via transversa, em relação às chamadas *cirurgias reparadoras pós-bariátricas*,[290] tornou indispensável o contraditório prévio nesses casos. Nos Recursos Especiais repetitivos 1870834/SP e 1872321/SP, firmou o Tema 1.069,[291] estabelecendo a cobertura das cirurgias reparadoras, mas permitindo que, "havendo dúvidas justificadas e razoáveis quanto ao caráter eminentemente estético da cirurgia plástica", as operadoras de planos de saúde formassem junta médica para verificar a pertinência da indicação clínica. Com isso, nos pedidos de antecipação de tutela, tornou-se indispensável o contraditório prévio, para aquilatar a existência de razões "justificadas e razoáveis" a confirmar a negativa de cobertura, não obstante a urgência indicada pelos requerentes em laudos médicos e psicológicos.

Outra faceta da indispensabilidade do contraditório prévio é a gravidade do dano para a parte requerida, que, como demonstrado,[292] vai além da simples irreversibilidade. No difícil cotejo de direito e danos, há de se evitar que prevaleça o "mal maior", para usar a expressão de Cândido Rangel Dinamarco.[293]

Alguns exemplos são típicos dessa situação. É o caso da tutela de urgência pleiteada em exoneração ou redução de alimentos. Senão o bom senso, a cautela recomenda a prévia oitiva de quem poderá ficar sem seus meios de subsistência. A mesma coisa pode-se dizer das ordens de imissão e reintegração de posse. Convém, também, dar a chance de manifestação a quem poderá ficar sem sua moradia. Entre outras situações, como a de afastamento de sócios ou dirigentes de entidades empresariais ou associativas e assim por diante, igualmente não se vê base para afastar a obrigatoriedade legal de contraditório prévio.

---

[290] Destinadas a corrigir o excesso de pele de pacientes portadores de obesidade mórbida que emagreceram depois de realizar cirurgia de redução estomacal, conhecida por bariátrica.

[291] REsps 1870834/SP e 1872321/SP (Tema 1069) – teses firmadas: "(i) é de cobertura obrigatória pelos planos de saúde a cirurgia plástica de caráter reparador ou funcional indicada pelo médico assistente, em paciente pós-cirurgia bariátrica, visto ser parte decorrente do tratamento da obesidade mórbida, e, (ii) havendo dúvidas justificadas e razoáveis quanto ao caráter eminentemente estético da cirurgia plástica indicada ao paciente pós-cirurgia bariátrica, a operadora de plano de saúde pode se utilizar do procedimento da junta médica, formada para dirimir a divergência técnico-assistencial, desde que arque com os honorários dos respectivos profissionais e sem prejuízo do exercício do direito de ação pelo beneficiário, em caso de parecer desfavorável à indicação clínica do médico assistente, ao qual não se vincula o julgador".

[292] Item 4.1.2, *supra*.

[293] Cf. DINAMARCO, Cândido Rangel. *Instituições de direito processual*. 9. ed. São Paulo: JusPodivm, 2024. v. III. p. 891-892.

4.3.3.4 O papel dos precedentes qualificados

O Código de Processo Civil de 2015, trilhando caminho iniciado com reformas no Código anterior,[294] trouxe grande reforço para a vinculatividade dos precedentes qualificados dos tribunais superiores,[295] criando ainda a possibilidade de os tribunais, mesmo as cortes em grau de apelação, utilizarem o incidente de resolução de demandas repetitivas – IRDR[296] e o incidente de assunção de competência – IAC.[297] O objetivo dessas inovações legislativas é o de uniformizar a jurisprudência e gerar maior aderência das decisões judiciais aos precedentes, a bem da segurança jurídica, da redução de litigiosidade e do funcionamento eficiente do sistema de justiça.[298]

Com isso, aqueles direitos abrangidos por *julgamentos de casos repetitivos*[299] têm uma característica determinante no reconhecimento do *fumus boni iuris*.[300] Essa afirmação, porém, exige ao menos dois cuidados.

Primeiro, a efetividade do sistema de precedentes, em grau máximo, seria a eliminação de demandas sobre os temas tratados. Firmado o precedente qualificado, o direito envolvido deveria estar pacificado, evitando, assim, a propositura de novas ações versando sobre ele. Claro, nem todos os litígios são predominantemente restritos a questões de direito, e as controvérsias em matéria de fato poderiam continuar a aflorar. De todo modo, maior aderência a

---

[294] Com a introdução naquele diploma da repercussão geral e dos recursos especiais repetitivos, pelas Leis 11.418/2006 e 11.672/2008, respectivamente.

[295] Em especial, arts. 927 e 1.036 a 1.040 do CPC.

[296] Arts. 976 a 987 do CPC.

[297] Art. 947 do CPC.

[298] Sobre as inovações a respeito do tema e seu significado para o sistema jurídico brasileiro, v. SALLES, Carlos Alberto de. Precedentes e jurisprudência no novo CPC: novas técnicas decisórias? In: CARMONA, Carlos Alberto (org.). *O novo Código de Processo Civil*: questões controvertidas. São Paulo: Atlas, 2015. p. 78-88.

[299] Art. 927 do CPC. Nesse sentido, mesmo antes de criado o recurso especial repetitivo, cf.: "Processual Civil. Tutela antecipada. Verossimilhança. Ausência. – Não existe a verossimilhança necessária para a concessão de tutela antecipada se a tese que dá suporte ao pedido diverge da orientação jurisprudencial dominante. – A tutela antecipada, concedida em sede de ação civil pública, oportunizando a liberação de veículos arrendados pelos consumidores que tenham integralizado o pagamento das prestações do contrato de arrendamento mercantil com base no INPC, em substituição ao dólar, não pode prevalecer ante a notória dissonância em relação ao entendimento jurisprudencial cristalizado pela Segunda Seção do STJ, no julgamento do Resp 472.594/SP. Recurso provido" (REsp 613.818/ MG, Rel. Min. Nancy Andrighi, 3ª Turma, j. 10.08.2004).

[300] Estabelecendo essa ligação em relação à tutela de evidência, cf. MACÊDO, Lucas Buril de. Antecipação da tutela por evidência e os precedentes obrigatórios. *Revista de Processo*, v. 242, p. 523-552, abr. 2015, em especial item 4. Discutindo técnicas que autorizam a sumarização com base em precedentes, v. CASTRO, Daniel Penteado de. *Antecipação de tutela sem o requisito da urgência*: panorama geral e perspectivas no novo Código de Processo Civil. Salvador: JusPodivm, 2017. p. 191-209.

precedentes tenderia a eliminar o campo de litigiosidade ao qual estão ligados. Por via de consequência, portanto, a tendência seria a probabilidade de direito reconhecido por precedente qualificado não chegar a ser discutida em sede de tutela de urgência, até porque teria equacionamento evidente.

Em segundo lugar, na direção contrária, há o problema de muitos precedentes qualificados não serem suficientemente precisos, podendo não evitar discussões sobre aspectos secundários relacionados com a matéria. Um dos grandes problemas contemporâneos das decisões judiciais é alcançar a complexidade das relações sociais e jurídicas submetidas a julgamento. Tanto mais em decisões com a pretensão generalizante de serem aplicadas a um grande conjunto de processos quase sempre com múltiplas especificidades. Com isso, a decisão de casos repetitivos pode não eliminar discussões jurídicas secundárias,[301] inclusive sobre sua própria aplicação. Em algumas situações as teses definidas pelas cortes superiores que pecam pela falta de suficiente clareza criam condicionantes de difícil aplicação, tratam apenas de recortes parciais dos problemas envolvidos e contêm contradições entre o enunciado e o acórdão de base.

Assim, os precedentes qualificados podem não ajudar na demonstração do *fumus boni iuris*, em razão de evitarem que a matéria por eles abrangida chegue à discussão – o que é meritório, sem dúvida – ou de não afastarem questões secundárias ou deixadas em aberto em sua formulação.

4.4 O REQUISITO DE URGÊNCIA: O *PERICULUM IN MORA*

Como destacado,[302] os requisitos legais da tutela de urgência são designados por meio da terminologia tradicional *fumus boni iuris* e *periculum in mora*. O primeiro refere-se à "probabilidade do direito", enquanto o segundo, tratado neste item, indica o "perigo de dano ou o risco ao resultado útil do processo",[303] também denominado *requisito de urgência*.

O *fumus boni iuris* como sustentado, tem por função constituir o objeto submetido ao risco[304] e indicar a probabilidade do direito em suficiente grau para

---

[301] Segundo Flavio Cheim Jorge, a concretude das decisões judiciais, que se valem de precedentes ou súmulas, depende da construção de fundamentação contextualizada da *ratio decidendi* do caso paradigma com as particularidades da causa do processo em julgamento, de modo que somente por meio da investigação dos casos por trás dos precedentes é que eles podem ser adequadamente aplicados pelos julgadores (JORGE, Flavio Cheim; SANT'ANNA, Vinícius de Souza. Fundamentação das decisões judiciais: razões, interações com outras garantias, requisitos mínimos e controle. *Revista de Processo*, v. 302, p. 89-110, 2020. p. 105-106).

[302] Item 4.1, *supra*.

[303] Art. 300, *caput*, do CPC.

[304] Nesse sentido, item 4.3, *supra*.

a especial proteção jurídica aqui tratada, sendo fundamental para determinar a *posição jurídica* da parte em relação às possibilidades de êxito no processo.[305]

O *periculum in mora* coloca-se funcionalmente como elemento indicativo das possibilidades de dano ou perda caso a providência jurisdicional não responda à necessidade de imediatidade alegada pela parte. Dito de outro modo, tem a função de verificar se o risco existente justifica a concessão da tutela urgente e provisória,[306] ou ainda se foi atingido o *nível de intervenção* determinante da atuação jurisdicional, com base apenas em cognição sumária.

Em ambos os casos, da probabilidade do direito e do requisito de urgência, trata-se de fatores a serem verificados conforme o estado do processo no momento da apreciação do pedido de tutela provisória. Nesse sentido, são elementos processualmente construídos,[307] pois realizam uma projeção dos riscos e da possibilidade de sucesso do requerente, com base nas alegações e provas constantes dos autos. Até por essa razão, suscetíveis às mudanças decorrentes do desenvolvimento processual, o que permite a modificação ou revogação da tutela provisória a qualquer tempo.[308]

A disciplina atual do *periculum in mora*, todavia, deixa de determinar parâmetros expressos para a avaliação da urgência alegada pela parte. Diferentemente da Itália, onde a disciplina legal faz referência a "prejuízo iminente e irreparável",[309] e dos Estados Unidos, onde a Suprema Corte vem reafirmando a prevalência da regra da *irreparabilidade do dano*[310] nas *preliminary injunction*,[311] bem como dos Códigos antecedentes,[312] a disciplina processual vigente no Brasil não mais qualifica o dano ensejador das tutelas de urgência.[313] Há, assim, uma indeterminação no comando legal, e com isso "sua identificação pode ser deixada a cargo do juiz, que avaliará as circunstâncias do caso e decidirá sobre a conveniência ou não da medida".[314]

---

[305] Cf. item 4.3.2, *supra*.

[306] Apontando que a falta de determinação de critérios legais transfere ao julgador essa função, v. BEDAQUE, José Roberto dos Santos. *Tutela provisória:* analisada à luz das garantias constitucionais da ação e do processo. 6. ed. São Paulo: Malheiros, 2021. p. 179.

[307] Cf. itens 3.6.1.2 e 4.3.2, *supra*.

[308] Art. 296, *caput*, do CPC.

[309] No original, "pregiudizio imminente e irreparabile", do art. 700 do Código de Processo Civil italiano.

[310] *Irreparable injury*. A respeito, cf. item 4.2.3, *supra*.

[311] V. o caso *eBay v. MercExchange*, 547 US 388 (2006).

[312] Fazendo a comparação, cf. item 3.4.3, *supra*, em especial *Quadro 3*. Sobre as diferenças nos vários projetos que levaram ao CPC/2015, v. item 2.1.2.4, *supra*, em especial *Quadros 1 e 2*.

[313] Nesse sentido, como ocorre em relação ao *référé* francês, no qual a determinação de urgência é deixada à discricionaridade judicial. Cf. item 4.2.2, *supra*.

[314] BEDAQUE, José Roberto dos Santos. *Tutela provisória:* analisada à luz das garantias constitucionais da ação e do processo. 6. ed. São Paulo: Malheiros, 2021. p. 179. Não obstante

Capítulo 4 · A RESPOSTA PROCESSUAL CIVIL AO RISCO | **215**

A proposta desta obra vem no sentido de responder à falta de indicação de critérios legais para determinação do requisito de urgência. Daí a proposição do risco como elemento indicativo da urgência.

A esse propósito, cabe lembrar que *urgente* é predicado da *tutela*, ou seja, o provimento jurisdicional que deve oferecer resposta imediata ou, ao menos, célere para responder à possibilidade de advento de situação adversa ou indesejada.[315] A ausência da tutela prestada nessas condições poderia ocasionar situação lesiva para a parte requerente e, ainda mais, gerar uma desproporcional distribuição dos gravames do tempo do processo, considerando a posição das partes.

O conceito de risco, assim, teria o condão de propiciar parâmetros para o intérprete e o aplicador apreciarem a existência da urgência alegada. Os parâmetros de identificação e cálculo dos riscos envolvidos servem para melhorar a previsibilidade de eventos futuros prejudiciais à parte com direito provável, aumentando a acuidade da apreciação da tutela de urgência.[316] Ainda mais, permitem constatar riscos do próprio processo, de maneira a levar em conta, também, a posição jurídica da outra parte, buscando o necessário equilíbrio processual,[317] calcado nas ideias de gestão do tempo e do risco no processo, por meio da ponderação dos gravames suportados pelas partes.

Nos próximos itens, em detalhe, será realizada uma releitura do *periculum in mora* a partir da perspectiva do risco.

4.4.1 Significados processuais do *periculum in mora*

Piero Calamandrei, com a usual maestria,[318] aponta a existência de dois tipos de *periculum in mora*: o perigo de infrutuosidade (*infruttuosità*) e aquele do atraso (*tardività*) do provimento jurisdicional principal, esperado ao final do processo.[319] O primeiro tipo "não objetiva acelerar a satisfação do direito

---

a conhecida posição do autor contrária à discricionariedade judicial, cf. BEDAQUE, José Roberto dos Santos. Discricionariedade judicial. *Revista Forense*, v. 354, p. 187-195, 2001.

[315] Como destacado no item 3.6.1, *supra*.

[316] V., a propósito, os itens 3.4.1 e 3.4.2, *supra*.

[317] Cf. item 4.1.2, *supra*.

[318] Apontando que Calamandrei promoveu um grande avanço da teoria italiana, ao admitir que o provimento consistente em antecipação de tutela era cautelar, e destacando que, para esse autor, mais do que defender direitos subjetivos, as cautelares dirigiam-se à garantia da eficácia e da seriedade da função jurisdicional, v. CAPONI, Remo. Piero Calamandrei e la tutela cautelare. *Rivista di Diritto Processuale*, p. 1250-1257, 2012.

[319] A exposição e a diferenciação desses conceitos são feitas em dois capítulos de sua *Introduzione*. No capítulo segundo, traça o quadro dos vários tipos de provimentos cautelares, reunidos em quatro grupos: (a) provimentos instrutórios antecipados; (b) de facilitação da frutuosidade de futura execução; (c) de decisão interina da relação controvertida; e (d) de imposição de caução. No capítulo terceiro, analisa esses grupos, afirmando que os provimentos dos grupos (a), (b) e (d) responderiam ao perigo de infrutuosidade, enquanto

controvertido, mas apenas preparar em antecipação meios aptos a fazer acontecer a decisão de mérito ou a execução forçada daquele direito",[320] tendo em vista a lentidão do processo. O segundo, ao contrário, "visa a acelerar em via provisória a satisfação do direito",[321] pois o perigo vem da própria demora do processo em via ordinária.

Na classificação proposta, observa-se a duração do processo como delimitador temporal do risco,[322] tendo em vista o provimento jurisdicional, a garantia de sua execução ou a satisfação do direito disputado. As possibilidades de dano verificam-se por causa da duração do processo, no caso da infrutuosidade, ante o tempo necessário para o desenvolvimento do processo em cognição plena, o que pode vir a dificultar o cumprimento da sentença. Ou, ainda, podem decorrer do próprio atraso na prestação jurisdicional (*tardività*), uma vez que mantém o estado de insatisfação do direito.[323]

Seguindo a proposta do risco como indicativo da urgência,[324] a noção do *duplo periculum in mora* deve ser ampliada.

Com efeito, o processo como delimitador temporal do *periculum in mora*, não obstante a importância desse enfoque, não permite trazer à análise situações de risco externas ao processo, contempladas pelo direito material e verificáveis independentemente de seu equacionamento processual.[325] O risco é

---

o (c) àquele de atraso (CALAMANDREI, Piero. *Introduzione allo studio sistematico dei provvedimenti cautelare*. Opere giuridiche. Roma: Roma TrE-Press, 2019. v. IX: Esecuzioni forzata e procedimenti speciali. p. 180-191 e 195-197, respectivamente).

[320] "... non mira ad accelerare la sodisfazione del diritto controverso, ma soltanto ad apprestare in anticipo mezzi atti a far sì che l'accertamento (sub *a*) o l'esecuzione forzata (sub *b, d*) de quel diritto, avvengano" (CALAMANDREI, Piero. *Introduzione allo studio sistematico dei provvedimenti cautelare*. Opere giuridiche. Roma: Roma TrE-Press, 2019. v. IX: Esecuzioni forzata e procedimenti speciali. p. 195). Suprimidos os parênteses na tradução por não fazerem sentido na frase, uma vez que se referem aos itens referidos apenas na nota anterior.

[321] "... mira ad accelerare in via provvisoria la sodisfazione del diritto" (CALAMANDREI, Piero. *Introduzione allo studio sistematico dei provvedimenti cautelare*. Opere giuridiche. Roma: Roma TrE-Press, 2019. v. IX: Esecuzioni forzata e procedimenti speciali. p. 196).

[322] Acentuando o aspecto temporal, na colocação de Proto Pisani, a presença de um perigo de infrutuosidade enseja medida que deve prevenir o dano que possa verificar-se no curso do processo, enquanto o perigo de atraso deve impedir, pela antecipação da satisfação, o prejuízo que o perdurar de uma situação antijurídica prova ao titular do direito. Cf. PISANI, Andrea Proto. *Lezioni di diritto processuale civile*. 2. ed. Napoli: Jovene, 1996. p. 661.

[323] Discutindo o impacto da classificação da Calamandrei no direito brasileiro, em especial no tocante aos requisitos de urgência para cautelares e antecipações de tutela, v. BUENO, Cassio Scarpinella. A tutela provisória de urgência do CPC de 2015 na perspectiva dos diferentes tipos de *periculum in mora* de Calamandrei. *Revista de Processo*, v. 269, p. 269-290, 2017. item 1.

[324] Item 3.6.1 e subitens, *supra*.

[325] Como ocorre naquelas áreas abordadas nos itens 3.5.1, 3.5.2 e 3.5.3, *supra*.

um fenômeno social e jurídico que transcende os limites do processo, devendo como tal ser tratado.[326]

Deve-se reconhecer, assim, que o processo dá resposta também aos riscos que são materiais, externos ao processo. Nesses casos, eles não decorrem da duração do processo, até porque antecedem a elas. Trata-se de fatores determinantes da urgência que emanam da própria situação de fato e como tal devem ser considerados, podendo ser objeto de intervenção jurisdicional.

Sob outra faceta, deve-se admitir a existência de riscos decorrentes das próprias decisões judiciais, a começar por aquelas proferidas em tutela provisória. Como destacado anteriormente,[327] são proferidas mediante cognição superficial, muitas vezes ainda sem contraditório instaurado, podendo gerar gravames indevidos à outra parte. Ainda mais, podem ser de difícil reversão e acarretar problemas na concreta reparação pelo beneficiário da medida.

Tais riscos podem caracterizar um *periculum in mora ao avesso*, a ser considerado na ponderação da posição jurídica das partes.[328] Destaque-se, nesse sentido, que algumas vezes a concessão da tutela provisória impõe riscos também ao próprio requerente, podendo causar obrigação de reparação muito superior às suas possibilidades de responder por ela.

Propõem-se, assim, as seguintes categorias de risco indicativo do *periculum in mora*,[329] desenvolvidas na sequência: (i) riscos ao resultado útil do processo; (ii) riscos decorrentes da duração do processo; (iii) riscos materiais ou externos ao processo; (iv) riscos decorrentes das decisões judiciais.

4.4.2 Riscos ao resultado útil do processo

Os riscos ligados ao resultado útil do processo têm a ver com a preocupação de que este atinja sua máxima efetividade, isto é, entregue à parte a prestação jurisdicional em máxima concreção, significativa de resultados práticos na esfera jurídica e, se o caso, material da parte. Por essa razão, por certo é o tipo de risco mais diretamente ligado àquele *periculum in mora* de infrutuosidade, indicado anteriormente, respondendo a um problema que há muito se tenta resolver nos sistemas processuais.

Não por outra razão, muitas técnicas processuais vêm tentando dar-lhe soluções. É interessante que os primeiros diplomas processuais brasileiros apresentem compreensível preocupação com condutas dolosas das partes capazes

---

[326] Sobre o risco na sociedade contemporânea, v. item 3.2, *supra*, apontando, inclusive, que viveríamos em uma sociedade de risco.

[327] Item 4.1.2, *supra*.

[328] Cf. itens 3.6.2.2 e 4.1.2, *supra*.

[329] Seguindo a diretriz do risco como elemento indicativo da urgência. Cf. item 3.6.1 e subitens, *supra*.

de atrapalhar o desiderato dos resultados processuais. Afinal, as partes podem valer-se de práticas maliciosas para escapar dos efeitos práticos da tutela jurisdicional prestada pelo processo.

O Regulamento 737/1850 já previa, entre seus "processos preparatórios, preventivos e incidentes", o então chamado "embargo ou arresto" para a hipótese de o devedor sem domicílio intentar ausentar-se, vender bens que possua ou, simplesmente, não pagar a obrigação no tempo, o mesmo sendo cabível, em circunstâncias semelhantes, em relação àquele "devedor domiciliário".[330] Mais do que isso, mediante prova cabal das condutas indicadas, caberia a medida de "detenção pessoal" do devedor,[331] modalidade de execução pessoal à falta, na época, de vedação constitucional de prisão por dívida.[332]

Com preocupações semelhantes, o Código de Processo Civil de 1939 continha cláusula geral prevendo a possibilidade de medida acautelatória quando "do estado de fato da lide surgirem fundados receios de rixa ou violência entre os litigantes" e quando da "ocorrência de atos capazes de causar lesões, de difícil e incerta reparação".[333]

Da maneira semelhante, mas já sem tanto enfoque no dolo da parte, o Código de Processo Civil de 1973 tinha, na disciplina das cautelares em espécie, a previsão do arresto e do sequestro com clara finalidade de propiciar a efetividade dos resultados finais do processo.

De sua feita, o vigente Código de 2015 traz, somente por referência, as mesmas medidas de arresto e sequestro,[334] mas sem prever qualquer fator indicativo do *periculum in mora* necessário ao deferimento desses tipos de provimento. Essa definição, portanto, fica sujeita aos requisitos gerais do "perigo de dano ou o risco ao resultado útil do processo".[335] Com efeito, se "[no] código anterior a concessão de sequestro e arresto, por exemplo, dependia da efetiva ocorrência de um dos fatos descritos na lei (arts. 813 e 822)",[336] agora há uma indeterminação legislativa,[337] deixando ao julgador estabelecer os fatores determinantes para estabelecer o risco ao resultado útil do processo.

---

[330] Art. 321, §§ 1º e 2º, do Regulamento 737/1850.

[331] Art. 343 do Regulamento 737/1850.

[332] Estatuída no art. 5º, LXVII, da CF, e hoje limitada à prisão do devedor de alimentos. A prisão do depositário infiel foi excluída por força de jurisprudência do STF. Cf. *Habeas Corpus* 87.585 e os Recursos Extraordinários 466.343 e 349.703.

[333] Art. 675 do CPC/1939.

[334] Art. 301 do CPC/2015.

[335] Art. 300 do CPC/2015.

[336] BEDAQUE, José Roberto dos Santos. *Tutela provisória*: analisada à luz das garantias constitucionais da ação e do processo. 6. ed. São Paulo: Malheiros, 2021. p. 179.

[337] Nesse sentido, item 4.4, *supra*.

Capítulo 4 · A RESPOSTA PROCESSUAL CIVIL AO RISCO | **219**

Assim, o conceito de risco, central nesta obra, novamente mostra sua utilidade para a interpretação da norma, como indicativo da urgência da medida pleiteada.

No que tange ao resultado útil do processo, o risco deve ser analisado em *três camadas*, correspondentes aos níveis de proteção jurídica implicados. A primeira, sem dúvida, se trata de um risco ao direito material postulado pela parte, pois nele reside o escopo final da jurisdição. A segunda refere-se propriamente à garantia do resultado útil do processo, ou seja, das medidas assecuratórias da eficácia final. Por último, aquela relativa à execução da decisão final, apta dar a prestação concreta, em termos práticos, ao jurisdicionado. Certamente, por tudo isso, esse tipo de risco se constrói na antevisão de eventuais eventos adversos que podem atingir a execução da decisão.

4.4.3 Riscos decorrentes da duração do processo

Neste ponto, retoma-se a afirmação da relatividade do tempo enunciada na introdução.[338] Isso porque tanto maior a importância da duração do processo quanto mais grave for o risco sofrido pela parte requerente. Afinal, a demora da prestação jurisdicional nessas condições pode causar danos relevantes à parte envolvida. Simples *danos marginais*, destituídos de gravidade, decorrentes da demora para solução do litígio, não caracterizam o *periculum in mora*.[339]

A propósito da gravidade do risco, um exemplo significativo são os alimentos provisórios.[340] Considerando a imprescindibilidade daqueles para o alimentando, inclusive por reconhecimento *ope legis* da urgência,[341] a demora na prestação pode levar às mais sérias consequências, a evidenciar claro *periculum in mora*. Mesmo nessa situação, todavia, o requisito de urgência não é absoluto, devendo ser ponderado com a probabilidade do direito, na consideração da posição jurídica do requerente e da parte contrária. Suponha-se, ainda exemplificativamente, que o alimentante não apresente prova de parentesco ou que se trate de alimentos para

---

[338] Número 1.

[339] Nesse sentido, afirmando que "a simples demora na solução da demanda não pode, de modo genérico, ser considerado como caracterização da existência de fundado receio de dano irreparável ou de difícil reparação, salvo em situações excepcionalíssimas", v. REsp 113.368/PR, Rel. Min. José Delgado, 1ª Turma, j. 07.04.1997. Esse julgado trata de tutela antecipada, contra o INSS, para autorizar o contribuinte a realizar compensação de valores recolhidos com base em norma declarada inconstitucional. Em caso semelhante, em face da Fazenda Pública, v. REsp 161.479/PR, Rel. Min. José Delgado, 1ª Turma, j. 10.03.1998.

[340] Citando como um dos exemplos nos quais se decide interinamente uma relação controvertida, cf. CALAMANDREI, Piero. *Introduzione allo studio sistematico dei provvedimenti cautelare.* Opere giuridiche. Roma: Roma TrE-Press, 2019. v. IX: Esecuzioni forzata e procedimenti speciali. p. 185. No mesmo sentido, cf. PISANI, Andrea Proto. *Lezioni di diritto processuale civile.* 2. ed. Napoli: Jovene, 1996. p. 661.

[341] V. item 3.4.4, *supra*.

ex-cônjuge, para quem a prestação alimentícia é excepcional. Nesses casos, não obstante a clara demonstração do risco para os demandantes, faltaria o essencial *fumus boni iuris*.

A gravidade do dano cuja ocorrência se estima, em todo caso, é elemento essencial para qualificação do risco para fins de indicação da urgência da medida pleiteada. Cogite-se, também ilustrativamente, de casos envolvendo risco de morte, em pedidos de medicamento ou tratamento médico perante o SUS ou um plano de saúde. São casos nos quais o tempo do processo, em trâmite ordinário para chegar à decisão final, é capaz de gerar um estado de insatisfação do direito que pode ser fatal. Mesmo nesses casos convém reiterar a necessidade de uma mínima demonstração do direito. Por exemplo, a não demonstração da condição de beneficiário do plano de saúde ou a ausência de demonstração *prima facie* da pertinência médica do tratamento pode inviabilizar o acolhimento da pretensão de urgência.

O fator da gravidade do risco, a demonstrar a possibilidade e qualificação dos danos que podem ocorrer no aguardo de uma decisão final, entretanto, nem sempre é claro. Pode, algumas vezes, ficar em uma zona cinzenta entre a efetiva urgência e a conveniência subjetiva da parte. Considere-se, a título de exemplo, litígio envolvendo o pagamento de pensão para uma viúva ou o fornecimento de prótese não ligada a ato cirúrgico para um beneficiário de plano de saúde. Nesses casos, há diversos condicionantes a determinar a premência das medidas judiciais pleiteadas. Considere-se, sempre exemplificativamente, o fato de o pensionamento ser ou não a única fonte de renda da beneficiária ou de a necessidade da órtese ser questionável, em razão da abrangência da cobertura contratual ou disciplina regulamentar acerca da matéria. A tudo isso se somam as dificuldades de demonstração das alegações por meio de prova pré-constituída ou a necessidade de prévio estabelecimento de contraditório, para formação de um quadro completo da posição das partes.[342]

Em todos os casos limítrofes, como os apontados anteriormente, nos quais o risco está evidenciado, mas faltam elementos para sua qualificação,[343] impossível estabelecer regra geral do gênero *in dubio pro concessio*, tendo em vista não haver mínima uniformidade entre os casos. A determinação do *nível de intervenção*,[344] para deferimento da tutela de urgência, tendo em vista o grande número de elementos de fato e de direito a serem considerados, terá de ser deixada à apreciação judicial, havendo a respeito, nessas situações, inegável discricionaridade judicial.[345]

---

[342] O que se designou *contraditório indispensável* – v. item 4.3.3.3, *supra*.

[343] A propósito, retomar os parâmetros indicados para o *cálculo do risco* – item 3.4.2, *supra*.

[344] Cf. item 3.4.3, *supra*.

[345] Apontando a existência de indeterminação legal em relação ao *fumus boni iuris* e ao requisito de urgência no CPC/2015, v., respectivamente, itens 4.3.3.2 e 4.4, *supra*.

Tal discricionariedade, todavia, não é absoluta, pois será balizada pelos condicionantes do caso concreto, que devem vir expressas na motivação da decisão.

Considerando o exposto até aqui acerca da caracterização do *periculum in mora*, pode parecer que existe uma relação necessária entre o risco envolvido e o tipo de medida de urgência cabível, no sentido de as *cautelares* responderem às hipóteses ligadas ao resultado útil do processo, enquanto as *antecipatórias* estariam relacionadas à duração deste.

Tal asserção, no entanto, não é verdadeira, como demonstrado a seguir.[346] Na verdade, na vigente disciplina legal não há essa limitação, permitindo que a escolha da medida cabível seja feita por critérios de adequação. Mais ainda, as peculiaridades e a complexidade das situações trazidas a juízo na tutela de urgência permitem ao julgador utilizar medidas de variada natureza, em uma espécie de *modelagem* do remédio jurisdicional cabível no caso concreto.[347]

4.4.4 Riscos materiais ou externos ao processo

Como já enunciado,[348] é preciso reconhecer que o processo responde a situações que constituem riscos materiais ou externos, que não se verificam independentemente dele. Nesses casos, a necessidade de imediatidade da resposta jurisdicional decorre da própria situação fática. Não que naqueles riscos apontados anteriormente não haja um retrospecto fático. Evidente que há, mas o risco coloca-se tomando por base uma relação jurídica preestabelecida. Uma relação de crédito, de propriedade, previdenciária, de seguro-saúde e assim por diante.

Nos riscos materiais ou externos, a causa de pedir decorre da própria possibilidade de eventos futuros indesejados – em suma, dos riscos –, de sua continuidade ou de sua progressão ao dano. Trata-se, a esse propósito, de uma mudança de enfoque. Em vez de pensar a questão de possíveis danos apenas a partir da garantia de resultados úteis do processo, cuida-se de reconhecer que, em muitas situações, o risco é ínsito ao próprio direito material. Nesses casos, há uma interação mais próxima da tutela de urgência com o próprio

---

[346] V. item 4.6, *infra*.

[347] Nesse sentido, afirma Paula Costa e Silva que "as regras visam [a] uma racionalização máxima de um procedimento desencadeado perante uma situação substantiva que requer uma intervenção imediata de um tribunal, impondo ao juiz que assuma um estatuto assistencial. Este, que tanta polêmica suscita quando dele se visa retirar o dever do tribunal de exortar as partes à adaptação do objecto do processo – acção e defesa – de modo a que se alcance uma justa composição do litígio, vem sendo aceite de forma relativamente pacífica quando aplicado à tutela cautelar" (SILVA, Paula Costa e. A sobrevivência do *suum quique tribuere*: fungibilidade de tutelas e fungibilidade de meios na tutela cautelar civil. *In*: ARMELIN, Donaldo (org.). *Tutelas de urgência e cautelares*: estudos em homenagem a Ovídio A. Baptista da Silva. São Paulo: Saraiva, 2010. p. 943).

[348] Item 4.4.1, *supra*.

fundamento da demanda principal. Mantém-se o caráter instrumental desta última, mas deve-se reconhecer que ela está mais diretamente imbricada com a própria demanda principal.

Não que as hipóteses aqui levantadas se confundam ou se liguem exclusivamente àquelas da tutela preventiva.[349] Estas tratam de pedido de mérito visando prevenir determinado dano. Não se trata de processo sumário, nem de pedido de tutela de urgência, pois a providência final demandada é, exatamente, evitar um dano. No entanto, decorre de seu objetivo principal que, incidental ou antecedentemente, formule-se pedido de tutela de urgência. Nesses casos, poderá haver dupla pretensão: a reparatória, relativa a danos já incorridos, e a preventiva, para impedir o advento de danos futuros. A tutela provisória, em qualquer caso, será sempre instrumental à pretensão principal ou ao *direito de fundo*, como se fala em relação ao *référé* francês.

A importância de reconhecer essa categoria de riscos tem a ver com o papel que estes ocupam na sociedade contemporânea, mas configuram hipóteses tradicionais em nosso ordenamento jurídico. É o caso da denominada ação de nunciação de obra nova, prevista como procedimento especial no Código de Processo Civil de 1973.[350]

Na disciplina daquele Código, tamanho era o reconhecimento da urgência envolvida que se permitia até mesmo o embargo verbal das obras contestadas,[351] de claro caráter antecipatório. O que importa aqui destacar é que se trata de situação de risco – indicativa de urgência – que decorre da própria situação de direito material. A possibilidade de prejuízo ao prédio, suas servidões ou fins a que é destinado[352] está colocada no plano dos fatos independendo do processo. O risco está colocado pela situação de fato, contra a qual o remédio jurisdicional é pleiteado. Nesse sentido, o risco é externo ao processo, advindo da própria situação fática, sem se relacionar com a demora de uma decisão final.

Como no mencionado exemplo tradicional, na atualidade, quando se permite afirmar a existência de uma *sociedade de risco*,[353] multiplicam-se situações envolvendo riscos que advêm da própria realidade social e tecnológica, a exigir tutela jurisdicional adequada em todas as suas formas. Tais situações, em geral,

---

[349] Discutindo as diferenças entre tutela provisória de urgência e tutela preventiva, v. BEDAQUE, José Roberto dos Santos. *Tutela provisória*: analisada à luz das garantias constitucionais da ação e do processo. 6. ed. São Paulo: Malheiros, 2021. p. 170-174. Apontando ainda a existência de uma tutela de precaução, cf. MIRRA, Álvaro Luiz Valery. Tutelas jurisdicionais de prevenção e de precaução no processo coletivo ambiental. *Revista do Advogado – Direito Ambiental*, v. 133, p. 9-17, 2017.

[350] Arts. 934 a 940.

[351] Art. 935 do CPC/1973.

[352] Art. 934, I, do CPC/1973.

[353] Retome-se o item 3.2, *supra*.

Capítulo 4 · A RESPOSTA PROCESSUAL CIVIL AO RISCO | **223**

têm caráter coletivo em razão de se disseminarem por uma coletividade ou por um número indeterminado de pessoas. São exemplos notórios as demandas para retirar do mercado produtos nocivos ao consumidor ou para impedir a contaminação do meio ambiente com produtos químicos. Nessas situações há de se reconhecer o risco como integrante do objeto litigioso do processo a ser corrigido pela medida jurisdicional adequada.

A rapidez da disseminação de informações por meio eletrônico, em especial pela internet, traz, nos dias de hoje, uma nova fonte de riscos a direitos individuais (especialmente direitos da personalidade) e coletivos, cuja gravidade constitui sério indicativo de urgência. A velocidade e a difusão de uma informação ou imagem nocivas divulgada por meios eletrônicos podem causar danos irreparáveis à reputação ou ao sossego da pessoa. Os riscos envolvidos, portanto, são consideráveis e advêm da própria situação de direito material, como os outros, a merecer tratamento separado e destacado pelo Direito Processual, inclusive quando precisem ser objeto de tutelas provisórias de urgência.

4.4.5 Riscos decorrentes das decisões judiciais

Para o tratamento jurisdicional dos riscos, é preciso compreender que o próprio processo está a eles sujeito. Em especial as decisões judiciais estão sujeitas a erros, *in procedendo* ou *in judicando*, responsáveis pela imperfeição do julgado e por possíveis danos às partes.[354] Tanto mais importantes são esses riscos no tratamento das tutelas provisórias, tendo em vista serem proferidas em juízo sumário e, algumas vezes, antes de instaurado o contraditório.

Em razão desses riscos, como discorrido anteriormente,[355] inerentes às características da decisão de tutela provisória, em especial a superficialidade da cognição e o diferimento do contraditório, criam-se *salvaguardas* ou *contrapesos* para compensar eventuais fragilidades dessa modalidade decisória. Assim a possibilidade de revisão e revogação das decisões em tutela provisória, à qual se segue a necessidade de reversão de seus efeitos, com responsabilização do beneficiário da medida.[356]

Em termos finais, a aceitação dos riscos do processo leva, na apreciação da tutela de urgência, à necessária consideração das suas repercussões à parte contra a qual é lançada, ainda que seja a parte com direito material menos provável.

---

[354] Sustentando que os *standards* ou critérios de suficiência probatória, assim como as regras de ônus da prova, constituem mecanismos de distribuição dos riscos de erro judicial entre as partes, v. SILVEIRA, Daniel Coutinho da. *Prova, argumento e decisão:* critérios de suficiência para orientação dos juízos de fato no direito processual brasileiro. 2011. Dissertação (Mestrado em Direito) – Universidade de São Paulo, São Paulo, 2011. p. 175-178 e 218-231.

[355] Item 4.1.1.

[356] A esse respeito, cf. item 4.1.2.

TUTELA DE URGÊNCIA – *Carlos Alberto de Salles*

Com isso, verifica-se a consequente necessidade de ponderação da posição das partes, assim considerada como conjunto de elementos de fato e de direito no momento da decisão, a permitir uma projeção das possibilidades de êxito ao final do processo e dos efeitos na esfera material de cada um dos envolvidos.

4.5 A TUTELA DE URGÊNCIA COMO RESPOSTA AO RISCO

Para tratar a tutela de urgência como resposta ao risco, necessário, em primeiro lugar, compreender seus objetivos, de maneira a examinar a efetividade dos remédios jurisdicionais legalmente previstos. Afinal, mais importante do que conhecer a suposta natureza das medidas processuais disponíveis é compreender sua adequação aos objetivos colocados.

Para esse propósito, importante vislumbrar os possíveis danos e perdas consequentes da concessão ou não da tutela jurisdicional, de modo a adequar seu tratamento diante da avaliação da probabilidade e gravidade de sua ocorrência. O risco, como colocado por esta obra,[357] proporciona uma projeção ou cálculo da possibilidade de eventos indesejados aos quais o processo deve reagir. Não se trata, assim, propriamente de controlar o "risco", mas de fazer atuar a jurisdição para responder aos prováveis resultados lesivos por ele previstos.

Tendo em vista as características da tutela de urgência,[358] considerada também sua evolução no país e os paradigmas de direito estrangeiro examinados,[359] bem como os tipos de riscos a serem considerados,[360] os objetivos esperados da tutela de urgência, variáveis conforme as circunstâncias envolvidas no caso concreto, são os seguintes: evitar, impedir a progressão e garantir a reparação dos danos ou perdas.

Em ordem de relevância, considerando a completude da resposta, o primeiro objetivo é aquele de evitar a ocorrência do dano, isto é, obstar o advento do evento indesejado antes mesmo de consumarem-se efeitos nocivos na esfera jurídica para a parte requerente da medida de urgência. Se o risco identificado e qualificado, envolvendo prestação relativa à saúde, indica, por exemplo, possibilidade de morte, o provimento jurisdicional adequado deveria ser capaz de afastar esse resultado, podendo consistir, entre outros, no deferimento do tratamento médico postulado.

O segundo objetivo diz respeito, já tendo ocorrido danos, a impedir sua progressão, buscando obstar o advento de novos eventos adversos. Ilustrativamente, considere-se disputa societária baseada em dilapidação patrimonial pelo sócio

---

[357] Em especial item 3.4 e subitens, *supra*.
[358] Cf. item 4.1.1, *supra*.
[359] V. itens 2.1.2 e 4.2, com os respectivos subitens, *supra*.
[360] V. itens 4.4 e subitens, *supra*.

administrador. Comprovada a realização de venda de bens por valores abaixo do mercado, o provimento jurisdicional provisório poderia ser o bloqueio para venda dos demais bens da empresa.

Por fim, em terceiro lugar, havendo perda já consumada, por exemplo, com o inadimplemento de parcelas vencidas pelo devedor, o objetivo jurisdicional seria o de preservar meios para garantir a execução de futura decisão final. A medida poderia ser arresto ou a inscrição da demanda junto ao registro de bens suficientes para responder pela cobertura do crédito, de modo que o resultado útil do processo possa ser alcançado.

Saliente-se que esse elenco de objetivos jurisdicionais está circunscrito às tutelas provisórias de urgência, sendo certa a possibilidade de respostas jurisdicionais de diversa natureza, em reação a outras situações de risco, sobretudo aquele material.[361] Naqueles casos nos quais o risco seja ínsito à própria situação de direito material, a tutela jurisdicional deveria se dar primeiro por meio de tutelas definitivas – por certo acompanhadas de pedidos de urgência incidentais ou antecedentes.

Para atender a esses objetivos, o Código de Processo Civil vigente possui duas ordens de medidas, as antecipatórias e as conservativas ou cautelares, admitindo-se a possibilidade de sua combinação. Ainda mais, nota-se possível ao julgador, em sua aplicação, a definição em concreto de no que consistirá a intervenção jurisdicional e por quais meios ela deverá ser levada adiante. Assim, mais importante do que discorrer sobre a natureza desses tipos de medidas é pensar em sua adequação prática, o que pode exigir do julgador realizar verdadeira modelagem das providências necessárias para atender aos objetivos apontados.

4.5.1 Respostas assecuratória e antecipatória

Sob o impacto da introdução de uma disciplina geral da antecipação de tutela no Código de Processo Civil de 1973, com a reforma do art. 273, sendo mantida intacta a ordenação legal das medidas cautelares, a própria compreensão do novel instituto exigia uma diferenciação das duas espécies de tutela conviventes no texto legal. O Código de 2015, atendendo a seus objetivos de facilitação e redução de procedimentos, veio, em boa hora, dar o mesmo tratamento legislativo às duas espécies de tutela de urgência, cautelares e antecipatórias. Com isso, em grande parte a discussão acerca da natureza e distinção entre essas medidas perdeu utilidade prática.[362]

---

[361] Cf. item 4.4.4, *supra*.

[362] Defendendo que hoje, ante as regras processuais em vigor, essa discussão tornou-se meramente acadêmica, v. BEDAQUE, José Roberto dos Santos. *Tutela provisória*: analisada à luz das garantias constitucionais da ação e do processo. 6. ed. São Paulo: Malheiros, 2021. p. 124. Antes das inovações trazidas para a matéria pelo CPC/2015, Cândido Rangel

Distinção efetivamente existe, tanto assim que as duas espécies vêm expressamente indicadas e têm diverso cabimento, não obstante o laconismo com que a tutela cautelar é tratada.[363] De modo geral, pode-se dizer que a tutela antecipada tem caráter satisfativo, no todo ou em parte, da pretensão final formulada pela parte. Por exemplo, fazer ou deixar de fazer alguma coisa ou entregar determinado bem. A cautelar, diversamente, não atua sobre o direito material controvertido, mas apenas garante meios para assegurar a efetividade da prestação jurisdicional esperada ao final, ameaçada por situações de risco. Assim, exemplificativamente, a vinculação de bens ao processo, para garantia da execução, ainda que futura, ou a vedação da inscrição do nome do autor em cadastros de proteção ao crédito.

A distinção relevante, todavia, deve ser buscada nas diferenças funcionais entre os dois tipos de tutela de urgência para fins do próprio processo. Nesse sentido, o fator distintivo devem ser os pedidos formulados. Havendo coincidência total ou parcial entre os conteúdos dos pedidos final e de tutela provisória, tratar-se-á de antecipação de tutela, não se cogitando de litispendência ante o notório caráter instrumental desta última.[364] Não havendo identidade de pedidos, isto é, as providências jurisdicionais reclamadas ao final e em tutela provisória sendo diferentes, trata-se de medida cautelar. Nesse sentido, as cautelares poderiam ser denominadas – quiçá com maior atualidade – como *medidas auxiliares*.

Como se verifica, os dois tipos de pedido de urgência têm seu cabimento sujeito aos requisitos indicados pelo Código, de probabilidade do direito e de *periculum in mora*.[365] No que toca à cautelar, no entanto, deve-se ainda discutir a pertinência da providência para atender ao objetivo esperado. Na tutela antecipada, havendo identidade de pedidos, ainda que parcial, uma vez superados os requisitos de cabimento, há evidente pertinência do pedido.

Considere-se, a título de exemplo, uma demanda de rescisão contratual cumulada com pedidos de reintegração de posse do vendedor do imóvel e de cobrança pelo uso do bem, a chamada "taxa de fruição". O pedido de reintegração liminar na posse do imóvel sem dúvida é antecipatório, pois esse é também parte do pedido principal, e pertinente, porque tal providência é também a que se espera ao final. Admita-se ainda que o comprador, já inadimplente, mostra não ter lastro patrimonial suficiente para arcar com futura execução. Qual medida cautelar ou auxiliar se mostra pertinente? Dependerá das circunstâncias do caso concreto,

---

Dinamarco já sustentava que "cautelares e antecipatórias são duas faces de uma moeda só" (DINAMARCO, Cândido Rangel. *Nova era do processo civil*. São Paulo: Malheiros, 2003. p. 49).

[363] Arts. 294, parágrafo único, e 301 do CPC.

[364] A propósito, retomar o item 4.1.1, *supra*.

[365] Art. 300, *caput*, do CPC. Para discussão desses requisitos, v. itens 4.3 e 4.4 e respectivos subitens, *supra*.

Capítulo 4 · A RESPOSTA PROCESSUAL CIVIL AO RISCO | **227**

podendo ser, entre outras, um arresto, a simples inscrição da demanda junto ao registro imobiliário de algum bem do devedor ou bloqueio em contas bancárias.

Em qualquer dos tipos de medida, em última análise, por um ou outro meio, o objetivo é o mesmo, que é dar proteção ao direito afirmado pela parte. É por essa razão que se afirma que a tutela de urgência, em qualquer de suas modalidades, visa uma aceleração da resposta jurisdicional, ainda que somente assecuratória, sem antecipar a satisfação do direito de fundo.[366] Sem dúvida, em qualquer caso há coincidência final do bem jurídico protegido.

É essa convergência final dos objetivos da tutela antecipatória ou cautelar que permite a combinação de medidas de urgência, tendo em vista que a finalidade de ambas é proteger o direito da parte afastando o risco a que está submetido.

Cabe, a esse propósito, um último exemplo demonstrativo dessa afirmação. Considere-se uma demanda relativa a pedido de rescisão de um compromisso de compra e venda, promovido pelo adquirente tendo em vista a desistência do negócio jurídico. Pedidas, em tutela de urgência, a cessação do pagamento e a proibição de a vendedora realizar a inscrição do comprador nos cadastros de proteção ao crédito, o julgador defere os pedidos de tutela provisória, determinado ainda a liberação do imóvel para nova venda. Quais os tipos de medidas de urgência envolvidos? A cessação dos pagamentos é tutela antecipada, pois trata--se de efeito do pedido principal, a rescisão do contrato. A vedação de inscrição, porém, é de natureza cautelar, tendo em vista seu objetivo de assegurar que o demandante não sofra constrangimentos indevidos, contrários ao resultado final esperado do processo.

4.5.2 Resposta processual incidente e antecedente

A tutela de urgência pode ser formulada por meio de pedido incidental ou antecedente,[367] quer dizer, no mesmo processo que veicula a demanda principal, na petição inicial ou no curso de seu desenvolvimento, e por meio de procedimento antecedente, que apenas posteriormente deverá ser aditado para incorporação do pedido principal.[368]

A disciplina dos procedimentos antecedentes de tutela de urgência veio para resolver contradição que se formou na vigência do Código de Processo Civil anterior. A sistemática então em vigor previa a existência de um processo cautelar autônomo, que permitia sua propositura antes de instaurado aquele principal.[369] Com a introdução da disciplina geral da tutela antecipada, na reforma do art.

---

[366] Nesse sentido, item 1.3.2, *supra*.
[367] Art. 294, parágrafo único, do CPC.
[368] Arts. 303, I, e 308 do CPC.
[369] Arts. 796 e 806 do CPC/1973.

273,[370] reclamava-se a falta de mecanismo processual apto a permitir que se pleiteasse também esse tipo de medida antes da formulação do pedido principal.

As tutelas antecedentes vêm, no Código de 2015, como resposta a esse problema observado na dinâmica do diploma anterior. Sua serventia é, naquelas situações de risco indicativas de grande premência, permitir a postulação do provimento de urgência, quando não haja ainda condições para formulação do pedido de tutela definitiva. Nos termos disciplinados pelo novo Código, criou-se um *procedimento expedito*, com reduzidos requisitos, de modo a permitir a rápida propositura de uma demanda inicial, mesmo tendo faltado tempo para coligir todos os elementos necessários à elaboração de uma petição inicial contendo o pedido principal. A disciplina vigente buscou sumarizar o procedimento de postulação da tutela de urgência na modalidade antecedente, mas não foi inteiramente feliz.

Parece que a esse respeito o legislador esqueceu os objetivos de redução e simplificação procedimental que orientaram a elaboração do anteprojeto original.[371] Apesar de a disciplina legal da forma incidente limitar-se à indicação de que esse pedido independe de custas e da competência do juízo da causa,[372] a modalidade antecedente é regida por dois procedimentos separados, com diversas peculiaridades processuais e, ainda mais, não coincidentes entre si.[373] Melhor teria andado o vigente Código se tivesse reduzido a complexidade procedimental e criado regramento processual único para as tutelas antecedentes antecipada e cautelar.

Quadro 4 – Diferenças procedimentais das tutelas antecedentes

	Tutela antecipada antecedente	Tutela cautelar antecedente
Requisito de propositura	Demonstração do "do direito que busca *realizar*" e do "perigo de dano ou ao resultado útil do processo" (art. 303, *caput*).	Demonstração "do direito que se objetiva *assegurar*" e o "perigo de dano ou o risco ao resultado útil do processo (art. 305, *caput*).

continua

---

[370] Cf. item 2.1.2.3, *supra*.

[371] V. item 2.1.2.4, *supra*.

[372] Arts. 295 e 299, *caput*, do CPC. Para Cândido Rangel Dinamarco, a esse respeito, há "verdadeiro vazio legislativo provavelmente intencional" (DINAMARCO, Cândido Rangel. *Instituições de direito processual*. 9. ed. São Paulo: JusPodivm, 2024. v. III. p. 902).

[373] V. *Quadro 4, infra*, indicando os vários aspectos peculiares e as diferenças entre eles.

Capítulo 4 · A RESPOSTA PROCESSUAL CIVIL AO RISCO | 229

continuação

	Tutela antecipada antecedente	Tutela cautelar antecedente
Fungibilidade	Não há permissivo expresso.	Permite caso se entenda ser antecipatório o pedido formulado como cautelar (art. 305, parágrafo único).
Perfil procedimental	Organizado em ciclo procedimental único, com aditamento para formulação do pedido principal, audiência prévia e prazo para contestação do pedido principal (art. 303, § 1º).	Organizado em dois ciclos procedimentais: (1) formulação do pedido cautelar, citação para contestação apenas do pedido cautelar (art. 306); (2) aditamento para formulação do pedido principal, audiência prévia e prazo para contestação do pedido principal (art. 308).
Liminar	A possibilidade decorre das regras do art. 303, § 1º.	Não há referência normativa direta, podendo ser deduzida da necessidade de urgência no atendimento do caso concreto.
Contestação	Não há contestação exclusiva do pedido de tutela antecipada, exigida apenas após aditamento, quanto ao pedido principal (art. 303, § 1º).	Há duas, do pedido de cautelar antecedente (art. 306) e do pedido principal (art. 308, §§ 3º e 4º).
Eficácia da medida deferida	Segue a regra geral do art. 296 (no curso do processo até julgamento ou eventual revogação ou modificação).	Cessa: (1) na não dedução do pedido principal; (2) se *não for efetivada em 30 dias;* (3) se o pedido for julgado improcedente (art. 309, I, II e III).
Estabilização	Existente, segundo regras estabelecidas (art. 304).	Não se estabiliza, cessando sua eficácia nas hipóteses do art. 309.

Fonte: elaborado pelo autor.

A grande novidade dessa parte da disciplina legal ficou por conta da *estabilização da tutela*,[374] restrita à modalidade antecedente de tutela antecipada e dependente de não haver recurso ou impugnação efetiva.[375] Esse instituto, defendido havia muito tempo pela professora Ada Pellegrini Grinover e outros estudiosos do tema,[376] teve inspiração no sistema italiano e no *référé* do direito francês.[377]

---

[374] Art. 304 do CPC.

[375] A matéria não está pacificada no STJ. Entendendo ser necessária a interposição do recurso, não bastando qualquer impugnação, v. "Processual civil. Estabilização da tutela antecipada concedida em caráter antecedente. Arts. 303 e 304 do Código de Processo Civil de 2015. Não interposição de agravo de instrumento. Preclusão. Apresentação de contestação. Irrelevância. I – Nos termos do disposto no art. 304 do Código de Processo Civil de 2015, a tutela antecipada, deferida em caráter antecedente (art. 303), estabilizar-se-á, quando não interposto o respectivo recurso. II – Os meios de defesa possuem finalidades específicas: a contestação demonstra resistência em relação à tutela exauriente, enquanto o agravo de instrumento possibilita a revisão da decisão proferida em cognição sumária. Institutos inconfundíveis. III – A ausência de impugnação da decisão mediante a qual deferida a antecipação da tutela em caráter antecedente, tornará, indubitavelmente, preclusa a possibilidade de sua revisão. IV – A apresentação de contestação não tem o condão de afastar a preclusão decorrente da não utilização do instrumento processual adequado – o agravo de instrumento. V – Recurso especial provido" (REsp 1.797.365/RS, Rel. Min. Sérgio Kukina, Rel. para acórdão Min. Regina Helena Costa, 1ª Turma, j. 03.10.2019); em sentido contrário, "Recurso especial. Pedido de tutela antecipada requerida em caráter antecedente. Arts. 303 e 304 do Código de Processo Civil de 2015. Juízo de primeiro grau que revogou a decisão concessiva da tutela, após a apresentação da contestação pelo réu, a despeito da ausência de interposição de agravo de instrumento. Pretendida estabilização da tutela antecipada. Impossibilidade. Efetiva impugnação do réu. Necessidade de prosseguimento do feito. Recurso especial desprovido. (...) 3.2. É de se observar, porém, que, embora o *caput* do art. 304 do CPC/2015 determine que 'a tutela antecipada, concedida nos termos do art. 303, torna-se estável se da decisão que a conceder não for interposto o respectivo recurso', a leitura que deve ser feita do dispositivo legal, tomando como base uma interpretação sistemática e teleológica do instituto, é que a estabilização somente ocorrerá se não houver qualquer tipo de impugnação pela parte contrária, sob pena de se estimular a interposição de agravos de instrumento, sobrecarregando desnecessariamente os Tribunais, além do ajuizamento da ação autônoma, prevista no art. 304, § 2º, do CPC/2015, a fim de rever, reformar ou invalidar a tutela antecipada estabilizada. (...) 5. Recurso especial desprovido" (REsp 1.760.966/SP, Rel. Min. Marco Aurélio Bellizze, 3ª Turma, j. 04.12.2018).

[376] Trazendo esboço de anteprojeto, apresentado pelo Instituto Brasileiro de Direito Processual (IBDP) e elaborado por Ada Pellegrini Grinover, José Roberto dos Santos Bedaque e Luiz Guilherme Marinoni, v. GRINOVER, Ada Pellegrini. Tutela antecipatória em processo sumário. *Tutelas de urgência e cautelares*: estudos em homenagem a Ovídio A. Baptista da Silva. São Paulo: Saraiva, 2010. p. 19-24.

[377] Cf., respectivamente, itens 4.2.1 e 4.2.2, *supra*. Na Itália, as hipóteses de antecipação de tutela previstas pelo art. 700 do Código de Processo Civil italiano não se submetem às limitações temporais de eficácia desse tipo de medida. O art. 669-*octies, sesto comma*, expressamente determina a não aplicação dos limites estabelecidos pelo art. 669-*novies, primo comma*, ambos do Código de Processo Civil. Em relação ao *référé* do direito francês, como mencionado no item sobre essa matéria, a determinação judicial em *référé* conserva eficácia *sine die*, embora mantendo caráter provisório, isto é, dependente da decisão *au fond* (sobre o direito de fundo), quando e se esta última vier a ocorrer.

Capítulo 4 · A RESPOSTA PROCESSUAL CIVIL AO RISCO | 231

No Brasil, como nos países que nos serviram de inspiração, trata-se de medida dependente de que a parte contra a qual é lançada se conforme com o decidido ou, por outra razão, omita sua impugnação. Naqueles países, como aqui, a eficácia do instituto depende do devido arranjo de incentivos na economia do processo,[378] para que a parte deixe de instaurar o procedimento ordinário ou, no caso do Brasil, de impugnar a decisão antecedente de tutela antecipada.

4.6 A TUTELA DE URGÊNCIA COMO REGULAÇÃO PROVISÓRIA DO LITÍGIO

Considerando o conjunto dos fatores analisados neste capítulo, é possível propor que a *tutela de urgência*[379] seja compreendida como um instrumento processual para realizar a *regulação provisória do litígio*.

A tutela de urgência mostrou-se imbricada com vários institutos e mecanismos processuais que, de alguma maneira, podem ter no *conceito de risco* um instrumento de análise para melhor equacionamento das questões envolvidas com essa especial forma de tutela.

Em primeiro lugar, colocadas as características fundamentais da tutela provisória,[380] apontou-se para o fato de a tutela de urgência, em si, representar um fator de risco.[381] Afinal, a sumariedade de seu procedimento, baseado em cognição superficial, amplia a possibilidade de erros de decisão, impondo a necessidade de salvaguardas para a devida consideração da outra parte.

A regra da *reversibilidade das decisões* – colocada nos moldes de vedação à irreversibilidade – impõe, em interpretação ampla, a consideração da *posição jurídica* não somente da parte requerente, mas também daquela em face da qual se pede o provimento jurisdicional. Mais do que a irreversibilidade, que é um limite, deve-se reconhecer que a possibilidade de reversão da medida indica ser preciso buscar um equilíbrio entre as partes, pois a tutela de urgência traz riscos à parte contrária.[382]

No mesmo sentido, como se viu,[383] o *fumus boni iuris* deve ser lido como probabilidade de sucesso na demanda. Sendo assim, a apreciação da medida

---

[378] Discutindo esse aspecto em relação ao direito italiano em comparação com a reforma do processo societário de 2003, cf. DAMIANI, Francesco Saverio. *La tutela cautelare anticipatoria*: profili storico-sistematici. Napoli: Edizioni Scientifiche Italiane, 2018 (Biblioteca di Diritto Processuale, 26). p. 142-143.

[379] Aborda-se aqui a tutela de urgência, que é objeto desta obra, embora o mesmo raciocínio seja aplicável à tutela de evidência.

[380] Item 4.1.1, *supra*.

[381] Item 4.1.2, *supra*.

[382] Nesse sentido, itens 4.1.2 e, também, 4.4.5, *supra*.

[383] Item 4.3.2, *supra*.

provisória implica levar em conta também as possibilidades processuais da parte requerida, que são inversamente proporcionais àquelas da requerente. É preciso, portanto, realizar a ponderação da posição das partes, assim entendida como o conjunto de elementos de fato e de direito relativo a cada uma delas no momento da decisão.

Por outro lado, a probabilidade do direito, colocada nos termos indicados anteriormente, é fator constitutivo do requisito do *periculum in mora*. Isso porque há um necessário juízo de ponderação a ser realizado entre ela e o requisito de urgência ou, mais exatamente, a gravidade do risco envolvido.[384] É nessa direção a importância de uma ampla consideração de todos os riscos envolvidos no processo,[385] a serem considerados nos vários objetivos das respostas jurisdicionais e no juízo de adequação necessário para escolha das medidas da tutela de urgência.

Diante desse quadro, da tutela de urgência vista sob a perspectiva do risco, observa-se que sua apreciação deverá ser feita mediante uma ponderação de gravames – ou *balance of hardships*[386] – envolvidos com a consideração de todos os fatores supradestacados.[387] Por meio desse balanceamento entre posição jurídica das partes e gravidade dos riscos envolvidos, o julgador realiza verdadeira *gestão do tempo e dos riscos do processo*.[388]

A esse propósito, abordagem proposta na presente obra desafia verdadeira ressignificação da tutela provisória, em especial a de urgência.

Tomando por base as possibilidades analíticas e epistemológicas aqui discutidas, as respostas da tutela jurisdicional às situações de risco e ao *tempo do processo*,[389] devem ser consideradas de modo a alcançar suas finalidades de efetividade e de justiça processual. Nesse sentido, propõe-se que a tutela provisória tenha por objetivo verdadeira *regulação provisória do litígio*.[390]

Tendo em vista os obstáculos jurídicos e práticos para um *processo imediato*,[391] é certo que, no aguardo de uma decisão final, o litígio se estenderá no tempo, submetendo as partes a variados gravames e riscos enquanto durar o processo. Daí a necessidade uma justa distribuição das consequências da demora do processo, cabendo ao julgador uma correta *gestão do tempo e do risco do processo*.[392]

---

[384] Cf. itens 4.4 e 4.4.1, *supra*.

[385] V. itens 4.4.3, 4.4.4 e 4.4.5, *supra*.

[386] Útil, a esse propósito, o paradigma do direito norte-americano acerca das *preliminary injunctions*, descrito no item 4.2.3, *supra*.

[387] Sobre a ponderação de gravames, v. item 3.6.2.2, *supra*.

[388] Cf. item 1.6, *supra*.

[389] V. Item 1.3 e subitens, *supra*.

[390] Em sentido semelhante, cf. v. CHAINAIS, Cécile. *La protection juridictionnelle provisoire dans le procès civil en droits français et italien*. Paris: Dalloz, 2007. p. 420-440.

[391] Cf. item 1.3.1, *supra*.

[392] Como proposto no item 1.6, *supra*

Capítulo 4 • A RESPOSTA PROCESSUAL CIVIL AO RISCO | **233**

A esse propósito, importante ressaltar que tanto a decisão concessiva quanto a denegatória de uma tutela provisória – em especial a de urgência – realizam ou consolidam determinada alocação dos gravames e riscos, definindo qual parte irá suportá-los e em qual intensidade. O litígio remanescerá no curso do processo, sendo necessário ao julgador regular, a todo tempo,[393] as situações de direito material e de fato nas quais as partes estão envolvidas, condicionando como elas deverão se comportar em face do *status quo* mantido ou criado pelo processo.

A disciplina processual do direito alemão, em especial no tocante a relações jurídicas permanentes, já havia percebido essa necessidade de o juiz regular a situação litigiosa das partes no desenvolvimento do processo.[394] O Código de Processo Civil alemão estabelece a esse respeito:

§ 940
Medida cautelar para regular
uma situação temporária
As medidas cautelares também são permitidas com o objetivo de regular uma situação temporária em relação a uma relação jurídica em disputa, na medida em que essa regulação pareça necessária, em particular no caso de relações jurídicas permanentes, para evitar desvantagens significativas ou para prevenir violência iminente ou por outros motivos.[395]

Na Alemanha, esse tipo de medida é normalmente apontado como uma terceira categoria de provimentos cautelares (ao lado do sequestro conservativo e dos provimentos interinais), tendo em vista que não teria o escopo de assegurar a posição jurídica do requerente, mas impor ao devedor o adimplemento imediato.[396] Essas medidas cautelares, portanto, são relativas a ações constitutivas, a medidas satisfativas e a relações jurídicas continuativas, essas últimas relacionadas tanto à titularidade comum de bens quanto a associações pessoais com finalidades comuns.[397]

---

[393] Esse é o sentido do art. 296, *caput*, do CPC.

[394] Sobre a "medida cautelar de caráter regulador", no direito alemão, v. BAUR, Fritz. *Tutela jurídica mediante medidas cautelares*. Porto Alegre: Sérgio Antonio Fabris, 1985. p. 44-53.

[395] No original, *Zivilprozessordnung (ZPO)*. § 940. *Einstweilige Verfügung zur Regelung eines einstweiligen Zustandes. Einstweilige Verfügungen sind auch zum Zwecke der Regelung eines einstweiligen Zustandes in Bezug auf ein streitiges Rechtsverhältnis zulässig, sofern diese Regelung, insbesondere bei dauernden Rechtsverhältnissen zur Abwendung wesentlicher Nachteile oder zur Verhinderung drohender Gewalt oder aus anderen Gründen nötig erscheint.* Disponível em https://dejure.org/gesetze/ZPO/940.html. Acesso em: 26 jun. 2024.

[396] Cf. CAPONI, REMO. La tutela cautelare nel processo civile tedesco. *Il Foro Italiano*, v. 121 (1998), n. 1, p. 25-42 (itens 2 e 5).

[397] BAUR, Fritz. *Tutela jurídica mediante medidas cautelares*. Porto Alegre: Sérgio Antonio Fabris, 1985. p. 50-52.

A proposta formulada nesta obra, de que as tutela provisórias promovem uma *regulação provisória do litígio*, é mais abrangente do que aquela presente no referido instituto do direito alemão. Sustenta-se aqui que, submetido um pedido de tutela provisória, o julgador sempre estabelece uma regulação de como se dará, na pendência do processo, a relação entre as partes e o direito material invocado.

Como mencionado, mantendo ou modificando o *status quo*, o julgador estabelece parâmetros normativos que, provisoriamente, regerão a relação entre as partes. Com isso, estabelece os gravames e riscos que serão suportados pelas partes até o advento de nova decisão, definitiva ou modificativa da situação anterior.

Claro, tanto maior será a interferência reguladora do julgador quanto mais complexa for a situação de fato. Em se tratando de obrigações instantâneas, como as de pagar, por exemplo, o âmbito regulatório a ele emprestado é bastante estreito, em geral, consistente em uma vinculação de patrimônio a determinado débito.

Em relações mais complexas, envolvendo obrigações continuadas, em especial de obrigações de fazer ou não fazer, o nível de intervenção do julgador pode ser muito mais acentuado. A decisão envolvendo relações desse tipo, pode conter, por exemplo, especificação de várias obrigações, para ambas as partes, o prazo e a maneira de seu cumprimento, além de eventuais sanções aplicáveis.

Nesses últimos casos, em especial, o julgador deve regular o *status quo* provisório ao qual estarão submetidas as partes, levando em conta as posições jurídicas das partes da relação contenciosa, a probabilidade de sucesso de cada uma delas na demanda,[398] os gravames e riscos com os quais estão envolvidas. Com base em tudo isso o julgador deverá buscar um equilíbrio entre as partes, ponderando os vários fatores na formulação de um juízo de equidade.[399]

Alguns exemplos ajudam a dar concreção à proposta aqui formulada.

A tradicional medida cautelar de arresto, a esse respeito, é bastante significativa. O autor ou exequente – caso se trate de execução por título extrajudicial –, diante de fortes indícios de que há deterioração ou dissipação da condição patrimonial do devedor, corre o risco de não conseguir sucesso na execução ou futuro cumprimento de sentença. O tempo do processo, nessas circunstâncias, pesa contra ele, tendo em vista a possibilidade de as perdas antevistas se agravarem ou se consumarem até a solução final. Assim, o julgador, ao decretar medida constritiva de bens – pressupondo que seja bem-sucedida na prática –, inverte os gravames e riscos distribuídos entre as partes. A partir da efetivação da decisão provisória, o risco do autor ou exequente está eliminado ou ao menos reduzido.

---

[398] A propósito, v. item 4.3.2, *supra*.

[399] Daí a importância dessa decisão ser tomada com base em um *balance of hardships*. Cf. item 3.6.2.2, *supra*.

Por outro lado, o demandado ou executado passa a suportar o gravame de ter bens vinculados ao processo e de perder a disponibilidade sobre eles.

No caso, o julgador, ao deferir a medida cautelar, estabeleceu uma *regulação provisória do litígio*, mudando a equação de riscos e gravames suportados pelas partes. Essa nova situação deverá perdurar até o provimento final, a modificação ou a revogação da medida provisória.

De muito maior complexidade regulatória, embora também trivial – que se prefere em vez de situações jurídicas de maior peculiaridade, que podem parecer inverossímeis –, é o exemplo de uma disputa por alimentos, guarda e visitas de filhos entre genitores. Apesar de se tratar de situação bastante usual, nela o espectro regulatório do julgador, para constituir novos parâmetros de relacionamento entre as partes, é bastante extenso e com diversas implicações na vida cotidiana das pessoas envolvidas. Admita-se, como geralmente acontece, a necessidade de o julgador estabelecer, no caso, quem ficará com a guarda das crianças, o valor dos alimentos provisórios, os dias, horários e alternância de visitas, e quem ficará com a prole em férias, feriados e dias festivos. Sem exagero, o julgador regula verdadeiro regime de convivência entre as partes e os filhos.

Fácil perceber que, em situações assim, há grande alteração do *status quo* das partes por força da decisão judicial. O litígio que compõe o objeto do processo será resolvido com a decisão final, mas perdurará enquanto mantida a eficácia da decisão provisória e prosseguirá nas bases *reguladas* pelo julgador em medida provisória.

Com a proposta aqui formulada, demonstrada pelos exemplos apresentados, busca-se incrementar a compreensão da função da decisão acerca da tutela de urgência. Não se aponta para nada que o julgador não realiza quando examina e decide sobre esse tipo de provimento jurisdicional. Importante, de qualquer forma, a compreensão da função exercida pela tutela provisória, para que se possa bem aquilatar sua relevância, repercussão e o conjunto de circunstâncias que lhe devem servir de base, permitindo ainda novas possiblidades de motivação das decisões jurisdicionais.

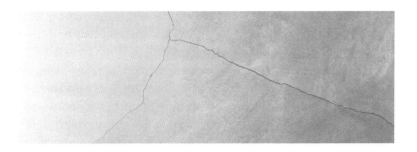

CONCLUSÕES

As primeiras conclusões desta obra são relativas à própria compreensão do problema colocado de início, qual seja, o do *tempo do processo* e de como as tutelas de urgência respondem a ele.

Nesse sentido, cumpre enfatizar que a duração do processo até a decisão final gera *danos marginais* às partes, priva-as ou mantém-nas sem a livre fruição dos direitos disputados, além de expô-las a riscos de ocorrência ou agravamento de danos. Para além da efetividade das decisões judiciais, no sentido de garantir remédio imediato aos males reclamados ou de preservar as condições para um resultado útil, as tutelas de urgência exercem o importante papel de permitir ao julgador realizar uma distribuição equitativa dos gravames e riscos decorrentes do processo.

Com isso, a tutela provisória, notadamente a de urgência, serve como instrumento processual para corrigir os desvios de efetividade e de justiça causados pelo retardamento da resposta jurisdicional. Essa demora atua em detrimento do direito das partes e também do equilíbrio de suas posições, consideradas no momento de apreciação da tutela. As tutelas de urgência, deferidas ou não, implicam exame da distribuição de gravames e dos riscos entre os litigantes. Tanto confirmando quanto modificando o *status quo*, exercem a função de rever a equação de equilíbrio entre as posições antagônicas.

Nesse sentido, as tutelas de urgência atuam como técnica processual ligada à *aceleração da resposta jurisdicional*, adiantando a prestação esperada do juízo em proteção do direito da parte. A esse propósito, mesmo os provimentos cautelares cumprem tal função, na medida em que, por serem provimentos destinados a assegurar o resultado útil do processo, propiciam resposta consistente em tutelar o direito da parte, ainda que sem antecipação do resultado final. De qualquer forma, constituem providência, determinada jurisdicionalmente, em atenção ao direito afirmado pela parte, que, nesses termos, antecede a decisão final, propiciando maior imediatidade ao requerente.

Como decorrência dessa primeira conclusão, relacionada com a demora para chegar à decisão final e com o papel das tutelas de urgência a esse respeito, advém a possibilidade de afirmar que, ao decidir esse tipo de medida judicial, em última análise, o julgador realiza a *gestão do tempo e do risco no processo*. Essa gestão deve procurar equitativamente estabelecer o já mencionado equilíbrio entre a posição das partes. Para tanto, é necessária a realização de um juízo de ponderação entre suas possibilidades de êxito e a gravidade dos riscos envolvidos.

Outras conclusões, que cumpre destacar, dizem respeito à evolução e à atualidade do tratamento das tutelas de urgência.

O primeiro destaque a ser feito é o de que a temática não é nova no direito pátrio, não obstante a atualidade do tema em razão da centralidade que o risco passou a desempenhar na sociedade contemporânea. Como apontado, as Ordenações Filipinas já possuíam institutos do gênero e o Regulamento 737, de 1850, previa medidas de claro caráter cautelar. De igual maneira o risco, que não é estranho à evolução da disciplina, apareceu nos diplomas legais antecedentes ao Código de Processo Civil de 2015, no qual se ampliou o número de referências a esse fator.

A necessidade de dar uma resposta jurisdicional ao tempo do processo, assim, mostra-se como verdadeiro *problema funcional* do modo judicial de solução de controvérsias na forma como é praticado, perpassando por várias épocas históricas. Em outros termos, ao processo moderno e contemporâneo foi colocado o desafio de conciliar o tempo necessário para a prática dos atos processuais – mesmo quando ainda não estava estabelecido o princípio do *devido processo legal* – e ainda fornecer respostas dotadas de imediatidade, para atender a inevitáveis situações de urgência.

Esse problema funcional, contemporaneamente – em especial no Brasil, após a intensa constitucionalização do processo promovida pela Carta de 1988 –, traduz-se em termos de tensão normativa entre efetividade e segurança, valores incorporados à nossa ordem constitucional. Afinal, as mesmas garantias que tornam o processo mais seguro, com o respeito à ampla participação das partes e mediante uma cognição judicial exauriente, demandam tempo para sua concretização. Com isso a celeridade, apta a fazer a prestação jurisdicional mais efetiva, e a segurança, decorrente da observância precisa das garantias processuais, atuariam como vetores opostos em termos de tempo do processo.

A Constituição Federal de 1988, de qualquer forma, ao abrigar, no inciso XXXV de seu art. 5º, a simples "ameaça a direito", trouxe para o Direito Processual brasileiro a necessidade de considerar a *justiça temporal* do processo, isto é, de possuir mecanismos aptos, nas várias formas de tutela, a evitar a lesão a direito.

CONCLUSÕES | **239**

Essa inovação constitucional, portanto, deve ser entendida no sentido de a norma ter deixado de dirigir-se apenas ao combate à *injustiça de ilícito* para passar a abranger também a *injustiça do processo*. Daí ser preciso, no tratamento da questão da distribuição dos gravames decorrentes do tempo do processo, adotar a proporcionalidade na consideração da posição das partes.

Ainda explorando mudanças legislativas acerca da matéria, esta obra destaca que, no Código de Processo Civil de 2015, foi suprimida do texto legal a qualificação do dano previsto como ensejador da tutela de urgência. O Código de 1939 indicava "lesões de difícil e incerta reparação" (art. 675, II). O Código de 1973, quanto às cautelares, referia "lesão grave e de difícil reparação" (art. 798), tendo passado a apontar, com a reforma do art. 273, que a antecipação de tutela exigia "dano irreparável ou de difícil reparação" (art. 273, I). O Código vigente, ao contrário dos antecedentes, refere apenas "perigo de dano ou o risco ao resultado útil do processo" (art. 300, *caput*). Com isso, afasta o critério para o julgador estabelecer o cabimento das medidas de urgência, antes extraído da natureza ou gravidade do possível dano envolvido na situação de fato.

A falta de parâmetros legais, assim, deixou ao julgador a tarefa de estabelecer os critérios a serem considerados, cabendo à doutrina e à jurisprudência o papel de indicar os fatores a serem considerados na decisão sobre a tutela de urgência. Com isso, o Código de 2015 afasta-se do modelo de seu congênere italiano, que prevê o cabimento de medidas de urgência diante de "prejuízo iminente e irreparável" (art. 700), aproximando-se da disciplina legal do *référé* francês e das *preliminary injunctions* norte-americanas, que deixa essa matéria submetida a maior discricionariedade do julgador.

A esse propósito, o *conceito de risco* pode ser útil para fornecer ao julgador mecanismos de análise para a correta avaliação das possibilidades de dano ou perda envolvidas e para qualificá-las com precisão, de maneira a apreciar a conveniência do deferimento do provimento jurisdicional de urgência. Da mesma maneira que no Direito dos Seguros e no Direito Ambiental, o conceito de risco nas tutelas de urgência tem aplicação *ex ante*, ou seja, prévia à ocorrência ou agravamento do dano. A esse propósito, cabe destacar que, diversamente, no Direito Civil, a apreciação do risco se dá *ex post*, uma vez que sua presença na "atividade normalmente desenvolvida pelo autor do dano" (art. 927, parágrafo único, do Código Civil) é examinada depois de se ter incorrido em dano. O risco, no processo civil, coloca-se como um instrumento capaz de dar maior racionalidade à decisão do litígio entre as partes, a partir do cálculo da probabilidade de eventos indesejados.

Nesse sentido, sustentou-se o conceito jurídico de risco como *projeção de possibilidades futuras de eventos adversos, dos quais possam resultar danos ou perdas*. Assim, o risco não se refere a danos ou perdas incorridos, da mesma maneira que não se refere àqueles que sejam de ocorrência certa ou impossível. O risco está sempre ligado a um grau de incerteza, a indicar a necessidade de uma estimativa quanto à possibilidade de eventos futuros. Daí a afirmação de o risco ser o tempo visto enquanto antevisão do futuro.[1]

Do ponto de vista jurídico, o risco está associado a dois principais objetivos: o de *previsibilidade* e o de *decidibilidade*. Esses objetivos, interligados, expressam a capacidade de antever eventos futuros, danosos ou indesejados, e de decidir sobre eles. A previsibilidade está relacionada, por um lado, à *identificação* do risco, e, por outro, a seu *dimensionamento* ou *quantificação*. A decidibilidade, de sua feita, tem a ver com o estabelecimento de um *nível de intervenção*, indicativo de um parâmetro a partir do qual uma providência jurisdicional é necessária.

O problema é que a decisão judicial, limitada a mecanismos demissionais baseados na análise caso a caso, dificilmente comporta soluções generalizantes e poucas vezes envolve avaliações de risco em termos objetivos, que comportem uma expressão numérica. Por essa razão a observação de que a avaliação do risco importa uma dupla operação, de *quantificação* e de *qualificação* dos possíveis danos ou perdas. Isso porque sua gravidade não se mede somente pela probabilidade de ocorrência do evento indesejado, mas exige a atribuição de um valor, que pode ser financeiro ou de outra natureza, ligado aos bens jurídicos ameaçados de lesão.

Propõe-se, assim o risco como fator *indicativo da urgência*, lembrando que esta última é atributo do provimento jurisdicional pretendido pela parte. Em outras palavras, os requisitos legais para deferimento da tutela de urgência, em especial o *periculum in mora*, devem ser entendidos a partir da perspectiva do risco, com a realização de estimativa da probabilidade de ocorrência de um evento adverso e a qualificação de sua gravidade. A esse propósito, destaca-se a urgência como elemento processualmente construído, quer dizer, que leva em conta os condicionantes presentes no processo quando da apreciação do pedido formulado pela parte.

Considerado o risco sob essa finalidade, e sendo processualmente construído, importante conclusão é a de que a cognição judicial, na tutela de urgência, mesmo sumária, deve realizar uma *ponderação de gravames* (*balance of hardships*), levando em conta os riscos e danos suportados pelas partes em razão do processo. Por meio desse modo de apreciação, a decisão sobre a urgência não deve considerar somente a posição da parte requerente, mas também a da outra parte, sopesando os gravames e riscos suportados por ambas, com o objetivo de realizar sua distribuição de maneira equitativa. Trata-se de um ponto central, com várias repercussões discutidas ao longo desta obra.

---

[1] Como destacado no item 3 da Introdução.

CONCLUSÕES | 241

Na aplicação do conceito de risco ao processo, aponta-se a probabilidade do direito – *fumus boni iuris* – como requisito central na tarefa de *identificação do risco*. Por meio dele, se constitui o objeto submetido a eventual dano ou perda. Destaca-se, entretanto, não se tratar de fator absoluto, mas submetido a critérios de suficiência ou preponderância. Não basta qualquer probabilidade do direito: ela deve ser elevada o suficiente para afirmar-se, *prima facie*, suficiente para reconhecimento do direito ou preponderante sobre o direito afirmado pela outra parte.

A esse propósito, afirma-se que tal probabilidade deve ser indicativa de êxito na demanda. Acontece que o direito não deve ser avaliado abstratamente, mas considerando as efetivas possibilidades de seu reconhecimento pelo juízo. Com isso, é necessário que se levem em conta os condicionantes processuais e de direito material, inclusive aqueles relacionados à parte contrária. Portanto, na apreciação do *fumus boni iuris,* é preciso considerar a posição das partes, assim entendida como o conjunto de elementos de fato de direito existentes no momento da decisão.

De qualquer forma, esta obra, a fim de dar concreção normativa aos "*elementos* que evidenciem a probabilidade do direito", aponta que para a correta aferição desse requisito deve-se considerar: (i) a *congruência interna* do direito afirmado; (ii) o *adequado equacionamento processual* do direito; (iii) a *suficiência do substrato probatório* no momento de apreciação do pedido; (iv) a *inexistência de contraditório prévio imprescindível,* ou seja, cuja instauração se recomenda.

Na verdade, a apreciação da probabilidade do direito está correlacionada com a avaliação do requisito de urgência, o *periculum in mora*, mais exatamente com a gravidade do risco envolvido. Ainda que nem sempre de forma explícita, o julgador realiza um juízo de proporcionalidade entre a probabilidade do direito, a gravidade do dano e as consequências para a parte contrária. Em termos concretos, quanto mais grave o risco, menor a exigência em relação ao *fumus boni iuris*, embora o contrário nem sempre possa ser verdadeiro. Deve-se ter em consideração, ainda, eventuais prejuízos causados à parte contrária e o risco de sua irreversibilidade.

Tal enfoque está de acordo com a proposta de a apreciação da urgência ser baseada no *balance of hardships* entre as partes, o que implica uma ampla consideração de todos os riscos envolvidos no processo. Daí a necessidade de compreender ou apreciar os riscos de modo ampliado, abrangendo todas as respostas jurisdicionais que possam estar implicadas. Por essa razão a proposta dos seguintes tipos de risco: (i) ao resultado útil do processo; (ii) decorrentes da duração do processo; (iii) materiais ou externos ao processo; (iv) decorrentes das decisões judiciais.

Por fim, esta obra propõe um novo enfoque da prestação jurisdicional realizada por meio da tutela de urgência, de maneira a considerá-la como uma forma de *regulação provisória do litígio*. Nessa perspectiva, o julgador, ao apreciar o pedido de uma medida de urgência, deve ter em mente que está regulando provisoriamente o litígio pendente entre as partes. Para tanto, ressalta-se a utilidade da ponderação de gravames, para apreciar a posição de ambas as partes e de todos os riscos envolvidos, inclusive aqueles de irreversibilidade e de possíveis danos decorrentes da duração do processo.

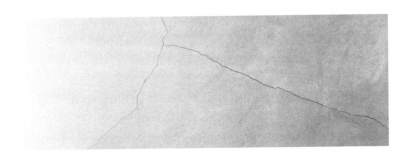

REFERÊNCIAS

AGUIRRE-ROMÁN, Javier Orlando; PABÓN-MANTILLA, Ana Patricia. Hacia una epistemología jurídica crítica: precisiones y distinciones sobre epistemología jurídica, métodos y metodología. *Entramado*, v. 16, n. 2, p. 186-201, 2020.

ALVES, José Carlos Moreira. *Direito romano*. 20. ed. Rio de Janeiro: Forense, 2021.

ANDOLINA, Italo. *"Cognizione" ed "esecuzione forzata" nel sistema della tutela giurisdizionale*: corso di lezioni. Milano: A. Giuffrè, 1983.

ARRUDA ALVIM, José Manoel de. A evolução do direito e a tutela de urgência. *In*: ARMELIN, Donaldo (org.). *Tutelas de urgência e cautelares*. Estudos em homenagem a Ovídio A. Baptista da Silva. São Paulo: Saraiva, 2010. p. 152-175.

ÁVILA, Humberto. *Teoria dos princípios*. São Paulo: Malheiros, 2008.

AYALA, Patryck de Araújo; LEITE, José Rubens Morato. *Dano ambiental*: do individual ao coletivo extrapatrimonial: teoria e prática. 6. ed. São Paulo: Ed. RT, 2014.

BADARÓ, Gustavo Henrique. *Epistemologia judiciária e prova penal*. São Paulo: Thomson Reuters Brasil, 2019.

BARBOSA MOREIRA, José Carlos. Antecipação da tutela: algumas questões controvertidas. *In*: BARBOSA MOREIRA, José Carlos. *Temas de direito processual* – Oitava série. 2. ed. Rio de Janeiro: GZ, 2023. p. 117-132.

BARBOSA MOREIRA, José Carlos. Efetividade do processo e técnica processual. *In*: BARBOSA MOREIRA, José Carlos. *Temas de direito processual* – Sexta série. 2. ed. Rio de Janeiro: GZ, 2023. p. 21-33.

BARBOSA MOREIRA, José Carlos. O problema da duração dos processos: premissas para uma discussão séria. *In*: BARBOSA MOREIRA, José Carlos. *Temas de direito processual* – Nona série. 2. ed. Rio de Janeiro: GZ, 2023. p. 443-453.

BARBOSA MOREIRA, José Carlos. *Temas de direito processual* – Terceira série. 2. ed. Rio de Janeiro: GZ, 2023.

BARBOSA MOREIRA, José Carlos. Tutela de urgência e efetividade do direito. *In*: BARBOSA MOREIRA, José Carlos. *Temas de Direito Processual* – Oitava série. Rio de Janeiro: GZ, 2023. p. 131-149.

BARBOSA MOREIRA, José Carlos. Tutela sancionatória e tutela preventiva. *In*: BARBOSA MOREIRA, José Carlos . *Temas de direito processual*. Segunda série. Atualizada por Luiz Fux e Rodrigo Fux. 3. ed. Rio de Janeiro: GZ, 2023. p. 27-40.

BAUR, Fritz. *Tutela jurídica mediante medidas cautelares*. Porto Alegre: Sérgio Antonio Fabris, 1985.

BECK, Ulrich. *A metamorfose do mundo*: novos conceitos para uma nova realidade. Rio de Janeiro: Zahar, 2018.

BECK, Ulrich. *Sociedade de risco:* rumo a uma outra modernidade. 2. ed. São Paulo: Editora 34, 2011.

BECK, Ulrich. *World risk society*. Malden: Polity, 1999.

BEDAQUE, José Roberto dos Santos. Discricionariedade judicial. *Revista Forense*, v. 354, p. 187-195, 2001.

BEDAQUE, José Roberto dos Santos. *Efetividade do processo e técnica processual*. 3. ed. São Paulo: Malheiros, 2010.

BEDAQUE, José Roberto dos Santos. *Tutela provisória:* analisada à luz das garantias constitucionais da ação e do processo. 6. ed. São Paulo: Malheiros, 2021.

BERNSTEIN, Peter L. *Against the gods:* the remarkable story of risk. New York: John Wiley & Sons, 1998.

BERTSEKAS, Dimitri P.; TSITSIKLIS, John N. *Introduction to probability*. 2. ed. Belmont: Athena Scientific, 2008 (Optimization and Computation Series).

BONATO, Giovanni. La tutela anticipatoria di urgenza e la sua stabilizzazione nel nuevo CPC brasiliano: comparazione con il sistema francese e con quello italiano. *Revista da AGU*, v. 15, n. 4, p. 11-64, nov./dez. 2016.

BONATO, Giovanni; QUEIROZ, Pedro Gomes de. Os *référés* no ordenamento francês. *Revista de Processo*, v. 255, p. 527-566, 2016.

BONDIOLI, Luís Guilherme Aidar. *Comentários ao Código de Processo Civil*. São Paulo: Saraiva, 2016. v. XX: Arts. 994-1.044.

BOTELHO DE MESQUITA, José Ignácio. Limites ao poder do juiz nas cautelares antecipatórias. *In*: TUCCI, José Rogério Cruz e; RODRIGUES, Walter Piva; LUCON, Paulo Henrique dos Santos (org.). *Teses, estudos e pareceres de processo civil*. São Paulo: Ed. RT, 2007. v. 3.

BRASIL. Congresso Nacional. Comissão de Juristas. *Código de Processo Civil*: anteprojeto. Brasília: Senado Federal, 2010. Disponível em: https://www2.senado.leg.br/bdsf/handle/id/496296. Acesso em: 20 dez. 2023.

BRAY, Samuel L. The Supreme Court and the new equity. *Vanderbilt Law Review*, v. 68, n. 4, p. 997-1057, 2015.

BRILHANTE, Ogenis Magno. Gestão e avaliação da poluição, impacto e risco na saúde ambiental. *In*: BRILHANTE, Ogenis Magno; CALDAS, Luiz Querino de Araújo (org.). *Gestão e avaliação de risco em saúde ambiental*. Rio de Janeiro: Fiocruz, 1999. p. 19-73.

BUENO, Cassio Scarpinella. A tutela provisória de urgência do CPC de 2015 na perspectiva dos diferentes tipos de *periculum in mora* de Calamandrei. *Revista de Processo*, v. 269, p. 269-290, 2017.

BUENO, Cássio Scarpinella. *Curso sistematizado de direito processual civil*. São Paulo: Saraiva, 2023. v. 1.

BUENO, Cassio Scarpinella. *Projetos de novo Código de Processo Civil*: comparados e anotados: Senado Federal (PLS n. 166/201) e Câmara dos Deputados (PL n. 8.046/2010). São Paulo: Saraiva, 2014.

BUZAID, Alfredo. *Estudos e pareceres de direito processual civil*. São Paulo: Ed. RT, 2002.

CABRAL, Antônio do Passo. A duração razoável do processo e a gestão do tempo no projeto de novo Código de Processo Civil. *In*: DIDIER JUNIOR, Fredie; NUNES, Dierle; FREIRE, Alexandre (org.). *Normas fundamentais*. Salvador: JusPodivm, 2016. p. 75-100.

CABRAL, Antonio do Passo. As estabilidades processuais como categoria incorporada ao sistema do CPC. *In*: CABRAL, Antônio do Passo; DIDIER JUNIOR, Fredie (org.). *Grandes temas do novo CPC*: coisa julgada e outras estabilidades processuais. Salvador: JusPodivm, 2018. p. 25-60.

CABRAL, Antonio do Passo. *Convenções processuais*. Salvador: JusPodivm, 2021.

CADIET, Loïc; NORMAND, Jacques; AMRANI-MEKKI, Soraya. *Théorie générale du procès*. 2. ed. Paris: Presses Universitaires de France, 2013 (Thémis).

CALAMANDREI, Piero. *Introduzione allo studio sistematico dei provvedimenti cautelare*. Opere giuridiche. Roma: Roma TrE-Press, 2019. v. IX: Esecuzioni forzata e procedimenti speciali. Disponível em: https://romatrepress.uniroma3.it/libro/opere-giuridiche-volume-ix-esecuzione-forzata-e-procedimenti-speciali/. Acesso em: 31 dez. 2023.

CALDAS, Luiz Querino de Araújo. Risco potencial em toxicologia ambiental. *In*: BRILHANTE, Ogenis Magno; CALDAS, Luiz Querino de Araújo (org.). *Gestão e avaliação de risco em saúde ambiental*. Rio de Janeiro: Fiocruz, 1999. p. 93-117.

CALMON DE PASSOS, José Joaquim. *Comentários ao Código de Processo Civil*. 8. ed. Rio de Janeiro: Forense, 1998. v. III: Arts 270 a 331.

CAMBI, Eduardo; NEVES, Ana Regina das. Duração razoável do processo e tutela antecipada. *In*: BUENO, Cassio Scarpinella *et al*. (orgs.). *Tutela provisória no novo CPC*: dos 20 anos de vigência do art. 273 do CPC/1973 ao CPC/2015. São Paulo: Saraiva, 2016. p. 73-99.

CAPONI, Remo. La giustizia in Italia: una introduzione. *In*: DINAMARCO, Cândido da Silva *et al*. (org.). *Estudos em homenagem a Cândido Rangel Dinamarco*. São Paulo: Malheiros, 2022.

CAPONI, REMO. La tutela cautelare nel processo civile tedesco. *Il Foro Italiano*, v. 121 (1998), n. 1, p. 25-42.

CAPONI, Remo. Piero Calamandrei e la tutela cautelare. *Rivista di Diritto Processuale*, p. 1250-1257, 2012.

CARMONA, Carlos Alberto. Flexibilização do procedimento arbitral. *Revista Brasileira de Arbitragem*, v. 24, p. 7-21, out./dez. 2009.

CARNELUTTI, Francesco. *Trattato del processo civile*. Napoli: Morano, 1958.

CARRATTA, Antonio. Profili sistematici della tutela cautelare. *In*: CARRATTA, Antonio (org.). *I procedimenti cautelari*. Torino: Zanichelli, 2017.

CARRETEIRO, Mateus Aimoré. Tutelas de urgência. *In*: SETOGUTI, Guilherme; LEVY, Daniel (org.). *Curso de arbitragem*. São Paulo: Thomson Reuters Brasil, 2018. p. 393-429.

CASTRO, Daniel Penteado de. *Antecipação de tutela sem o requisito da urgência*: panorama geral e perspectivas no novo Código de Processo Civil. Salvador: JusPodivm, 2017 (Coleção Eduardo Espínola).

CHAINAIS, Cécile. *La protection juridictionnelle provisoire dans le procès civil en droits français et italien*. Paris: Dalloz, 2007.

CHIOVENDA, Giuseppe. Dell'azione nascente del contratto preliminare. *Rivista del Diritto Commerciale e del Diritto Generale delle Obligazioni*, v. IX, fasc. 1, p. 96-103, 1911.

CHIOVENDA, Giuseppe. *Instituições de direito processual civil*. 3. ed. São Paulo: Saraiva, 1969. v. I.

CHIOVENDA, Giuseppe. *Principii di diritto processuale civile*: le azioni, il processo di cognizione. [s.l.]: Jovene, 1923.

REFERÊNCIAS | **247**

CIPRIANI, Franco. Il procedimento cautelare tra efficienza e garanzie. *Il Giusto Proceso Civile*, v. 1, p. 7-30, 2006.

CIPRIANI, Franco. *Piero Calamandrei e la procedura civile*: miti, leggende, interpretazioni, documenti. Napoli: Edizioni Scientifiche Italiane, 2007 (Biblioteca di diritto processuale, 18).

COMOGLIO, Luigi Paolo. Il "giusto processo" civile nella dimensione comparatistica. *Revista de Processo*, v. 108, p. 133-183, 2002.

CONSELHO NACIONAL DE JUSTIÇA – CNJ. *Justiça em Números 2016*. Brasília: CNJ, 2016. Disponível em: https://www.cnj.jus.br/pesquisas-judiciarias/justica-em-numeros/. Acesso em: 14 jun. 2023.

CONSELHO NACIONAL DE JUSTIÇA – CNJ. *Justiça em Números 2022*. Brasília: CNJ, 2022. Disponível em: https://www.cnj.jus.br/pesquisas-judiciarias/justica-em-numeros/. Acesso em: 14 jun. 2023.

COSTA, Hélio Rubens Batista Ribeiro *et al.* (org.). *A nova etapa da reforma do Código de Processo Civil*: Leis n. 10.352/2001, 10.358/2001 e 10.444/2002. São Paulo: Saraiva, 2002.

CUNHA, Leonardo Carneiro da. Tutela jurisdicional de urgência no Brasil: relatório nacional (Brasil). *Revista de Processo*, v. 219, p. 307-343, 2013.

DAMIANI, Francesco Saverio. *La tutela cautelare anticipatoria*: profili storico--sistematici. Napoli: Edizioni Scientifiche Italiane, 2018 (Biblioteca di Diritto Processuale, 26).

DENTI, Vittorio. Diritto comparato e scienza del processo. *Rivista di Diritto Processuale Civile*, n. 3, ano XXXIV, p. 334-364, jul./set. 1979.

DIAS, Handel Martins. *Condicionamento histórico do processo civil brasileiro*: o legado do direito lusitano. 2014. Tese (Doutorado) – Universidade de São Paulo, São Paulo, 2014.

DINAMARCO, Cândido da Silva *et al.* (org.). *Estudos em homenagem a Cândido Rangel Dinamarco*. São Paulo: Malheiros, 2022.

DINAMARCO, Cândido Rangel. *A reforma da reforma* – Lei 10.352/2001, Lei 10.358/2001, Lei 10.444/2002, Lei 9.800/1999 (Lei do Fax) e Lei 10.173/2001 (Lei dos Idosos). 3. ed. São Paulo: Malheiros, 2002.

DINAMARCO, Cândido Rangel. *A reforma do Código de Processo Civil*: Leis 8.455, de 24.8.92; 8.637, de 31.3.93; 8.710, de 24.9.93; 8.718, de 14.10.93; 8.898, de 29.6.94; 8.950, de 13.12.94; 8.951, de 13.12.94; 8.952, de 13.12.94; 8.953, de 13.12.94; 9.079, de 14.7.95; 9.139, de 30.11.95, e 9.245, de 26.12.95. 3. ed. São Paulo: Malheiros, 1996.

DINAMARCO, Cândido Rangel. *Fundamentos do processo civil moderno*. 4. ed. São Paulo: Malheiros, 2001.

DINAMARCO, Cândido Rangel. *Instituições de direito processual civil.* 9. ed. São Paulo: JusPodivm, 2023. v. II.

DINAMARCO, Cândido Rangel. *Instituições de direito processual.* 9. ed. São Paulo: JusPodivm, 2024. v. III.

DINAMARCO, Cândido Rangel. Nasce um novo processo civil. *In*: TEIXEIRA, Sálvio de Figueiredo (org.). *Reforma do Código de Processo Civil.* São Paulo: Saraiva, 1996. p. 1-17.

DINAMARCO, Cândido Rangel. *Nova era do processo civil.* São Paulo: Malheiros, 2003.

DINAMARCO, Cândido Rangel; BADARÓ, Gustavo Henrique Righi Ivahy; LOPES, Bruno Vasconcelos Carrilho. *Teoria geral do processo.* 34. ed. São Paulo: Malheiros, 2023.

DOBBS, Dan B.; ROBERTS, Caprice L. *Law of remedies*: damages – equity – restitution. 3. ed. St. Paul: West Academic, 2018 (Hornbook Series).

DOTTI, Rogéria Fagundes. *Tutela da evidência*: probabilidade, defesa frágil e o dever de antecipar a tempo. São Paulo: Thomson Reuters Brasil, 2020.

DUPIC, Emmanuel. *La justice en France:* acteurs et enjeux. [s.l.]: Bréal, 2021.

ESTEVE PARDO, José. *Técnica, riesgo y derecho*: tratamiento del riesgo tecnológico en el derecho ambiental. Barcelona: Ariel, 1999.

EUROPE. European Union Agency for Fundamental Rights. *Handbook on European law relating to access to justice.* [s.l.]: Publications Office of the European Union, 2016.

EWALD, François. *The birth of solidarity*: the history of the French Welfare State. Tradução de Timothy Scott Johnson. Durham: Duke University, 2020. Disponível em: https://www.perlego.com/book/1458375/the-birth-of-solidarity--the-history-of-the-french-welfare-state-pdf. Acesso em: 29 set. 2023.

FERRAZ JUNIOR, Tercio Sampaio. *Introdução ao estudo do direito*: técnica, decisão, dominação. 11. ed. São Paulo: Atlas, 2019.

FERREIRA, William Santos. *Comentários ao Código de Processo Civil.* São Paulo: Saraiva, 2017. v. 4: Arts. 1.009-1.020.

FINE, Toni M. *Introdução ao sistema jurídico anglo-americano.* São Paulo: Martins Fontes, 2011.

FINZI, Enrico. Questioni controverse in tema d'esecuzione provvisoria. *Rivista di Diritto Processuale Civile*, v. 3, p. 44-51, 1926.

FRADE, Catarina. O direito face ao risco. *Revista Crítica de Ciências Sociais*, v. 86, p. 53-72, 2009.

FRIEDMAN, Lawrence M. Access to justice: social and historical context. *In*: CAPPELLETTI, Mauro; WEISNER, John (org.). *Access to justice* – promising institutions. Vol. II, Livro I. Milano: Sijhoff/Giuffrè, 1978. v. 4.

FUX, Luiz. O novo processo civil. *In*: FUX, Luiz (org.). *O novo processo civil brasileiro*: direito em expectativa: reflexões acerca do projeto do novo Código de Processo Civil. Rio de Janeiro: Forense, 2011.

GALANTER, Marc. Compared to what – assessing the quality of dispute processing. *Denver University Law Review*, v. 66, p. xi-xiv, 1989.

GALANTER, Marc. The vanishing trial: an examination of trials and related matters in federal and state courts. *Journal of Empirical Legal Studies*, v. 1, n. 3, p. 459-570, 2004.

GELSI BIDART, Adolfo. El tiempo y el proceso. *Revista de Processo*, v. 23, p. 100-121, 1981.

GIDDENS, Anthony. *Runaway world*: how globalisation is reshaping our lives. London: Profile Books, 1999.

GILLETTE, Clayton P.; KRIER, James E. Risk, courts, and agencies. *University of Pennsylvania Law Review*, v. 138, p. 1027-1109, 1990.

GODOY, Claudio Luiz Bueno de. *Responsabilidade civil pelo risco da atividade*. São Paulo: Saraiva, 2009.

GOLDBERG, Ilan. *Contrato de seguro D&O*. 2. ed. São Paulo: Thomson Reuters Brasil, 2022.

GRAU, Eros Roberto. *Direito posto e direito pressuposto*. São Paulo: Malheiros, 1996.

GRILLIOT, Harold J.; SCHUBERT, Frank A. *Introduction to law and the legal system*. Boston: Houghton Mifflin, 1989.

GRINOVER, Ada Pellegrini. *Ensaio sobre a processualidade*: fundamentos para uma nova teoria geral do processo. Brasília: Gazeta Jurídica, 2016.

GRINOVER, Ada Pellegrini. *Os princípios constitucionais e o Código de Processo Civil*. São Paulo: J. Bushatsky, 1975.

GRINOVER, Ada Pellegrini. Tutela antecipatória em processo sumário. *In*: *Tutelas de urgência e cautelares*: estudos em homenagem a Ovídio A. Baptista da Silva. São Paulo: Saraiva, 2010. p. 19-24.

GRINOVER, Ada Pellegrini. Tutela jurisdicional diferenciada: a antecipação e sua estabilização. *Revista de Processo*, v. 121, p. 11-37, mar. 2005.

GUINCHARD, Serge *et al*. *Procédure civile*. 7. ed. Paris: Dalloz, 2021. Disponível em: https://www.perlego.com/book/3540093/procdure-civile-7e-d-pdf. Acesso em: 6 dez. 2023.

GUIVANT, Julia Silvia. O legado de Ulrich Beck. *Ambiente & Sociedade*, v. 19, n. 1, p. 227-238, 2016.

HIRONAKA, Giselda Maria Fernandes Novaes. Responsabilidade pressuposta. *In*: PIRES, Fernanda Ivo (org.). *Da estrutura à função da responsabilidade civil*: uma homenagem do IBERC ao professor Renan Lotufo. Indaiatuba: Foco, 2021. p. 585-592.

JOMMI, Alessandro. *Il référé provision*: ordinamento francese ed evoluzione della tutela sommaria anticipatoria in Italia. Torino: G. Giappichelli, 2005.

JORGE, Flávio Cheim; DIDIER JUNIOR, Fredie; RODRIGUES, Marcelo Abelha. *A terceira etapa da reforma processual civil*: comentários às Leis n. 11.187 e 11.232, de 2005; 11.276, 11.277 e 11.280, de 2006. São Paulo: Saraiva, 2006.

JORGE, Flavio Cheim; SANT'ANNA, Vinícius de Souza. Fundamentação das decisões judiciais: razões, interações com outras garantias, requisitos mínimos e controle. *Revista de Processo*, v. 302, p. 89-110, 2020.

JOSSERAND, Louis. *De la responsabilité du fait des choses inanimées*. [S.l.]: Librairie Nouvelle de Droit et de Jurisprudence, 1897.

JUNQUEIRA, Thiago. O risco no domínio dos seguros. *In*: GOLDBERG, Ilan; JUNQUEIRA, Thiago Villela Bastos (org.). *Temas atuais de direito dos seguros*. São Paulo: Thomson Reuters Brasil, 2020. t. 2. p. 43-73.

KOMESAR, Neil K. *Imperfect alternatives*: choosing institutions in law, economics, and public policy. Chicago: University of Chicago, 1997.

LARA, Betina Rizzato. *Liminares no processo civil*. São Paulo: Ed. RT, 1993 (Coleção Estudos de Direito de Processo Enrico Tullio Liebman, v. 26).

LAYCOCK, Douglas. *Modern American remedies*: cases and materials. Boston: Little Brown, 1994.

LAYCOCK, Douglas. *The death of the irreparable injury rule*. New York: Oxford University Press, 1991.

LEAL, Fabio Resende; OLIVEIRA, Flávio Luís de. O processo cautelar sobrevive no Código de Processo Civil de 2015? *Revista da Faculdade de Direito da UFRGS*, v. 38, p. 234-256, 2018.

LEUBSDORF, John. Preliminary injunctions: in defense of the merits. *Fordham Law Review*, v. 76, p. 33-47, 2007.

LEUBSDORF, John. The standard for preliminary injunctions. *Harvard Law Review*, v. 91, p. 525-566, 1978.

LIEBMAN, Enrico Tullio. *Eficácia e autoridade da sentença*. Tradução de Alfredo Buzaid e Aires Benvindo. Rio de Janeiro: Forense, 1945.

REFERÊNCIAS | **251**

LIEBMAN, Enrico Tullio. Notas às Instituições de direito processual civil de Chiovenda. *In*: CHIOVENDA, Giuseppe (ed.). *Instituições de direito processual civil*. Tradução de J. Guimarães Menegale. 3. ed. São Paulo: Saraiva, 1969.

LIMA, Alvino. *Culpa e risco*. 2. ed. São Paulo: Ed. RT, 1999 (RT Clássicos).

LOPES, João Batista. Antecipação da tutela e o art. 273 do CPC. *Revista dos Tribunais*, v. 729, p. 63-74, jul. 1996.

LOPES, José Reinaldo de Lima. *O direito na história*: lições introdutórias. 7. ed. São Paulo: Atlas, 2023.

LUHMANN, Niklas. *Risk*: a sociological theory. New York: Routledge, 2017. Disponível em: https://www.perlego.com/book/1579666/risk-a-sociological-theory-pdf. Acesso em: 29 set. 2023.

LUPTON, Deborah. *Risk*. 2. ed. London: Routledge, 2013 (Key Ideas).

LUSVARGHI, Leonardo Augusto dos Santos. *Tutela antecipada em processos coletivos*: a racionalidade de sua concessão. 2012. Dissertação (Mestrado) – Faculdade de Direito, Universidade de São Paulo, São Paulo, 2012.

LYNCH, Kevin J. Preliminary injunctions in public law: the merits. *Houston Law Review*, v. 60, p. 1067-1114, 2023.

MACÊDO, Lucas Buril de. Antecipação da tutela por evidência e os precedentes obrigatórios. *Revista de Processo*, v. 242, p. 523-552, abr. 2015.

MACHADO, Paulo Affonso Leme. *Direito ambiental brasileiro*. 28. ed. São Paulo: JusPodivm, 2022.

MACHADO, Paulo Affonso Leme; ARAGÃO, Maria Alexandra de Sousa. *Princípios de direito ambiental*. São Paulo: JusPodivm, 2022.

MACINTYRE, Alasdair C. *Justiça de quem? Qual racionalidade?* São Paulo: Loyola, 1991.

MAITLAND, Frederic William. *Equity*: a course of lectures. Cambridge: Cambridge University Press, 2011.

MANDRIOLI, Crisanto; CARRATA, Antonio. *Come cambia il processo civile*: Legge 18 giugno 2009 n. 69: disposizioni per lo sviluppo economico, la semplificazione, la competitività nonché in materia di processo civile. Torino: G. Giappichelli, 2009.

MARINONI, Luiz Guilherme. *Tutela antecipatória e julgamento antecipado*: parte incontroversa da demanda. 5. ed. São Paulo: Ed. RT, 2002.

MARINONI, Luiz Guilherme. *Tutela de urgência e tutela da evidência*: soluções processuais diante do tempo da justiça. 4. ed. São Paulo: Ed. RT, 2021.

MARTIN, Raymond. Le référé, théâtre d'apparence. *Recueil Dalloz Sirey*, v. 24, p. 158-160, 1979.

MARTINS-COSTA, Judith. *Crise e perturbações no cumprimento da prestação:* estudo de direito comparado luso-brasileiro. São Paulo: Quartier Latin, 2020. p. 78-95.

MATTEI, Ugo. *Tutela inibitoria e tutela risarcitoria:* contributo alla teoria dei diritti sui beni. Milano: Giuffrè, 1987.

MCCARTY, L. Thorne. Finding the right balance in artificial intelligence and law. *In:* BARFIELD, Woodrow; PAGALLO, Ugo (org.). *Research handbook on the law of artificial intelligence.* Cheltenham: Edward Elgar, 2018. p. 55-87.

MESQUITA, José Ignácio Botelho de. *Teses, estudos e pareceres de processo civil.* São Paulo: Ed. RT, 2005.

MIRRA, Álvaro Luiz Valery. Tutelas jurisdicionais de prevenção e de precaução no processo coletivo ambiental. *Revista do Advogado – Direito Ambiental,* v. 133, p. 9-17, 2017.

MITIDIERO, Daniel. *Antecipação de tutela:* da tutela cautelar à técnica antecipatória. 4. ed. São Paulo: Ed. RT, 2019.

MONTORO, Marcos André Franco. *Flexibilidade do procedimento arbitral.* 2010. Tese (Doutorado em Direito) – Universidade de São Paulo, São Paulo, 2010.

NANNI, Giovanni Ettore. *Inadimplemento absoluto e resolução contratual:* requisitos e efeitos. São Paulo: Ed. RT, 2021.

PANZAROLA, Andrea. I provvedimenti di urgenza dell'art. 700 C.P.C. *In:* CARRATTA, Antonio (org.). *I procedimenti cautelari.* Torino: Zanichelli, 2017. p. 745-938.

PASTOR, Daniel R. Acerca del derecho fundamental al plazo razonable de duración del proceso penal. *Revista de Estudios de la Justicia,* n. 4, p. 51-76, 2004.

PERROT, Roger. Du provisoire au définitif. *In:* COLLECTIF (org.). *Le juge entre deux millénaires* – Mélanges offerts à Pierre Drai. Paris: Dalloz, 2000. p. 447-461.

PICARDI, Nicola; NUNES, Dierle. O Código de Processo Civil brasileiro: origem, formação e projeto de reforma. *Revista de Informação Legislativa,* v. 48, n. 190, p. 93-120, 2011.

PISANI, Andrea Proto. *Lezioni di diritto processuale civile.* 2. ed. Napoli: Jovene, 1996.

POLLOCK, Frederick. The transformation of equity. *In:* VINOGRADOFF, Paul (org.). *Essays in legal history.* Nova Jersey: The Lawbook Exchange, 2004. p. 286-296.

QUEIROZ, João Quinelato de. Desafios da cláusula geral de risco na responsabilidade objetiva. *In:* SCHREIBER, Anderson; MONTEIRO FILHO, Carlos Edison do Rêgo; OLIVA, Milena Donato (org.). *Problemas de direito civil:*

homenagem aos 30 anos de cátedra do professor Gustavo Tepedino. Rio de Janeiro: Forense, 2021. p. 617-636.

RASBORG, Klaus. Risk. *In*: KIVISTO, Peter (org.). *The Cambridge handbook of social theory*. Cambridge: Cambridge University, 2020. v. 2: Contemporary theories and issues. p. 313-332. Disponível em: https://www.cambridge.org/core/books/cambridge-handbook-of-social-theory/risk/530C77C717ED56 6A307554BAFAB33C10. Acesso em: 29 set. 2023.

RAWLS, John. *A theory of justice*. Cambridge, Mass.: The Belknap Press of Harvard Univ., 1994.

RECCHIONI, Stefano. *Diritto processuale cautelare*. Torino: G Giappichelli, 2015.

RENAULT, Sérgio Rabello Tamm; BOTTINI, Pierpaolo (org.). *A nova execução de títulos judiciais*: comentários à Lei n. 11.232/05. São Paulo: Saraiva, 2006.

ROSA, GUIMARÃES. *A terceira margem do rio. Primeiras Estórias*. São Paulo: Global, 2019.

ROSENTHAL, Alon; GRAY, George M.; GRAHAM, John D. Legislating acceptable cancer risk from exposure to toxic chemicals. *Ecology Law Quarterly*, v. 19, p. 269-362, 1992.

SALEILLES, Raymond. *Les accidents de travail et la responsabilité civile*: essai d'une théorie objective de la responsabilité délictuelle. Paris: A. Rousseau, 1897. Disponível em: https://gallica.bnf.fr/ark:/12148/bpt6k5455257c. Acesso em: 8 nov. 2023.

SALETTI, Achille. Le misure cautelari a strumentalità attenuata. *In*: TARZIA, Giuseppe; SALETTI, Achille (org.). *Il processo cautelare*. 3. ed. Padova: Cedam, 2008. p. 289-317.

SALLES, Carlos Alberto de. "Injunctions" e "contempt of court" em defesa do meio ambiente. *In*: LUCON, Paulo Henrique dos Santos (org.). *Tutela coletiva*: 20 anos da lei de ação civil pública e do fundo de defesa de direitos difusos: 15 anos do Código de Defesa do Consumidor. São Paulo: Atlas, 2006. p. 83-109.

SALLES, Carlos Alberto de. A solução consensual de controvérsias administrativas: o caso do Governo Federal norte-americano. *In*: ÁVILA, Henrique; WATANABE, Kazuo; NOLASCO, Rita Dias *et al.* (org.). *Desjudicialização, justiça conciliativa e poder público*. São Paulo: Ed. RT, 2021. p. 191-221.

SALLES, Carlos Alberto de. Arbitragem e jurisdição estatal. *In*: SALLES, Carlos Alberto de; LORENCINI, Marco Antônio Garcia Lopes; SILVA, Paulo Eduardo Alves da (org.). *Negociação, mediação, conciliação e arbitragem*: curso de métodos adequados de solução de controvérsias. 5. ed. Rio de Janeiro: Forense, 2023. p. 303-332.

SALLES, Carlos Alberto de. *Arbitragem em contratos administrativos.* Rio de Janeiro: Forense, 2011.

SALLES, Carlos Alberto de. Calendário processual: perspectivas para um processo tempo-orientado. *In*: YARSHELL, Flávio Luiz; BEDAQUE, José Roberto dos Santos; SICA, Heitor Vitor Mendonça (org.). *Estudos de direito processual civil*: em homenagem ao professor José Rogério Cruz e Tucci. Salvador: JusPodivm, 2018. p. 115-125.

SALLES, Carlos Alberto de. *Execução judicial em matéria ambiental.* São Paulo: Ed. RT, 1998. Disponível em: https://www.researchgate.net/profile/Carlos_De_Salles. Acesso em: 5 nov. 2023.

SALLES, Carlos Alberto de. Para além da representação formal: a igualdade no processo civil recolocada. *Estudos em homenagem a Cândido Rangel Dinamarco.* Salvador: JusPodivm, 2022. p. 195-212.

SALLES, Carlos Alberto de. Precedentes e jurisprudência no novo CPC: novas técnicas decisórias? *In*: CARMONA, Carlos Alberto (org.). *O novo Código de Processo Civil*: questões controvertidas. São Paulo: Atlas, 2015.

SALLES, Carlos Alberto de. Processo (in)civil: desprocedimentalização e segurança jurídica-processual no CPC de 2015. *In*: AMADEO, Rodolfo C. M. R. *et al.* (org.). *Direito processual civil contemporâneo*: estudos em homenagem ao professor Walter Piva Rodrigues. Indaiatuba: Foco, 2020. p. 33-45.

SALLES, Carlos Alberto de; NUSDEO, Ana Maria. Litigância climática e justiça: o difícil confronto entre virtude e as instituições. *In*: QUEIROZ, Rafael Mafei Rabelo; PESSO, Ariel Engel; ROQUE, Luiz Felipe (org.). *Reflexões sobre teoria e história do direito*: estudos em homenagem a José Reinaldo de Lima Lopes. São Paulo: Almedina, 2023. p. 481-498.

SAMPAIO, José Adércio Leite. Constituição e meio ambiente na perspectiva do direito. *In*: SAMPAIO, José Adércio Leite. *Princípios de direito ambiental*: na dimensão internacional e comparada. Belo Horizonte: Del Rey, 2003. p. 45-86.

SARLET, Ingo; FENSTERSEIFER, Tiago. *Curso de direito ambiental.* 2. ed. Rio de Janeiro: Forense, 2021.

SILVA, Ovídio A. Baptista da. *A ação cautelar inominada no direito brasileiro.* Rio de Janeiro: Forense, 1979.

SILVA, Ovídio A. Baptista da. *Do processo cautelar.* Rio de Janeiro: Forense, 2006.

SILVA, Paula Costa e. A sobrevivência do *suum quique tribuere*: fungibilidade de tutelas e fungibilidade de meios na tutela cautelar civil. *In*: ARMELIN, Donaldo (org.). *Tutelas de urgência e cautelares*: estudos em homenagem a Ovídio A. Baptista da Silva. São Paulo: Saraiva, 2010. p. 938-958.

SILVA, Paula Costa e. Legalidade das formas de processo e gestão processual ou as duas faces de Janus. *Revista de Informação Legislativa*, v. 190, ano 48, p. 137-149, abr./jun. 2011.

SILVA, Paulo Eduardo Alves da. *Acesso à justiça e direito processual*. Curitiba: Juruá, 2022.

SILVA, Virgílio Afonso da. *Direito constitucional brasileiro*. São Paulo: Universidade de São Paulo, 2021.

SILVA, Virgílio Afonso da. *Direitos fundamentais:* conteúdo essencial, restrições e eficácia. São Paulo: Malheiros, 2009.

SILVEIRA, Daniel Coutinho da. *Prova, argumento e decisão:* critérios de suficiência para orientação dos juízos de fato no direito processual brasileiro. 2011. Dissertação (Mestrado em Direito) – Universidade de São Paulo, São Paulo, 2011.

STEELE, Jenny. *Risks and legal theory*. Londres: Bloomsbury, 2004.

STRICKLER, Yves; VARNEK, Alexey. *Procédure civile*. 12. ed. Bruxelas: Bruylant, 2022 (Paradigme).

TARUFFO, Michele. Giudizio: processo, decisione. *In*: BESSONE, Mario; SILVESTRI, Elisabetta; TARUFFO, Michele (org.). *I metodi della giustizia civile*. Padova: Cedam, 2000. p. 267-290.

TARUFFO, Michele. L'attuazione esecutiva dei diritti: profili comparatistici. *Rivista Trimestrale di Diritto e Procedura Civile*, anno XLII, n. 1, p. 142-178, 1988.

TARUFFO, Michele. *Uma simples verdade*: o juiz e a construção dos fatos. Tradução de Vitor de Paula Ramos. São Paulo: Marcial Pons, 2016.

TARZIA, Giuseppe. La tutela cautelare – Introduzione. *In*: SALETTI, Achille; TARZIA, Giuseppe (org.). *Il processo cautelare*. 3. ed. Padova: Cedam, 2008. p. XXI-XXXVII.

THEODORO JUNIOR, Humberto. *Curso de direito processual civil*. 63. ed. Rio de Janeiro: Forense, 2021. v. I.

TUCCI, José Rogério Cruz e. *A "causa petendi" no processo civil*. 2. ed. São Paulo: Ed. RT, 2001.

TUCCI, José Rogério Cruz e. *Piero Calamandrei*: vida e obra – contribuição para o estudo do processo civil. Ribeirão Preto: Migalhas, 2012.

TUCCI, José Rogério Cruz e. *Tempo e processo*: uma análise empírica das repercussões do tempo na fenomenologia processual (civil e penal). São Paulo: Ed. RT, 1997.

TUCCI, José Rogério Cruz e; AZEVEDO, Luiz Carlos de. *Lições de processo civil canônico (história e direito vigente)*. São Paulo: Ed. RT, 2001.

TURNER, R. Kerry; PEARCE, David W.; BATEMAN, Ian. *Environmental economics*: an elementary introduction. Baltimore: Johns Hopkins University, 1993.

TZIRULNIK, Ernesto. *Seguro de riscos de engenharia*: instrumento do desenvolvimento. São Paulo: Roncarati, 2015.

VIEHWEG, Theodor. *Tópica e jurisprudência*. Tradução de Tercio Sampaio Ferraz Junior. Brasília: Imprensa Nacional, 1979.

VISSOTO, Robson. O contrato de seguro: uma visão contemporânea do risco e do sinistro. *In*: TZIRULNICK, Ernesto *et al.* (org.). *Direito do seguro contemporâneo*: edição comemorativa dos 20 anos do IBDS. São Paulo: Contracorrente, 2021. v. I.

WATANABE, Kazuo. Acesso à justiça e sociedade moderna. *In*: GRINOVER, Ada Pellegrini; DINAMARCO, Cândido Rangel; WATANABE, Kazuo (org.). *Participação e processo*. São Paulo: Ed. RT, 1988. p. 128-135.

WATANABE, Kazuo. *Cognição no processo civil*. 4. ed. São Paulo: Saraiva, 2012.

WATANABE, Kazuo. *Controle jurisdicional*: princípio da inafastabilidade do controle jurisdicional no sistema jurídico brasileiro e mandado de segurança contra atos judiciais. São Paulo: Ed. RT, 1980.

WATANABE, Kazuo. Tutela antecipatória e tutela específica das obrigações de fazer e não fazer. *In*: TEIXEIRA, Sálvio de Figueiredo (org.). *Reforma do Código de Processo Civil*. São Paulo: Saraiva, 1996.

WATANABE, Kazuo; NORTHFLEET, Ellen Gracie; THEODORO JÚNIOR, Humberto. *Acesso à ordem jurídica justa*: conceito atualizado de acesso à justiça – processos coletivos e outros estudos. Belo Horizonte: Del Rey, 2019.

WOLD, Chris. A emergência de um conjunto de princípios destinados à proteção internacional do meio ambiente. *Princípios de direito ambiental na dimensão internacional e comparada*. Belo Horizonte: Del Rey, 2003. p. 5-31.

WRIGHT, Richard W. Causation, responsibility, risk, probability, naked statistics, and proof: pruning the bramble bush by clarifying the concepts. *Iowa Law Review*, v. 73, p. 1001-1077, 1988.

YARSHELL, Flávio Luiz. *Antecipação da prova sem o requisito da urgência e direito autônomo à prova*. São Paulo: Malheiros, 2009.

YARSHELL, Flávio Luiz. Convenção das partes em matéria processual: rumo a uma nova era? *In*: CABRAL, Antonio do Passo; NOGUEIRA, Pedro Henrique (org.). *Negócios processuais*. Salvador: JusPodivm, 2015. p. 63-80.

YARSHELL, Flávio Luiz. *Curso de direito processual civil*. São Paulo: Marcial Pons, 2020.

YARSHELL, Flávio Luiz. *Tutela jurisdicional*. São Paulo: Atlas, 1998.

ZAVASCKI, Teori Albino. *Antecipação da tutela*. 7. ed. São Paulo: Saraiva, 2009.

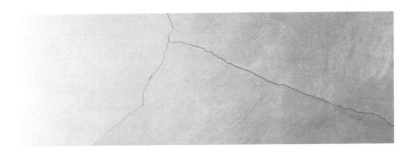

ÍNDICE REMISSIVO

A

ação monitória, 38
ação monitória não embargada, 37
ação principal, 82
aceleração da resposta jurisdicional, 25, 36, 37, 38, 53, 144, 161, 227, 237
aceleração do processo, 37
adequação do remédio jurisdicional
    à gravidade do risco, 84
    aos riscos presentes no processo, 232
    à situação prática, 225
    à urgência da resposta, 136
    e probabilidade do direito, 208
    e regulação provisória do litígio, 205
    modelagem da medida cabível, 221
alimentos, 15
alimentos provisórios, 41, 124
ameaça a direito, 88, 90, 238
antecipação de tutela
    caráter satisfativo, 226
    como disciplina processual autônoma, 71, 182
    condicionantes, 177
    diferenciado de estabilidade na Itália, 179
    disciplina na Itália, 174, 177
    duplo caráter satisfativo, 52
    estabilização – Itália, 182
    generalização do uso, 27
    igualdade dos requisitos, 140
    instrumentalidade, 182
    introdução no CPC/1973, 25
    provisoriedade, 54
antecipação de tutela antecedente
    estabilização – semelhança com o *référé*, 188
aprendizado de máquina, 115
áreas contaminadas, 119
argumentos de produção e de qualidade, 29
arresto e sequestro, 218
assecuratórias ope legis, 58
assédio judicial, 35
avaliação do risco
    cálculo correlativo, 113
    cálculo racional, 148
    na definição da urgência processual, 143
    na tomada de decisão, 117, 154

258 TUTELA DE URGÊNCIA – *Carlos Alberto de Salles*

no *balance of harships*, 151
no processo decisório, 4
quantificação e qualificação, 113, 240
avaliação jurídica do risco, 154

B

balance of convenience, 150
balance of hardships ou poderação de gravames, 51, 63

C

calculabilidade do risco, 110, 113, 116, 123, 130, 147
cálculo correlativo, 147, 155
cálculo da probabilidade, 109
cálculo de risco, 2, 106, 110, 112, 113, 137, 146, 147, 148, 155, 199, 200
  em relação ao perigo, 107
  quantificação e qualificação, 118, 147
cálculo matemático e cálculo jurídico, 117
calendário processual, 13, 14
casos repetitivos, 212
caução legal, 58
caução real ou fidejussória, 171
causa de pedir imediata, 56
causa de pedir remota, 55, 56
cautelar
  ante causam, 177, 179
  arresto, 56, 62
  atípica e inominada, 76
  atípica ou inominada, 52, 75
  averbação acautelatória, 169
  caráter assecuratório, 226
  como medida auxiliar, 226
  consequências danosas, 169
  conservativa, 51, 65, 225
  conservativa ou modificativa, 51, 60
  designação como \, 66
  disciplina na Itália, 174
  e instrumentalidade, 55

e referibilidade, 55, 56
finalidade assecuratória, 51
igualdade de requisitos, 140
irreversibilidade, 168
nominada, 140
preparatória, 82
satisfativa, 54
certidão positiva com efeito de negativa, 57
Código de Processo Civil de 1939, 74
Código de Processo Civil de 1973, 76
  três ondas de reforma, 77
Código de Processo Civil de 2015, 78
  trâmite legislativo, 80
cognição judicial
  dos requisitos da tutela de urgência, 40
  em extensão e em profundidade, 40
  exauriente, 40, 43, 44
  na antecipação e na cautelar, 49
  primazia da exauriente, 90
  quanto à profundidade, 41
  sumária, 26, 35, 38, 39, 40, 43, 44, 46, 51, 53, 57, 58, 81, 89, 90, 92, 93, 94, 98, 142, 143, 144, 146, 163, 167, 201, 204, 214
  sumária – grau de incerteza, 42
  sumária – pequenas porcentagens, 84
  sumária – provas e direito, 68
  sumária recursal, 48
  superficial, 40
common law, 14
compartilhamento do risco, 130
complexidade regulatória, 235
compromisso de compra e venda – rescisão, 41
conceito de risco, 4, 5, 6, 62, 68, 103, 108, 109, 239
  e cognição judicial, 145
  elemento consequente, 113
  elemento precedente, 111

ÍNDICE REMISSIVO | 259

e racionalidade, 117

instrumento de análise, 231

na cognição sumária, 144

condenação para o futuro, 15

constituição de capital, 57

contaminação do meio ambiente, 223

contracautela, 171

cumprimento de sentença, 77

D

dado qualitativo, 147

dado quantitativo, 147

dano

de difícil reparação, 48, 122

impossível, 109

incorrido, 108, 109

dano e perda, 108

dano impossível, 109

dano incorrido, 109, 129

dano irreparável ou de difícil reparação, 83, 100, 120, 137, 156, 157, 159, 239

dano irreversível, 169

dano marginal do processo, 29, 30, 31, 34, 35, 37, 68, 93, 122, 219, 237

danos residuais, 32

decidibilidade, 109, 110, 113, 117, 118, 123, 134, 146, 148, 154, 200, 240

desprocedimentalização, 36

devido processo legal, 87, 96, 101, 238

difícil reparação, 116

Direito Ambiental, 125, 132, 134, 135, 136, 222, 239, 252

Direito dos Seguros, 125, 130, 136, 239

direitos possessórios, 124

direito substancial de cautela, 53

distribuição equitativa

dos gravames do tempo, 3

do perigo ao risco, 107

do risco ao perigo, 107

duplo *periculum in mora*, 216

duração do processo, 12, 24, 26, 216

duração razoável do processo, 9, 17, 18, 27

E

efetividade

das decisões, 1

do processo, 3, 27, 28, 59

em contraposição à segurança jurídica, 90

justiça do processo, 153

embargos de terceiro, 38

energia nuclear, 119

equilíbrio entre as partes, 23, 98, 138, 152, 162, 231, 234

error in judicando, 223

error in procedendo, 223

estabilização da tutela, 72, 82, 166

ampliação na Itália, 179

e coisa julgada - Itália, 183

incentivos na economia do processo, 231

Itália, 177

somente na tutela antecipada antecedente, 230

estatística, 114, 115

eventos adversos ou indesejados, 108

execução provisória, 30, 43

F

Federal Rules of Civil Procedure, 14

fórmula Leubsdorf-Posner, 156

fumus boni iuris, 6, 40, 51, 79, 139, 163, 198, 200, 202, 203, 207, 212, 220, 231, 241

G

gestão do tempo e do risco

desenho da medida de urgência, 63

dupla estimativa, 61

em relação com o *balance of hardships*, 232

justiça temporal, 93

minimização de riscos, 63

na definição da urgência no processo, 144

papel da tutela de urgência, 42

papel do juiz, 61

papel dos requisitos da tutela de urgência, 163

para efetividade e justiça do processo, 62, 162

parâmetros de justiça, 63

relação com o tipo de medida, 238

grandes navegações, 102

gravames processuais

distribuição equitativa, 64

do tempo do processo, 34, 60

papel da decisão judicial, 62

I

identificação do risco, 21, 102, 109, 111, 117, 123, 127, 130, 133, 135, 137, 138, 145, 146, 155, 198, 199, 200, 206, 214, 240, 241

improcedência liminar do pedido, 37

inafastabilidade da tutela jurisdicional, 88, 93, 97

inaudita altera parte, 16, 142, 165, 193, 208, 209

incerteza, 108

incerteza científica, 109, 111, 112, 135, 146

incomensurabilidade

dos bens ambientais, 132, 133

indenidade das partes, 132

injustiça do ilícito, 92

injustiça do processo, 92, 93, 95, 98, 172, 239

in statu assertionis, 37, 205

instrumentalidade atenuada, 182

intangibilidade

dos bens ambientais, 132, 133, 134

inteligência artificial, 115

irreparabilidade, 2, 121, 122, 132, 134, 152, 172, 214

irreparabilidade do dano

bens ambientais, 2

desconformidade ao direito em si mesmo, 56

ligação com a probabilidade, 116

perigo na demora, 31

irrepetibilidade dos alimentos, 84

irreversibilidade, 111, 124, 144, 152, 163, 168, 169, 172, 201, 211, 231, 241, 242

caráter material, 170

conceito, 169

dos efeitos da decisão, 84

no contexto do processo, 169

J

juízo de equidade, 172, 191, 234

julgamento antecipado, 37

jurisdição de *equity*, 150, 191, 192, 195, 197

justiça comutativa, 93

justiça de equidade, 94

justiça distributiva, 132, 133, 134

justiça do processo, 148, 149, 153, 162

Justiça em Números, 17

justiça processual, 59

justiça temporal, 29, 93, 98

L

lesão grave e de difícil reparação, 120

Lex Aquilia, 127

M

mandado de segurança, 38

matemática, 114

mecanismos de aceleração procedimental, 3

ÍNDICE REMISSIVO | 261

medidas preventivas, 75
meio ambiente, 2
modernidade, 102
modernidade reflexiva, 104

N

negócios jurídicos processuais, 14
nível de ação, 110
nível de interferência, 134
nível de intervenção, 110, 114, 118, 122, 132, 145, 148, 152, 154, 200, 214, 220, 234, 240

O

objeto desta obra, 3
ônus da demora, 30, 31, 32
ônus do tempo do processo, 32
ônus – significado, 33

P

pandemia de covid-19, 103, 112
penhor civil e sequestro, 57
perícia, 45
periculum em mora, 69
periculum in mora, 6, 30, 31, 47, 51, 67, 74, 75, 84, 100, 116, 123, 139, 163, 199, 202, 213, 218, 219, 226, 232, 240, 241
  infruttuosità e tardività, 215
periculum in mora ao avesso, 217
perigo
  caráter situacional, 105
  em confronto com o risco, 107
perigo de dano, 100
perigo na demora (da prestação jurisdicional), 31, 84, 100, 139, 141
permanent injunction, 192, 195
ponderação de gravames ou *balance of hardships*, 149
  análise prospectiva, 151
  e análise de custo e benefício, 153

e cálculo de custo e benefício, 171
e equilíbrio entre as partes, 234
e justiça do processo, 172
em cognição sumária, 151
e regulação provisória do litígio, 154
e risco da decisão, 167
e sucesso na demanda, 156
na regulação provisória do litígio, 232
nas tutelas de urgência, 152
na tutela de urgência, 149
no direito dos EUA, 195, 197
no juízo de urgência, 95
nos vários tipos de riscos, 241
papel da probabilidade do direito, 152
papel do risco, 240
racionalidade e discricionaridade, 150
posição jurídica, 4
preclusão *pro judicato*, 165
preliminary injunction
  e temporary restraining orders, 193
preliminary injunctions, 39, 149, 150, 156, 171, 194, 195, 239, 250
  courts of equity, 191
  discricionaridade judicial e devido processo legal, 197
  exigência de dano irreparável, 196
  jurisdições de *equity* e *at law*, 192
  notice and hearing, 197
presunção de veracidade, 37
presunção legal do risco, 123
pretensão de cautela, 53, 55
pretrial discovery, 14
previsibilidade, 104, 106, 109, 110, 116, 123, 130, 135, 137, 138, 145, 154, 215, 240
primazia da tutela específica, 133
princípio da isonomia, 94
princípio da precaução, 112, 125, 135
princípio da prevenção, 125, 134
princípio da saisine, 124
probabilidade, 114, 199

critério de suficiência, 203
duplo cálculo, 115, 200
matemática, 154
probabilidade do direito
cálculo informatizado, 115
como conceito jurídico indeterminado, 206
como premissa da urgência, 199, 203, 213, 232, 241
como requisito da tutela de urgência, 25, 139
de todas as partes, 152
diante da gravidade do risco, 116
e congruência interna, 208
e contraditório, 208
e demonstração da causa de pedir, 205
e inexistência de contraditório prévio imprescindível, 208
elementos que a evidenciam, 241
elementos que o evidenciam, 207
em ponderação com o risco, 94, 116, 200, 211, 219, 220, 241
e posição jurídica da parte, 198
e precedentes qualificados, 212
e suficiência do substrato probatório, 208
na avaliação de risco, 4
na fórmula Leubsdorf-Posner, 156, 158
na ponderação de gravames, 149
nas tutelas de urgência antecedentes, 202
necessidade de sua qualificação, 116, 199, 205
nos recursos, 48
ponto de partida na identificação do risco, 199
relação com a urgência, 43
sucesso na demanda, 61, 63, 158, 201, 204
procedimento, 10
processo civil de resultados, 28

processo imediato, 3, 21, 37, 68, 143, 161, 232
e devido processo legal, 19
e duração razoável do processo, 21
e utopia, 20
processo justo, 28
processo tempo-estruturado, 12, 16
processo tempo-orientado, 13, 16
produção antecipada de prova, 16
produtos nocivos ao consumidor, 223
prova inequívoca, 140, 206, 207, 208

Q

qualificação do dano, 83, 84, 113, 120, 134, 148, 239

R

razoável duração do processo, 9
rebus sic stantibus, 119
référé
astreinte e execução provisória, 189
autonomia do processo, 187
autonomia e competência, 185
coisa julgada provisória, 187
como forma de organização da jurisdição, 190
desenvolvimento, 184
instabilidade *in iure* e definitividade *in facto*, 188
jurisdição autônoma, 186
modelo multiforme, 184
posição no sistema francês, 183
substituição pela decisão de fundo, 189
tipologia, 184
tutela de urgência e de evidência, 185
regime de convivência, 16
regra de responsabilidade, 171
responsabilidade objetiva, 170
reversão material, 171

regulação provisória do litígio, 231, 234
  e adequação do remédio jurispruden-
    cial, 205
Regulamento 737, 73
reintegração de posse, 62
relações continuadas, 15
relatividade do tempo, 1
reparabilidade do dano
  como garantia securitária, 132
rescisão contratual, 116, 226, 227
responsabilidade civil, 125, 126, 127, 128,
  129, 130, 136, 250
responsabilidade sem culpa, 128
resposta jurisdicional provisória, 17
retenção por benfeitorias, 16, 58
revelia, 37
reversibilidade
  conceito, 168
  regra, 167, 171, 231
revisão contratual, 45
revisional de alimentos, 84
risco
  abordagem matemática ou estatística,
    115
  à execução da decisão final, 219
  afastamento, 84
  à garantia do resultado útil do processo,
    219
  análise em três camadas, 219
  ao direito material, 219
  apreciação *ex post*, 239
  calculabilidade, 113
  como indicativo da urgência, 110, 122,
    124, 138, 162, 215, 216, 219
  considerado *ex ante*, 130, 239
  considerado *ex post*, 129
  da decisão, 105, 215
  da decisão judicial, 217
  danos e perdas em termos futuros, 106
  de continuidade ou de progressão, 221

de fatos consumados, 69
desenvolvimento do conceito, 101
distribuição, 103
e cálculo probabilístico, 106
e consenso, 112
e decisões caso a caso, 155
e incerteza científica, 109
em confronto com o perigo, 107
enfoque jurídico-processual, 99
e perigo, 105
gravidade e sucesso na demanda, 172
identificação ou percepção, 111
incalculável, 109
invisibilidade, 111
material ou externo, 221
perspectiva constitucional, 95
produzido pela internet, 223
quantificação e qualificação, 121, 155

S

saúde e segurança ocupacional, 118
sequestro da coisa em possessória, 51
sistema preclusivo, 11
situação cautelanda, 55
sociedade do risco, 70, 103, 112
sociedade futuro-orientada, 102
Sociedade Mundial do Risco, 95
statistical learning, 115
status quo, 32, 60, 162, 168, 170, 233, 234,
  235, 237
strepitus fori, 34
suspensão de assembleia geral, 57
suspensão de deliberação assemblear -
  Itália, 180
sustação de protesto, 57

T

taxatividade mitigada, 12
técnica processual, 24

técnicas de aceleração da resposta jurisdicional, 36

técnicas de aceleração do processo, 36

tempo da resposta jurisdicional, 3

tempo do processo, 3, 5, 10, 17, 20, 22, 23, 25, 29, 31, 33, 42, 59, 64, 68, 92, 96, 101, 137, 141, 142, 146, 148, 149, 161, 172, 200, 215, 220, 232, 234, 237

tempo e fato, 22

tempo e risco, 5, 35, 59, 162

tempo futuro, 59

tempo inimigo no processo, 22

tempo no processo, 5, 16

temporary restraining orders – TROs, 193

tensão entre direitos fundamentais, 91

transferibilidade do direito estrangeiro, 150, 174

tutela antecipada antecedente, 24
  comparação com a Itália, 177, 182
  estabilização, 166
  estabilização de tutela, 82
  exceção à regra de não estabilização da tutela provisória, 64

tutela cautelar antecedente, 58

tutela de evidência, 3, 15, 25, 31, 44, 45, 61, 72, 87, 94, 100, 125, 168, 185, 212, 231

tutela de urgência
  antecedente, 82
  antecipada antecedente, 39
  antecipada e cautelar antecedentes, 72
  apreciação no momento no qual o processo se encontra, 142
  cautelar, 25, 38, 51
  como aceleração da resposta jurisdicional, 38
  como fator de risco, 231
  condicionamentos temporais, 15
  condicionantes, 62, 63, 64, 142, 201, 203, 213, 220, 240, 241
  conservativa, 138, 161, 178, 186
  conservativa ou inovativa, 68
  contrapesos normativos, 163
  desenvolvimento doutrinário, 65
  distribuição de gravames, 16
  e duração do processo, 142
  efetividade e justiça do processo, 149
  e objeto do processo, 142
  e perspectivas processuais, 142
  métrica de comparação, 18
  mudança de escala, 70
  na sentença, 42
  resposta do demandado, 45
  significados dos requisitos, 141
  técnica de sumarização, 38

tutela de urgência antecedente
  e probabilidade de sucesso na demanda, 202

tutela jurisdicional
  adequada, 3
  efetiva e tempestiva, 27

tutela preventiva, 89, 90, 222

tutela provisória
  denominação, 82
  denominação no CPC/2015, 67
  dilação probatória, 44
  e resposta insuficiente, 45
  excepcionalidade, 39, 167
  instrumentalidade, 38, 55, 163, 164, 166, 167
  instrumentalidade – *référé* francês, 190
  medida assecuratória, 25
  no curso do processo, 44
  preliminary injunctions, 194
  provisoriedade, 39, 119, 163, 164, 167, 169
  provisoriedade eventual – Itália, 166
  provisoriedade – Itália, 179
  provisoriedade – *référé*, 189
  salvaguardas ou contrapesos, 167, 223, 231

satisfativa, 15, 82

sumariedade, 39, 163, 164

tutela provisória recursal

aplicação, 46

de natureza cautelar, 48

e efeito suspensivo, 47

efeito suspensivo – regras específicas, 48

eficácia imediata das decisões, 49

e pretensão recursal, 47

instrumentalidade, 46

tutela sancionatória, 90

tutelas de urgência

delimitação, 3

diferenças funcionais, 226

impedir sua progressão do dano, 224

impossibilidade de interpretação cruzada, 140

instrumentalidade e provisoriedade, 210

instrumentalidade no risco material, 221

limitação a garantias processuais, 164

necessidade de contraditório prévio, 210

objetivo de evitar o dano, 224

objetivo de preservar meios para garantir a execução, 225

provisoriedade, 142, 164, 167

provisoriedade e instrumentalidade, 203

regra de responsabilidade, 170

requisitos, 130, 145

risco para a parte contra a qual ela é lançada, 171

tratamento legislativo – CPC2015, 225

tutelas de urgência antecedentes

procedimento expedito, 228

risco premente, 227

U

urgência

caracterização, 67, 118

como predicado da tutela, 138, 215

critério processualmente construído, 68

definição *ope legis*, 110, 123, 142, 219

elemento processualmente construído, 142, 143, 162, 197, 240

e provisoriedade, 143

predicado da tutela jurisdicional, 141

urgência *ope legis*, 110

V

venda da coisa consignada, 51

verossimilhança da alegação, 140, 206